Dicionário Crítico de Política Cultural

Teixeira Coelho

DICIONÁRIO CRÍTICO DE POLÍTICA CULTURAL

Cultura e Imaginário

(revisto e ampliado)

ILUMINURAS

Capa
Eder Cardoso / Iluminuras

Revisão
Ana Luiza Couto

Este livro segue as novas regras do Acordo Ortográfico da Língua Portuguesa.

CIP-BRASIL. CATALOGAÇÃO-NA-FONTE
SINDICATO NACIONAL DOS EDITORES DE LIVROS, RJ

C614d
2.ed.

Coelho, Teixeira, 1944-
Dicionário crítico de política cultural : cultura e imaginário / Teixeira Coelho. - 2.ed., [rev. e ampl.]. - São Paulo : Iluminuras, 2012 - 2. reimp. 2021.

Apêndice
Inclui bibliografia
ISBN 978-85-7321-314-0

1. Política cultural - Dicionários. I. Título.

10-0326. CDD: 306.4
CDU: 316.722

2021
EDITORA ILUMINURAS LTDA.
Rua Inácio Pereira da Rocha, 389 - 05432-011 - São Paulo - SP - Brasil
Tel. / Fax: 55 11 3031-6161
iluminuras@iluminuras.com.br
www.iluminuras.com.br

SUMÁRIO

PREFÁCIO À SEGUNDA EDIÇÃO

Muita coisa mudou na cultura e na compreensão da cultura desde a primeira edição brasileira deste livro, em meados da década de 1990, e muita coisa continua inalterada — no modo de entender a cultura e, em particular, na prática da política cultural.

Alguma coisa mudou *à superfície das coisas*. Por exemplo, desde o momento da primeira edição se acentuou a tendência para usar a expressão *gestor cultural* no lugar de *agente cultural* e de *mediador cultural*. Embora *gestão cultural* já existisse àquela época, a expressão era sem dúvida presença minoritária ao lado das outras duas. *Animador cultural* era como se denominavam as mesmas pessoas no início da política cultural "clássica", por dizê-lo assim, em seu período histórico ao redor da criação do ministério da cultura francês por André Malraux, ao final dos anos 1950. Embora algumas universidades, como no Canadá, ainda hoje ofereçam cursos de graduação em animação cultural, essa expressão foi em seguida substituída por *ação cultural*, tal como a difundiu Francis Jeanson[1] por exemplo, que se fazia acompanhar pela respectiva *agente cultural*. Depois, sem dúvida por inspiração nos estudos de comunicação que se fortaleceram ao longo dos anos 1960, surgiram a *mediação cultural* e o *mediador cultural*. Se *ação cultural* correspondeu a uns anos 60 marcados, um pouco em toda parte, pela ideia de insatisfação, indignação, revolta e revolução (ou tentativa de), com a consequente tendência de mostrar aos outros o que era *preciso* fazer (embora a ação cultural digna desse nome sempre tenha apontado, desde o início, apenas para a criação das condições que permitam às pessoas criarem seus próprios fins culturais, sem qualquer dirigismo político-partidário ou ideológico), a partir do final dos anos 1970 assumiu-se que o principal e o próprio da política cultural era fazer a mediação entre a obra de cultura e seus possíveis receptores. Na outra ponta do esquema comunicacional, não se falava mais de *povo* e ainda não se falava tão insistentemente no *público*: se a cultura era a Fonte e as pessoas eram o Receptores, entre elas havia espaço para a mediação. Depois, em meados dos anos 1980, a *gestão cultural* já se insinuava para tomar corpo definitivo uma década depois. Não se trata apenas de uma simples mudança terminológica: se não a política cultural, pelo menos sua gestão era aceita no quadro tecnocrata geral definido, de um lado, pelos estudos de política pública, e de outro,

[1] Um dos principais editores da revista *Le Temps Modernes*, ao lado de Jean-Paul Sartre, Francis Jeanson, nascido em 1922, combateu pelo exército francês da Liberação durante a Segunda Guerra Mundial e apoiou a Argélia em sua luta pela independência diante da França. Em 1973 publicou *L´action culturelle dans la cité* (Seuil). Graças a seu prestígio como intelectual, com esse livro contribuiu para dar foros de dignidade acadêmica a uma atividade até então relegada a um segundo plano na cena das grandes preocupações da pesquisa e da política pública.

pela prática da administração econômica e financeira da empresa privada. *Animador cultural* era algo dos tempos em que se fazia caridade social com a cultura (animar um encontro de idosos numa colônia de férias dos comerciários, por exemplo, ou, de modo mais amplo, mostrar às pessoas o que fazer com um tempo livre que lhes caía nas mãos sem que estivessem minimamente preparadas para dele fazer *uso criativo*, como se dizia). *Ação cultural* era o sinal de tempos mais políticos e ideologizados. *Mediação cultural* mostrava-se isenta desse verniz ideológico mas assumia, a vários olhos temerosos, ares intelectuais por compartilhar um mesmo espaço já marcado por profissionais liberais como os jornalistas, os professores universitários, os bibliotecários. *Gestão cultural*, por sua vez, era coisa dos novos tempos de aceleração do papel das finanças no mundo, do desenvolvimento ampliado (sustentável ou não), da globalização e, em especial, do recurso à cultura como mola para a expansão econômica e a promoção da paz e do entendimento entre os povos — que, como se sabe, é o melhor promotor dos negócios. Esse novo quadro pedia, no lugar do amador em cultura (e que era também um amador da cultura), um profissional capacitado a dominar tudo que o novo universo do gerenciamento de recursos e possibilidades pedia. Um *gestor cultural*, público ou privado, se impunha. É verdade que de imediato muitos, no campo dos estudos de política cultural, insistiram em que o gestor cultural não era apenas um gerente, um administrador de recursos, meios e pessoas no território da cultura mas, sim, alguém que, dotado de um conhecimento e uma sensibilidade singulares, reunisse as condições para que os criadores culturais alcançassem suas metas tanto quanto o público (porque agora, sim, já se falava em público), sem se esquecer dos políticos que destinavam orçamentos para a cultura ou dos empresários que faziam o mesmo com fundos de suas firmas e que precisavam ter certeza de que esses investimentos eram bem aplicados (de acordo com os bons princípios da *accountability* ou da governança) e gerassem os benefícios esperados (geralmente, de imagem, pública ou privada). Com ou sem essa ressalva, a figura do gestor cultural se impôs.

E, assim, na simples história da evolução de uma expressão se tem um quadro extremamente significativo do novo modo de se ver a cultura e a política cultural por parte de governantes e empresários (e de um modo indireto, atenuado, por parte também do público, das pessoas, dos receptores de cultura, dos consumidores de cultura). Em 80 anos, quando se tomam como marco as iniciativas em favor de uma vida mais digna na França dos anos 1930, ou em algo mais de cem anos, se a referência for as instituições inglesas de cultura cujo estatuto jurídico era o mesmo daquilo que no Brasil se chama de *casas de misericórdia*, a mudança foi enorme. Essa constatação não envolve juízos de valor que apontariam a situação atual como qualitativamente pior ou melhor que as anteriores. Ela é, "apenas", significativa, e muito, do novo status da cultura e da política cultural, que passaram a ser, como tanta outra coisa na vida moderna, medidas, quantificadas por indicadores, avaliadas e transformadas em objeto de leis e normas de natureza econômica, fiscal e diplomática (dimensões nas quais deixaram de ser a cereja do bolo para se apresentarem como instrumentos de demarcação de territórios dos quais dependeria a melhora geral das condições de vida e do diálogo entre as pessoas).

Disse, acima, que algumas mudanças haviam sido à superfície das coisas. Não significa que tenham sido mudanças superficiais: foram mudanças *que se deixaram ver* desde logo, que se tornaram visíveis de imediato. Outras coisas, situadas abaixo dessa linha (para não dizer que são aspectos mais profundos), continuaram no entanto as mesmas, em particular nos países eufemisticamente chamados "em desenvolvimento" embora não apenas neles. Por exemplo, a tendência para entender a cultura (portanto a política cultural) nos moldes propostos pela sociologia do século XIX, para a qual a cultura é a superestrutura que gira ao redor de uma plataforma de natureza econômica por ela refletida e duplicada mecanicamente, com todas as consequências e implicações conhecidas no que diz respeito à identidade, às classes sociais, ao imperialismo e toda a panóplia conceitual largamente repetida até os anos 1960 mas ainda não de todo retirada de cena. Essa perspectiva tradicional tem uma consequência decisiva para os estudos de cultura (e de política cultural): ela assume que a cultura é um fenômeno simples, claro, unitário e estável. É uma perspectiva que continua não aceitando, em outras palavras, que o único paradigma adequado para a compreensão da cultura é aquele que reflete sua condição específica: o *paradigma holonômico*, como vem indicado neste *Dicionário* desde sua primeira edição. A expressão é, como se costuma dizer, empolada e contém dois termos que o anti-intelectualismo de hoje ainda chama de abstrusos: *paradigma* e *holonômico*. Mas o universo conceitual para o qual apontam é extremamente apropriado e sugestivo. O que eles dizem é que a cultura é um fenômeno complexo cuja natureza é, mesmo, paradoxal, e como tal precisa ser entendida e tratada. Os exemplos nesse sentido são legião, bastará aqui indicar um que se coloca em evidência no momento mesmo em que estas linhas são escritas. Diz respeito ao Natal e seus símbolos, Papai Noel, o pinheiro iluminado, os presentes, a farsa a que se entregam os pais, os sonhos das crianças. Em 1952, mesmo ano de sua redação de um estudo central sobre o fenômeno da diversidade cultural[2], Claude Lévi-Strauss, autor básico, em mais de um aspecto, para os estudos de cultura e política cultural, motivou-se a escrever sobre o significado do Natal depois que autoridades da igreja católica francesa promoveram, em dezembro de 1951, a queima de um boneco de Papai Noel diante da catedral de Dijon onde haviam sido reunidas, especialmente para esse fim, crianças dos orfanatos locais. O motivo para esse auto de fé moderno era a acusação de "paganismo" que recaía sobre Papai Noel e o "desvirtuamento" dos atos que ocorriam na noite de 24 para 25 de dezembro com a troca de presentes "insuflada pela ganância comercial". Num pequeno, oportuno e brilhante ensaio[3], Lévi-Strauss mostrava como o mito de Papai Noel remontava pelo menos às Saturnais romanas (que o cristianismo aproveitou para nele enxertar sua própria lenda do dia 25 de dezembro), passava pela Idade Média (quando se registra a

[2] *Race et histoire.*

[3] Cf. Lévi-Strauss, *O suplício de Papai Noel.* São Paulo: CosacNaify, 2008.

presença de uma árvore sobrenatural coberta de luzes), atravessava de diversos modos e com diferentes elementos a Alemanha e a Inglaterra e chegava à França. Mais relevante que isso, mostrava o antropólogo como esse mito tinha amplas ressonâncias e pontos de identidade com o mito das katchina dos índios Pueblo do sudoeste norte-americano, mito que se traduz por cerimônias ou festas em que adultos fantasiados e mascarados entram e dançam na aldeia, dando presentes às crianças boas e nada às que se comportaram mal. O breve ensaio e as imagens que evoca são ricos demais para serem aqui sumariados e devem ser vistos no original. Deve ser suficiente lembrar como ele mostra que as festas de Natal depois da Segunda Guerra Mundial se intensificaram na França e na Europa não apenas porque os EUA vitoriosos impuseram ou sugeriram suas práticas comerciais que "desvirtuavam a data com seu vil mercantilismo" mas porque os novos tempos permitiam retomar ancestrais tradições largamente enraizadas no imaginário das pessoas — e não apenas dos europeus como dos índios norte-americanos, e do Brasil, desde antes do contato com os colonizadores vindos dos mares do norte. Ainda mais importante do que isso, o ensaio é notável por deixar em evidência como são complexos e paradoxais os conteúdos dos mitos (isto é, da cultura). Muito distante da explicação utilitária do Natal, e dos esquemas ideológicos que o apresentam como *criação do mercado*, Lévi-Strauss mostra como esse mito, em síntese, é exemplo da ideia de que as crianças têm direitos e que tais direitos se impõem de forma imperiosa aos adultos, ao ponto de se sentirem eles obrigados a elaborar ritos e rituais custosos e complicados para contê-las e controlá-las. E mostra ainda como tudo isso resulta de uma negociação onerosa entre gerações. E, ainda mais, como as crianças são símbolos dos mortos (as katchina são as almas de crianças índias mortas num desastre num passado remoto e que voltavam todo ano à aldeia para raptar mais crianças) e como os adultos elaboraram aquele imaginário para convencer as katchina a ficarem no além, para o que deveriam apaziguar e contentar com presentes as crianças deste lado da vida...

Quem quiser saber mais deverá comprar o livro e dá-lo a si mesmo de presente. O que interessa aqui é ressaltar essa natureza complexa, contraditória e paradoxal dos fenômenos culturais, algo que a grande maioria dos estudiosos da cultura e dos propositores de política cultural não entendiam ou preferiam não entender quanto este *Dicionário* foi publicado pela primeira vez. E que continuam não entendendo. Quantas vezes no Brasil — sob a ditadura de direita nos anos 1960 ou mais recentemente, quando vários ideólogos de esquerda chegaram enfim ao poder depois da democratização dos anos 1980 — não foi preciso ouvir lamentações e acusações sobre a "alienação" de nossas festas de Natal, feitas de pinheiros (que não são comuns aqui), de neve (que não temos aqui), de um Papai Noel alienígena e de presentes que eram exemplos da dominação do mercado sobre as mentes brasileiras, promovida pelo imperialismo americano. E como todos esses símbolos deveriam ser substituídos, em nome do fortalecimento da "identidade nacional", pelas "coisas nossas", a *cosa nostra* (mas ninguém atenta para essa analogia), quer dizer, as árvores daqui, a figura populares daqui, os mitos daqui como o saci-pererê. Desconhecimento das instâncias profundas da cultura, adoção de fórmulas políticas rasas saídas de um sociologismo de um lado mal assimilado e, de outro, em si mesmo insuficiente, por ser e oferecer uma visão parcial da realidade: é o que existia então, predominantemente, no universo dos estudos de cultura e da proposição de princípios de política cultural e é o que majoritariamente se manifesta ainda hoje, em distintas partes do planeta e aqui também. Nada mudou nesse aspecto. Ou muito pouco. Nada que realmente afete a dinâmica da política cultural. Como a provar que a ideia de progresso humano é uma quimera, também nesse campo não há progresso sensível. A proposta do paradigma holonômico é amplamente ignorada e, quando vislumbrada, descartada.

Desconhecimento da complexidade do fenômeno cultural e desconhecimento "simples" das instâncias mais elementares do *constructo* cultural: essa é a realidade dos estudos e dos congressos de política cultural um pouco por toda parte. Fala-se de cultura e do que deve ser feito para "democratizá-la" e pouco ou nada se sabe a respeito daquilo sobre o que se fala e se dispõe, se planeja e se administra. Gestores culturais são formados ou se formam sem jamais terem aberto um livro de antropologia cultural, medidas sobre turismo cultural e cooperação cultural internacional e desenvolvimento humano e econômico, sustentável ou não, são discutidas e propostas e defendidas sem que os interlocutores tenham de fato uma sombra de ideia da complexidade da realidade que buscam manipular. Nada ou muito pouco disso mudou.

Algo se intensificou, porém. Certamente como consequência desse desconhecimento que perdura (e que o aprofunda). Refiro-me ao amplo e difundido processo de domesticação da cultura ao longo das duas últimas décadas do século XX e, em particular, da década de 1990. Descobriu-se, ou passou-se a propor, nos congressos dos organismos internacionais e dos pesquisadores da cultura, nas universidades e fora delas, que a cultura promovia o desenvolvimento econômico, portanto o desenvolvimento humano. E a paz. E a diversidade. A cultura surgia como mola da geração de renda individual e de ganhos no PIB, por gerar produtos diretamente traduzíveis em renda e acúmulo de capital. E a cultura poderia construir ou reconstruir socialidades, promover a educação e a saúde, e a igualdade entre os gêneros e entre as preferências sexuais e as faixas etárias. A cultura poderia fazer tudo. Virou politicamente correto falar da positividade da cultura. E a cultura virou, ela mesma, politicamente correta. O desconhecimento da complexidade latente, e por vezes patente, de inúmeros fenômenos culturais levou a ver, na cultura, apenas seu potencial de apaziguamento, de conformação, de controle. Se uma cidade se revelava demasiado violenta, o remédio era e seria aumentar a dose de cultura. Se nas escolas da periferia os jovens e mesmo as crianças demonstravam uma invulgar capacidade de agressão mútua e aos professores, a solução estava no aumento da cultura a que se deveriam expor. A ênfase no favorecimento à cultura no quadro das políticas públicas e dos investimentos das empresas foi feito por inúmeros pesquisadores da sociedade como alternativa às divisões provocadas pela ideologia, pela religião e por manifestações mais corriqueiras como o futebol (e não é por acaso que aqui se arma uma oposição entre cultura e futebol; se é fato que de um lado se lê pouca antropologia cultural no campo da política cultural, por outro lado é demasiadamente forte a vinculação ao conceito antropológico tradicional de cultura segundo o qual cultura é tudo — o idioma, a dança, artes, a roupa, o direito, as crenças religiosas e os esportes —, noção que não serve à política cultural e não a faz avançar um milímetro). Eles estavam justificados nessa decisão, sem dúvida. Não só a cultura era a melhor opção como provavelmente já fosse a única, uma vez que as demais, como a economia, a ideologia e a religião, haviam falhado miseravelmente. Mas os novos defensores da cultura cometeram um erro, em seguida: acreditaram demais e sem reservas no que diziam, assim como antes já se havia acreditado que a cultura poderia levar à igualdade de classes e à bondade humana generalizada (não toda cultura, claro: apenas um determinado tipo de cultura, a do realismo socialista, a do nacional-socialismo, a da religião X ou Y etc.). A cultura podia e pode fazer alguma coisa daquilo tudo que lhe jogaram às costas. Mas, não tudo. E não toda a cultura. Talvez, até, uma parte da cultura possa fazer tudo que dela passou-se a esperar. Mas não toda ela. Insistindo em desconhecer a complexidade do processo cultural, desconheceram por exemplo que a arte não se comporta como a cultura, não busca os mesmos objetivos da cultura e persegue, mesmo, metas opostas à da cultura. Isso foi igualmente desconhecido, porém, e também a arte foi jogada no mesmo processo de domesticação. Arte para salvar o mundo, arte para salvar da Aids, arte para salvar da fome. A arte nunca poderia fazer isso.

E foi então que alguma coisa mudou — sem que de fato o admitissem. Sobreveio o 11 de setembro de 2001, com o ataque às Torres Gêmeas de Nova York. Stockhausen, o compositor de vanguarda, declarou que *aquilo* era "a maior obra de arte da história". Não entenderam o que ele disse, tiveram medo de entender o que dizia, indignaram-se e, por conseguinte, atacaram-no. Sempre se ataca aquilo que se desconhece. E a carreira do músico foi praticamente encerrada. O que Stockhausen fez, no entanto, foi simples: lembrou-nos, depois de décadas de esquecimento, que a arte é não apenas perigosa como também destruidora. A cultura pode unir, aproximar, cuidar das pessoas, reconfortá-las. Já a arte, sobretudo a moderna e a contemporânea, foram feitas para causar estranhamento, separar, incomodar, intranquilizar. Contrária à cultura, a arte não se preocupa com a construção das identidades ou da pátria ou do grupo no poder.[4]

O que se descobriu com o 11 de setembro foi a negatividade da cultura e, quando não, o inerte cultural, aquela reserva da cultura que não ostenta os mesmos sinais e não tem os mesmos efeitos que duas décadas de domesticação haviam reconhecido na cultura. Isso foi descoberto e ao mesmo tempo imediatamente esquecido de novo.

[4] Detenho-me mais longamente nesse episódio de Stockhausen e na comparação entre arte e cultura no livro *A cultura e seu contrário*, São Paulo: Iluminuras, 2008.

Recalcado é o termo freudiano para isso. Não registrado. O ataque às Torres foi visto como excepcional e Stockhausen, como um insano. Como quase todo grande artista.

E mais uma vez nada mudou, desde que este *Dicionário* teve sua primeira edição.

E no entanto, algumas coisas mudaram. Os *direitos culturais*[5] entraram em cena para ficar — tanto quanto podem ficar, enfim, tanto quanto recebem real atenção. Vieram de uma ideia que já estava em circulação desde a primeira declaração da Unesco a respeito do tema, em 1996, e de uma segunda emitida pela mesma organização dez anos depois — ambas baseadas na Declaração de Direitos Humanos de 1948. Este *Dicionário* não a registrou, em sua primeira edição. Registrou algo talvez até mais sugestivo e mais radical, algo ainda mais atrevido e, no fundo, perigoso: o direito ao belo. Mas não registrou os direitos culturais.

A *diversidade cultural*[6] também foi outra inovação do período, reconhecida por uma outra declaração da Unesco, esta de 2005. Como outras inovações, em política cultural, na cultura e em tantas outras disciplinas, também esta foi sequestrada por uma ideia velha, por uma ideia ossificada, uma ideia que se pode reconhecer e que portanto não assusta (embora esta, particularmente, devesse assustar e muito): a da identidade, em suas várias figurações — a identidade pessoal, a coletiva, a comunitária, a grupal e a mais terrível delas, a nacional. Essa é a única ideia que realmente deveria assustar, em cultura: como observou o escritor italiano Cláudio Magris, prêmio Príncipe Astúrias de literatura, a identidade, disfarçada em fronteira, sempre cobra seus tributos em sangue. Tem cobrado ao longo da história da humanidade e continua cobrando neste exato momento, neste dezembro de 2008 em que se escreve este prefácio. E a única coisa que seus adeptos fervorosos encontram para remediá-la é... mais identidade, mais defesa da identidade, mais crimes em nome da identidade.

Como se vê, muita coisa mudou e quase nada mudou desde a primeira edição deste *Dicionário*. Mudou a tecnologia com a qual sua primeira edição foi produzida (e a tecnologia nova responsabilizou-se por fazer perder muita coisa que, previa-se, seria acrescentada às eventuais edições posteriores desta obra: as novas tecnologias sempre trazem perdas ao lado dos ganhos que propõem) e muda a ideia de *autor* de um trabalho de criação.

Vários termos e não-termos novos poderiam, portanto, ser incluídos neste *Dicionário*. Mas ele *não* foi feito originariamente com o objetivo de crescer indefinidamente e indefinidamente acompanhar seus objetos, a cultura e a política cultural. Seu objetivo era outro: mostrar um modo de pensar a cultura e a política cultural, um modo que respondesse ao conhecimento acumulado em quase um século e meio, para remontar a um período de efervescência no campo das humanidades e que coincide com meados do século XIX. Um conhecimento acumulado na forma de uma cultura objetiva e objetivada que, no entanto, não encontra seu caminho para transformar-se em real cultura subjetiva. Mostrar uma possibilidade de pensar

[5] Ver verbete correspondente e o Anexo 2.

[6] Idem.

a cultura e a política cultural de um modo que fosse não apenas filosoficamente contemporâneo como, também, historicamente contemporâneo do momento atual. Isso é o que se pretendia. Nessa perspectiva, acrescentar novos verbetes não é essencial. Este *Dicionário* pode continuar a crescer na medida das contribuições que outros possam fazer, nos termos da antiga noção de autoria ou da nova. Ele é um estímulo, muito mais que um *thesaurus*.

Esse entendimento não impediu que seu texto fosse agora inteiramente revisto, coisas fossem acrescentadas e outras, eliminadas. Alguns poucos novos (mas decisivos) verbetes foram de fato incluídos nesta edição pela primeira vez. Mas, admitindo que este volume é antes uma coletânea de temas do que de termos, a principal diferença é que nesta edição ele se atreve a apresentar ao final, em posfácio, algo que estava ausente da primeira: um esquema do que pode ser uma política cultural apropriada a um século XXI e que enfim ponha em prática os traços da modernidade reflexiva que busca se instalar entre nós desde o início do século XIX. Nada assegura que essa modernidade, ou como se julgue melhor chamá-la, vá de fato se implantar. Nada assegura que uma regressão esteja descartada. Em todo caso, este volume conclui-se pela exposição desse germe de uma política cultural contemporânea. E se o faz é porque fica reconhecido que esse esquema é suficientemente aberto, amplo e generoso, talvez mais do que qualquer prática ou experimento de política cultural do passado. E expondo-se, esse esquema coloca em cena alguns desses termos novos (ou aos quais se prestou nova e revigorada atenção) que se deveriam introduzir no volume como novos verbetes. No entanto, se fossem simplesmente incluídos no corpo do *Dicionário* como outros tantos verbetes, é possível que não chamassem a atenção como deveriam fazê-lo. Buscando evitar esse risco é que se infringe, com esse posfácio, a regra básica deste *Dicionário*. Por outro lado, é sempre a exceção que dá vigor à regra. E de todo modo, a forma do posfácio disfarça suficientemente que se trata de uma infração à regra.

Na realidade, esse posfácio corresponde ao modo como minha reflexão sobre esses temas desenvolveu-se depois que a primeira edição foi lançada. Essa reflexão deu-se por ensaios, artigos, livros publicados, livros organizados, e não mais por verbetes (que no entanto agora retornam à cena). A sucessão de verbetes teve seu objetivo inicial, que o prefácio à edição brasileira indica a seguir: mostrar que a Política Cultural podia apresentar-se como disciplina acadêmica (para não dizer *científica*) e ter direito de residência na universidade, na forma de atividade de ensino a traduzir-se em disciplinas de graduação e pós-graduação e num campo próprio de pesquisa, distinto de tantos outros que insistiam em dizer que englobavam em si a Política Cultural (como os campos da sociologia, da ciência política, da filosofia, da comunicação, das artes) apenas para melhor condená-la ao silêncio. Isso está demonstrado e está alcançado — embora, claro, não ainda na mesma universidade onde tudo isso começou...

Certa vez cheguei a imaginar que se pudessem incluir numa nova edição do *Dicionário* os diferentes ensaios que o continuam por outros meios. Seria como ter num único volume o *dicionário propriamente dito* (a coleção de termos, como num dicionário qualquer de uma dada língua), a *gramática* (não tanto as regras pelas quais os termos se juntam ou devem se juntar mas *o modo* pelo qual o fazem) e a *fala* concreta da cultura e da política cultural, sua tradução efetivada num pensamento em ato. O volume ficaria longo demais, fora de alcance econômico. A transformação tecnológica já em curso terminará por tornar realidade isso que até agora é apenas fantasia. Até lá, o *Dicionário* continua a ser o que foi: uma experiência de abrir portas e revolver o campo plantado, no mais estimulante sentido de cultura, que é, não a terra nem o cultivo da terra, mas essa lâmina do arado que revolve inteiramente a terra para o novo plantio, deixando-a num estado que é ao mesmo tempo desolador e estimulante.

Teixeira Coelho
dezembro de 2008

INTRODUÇÃO

1. Um domínio para a Política Cultural

A política cultural é tão antiga quanto o primeiro espetáculo de teatro para o qual foi necessário obter uma autorização prévia, contratar atores ou cobrar-se pelo ingresso. Tão velha, em outras palavras, quanto a Grécia antiga, mais velha que o império romano, berço de Mecenas, incentivador da arte e da cultura. No mínimo, tão antiga quanto a Renascença italiana e o dinheiro dos Medici, sem o qual um estoque majestoso de obras-primas não teria emergido para os olhos admirados de sucessivos séculos. Ou, ainda, antiga como a Revolução Francesa, que abre "ao público" as portas das bibliotecas e dos museus e faz surgir a política cultural como um projeto verdadeiramente social. Em última instância, a política cultural tem no mínimo a idade das iniciativas do escritor e militante André Malraux, no final dos anos 1950 deste século que se encerra, das quais resultou a criação do ministério da cultura na França e a implantação de uma sólida malha cultural que irriga aquele país de uma maneira, se não única, sem dúvida notável.

E no entanto, apesar do assentamento conceitual que todo esse amplo intervalo poderia ter provocado, a terminologia da política cultural têm flutuado, acaso excessivamente, por cima de uma rede teórica cujas malhas se mostram abertas demais e à deriva de empréstimos ocasionais obtidos junto a diferentes disciplinas como sociologia, economia, história, psicologia, antropologia. Essa composição heteróclita tem aspectos e consequências produtivos. Por outro lado, as ambivalências e hesitações semânticas provocam às vezes, não tanto a errância criativa, mas o impasse ou o retardamento teórico. Essa situação mostrou contornos mais nítidos à medida que a política cultural começou a forçar as portas não raro aferrolhadas da universidade e a surgir de maneira insistente em congressos, simpósios e seminários. Os anos 1980, particularmente, viram multiplicar-se, um pouco por toda parte, os cursos superiores (de graduação, pós-graduação e extensão) voltados especificamente à formação de recursos humanos para a área da mediação cultural, entendida como o domínio das ações entre a obra de cultura, seu produtor e seu público, em substituição ou complementação aos antigos cursos mais ou apenas preocupados com a obra, sua produção, intelecção e conservação (como proporcionado pelos cursos de artes plásticas, cinema, teatro, museologia, biblioteconomia). Nesse momento, os problemas terminológicos passaram para o primeiro plano. Quando se fala em cultura, em política cultural, *de que* exatamente se está falando? O modo como os artistas entendem a arte é o mesmo com o qual trabalham os programas de política cultural? E um termo como *público*, por exemplo, tem em política cultural o mesmo sentido que assume nos estudos de história ou nos cálculos probabilísticos dos produtores cinematográficos? O sistema de produção *cultural* guarda exatamente quais parentescos com o sistema de produção tal como a economia e a economia política o veem? As discordâncias — e, antes mesmo, as hesitações — proliferaram. Tanto mais quanto o vocabulário da política cultural recorre a termos aparentemente comuns, desses usados cotidianamente e que surgem como cristalinos... para a leitura apressada e desatenta.

O circuito universitário exige, para reconhecer a condição científica de uma disciplina, uma certa convergência de miradas: o que estou vendo é a mesma coisa que você está vendo, ainda que discordemos quanto a sua origem, constituição ou finalidade? Chamamos essa coisa pelo mesmo *nome* ou estaremos recorrendo a um único nome para designar coisas distintas? Alguma ancoragem nocional é requerida. A massa teórica que em sua tarefa de mapeamento circula pelas diferentes vias culturais, vias líquidas, quase etéreas, não precisa estar solidamente amarrada a um cais. Pelo contrário: é melhor que gire ao largo. Mas não à matroca: uma âncora única que seja, à proa ou à popa, basta para que a massa fique sempre à vista e é a condição necessária para que não passe seu tempo a procurar o próprio rumo em vez de perseguir seus objetos últimos.

Uma âncora assim pode assumir diferentes formas — como a de um dicionário. Se um campo de estudos pode ser dicionarizado é porque já se constitui num domínio de direito próprio: essa é a crença que circula nos meios especializados. Crença controvertida. Uma época que sai à cata de dicionários — e hoje mais que nunca os dicionários proliferam em todos os setores — pode ser uma época redutora em busca de pílulas imediatamente utilizáveis, solúveis ao menor toque. É possível. Mas pode ser também uma época que procura reorganizar seu elenco de conhecimentos para dar um passo à frente. Ou uma época que está criando as condições para que os assuntos do conhecimento sejam acessíveis através de várias entradas, como num dicionário, em vez de insistir em explanações lineares que procedem por uma argumentação supostamente encadeada, com base na causalidade, como nos livros de ensaio e nas teses totalizantes (para não sugerir totalitárias). A modernidade começou com uma *Enciclopédia*; a pós-modernidade pode estar reencontrando, no formato fragmentado do dicionário, uma maneira contemporânea de reordenar o conhecimento.

Elaborar um dicionário de políticas culturais e propor, se não um sentido único de leitura para seus termos e conceitos, pelo menos uma constelação privilegiada de noções balizadas, foi o desafio enfrentado por este dicionário. Para fazer essa espécie de primeira consolidação conceitual da área, e que cria as condições para falar-se na política cultural como uma *ciência da organização das estruturas culturais*, era necessário percorrer a bibliografia especializada e localizar termos e conceitos recorrentes. Tarefa não tão simples quanto parece: não raro, os termos estão lá mas os conceitos, não. Assume-se, com grande frequência, que os conceitos são autoevidentes, autênticos *dados*, praticamente postulados — quando de fato deveriam ser demonstrados. Se por vezes é possível encontrar aqui e ali, intacta e inteiriça, a definição de um termo, com maior frequência é preciso *reconstruir* a ideia por trás dele, montá-la peça por peça mediante uma ação de arqueologia, eventualmente detetivesca. E, com muita frequência, *construir* uma definição ali onde nenhuma parece ter sido claramente dada antes.

Para fazê-lo, percorreram-se três universos bibliográficos distintos: primeiro, o da literatura que trata especificamente do tema (relatórios técnicos de organismos culturais, leis, atas de congressos, ensaios e teses de especialistas); depois, a esfera de uma literatura imediatamente conexa (ensaios de sociologia da cultura, tratados de antropologia cultural, compêndios de história da cultura); e, finalmente, um último círculo mais vasto que poderia ser denominado "de irrigação" (tratados de semiótica, filosofia, psicanálise).

O trajeto pelo primeiro universo garante um acompanhamento próximo do domínio concreto e palpável (para não dizer objetivo) da política cultural. Mas está claro que a partir do segundo círculo tratou-se de uma opção cada vez mais singular, menos evidente, à medida que se caminha para a esfera exterior. Não é possível ser de outro modo, nesse campo. Possível talvez seja, ao preço porém de ocultar-se a particularidade do enfoque ou de deixar-se obnubilar por uma falsa consciência. Preferiu-se adotar aqui, explicitamente, o viés inevitável em política cultural que é *tomar partido*.

Mas a singularidade deste *Dicionário* tem outro aspecto. Até recentemente, a política cultural vinha sendo abordada segundo um enfoque eminentemente sociológico. O fato cultural era visto unicamente como resultante do comportamento humano em contextos culturais específicos, que podia ser traduzido simbolicamente (i.e., no sentido peirceano do termo: convencionalmente, artificialmente) e explicado por argumentos do tipo causa-efeito linear orientados, de modo particular, pela ideia da divisão da coletividade em classes antagônicas. Prevalecia, em outras palavras, uma abordagem da questão cultural, e de seu tratamento pelas políticas culturais, a partir de um enfoque materialista e histórico-social. Essa concepção foi responsável por análises *externas* do *fato cultural* e do *fato político-cultural* das quais resultaram propostas e programas não menos externos, não raro formulados fora (e acima) dos contextos aos quais se aplicariam e em nome de princípios considerados científicos (objetivos e universais). Aquilo que o "grupo receptor" (muitas vezes, de maneira extremamente significativa, como num ato falho, também chamado de "grupo *alvo*") dessa política cultural fazia com essa programação, suas motivações arcaicas ou contextualizadas, seus desejos e aspirações, poucas vezes foram levados em consideração. Essa orientação foi responsável por bom número de preconceitos, juízos apressados e redutores sobre a dinâmica cultural — de modo especial, sobre a cultura dita popular e de massa — e pela formulação de programas de caráter fortemente normativo ou, sem eufemismos, autoritário. Quando baixou o furor sociologizante, ao longo dos anos 1970, foi possível distinguir a emergência de um feixe de estudos que se abriam para o reconhecimento de uma outra dimensão do fato cultural, aquela constituída pelos domínios arquetipal e biológico, com seus elementos invariantes e universais, que, em conjugação com as variantes e modulações do comportamento humano em contextos culturais históricos, permitiam falar num conjunto psicocultural ou psicossocial e não mais, apenas, numa unidade sociocultural ou simbólico-social — no limite, redutoramente, sociossocial. Estes estudos derivam do que agora se denomina uma análise antropológica do imaginário, capaz de oferecer uma abordagem interna do fato cultural ao permitir que se conheçam as fantasias e fantasmas do grupo objeto de uma política (e que se torna imediatamente grupo sujeito-objeto) — em outras palavras, capaz de permitir o acesso àquilo que, no comportamento humano, não é convencional e episódico mas simbólico no sentido de motivado *diretamente* (não codificadamente, arbitrariamente) pela esfera do biológico e do pulsional. O reconhecimento dessa dimensão do imaginário permitiu um diálogo com as camadas mais profundas do fato cultural (sob o ângulo da produção e da recepção), ao lado da possibilidade de formularem-se programas de ação cultural que deixavam de provir de fora e de cima para serem coformulados a partir *de dentro* e do *mesmo nível.* Políticas culturais serão, quase sempre, intervencionistas (provirão do lado de fora, do exterior do grupo ou indivíduo receptor) enquanto persistir a prática da *delegação* e *representação* que marca a organização política moderna. Mas se antes essa intervenção era justificada (quando o era) com a ausência de instrumentos capazes de possibilitar uma outra espécie de operação, agora, com os estudos do imaginário, a intervenção pode ser delimitada, se não eliminada, através da *conversa* que se abre entre propositores e receptores de políticas culturais. A singularidade deste *Dicionário* consiste, assim, em abrir-se para estes novos estudos do imaginário e propor uma estrutura de análise biorientada para o fato cultural e o fato político-cultural: de um lado, o polo sociológico (tradicional, pode-se dizer), de outro o polo imaginal ou da grandeza complexa formada por conteúdos inconscientes de variada procedência e ancorados num substrato afetual e biológico. Desse modo, ao lado dos termos e conceitos a que habitualmente se recorre na sociologia da cultura, este *Dicionário* arrola termos e conceitos extraídos da teoria do imaginário que se propõem como necessariamente complementares dos primeiros, se a intenção for a elaboração de políticas culturais plenas, capazes de criar as condições para que as pessoas inventem seus próprios fins ou, segundo o lema algo romântico e indefinido da Unesco, mas nem por isso menos atual neste ano em que a organização completa 50 anos, políticas culturais capazes de construir a paz nos corações humanos.

Vale insistir: este *Dicionário* não substitui o esquema sociológico-materialista-racionalista pelo esquema imaginário-imaterial (por muitos confundido como irracionalista). Coloca-os lado a lado e procura extrair dos dois o que podem oferecer de pertinente e sugestivo para a interpretação do fato cultural. Ambos esquemas são entendidos aqui como as estruturas que garantem um funcionamento harmônico às relações entre os termos selecionados, sem as quais o dicionário seria mera lista invertebrada. A primeira estrutura, de natureza sociológia, adota o modelo do sistema de produção genericamente concebido (tal como se dá a produção na sociedade contemporânea segundo a exposição de Karl Marx nos *Grundisse*), da qual o sistema de produção cultural, com as fases da produção propriamente dita, da distribuição, da troca e do uso ou consumo — cada uma com seu feixe de políticas e seu corpo de ações — é uma versão. Sem uma estrutura desse tipo, nenhuma política cultural é mais que um aglomerado relativamente inócuo de medidas soltas e imediatistas. E essa estrutura é de adoção pertinente uma vez que, embora isso desagrade a fundamentalistas ou integristas culturais, a cultura é hoje claramente um produto a que se chega mediante um complexo de operações bem definidas pelo sistema de produção econômica em geral. É o que acontece com o cinema e também com a literatura e a música ou, numa escala às vezes menor mas não diversa, com as artes plásticas e o teatro. Um filme e um livro podem ter um valor próprio e se apresentarem como signos nobres de um grupo; nem por isso deixam de ser produtos econômicos oriundos de um sistema de produção materialmente bem definido.

Mas é inegável que esse esquema produtivista tem seus limites bem marcados, passíveis de serem superados apenas pelo recurso a um outro esquema mais maleável, o esquema do imaginário, que fica aqui incorporado. Uma política cultural erguida apenas sobre dados empíricos imediatamente visíveis — centros de cultura, leis de incentivo, cotas de exibição — quase nada deixa atrás de si. Exige ser precedida, acompanhada e seguida por uma culturanálise não exclusivamente sociológica ou econômica mas capaz de incorporar as múltiplas dimensões — complexas, erráticas, contraditórias — do fato cultural. A construção erguida sobre esses dois pilares não é nenhum Frankenstein teórico: pelo contrário, responde à própria necessidade do imaginário de elaborar o polo sociológico e o polo psicobiológico. Talvez seja uma construção que frustre o tradicional esquema sociológio, não raro intolerante com outras abordagens mas que doravante terá de ceder expressiva parcela do terreno antes por ele ocupado hegemonicamente.

Nessa área aberta agora a estudos como o do imaginário, uma motivação central do impulso cultural pode ressurgir e expandir-se: o *desejo*. A sociologia da cultura, assim como antes dela a filosofia da cultura, operou incessantemente com a noção de necessidade da cultura, e de necessidade da arte. Mas a ideia de *necessidade* não é uma constante cultural incontornável na história do homem. Necessidade e desejo se alternaram nos diferentes momentos históricos, conforme a natureza dos sistemas políticos e sociais que ora faziam de um sua pedra de toque, ora se mostravam mais permeáveis ao outro. O início da modernidade pode ter sido simultaneamente o início do mais recente período de asfixia induzida do desejo. A escolha da razão como instrumento privilegiado de mediação entre o homem e a natureza e entre um homem e outro, figurada pelo Iluminismo, a ética da Revolução de 1789 e a ideologia do capitalismo embrionário do século XIX deram-se as mãos para reduzir a busca da felicidade à procura do bem-estar, o prazer à comodidade (assim como o luxo ao conforto — e *luxo* e *luxúria* têm a mesma raiz...) e, enfim, o desejo à necessidade. A razão acomoda-se muito mal ao desejo, assim como a Revolução precisava defender apenas aquilo que era necessário, não o que era desejável —

e a ética da modernidade, que se encontrou aqui com as águas do moralismo (de fachada) do período pré-moderno imediato, reprimiu, ela também, o desejo. Freud recolocou o desejo em cena mas a sociologia estava firmemente plantada e tanto ela como a política que nela se amparava viam no desejo um componente supérfluo e, pior, incômodo. Não faltam, na história da cultura, advertências contra a ascendência que, o tempo todo, se quer dar à ideia de necessidade. "Não fale em necessidade! Reduza a natureza às necessidades naturais e o homem não passa de um animal. Entende que precisamos de algo mais para continuar vivendo?": Shakespeare, *Rei Lear*, século XVII. "A natureza já nos sobrecarrega de necessidades, é no mínimo uma enorme imprudência multiplicá-las sem maior exigência e com isso aumentar a dependência do espírito": J.J. Rousseau, *Última resposta a Charles Bordes*, século XVIII. Mesmo assim, a política, e a política cultural, apega-se à necessidade. Alega ser esse o denominador comum de que deve ocupar-se; não confessa que fazê-lo é a facilidade pela qual opta... Houve esforços para unir o desejo à sociologia e à política, como o de L. Althusser. Mas foi a sublevação estudantil do final da década de 1960, há cinquenta anos, que convocou definitivamente a imaginação e o desejo para a cena política. Essa brecha aberta para os estudos do imaginário, e que estes ajudaram a abrir, cria as condições para que o desejo retorne à esfera da vida coletiva e abra um espaço nas políticas culturais. Essa é a política cultural da contemporaneidade, uma política que contemple o desejo, que não se esconda atrás do discurso facilitador e demagógico da necessidade, que deixe de traçar suas pequenas táticas para o bem-estar e as mesquinhas satisfações comedidas e se abra para o prazer e, no limite, para isso que se tornou, tragicamente, uma impropriedade linguística e filosófica: a felicidade.

Esse aumento do espaço aberto ao desejo, conquistado ao terreno da necessidade, tem uma contrapartida passível de afetar de modo mais sensível um dos polos de atenção da política cultural, o dos criadores — em particular, os artistas. Se a cultura for antes de mais nada, ou se ela for *também*, uma questão de desejo, mingua-se o discurso que, com base na ideia da necessidade da cultura e da arte, reivindicava a todo título um apoio constante, e sempre maior, para a produção cultural. Se o comando for do desejo, o que era procurado num momento pode deixar de prender as atenções num segundo instante, o que interessa agora pode não interessar depois. O que for considerado uma necessidade (por exemplo, a construção cultural de uma identidade nacional) pode não ser tema de um desejo coletivo e o que motivar o desejo coletivo pode querer propor-se como necessidade... Os dados, no novo contexto, mostram-se consideravelmente mais embaralhados; os pressupostos, menos evidentes; as propostas de atendimento, mais trabalhosas. Mas foi apenas em virtude de um reducionismo insuportável que a política cultural pôde apresentar-se, como sob todo o nazismo e durante quase toda a existência do comunismo na URSS com exceção dos primeiros anos culturalmente libertários, sob a aparência de uma engenharia social. Cultura e arte não são isso — e portanto a política cultural jamais será um exercício controlável... A política cultural terá de admitir o fato de que seu objeto é, quase sempre, o supérfluo, aquele *algo mais* shakespeareano, e não o necessário. E ela será convocada a encontrar modos criativos de defender o supérfluo *enquanto supérfluo* e de abrir-lhe os espaços dos quais depende a construção daquelas consciências "suscetíveis às Ideias" mencionadas por Kant.

Um terceiro aspecto particular deste *Dicionário* diz respeito ao formato dos verbetes. Este é um dicionário terminológico mas é, antes, um dicionário crítico, razão pela qual a ampla maioria dos verbetes foi redigida sob a forma de uma *problematização*. Essa foi a maneira de estabelecer-se uma homologia e uma aproximação, necessárias e sugestivas, entre o dicionário e seu objeto. De fato, antes de apresentar soluções, a política cultural trata de *construir problemas*. As soluções devem ser buscadas pelos recipientes-sujeitos das políticas culturais, que têm seu papel a representar também no equacionamento do problema. A construção do problema é o passo necessário para resolvê-lo, e esse passo cabe à política cultural. Nada além disso. A política cultural assume sua expressão máxima na figura da ação cultural, entendida como a criação das condições para que os indivíduos e grupos criem seus próprios fins. Um dicionário que problematize seus verbetes, em vez de defini-los categoricamente, é um dicionário que é uma ação cultural.

Com esses objetivos foram elaborados os 226 verbetes deste *Dicionário*, implicando 609 termos com maior recorrência nas obras, textos e práticas da política cultural, tratados aqui sob o ângulo que interessa à política cultural. Esses verbetes compõem uma rede significativa mínima. Outros lhe podem ser acrescentados em caráter subsidiário segundo as modalidades dos campos (inúmeros) a serem cobertos pelas políticas culturais. Mas os termos selecionados por este *Dicionário* surgem como nucleares. A partir do quadro que propõem, é possível divisar uma Política Cultural que, formada obrigatoriamente na intersecção de diferentes especialidades, mostra-se, ela mesma, como disciplina própria, quer dizer, dotada de um sistema central, com termos agrupados em classes de termos e apresentando relações estáveis entre si. Isso implicaria dizer que a Política Cultural é uma epistemologia, o que pode ser discutido. O que não é possível negar é a dimensão heurística de uma disciplina como a Política Cultural, o que significa dizer que suas abordagens e análises propiciam enfoques novos ou esclarecedores de questões antigas já tratadas por outras disciplinas. Embora nada, no campo do conhecimento, baste em si e por si mesmo, não é inadequado dizer que é satisfatório que a Política Cultural seja pelo menos uma heurística porque as heurísticas talvez se apresentem como o correspondente pós-moderno, menos arrogante, menos estático, das epistemologias.

Este é, ainda, um dicionário relacional na medida em que, praticamente, cada um de seus verbetes remete a um outro ou outros que, por sua vez, reverberam em outros ainda, de tal modo que ao final todos se ligam a todos. Há, por certo, verbetes que atuam como pivôs, verbetes centrais ao redor dos quais giram outros, verbetes que distribuem significados para outros que os levam adiante. O verbete **sistema da produção cultural** é pivô no esquema da produção cultural assim como o verbete **imaginário** é pivô no esquema proveniente da teoria do imaginário. Ao redor deles, outros orbitam de modo imediato, como os verbetes **ação cultural**, **valor cultural** e **política cultural**, de um lado, e **imagem** e **culturanálise**, de outro. Talvez baste apontar esse fato para os que gostariam de ter uma orientação inicial de leitura; como cada verbete remete a termos imediatamente relacionados, o percurso da leitura forma-se na sequência dos encadeamentos. Seria supérfluo traçar uma árvore de ramificações ou identificar cada verbete como pertencendo ao primeiro ou ao segundo esquema: essa filiação ficará evidente na leitura. Por outro lado, cada verbete arrola pequenas bibliografias, umas mais, outras menos extensas (como cada verbete remete a outro, também as referências se complementam por acréscimos sucessivos). As obras nelas indicadas são aquelas onde os termos aparecem, direta ou indiretamente, ou aquelas nas quais os conceitos vêm expressos ou estão implicados, ou *a partir das quais* os conceitos foram construídos para este *Dicionário*. Podem ser, ainda, as obras cujos conceitos o verbete questiona. Como praticamente inexistem verbetes, portanto conceitos, que não tenham passado por uma elaboração especial para este *Dicionário*, as obras listadas nas referências devem ser entendidas mais como caixas de ressonância semântica do que como fontes soberanas.

Dirá também algo sobre a gênese deste *Dicionário* o fato de sua proposição imediata não ter nascido entre os especialistas em Política Cultural que compõem o Observatório de Políticas Culturais da ECA-USP e, sim, ter surgido como um convite-desafio formulado por colega de outra área, Maria de Fátima G.M. Tálamo, linguista da linha de ensino e pesquisa em Análise Documentária e pesquisadora interessada em descobrir até que ponto a Política Cultural era, de fato, um domínio do conhecimento. Um desafio como esse provavelmente só pode receber respostas sucessivas, das quais esta é a primeira.

Menção especial deve ser feita ao colega José Carlos de Paula Carvalho, da Faculdade de Educação da USP, que, com sua insistência em privilegiar entre nós os estudos do imaginário como caminho alternativo para a compreensão do presente, colaborou para que a Política Cultural entrasse pelo novo canal.

Destacando a colaboração atenciosa de colegas, do Brasil e do exterior, que redigiram verbetes relativos a suas especialidades (por vezes inovando no âmbito de seu próprio país de origem, como no caso de Robert J. Saunders em sua entrada sobre Arte-educação) registro, ainda, um agradecimento ao CNPq, financiador desta pesquisa, e ao Programa USP-BID que, no período entre 1989-1992, subvencionou os primeiros estudos dos quais resultaria, indiretamente, este trabalho.

Teixeira Coelho
São Paulo, fevereiro 1996

2. Estrutura e operação do *Dicionário*

O *Dicionário Crítico de Política Cultural — Cultura e Imaginário* é resultado de um projeto de pesquisa integrado desenvolvido no Observatório de Políticas Culturais da ECA-USP, com apoio do CNPq, cujo objetivo geral é apresentar uma sistematização conceitual da área para um público amplo, que poderá valer-se dessas informações no desenvolvimento de trabalhos práticos (em museus, centros de cultura, órgãos governamentais, entidades públicas) e de investigações teóricas ou teórico-práticas. Sob esse aspecto, o *Dicionário* propõe-se simultaneamente como instrumento de conhecimento e de comunicação: organizando o conjunto de noções que caracteriza o domínio da Política Cultural, apresenta-o de modo a viabilizar a efetiva transferência do conhecimento.

É fato reconhecido que as denominações servem de referência para a determinação do vocabulário de uma especialidade, isto é, do conjunto de formas significantes que respondem pelos conceitos particulares a partir dos quais se constituem as áreas do conhecimento. Desse modo, integram o vocabulário de especialidade os conceitos relativos aos objetos, processos e métodos que permitem o desenvolvimento da investigação e a produção do conhecimento. Como os conceitos não resultam de convenções arbitrárias ou de preferências individuais mas de relações entre suas características constitutivas, passíveis de serem objetivadas e confirmadas, o reconhecimento de uma denominação como conceito é tarefa que exige análise da pertinência dessas características ou traços em relação ao domínio do conhecimento considerado. Em si mesmas, as denominações podem ser fruto da germinação de ideias, do desenvolvimento efetivo do conhecimento da área ou de mera confusão, seja por ausência de rigor metodológico, seja por modismo. A primeira etapa, portanto, da elaboração de um dicionário de área consiste na identificação dos limites dessa área e do conjunto de denominações que se encontram em seu interior, como se fez no presente caso.

O objetivo de um trabalho desse tipo não é apenas a criação de sentidos, nem tampouco o de identificar um conjunto de termos e decidir quais deles participam do vocabulário, atribuindo-lhes uma definição. Antes disso, trata-se de constituir o vocabulário, nesse caso o vocabulário de Política Cultural, a partir do que é dado materialmente nos textos produzidos na área e reconhecidos por aqueles que dela participam.

A documentação básica para o desenvolvimento da etapa inicial do trabalho foi uma bibliografia da área, pesquisada e formatada pelo Observatório, já à disposição dos interessados sob o título "Bibliografia Localizada de Políticas Culturais". A partir dela foi possível determinar que o domínio da Política Cultural não se constitui apenas pelos referentes dos quais se ocupa, genérica e abstratamente, o estudo da cultura mas, principalmente, pelos enfoques e instrumentos que associam esses referentes a situações que determinam o campo da produção e circulação de bens e serviços culturais. Os limites desse domínio são dados por aquilo que o homem cria a partir de suas capacidades cognitivas, de sua ideologia e prática econômica e que é passível de integração num processo de produção e circulação que termina por alterar, num segundo momento, esse mesmo conhecimento, essa ideologia e essa prática econômica. Sendo assim, a área não se propõe, aqui, como uma totalidade intuitiva, proveniente de uma experiência da vida cultural, por mais ampla e bem fundamentada que seja, nem como um instituto fundado em ciências parciais desconectadas umas das outras. Não se apresenta tampouco como disciplina compartimentalizada mas também não se mostra como constelação errática de conceitos, pois embora se organize inicialmente através de um quadro de conceitos ligados a distintos domínios como o das ciências sociais, psicologia, antropologia etc., a área ganha especificidade de disciplina situacional quando se propõe não apenas a conhecer o mundo (reconhecendo as múltiplas facetas do fato cultural) mas nele intervir com instrumentos determinados. Ao contrário de outros campos do conhecimento que, para preservar sua identidade, desenvolveram-se sob a condição de ignorar áreas conexas, o campo da Política Cultural afirma-se como de natureza situacional, relacional (para entendê-lo nessa dimensão recomenda-se a leitura dos verbetes **Política cultural** e **Ação cultural**). A partir desse quadro de referência foi possível determinar o que é característico do domínio embora se encontre fragmentado na produção teórica ou descritiva da área. A sistematização de tais fragmentos, coletados na bibliografia da área, consiste justamente num trabalho de construção conceitual cujo resultado encontra-se neste *Dicionário* como proposta de terminologia da área.

À terminologia de uma especialidade corresponde o vocabulário cujas unidades, denominadas *termos*, remetem aos referentes que essa mesma área elege para analisar e explicar. Na documentação especializada, a terminologia encontra-se em estado natural. O vocabulário específico, entendido como conjunto de termos que reflete uma organização conceitual, só se mostra após uma codificação. Isso significa que, em nível textual, os termos, como as palavras que os integram, fazem parte de um sistema que sustenta o discurso, respondendo pela coerência, coesão e desenvolvimento do mesmo.

A organização geral do *Dicionário* comporta uma primeira parte com os verbetes (termos e respectivas definições ou descrições) e os não-termos (denominações não definidas ou descritas neste *Dicionário* mas mencionadas e eventualmente contextualizadas nos termos a que são remetidas), organizados uns e outros em ordem alfabética; e uma segunda parte com uma lista de termos e não-termos, estabelecida também em ordem alfabética, cujo objetivo, além de fornecer um esquema ou grafo geral do conjunto de entradas do dicionário, é igualmente o de facilitar o acesso do leitor à obra.

Cada verbete tem a seguinte estrutura: *termo*, *sumário*, *termos relacionados*, *definição ou contextualização* e *referências*. À entrada do verbete corresponde o *termo*, isto é, a designação considerada pertinente para nomear a noção desenvolvida na definição ou contexto. Na sequência encontra-se o *sumário*, que apresenta uma síntese dos tópicos abordados na definição, descrição ou contextualização do termo, dando ao leitor uma representação geral do conteúdo de verbete. O sumário é dispensado naqueles casos em que a definição ou contextualização do termo é breve o suficiente para permitir ao leitor, numa mirada rápida, a apreensão integral do conteúdo do verbete. Em seguida, os *termos relacionados*, através dos quais se sugere ao leitor a leitura de outros termos que de algum modo complementam a compreensão do termo de entrada, permitindo-lhe uma interpretação crescentemente adequada, relacional. Daqui passa-se à definição, descrição ou contextualização do termo e, por fim, encontra-se uma lista das obras (*referências*) em que o termo aparece, com ou sem uma definição ou descrição. Como já foi apontado, um dos motivos que levaram à elaboração deste *Dicionário* foi a constatação de que um grande número de termos da área tinha seu conceito considerado como um dado, o que frequentemente está longe de ser o caso. Desse modo, as obras tomadas como referência não foram sempre, pelo contrário, tomadas como fontes indiscutíveis de onde extrair as definições ou descrições *tais quais*; serviram antes, na maioria dos casos, como pontos de apoio ou molas que deflagraram um processo de esclarecimento conceitual do termo através de sua construção *in loco* no verbete. Quando um verbete não apresenta a lista de referências, isso significa que o termo não se encontra descrito ou definido em nenhuma obra de algum peso, embora circule no discurso informal da área, ou que o termo está sendo proposto pela primeira vez neste *Dicionário* com o sentido que aqui lhe é atribuído.

Para a redação dos verbetes (definição, descrição, contextualização, conforme o caso) optou-se por uma forma discursiva capaz de *comunicar* seu conteúdo ao mesmo tempo em que constrói um sistema conceitual. Decorre daí a escolha da palavra "crítico" para qualificar este tipo de *Dicionário*, indicando-se com isso que o tratamento dos objetos teóricos não se faz apenas de modo descritivo mas é acompanhado por uma contextualização que promove sua efetiva apropriação pelo leitor ao distanciar-se das compactações discursivas normalmente adotadas na redação dicionarial. Este recurso a uma forma dialógica de transmissão permite a apreensão dos conceitos em sua dimensão comunicativa através de uma discussão da qual participa o leitor, levado assim para além do mero reconhecimento passivo dos traços próprios ao conceito em tela. Exige-se do leitor um trabalho que não se resume à incorporação mecânica do que está exposto. Chega-se, desta forma, ao que parece ser o essencial neste Dicionário: ao reconhecer os termos e suas características, o Dicionário os resgata no jogo entre o uno e o múltiplo, jogo complexo que envolve inquietações originadas na incerteza e na ambiguidade e que por isso não aceita uma formulação e uma resposta simples. Dito de outro modo, as características nocionais são apenas momentaneamente isoladas para serem em seguida articuladas ao que parece estar delas dissociado. A ideia corriqueira de que a palavra, embora possua várias acepções, apresenta um sentido privilegiado que deve ser isolado, é uma crença que rapidamente se transforma em armadilha, pois obriga a centrar o trabalho no óbvio, frequentemente estéril para o desenvolvimento do conhecimento.

Obtém-se, com isso, um equilíbrio entre a identificação de elementos nocionais, capazes de responder pela distinção entre conceitos que participam de um mesmo campo nocional, e situações mais globais que permitem avaliá-los em contextos. Apenas para exemplificar esse aspecto, já que este é um traço característico de toda a obra, sugere-se a leitura dos verbetes **arte-ação**, **culturas pós-modernas** e **indústria cultural**.

De modo geral, portanto, a redação dos verbetes procura impor uma ordem apelativa, não simplificadora, à inteligibilidade da área. Nesse sentido, este trabalho evidencia que os instrumentos de referência não precisam necessariamente sacrificar a complexidade conceitual para garantir a comunicação. Pelo contrário, a transferência do conhecimento só se efetiva na sua plenitude na presença das características mais fundamentais da área em que é produzido e que normalmente não se deixam aprisionar nas formas redutoras dos textos exclusivamente descritivos, como habitualmente vêm defendendo os estudos clássicos na área.

A lista final dos *termos* (em **negrito** nos verbetes em que aparecem como termos relacionados e na lista final de termos e não-termos) e *não-termos* (em ***negrito-itálico*** e remetidos aos termos) tem por função facilitar o acesso do leitor ao *Dicionário*. Algumas das denominações empregadas na área não costumam ser claramente definidas ou descritas nas obras mais comuns disponíveis. No processo de redação dos verbetes deste *Dicionário*, por alguma razão tática ligada à organicidade tópica do discurso (**dedutivismo cultural** está alfabeticamente à frente de ***indutivismo cultural***, sendo portanto ambas denominações tratadas no primeiro verbete, funcionando a segunda denominação como não-termo — na verdade apenas aparentemente não-termo) ou em virtude da escala de valores nele adotada (chamar a atenção para o fato de um dado termo, ***bem cultural***, ser na verdade apenas uma espécie de outro, seu termo-gênero: **produto cultural**), decidiu-se não abrir um verbete para algumas dessas denominações, como **bem cultural**, mas incluí-las num verbete relacionado (no caso, **produto cultural**). O mesmo vale para outras designações que são aqui, pela primeira vez, propostas (como ***ação cultural de produção***) e que, sendo não--termos, se encaixam no tema abordado em verbete mais abrangente (no caso, **ação cultural**). O fato de alguns não-termos aparecerem na seção dedicada aos verbetes (com a respectiva remissão) enquanto outros surgem apenas na lista final de termos e não-termos explica-se basicamente pelo fato de o não-termo *incluído no corpo dos verbetes*: 1) ser já suficientemente conhecido e ter trânsito relativamente fluente na área (embora tenha sido aqui tratado no interior de outro verbete mais amplo: ***ação afirmativa*** como não-termo abordado em **multiculturalismo**, termo) ao passo que o não-termo listado apenas no final é pouco conhecido ou usado (embora venha a merecer maior uso; ex: ***âmbito alienado***) ou configura antes uma *questão* do que um termo (ex: ***mitocrítica da arte***) a merecer no entanto atenção especial ou, ainda, por apresentar-se como uma expressão significativa por algum ângulo que merece destaque (***batalha simbólica***, remetido para **valor cultural**) apesar de não requerer um tratamento singular; 2) ser uma designação aqui proposta pela primeira vez e com um peso imediato considerável (***cultura do desmanche***, ***modo cultural amigável***); 3) formar um par de conceitos do qual um deles foi tratado extensamente num verbete em que o outro aparece igualmente analisado (***indutivismo cultural*** em relação a **dedutivismo cultural**). De modo geral, as remissões permitem compatibilizar os diversos e eventuais modos formais de acesso a um conceito como aquele efetivamente utilizado por este *Dicionário*. Com isso, garante-se a utilização do *Dicionário* também por um público menos especializado.

Vale ressaltar, por fim, que se espera que o vocabulário proposto subsidie um efetivo intercâmbio entre os vários profissionais da área, cujo resultado não se resuma ao mero acúmulo de erudição mas indique avanços e transformações que discutam mesmo as conceituações ora propostas e eventualmente as desenvolvam.

Maria de Fátima G.M.Tálamo

REALIZAÇÃO

1. Equipe de pesquisa do Observatório de Políticas Culturais (ECA-USP):

Maria de Fátima G.M. Tálamo, profa. dra. (ECA-USP)

Maria Helena Pires Martins, profa. dra. (ECA-USP)

Nair Kobaishi, profa. dra. (ECA-USP)

Myrla Fonsi, mestranda (ECA-USP)

Lúcia Maciel, mestranda (ECA-USP), bolsista do CNPq

Patrícia Tavares, mestranda (FFLCH, Depto. História-USP), bolsista de aperfeiçoamento do CNPq

Alex Idehama (ECA-USP), bolsista de iniciação científica do CNpq

Maria Fátima Santos (ECA-USP), bolsista de iniciação científica do CNPq

Teixeira Coelho, prof. dr. (ECA-USP), coordenação geral

2. Redatores dos verbetes:

Arte-educação: Robert Saunders, dr., Department of Education, Connecticut, EUA; autor, entre outros, de *Relating art and humanities in the classroom* (Wm. C. Brown Publishing Co., 1977).

Ecomuseu, ***público de museu***, ***público especial***, ***conservação***, ***patrimônio***: Maria Helena Pires Martins, dra. (ECA-USP); autora, entre outros, de *Filosofando: Introdução à filosofia* (com Maria Lúcia A. Aranha, Moderna, 1993).

Leitura (1): Edmir Perrotti, dr. (ECA-USP), autor, entre outros, de *Confinamento cultural, infância e leitura* (Summus, 1990, Coleção "Novas buscas em educação").

Multiculturalismo: Solange Couceiro, dra., (ECA-USP), autora de *O negro na TV de São Paulo: um estudo de relações raciais* (São Paulo, USP/FFLCH, 1983).

Museu: Martin Grossmann, dr. (ECA-USP), autor de...; e Patrícia Tavares, mestranda (FFLCH, Depto. de História-USP), bolsista do CNPq.

Populismo cultural: Lúcia Maciel, mestranda (ECA-USP), bolsista do CNPq.

Indicador cultural (2): Lúcia Maciel.

Todos os demais verbetes são de Teixeira Coelho.

3. Revisor dos verbetes relativos ao Imaginário

José Carlos Paula Carvalho, prof. dr., Faculdade de Educação da USP, autor, entre outros, de *Antropologia das organizações e educação: um ensaio holonômico* (Imago, 1990).

4. Supervisora do tratamento terminológico:

Maria de Fátima G.M. Tálamo, dra. (ECA-USP), autora, entre outros, de *A palavra oculta: as relações da mulher com a linguagem* (ECA/USP, 1989).

5. Agência financiadora da pesquisa inicial:

CNPq

6. Apoio para a publicação inicial:

Fapesp

DICIONÁRIO CRÍTICO DE POLÍTICA CULTURAL

Cultura e Imaginário

ÍNDICE DOS VERBETES

A

Ação comunicativa

Sumário: funções de intercompreensão, de coordenação da ação e de socialização da ação comunicativa; distinção entre cultura, sociedade e personalidade; ação comunicativa, ação cultural, ação sociocultural.

Termo relacionado: ação cultural.

Processo interativo de transmissão e renovação do saber cultural, do ponto de vista da intercompreensão; de promoção da integração social pela solidariedade, do ponto de vista da coordenação da ação, e de formação da identidade pessoal, do ponto de vista da socialização.

Esse entendimento da ação comunicativa, proposto por J. Habermas, baseia-se na distinção entre três componentes do mundo vivido: cultura, sociedade e pessoa. Cultura é aqui descrita como estoque de conhecimentos do qual os participantes do processo retiram uma interpretação do mundo. Por sociedade compreendem-se as ordens legítimas pelas quais os participantes do processo regulamentam sua adesão aos grupos sociais, garantindo a solidariedade entre eles. E por personalidade, as competências pelas quais um sujeito adquire a faculdade de comunicar-se e agir, afirmando sua própria identidade ao participar do processo de intercompreensão. Nesse contexto, o conceito de ação comunicativa apresenta-se como um substitutivo para a *atividade social* genericamente considerada ou ainda para a *ordem social.*

A ação comunicativa identifica-se mais à ação sociocultural do que à ação cultural propriamente dita, uma vez que a ação sociocultural busca essa intercompreensão que tem por efeito a solidariedade entre os grupos sociais obtida pela construção das diferentes identidades, enquanto a ação cultural não se coloca fins claramente definidos e desenvolve-se no quadro das linguagens culturais e não no contexto do estoque global de conhecimentos. Nem toda ação comunicativa é uma ação cultural (e, no limite, nem toda ação cultural é uma ação comunicativa), embora não deixe de haver laços estreitos entre uma e outra quando se aceita o princípio de que a ação cultural busca contornar a barbárie. Um dos efeitos da ação cultural termina sendo a cimentação, ou tentativa de cimentação, dessas três esferas que, na modernidade, conquistaram autonomia individual, se dissociaram e seguiram por caminhos distintos: a cultura, a sociedade e a personalidade. É essa fragmentação — uma sociedade separada da cultura, personalidades separadas da sociedade, cultura que não converge para as personalidades — a responsável final pela violência que se apresenta como traço distintivo da vida no final do século XX e que a ação cultural, mesmo indiretamente, combate.

Referências:

Habermas, J. *Théorie de l'agir communicationel*. Paris: Fayard, 1987.

______. "Explications du concept d'activité communicationelle", in *Logique des sciences sociales et autres essais*. Paris: PUF, 1987.

Teixeira Coelho. *O que é ação cultural*. São Paulo: Brasiliense, 1989.

Ação cultural

Sumário: concepção genérica e específica; tipologia da ação cultural: segundo seus circuitos, segundo seus objetivos, segundo seus objetos; ação cultural, incomunicabilidade cultural e incomunicabilidade social; momentos da ação cultural.

Termos relacionados: administrador cultural, animação cultural, arte-ação, arte-educação, circuito cultural, fabricação cultural, mediação cultural, sistema de produção cultural.

Conjunto de procedimentos, envolvendo recursos humanos e materiais, que visam pôr em prática os objetivos de uma determinada política cultural.

Para efetivar-se, a ação cultural recorre a **agentes culturais** previamente preparados e leva em conta **públicos** determinados, procurando fazer uma ponte entre esse público e uma obra de cultura ou arte.

A ação cultural pode voltar-se para cada uma das quatro fases, níveis ou circuitos do **sistema de produção cultural**: produção, distribuição, troca e uso (ou consumo). A ação cultural de produção tem por objetivo específico concretizar medidas que permitam a geração efetiva de obras de cultura ou arte. Seu público será tanto o profissional quanto o amador. A ação cultural de distribuição propõe-se criar as condições para que obras de cultura ou arte entrem num sistema de circulação que lhes possibilite o acesso a pontos públicos de exibição (cinemas, teatros, livrarias, galerias, museus, bibliotecas etc.) A ação cultural voltada para a troca visa promover o acesso físico a uma obra de cultura ou arte por parte do público, de modo particular mediante o financiamento, no todo ou em parte, do preço da obra (preço de um livro, por exemplo) ou do ingresso que a ela dá acesso (ingresso para teatro, cinema etc.). Finalmente, a ação cultural voltada para o uso procura promover o pleno desfrute de uma determinada obra, o que envolve o entendimento de seus aspectos formais, de conteúdo, sociais e outros; para tanto, recorre à elaboração de catálogos, programas de apresentação de um espetáculo ou filme, palestras, cursos, seminários, debates, cursos etc.

Sob um ângulo específico, define-se a ação cultural como o processo de criação ou organização das condições necessárias para que as pessoas e os grupos inventem seus próprios fins no universo da cultura. (Essa acepção, proposta por Francis Jeanson, quase certamente deriva, consciente ou inconscientemente, e sem que o mencione, do entendimento que Kant teve da cultura: "a produção, num ser dotado de razão, da aptidão geral para os fins que, em sua liberdade, lhe deem prazer".) Nesse sentido, por depender daquilo que as pessoas e grupos às quais se destina entendam dela fazer, a ação cultural, apresentando-se como o contrário da **fabricação cultural**, não é um programa de materialização de objetivos previamente determinados em todos seus aspectos por uma política cultural anterior mas um processo que, tendo um ínicio claro, não tem um fim determinado nem etapas intermediárias previamente estabelecidas. Nesse sentido, a ação cultural é, antes, uma aposta: dados certos pontos de partida e certos recursos, as pessoas envolvidas no processo chegarão a um fim não inteiramente especificado embora provavelmente situado entre certas balizas. Ou não... O processo ou os meios, nesse caso, importam mais que os fins e o agente cultural, bem como a política cultural por ele representada, deve aceitar correr esse risco. O próprio agente cultural, de resto, submete-se ao processo por ele mesmo desencadeado, sofrendo ele também a ação cultural resultante.

Estabelece-se uma gradação entre dois tipos básicos de ação cultural, segundo seus objetivos: a *ação cultural de serviços* e a *ação cultural de criação*.

A *ação cultural de serviços* é, antes, uma forma de **animação cultural** que lança mão das diferentes modalidades de relações públicas, de propaganda ou de publicidade, com o objetivo de vender tal livro, tal espetáculo de teatro etc. ou de aproximar, desses produtos, um público (ou clientela) pouco receptivo, por motivos econômicos ou outros.

A *ação cultural de criação*, ou *ação cultural propriamente dita*, propõe-se, diversamente, a fazer a ponte entre as pessoas e a obra de cultura ou arte para que, dessa obra, possam as pessoas retirar aquilo que lhes permitirá participar do universo cultural como um todo e aproximarem-se umas das outras através da invenção de objetivos comuns. Nesse sentido, o termo *criação* é tomado em seu sentido mais amplo: não se refere apenas à construção de uma obra, a sua elaboração física, mas também ao desenvolvimento das relações entre as pessoas e uma obra — e das pessoas entre entre si através da obra — que permitirão a apreensão mais larga possível do universo da obra e a ampliação dos universos pessoais. Para esse entendimento de ação cultural, termos como "público" ou "clientela" são, mesmo, inadequados: o enfoque assumido permite apenas falar-se em "pessoas" cuja dimensão criativa (no duplo sentido indicado) será estimulada.

Uma visão particular dessa modalidade de ação cultural insiste em que seu propósito é não tanto eliminar a *incomunicabilidade cultural* frequentemente constatável entre uma obra de cultura ou arte e seu receptor — incomunicabilidade que, não raro, está na gênese mesma da obra — mas dissipar a *incomunicabilidade social* que se ergue entre a obra e as pessoas por motivos de natureza econômica, política ou outra. Essa ação cultural não tem por objetivo — e nisso se distingue essencialmente da **animação cultural** ou da ação cultural de serviços — reforçar nas pessoas a atitude de consumidores à qual são acostumadas pelo sistema econômico predominante; pelo contrário, sua proposta consiste em eliminar ou diminuir a tentação à inércia e à passividade que indistintamente afeta a ampla maioria nos tempos da comunicação de massa. Essa ação assim entendida, também chamada de *ação sociocultural*, tende a colocar uma pessoa, um grupo ou uma comunidade em condições de exprimir-se em todos os aspectos da vida social. Para essa concepção, a ação cultural não atinge seus objetivos quando se propõe apenas a criar relações entre as pessoas e a obra de cultura ou mesmo quando se propõe a promover a criação cultural em seu sentido amplo (*ação cultural propriamente dita*); essas relações devem ser tais que possibilitem às pessoas, compreendendo e dominando os procedimentos da expressão cultural, por sua vez expressarem-se elas mesmas de modo autônomo e nos mais diferentes domínios da vida social. A ação sociocultural propõe às pessoas, considerando seu momento e seu espaço próprios, bem como os meios a sua disposição, uma reflexão crítica sobre a obra cultural, sobre si mesmas e sobre a sociedade (o que pode também ser objeto da *ação cultural propriamente dita*, ou *ação cultural*), não lhe bastando porém desenvolver entre as pessoas um tipo de relacionamento *qualquer*, uma forma de aproximação *qualquer*, nem se contentando com oferecer-lhes apenas a fruição de um momento de lazer; será necessário que dessa ação resulte um benefício claramente caracterizado como social.

Os primeiros centros de cultura ingleses no século XIX (na Inglaterra denominados *centros de arte*) assumiam não raro a prática da ação sociocultural, igualmente privilegiada (embora às vezes designada simplesmente de *ação cultural)* pelas políticas culturais dos países socialistas (europeus, asiáticos e outros) no século XX. Ao final da década de 1950, o escritor André Malraux, então ministro da cultura da França, lançou as bases do que contemporaneamente se entende por *ação cultural de serviços* e *ação cultural propriamente dita* ou *ação cultural*.

Historicamente, é possível distinguir três momentos da ação cultural, conforme seu objeto de atenção. O primeiro, marcado pela atenção exclusiva dada à obra de cultura em si. O objetivo, nesse caso, era (e não raro continua sendo) preservar a obra, guardá-la como patrimônio, cuidar de suas condições físicas. Não havia maiores preocupações com o público, quase sempre restrito à figura de uma pequena comunidade (como no caso do mosteiro medieval) ou até mesmo de uma única pessoa (as galerias de arte dos nobres renascentistas). Quando os museus, por exemplo, começam a multiplicar-se, um público cada vez maior tem acesso às obras mas a preocupação central do que pode de algum modo ser chamado de ação cultural continua a ser a obra em si, sua preservação e seu agrupamento em coleções. Inexiste, num primeiro momento, um interesse em favorecer o pleno acesso intelectual ou estético do público às obras expostas. Um segundo momento da ação cultural, a partir das primeiras décadas do século XX — em especial nos países socialistas e em países, como a França, que se preocuparam mais diretamente com a promoção da educação e da cultura entre as classes trabalhadoras, de modo particular a partir da década de 1930 — caracteriza-se pelo propósito, não apenas de oferecer fisicamente a um público cada vez mais amplo um número cada vez maior de obras de cultura, mas de criar as condições para que essas obras fossem entendidas e apreciadas em sua natureza específica. Nesse segundo momento, o alvo privilegiado da ação cultural passou a ser o grupo, o coletivo, a comunidade. Num terceiro momento, iniciado na segunda metade da década de 1960, programas de ação cultural passaram a preocupar-se não apenas com o grupo, o coletivo, mas também com o indivíduo, com o singular. Propostas surgidas em centros de arte ingleses e em museus norte-americanos tinham como objetivo, constatado o afluxo cada vez maior de pessoas a museus, exposições etc., criar condições para, na medida do possível, oferecer ao indivíduo, isoladamente, as mesmas condições de fruição ou de criação artística (no sentido amplo) experimentadas pelo criador de cultura ou de arte. Tenta-se pelo menos garantir o acesso a exposições por parte de um pequeno número de pessoas a cada vez, assim como se criam possibilidades individuais de experimentação e criação cultural. Os custos dessas práticas, e o fato de colocarem-se em plena contracorrente da dinâmica própria de uma sociedade de massas, limitam amplamente essa tendência.

Referências:

JEANSON, Francis. *L'action culturelle dans la cité*. Paris: Seuil, 1973.
KANT, I. *La philosophie de l'histoire (opuscules)*. Paris: Denoel/Médiations, 1974.
TEIXEIRA COELHO. *O que é ação cultural*. 16. ed. São Paulo: Brasiliense, 1994.
_____. *Usos da cultura*. São Paulo: Paz e Terra, 1986.

Acesso cultural

Sumário: conceito, tipologia, exemplos.

Termos relacionados: sistema de produção cultural.

Por analogia com a linguagem utilizada no processamento de dados, entende-se por *acesso cultural* a comunicação com uma unidade ou modo de produção, distribuição ou troca de produtos culturais. Exemplo: biblioteca, sala exibidora, sala de espetáculos, estúdios de gravação etc. O acesso é condição material prévia que facilita (ou não) a produção e o consumo de produtos culturais. Está excluído dessa categoria o *acesso intelectual,* relacionado ao uso, isto é, à apropriação efetiva do produto cultural. Segundo sua natureza, o acesso distribui-se em:

1) **acesso físico**: facilidade ou não de locomoção (transporte, distância etc.);
2) **acesso econômico**: disponibilidade econômica ou financeira para a produção ou consumo do poduto cultural;
3) **acesso intelectual**: traduzido pelo uso ou apropriação efetiva do produto cultural; o uso cultural deixa, no indivíduo, uma marca, um resto, enquanto o consumo cultural caracteriza-se pela mera exposição ao produto cultural, insuficiente para deixar, no indivíduo, qualquer resquício.

Esses modos de acesso incluem, exemplificadamente:

a) **acesso à informação**: contato com os procedimentos de divulgação da vida cultural (TV, jornais, revistas etc.);
b) **acesso a equipamentos de produção** (câmeras de vídeo, de fotografia, computadores, instrumentos musicais etc.);
c) **acesso à reprodução**: equipamentos que permitem o consumo do bem cultural (aparelho de TV, vídeo, fitas de vídeo, rádio, toca-disco, gravador, walkman, CD player, DVD player; mas também salas de exibição, espaços públicos de apresentação etc.).

Aculturação

Termos relacionados: culturas híbridas, cultura de fronteira, reconversão cultural; enculturação, interpretação cultural.

Termo introduzido ao final do século XIX por antropólogos anglo-saxões para designar os fenômenos de contato direto e prolongado entre duas culturas diferentes que levam a transformações em qualquer delas ou em ambas.

Na atualidade, o termo é usado, por vezes, para indicar a resultante de uma pluralidade de formas de intercâmbio entre os diversos modos culturais — cultura erudita, popular, cultura empresarial etc. — que geram processos de adaptação, assimilação, empréstimo, sincretismo, **interpretação**, resistência (reação contra-aculturativa), ou rejeição de componentes de um sistema identitário por um outro sistema identitário. Modos culturais compósitos, como óperas montadas em estádios de futebol, espetáculos de dança moderna apoiados em manifestações de origem popular como o jazz, exemplificam processos de aculturação ou de **culturas híbridas**.

Referências:

CANCLINI, N.G. *Culturas híbridas*. México: Grijalbo, 1989.
GAUDIBERT, Pierre. *Du culturel au sacré*. Paris: Casterman, 1981.

Adega de arte

Sumário: a multiplicação dos museus, o museu como casca arquitetural e o museu vazio; museu corporativo e patrimonialismo; desequilíbrio no sistema de produção cultural; o museu-troca ou museu de visitação; exposição e pesquisa, consumo e conhecimento; o museu sem acervo.

Termos relacionados: museu, sistema de produção cultural, conservação, preservação.

A partir dos anos 1980 acelerou-se a construção de **museus** um pouco por toda parte, em particular nos EUA, na Alemanha e no Japão, sem esquecer a grande reforma do Louvre e a transformação de antiga estação ferroviária, ainda em Paris, no Museu d'Orsay. A maioria desses museus surgiu desde logo como monumentos a si próprios: a desproporção — volumétrica e estética — entre a magnificência de suas arquiteturas e, em diversos casos, a pobreza e platitude de suas coleções e mostras é estrondosa. O novo museu municipal de Yokohama, Japão, é um exemplo radical dessa situação. O projeto do celebrado, com justa razão, Kenzo Tange é arquitetural e urbanisticamente soberbo. Numa zona portuária inóspita ao cidadão pedestre, cortada por avenidas de tráfego intenso e linhas de trem e na qual o único espaço mais ameno é um shopping center vertical inteiramente voltado para dentro de si mesmo, a praça formada pela edificação do museu é um acolhedor espaço de lazer e convivência. No interior do museu, porém, não apenas é relativamente diminuto o espaço dedicado a exposições como as obras exibidas não têm a menor condição de equiparar-se à beleza, ao valor e ao uso cultural da edificação. Gastam-se duas horas para conhecer o museu-edificação e quinze minutos para passar ao lado das obras expostas. Ficando ainda no Japão, o mesmo fenômeno repete-se, de maneira quase similar, no novíssimo Museu de Arte Contemporânea de Tóquio (MO+).

Os museus são hoje, vários deles, *museus vazios,* como o de Yokohama, embora muita obra já feita reste por mostrar e muita obra ainda inata pedirá para ser vista.

Esse quadro faz concluir pela existência de um desequilíbrio no **sistema de produção cultural**: a produção é grande e aumenta, público existe e também pode ser sempre maior, museus (relacionados com as fases da distribuição e da troca) abundam e no entanto o que mostram é insatisfatório. O museu estimula a vontade de ver mais museus, não necessariamente de ver mais obras, mais objetos. Essa será uma representação eloquente sobre o espírito deste tempo.

Nesse cenário, construir novos museus assume a figura do desperdício ou da ostentação. Sobram museus, falta **conservação** de suas obras e quadros humanos para assegurar sua ação culturalmente multiplicadora. Uma saída poderia estar num esquema de adegas (ou arquivos) de arte, entendidas como edificações arquiteturalmente simples e relativamente baratas (dotadas no entanto da infraestrutura técnica requerida) que funcionariam como autênticos centros de preservação, restauração, documentação e pesquisa a constituírem-se em centros de distribuição capazes de levar aos mais diferentes museus (nesse caso, museus-troca), nos mais distintos e distantes lugares, amostras menores ou maiores de suas coleções. É possível estimar que os recursos atualmente investidos num museu de primeira categoria sejam o suficiente para construir algumas dezenas de adegas cinco estrelas.

A multiplicação das adegas de arte teria uma consequência em longo prazo provável: os museus seriam levados a renunciar à ambição (ou desatino) de terem suas próprias coleções permanentes. Em troca, sua atuação no conjunto da dinâmica cultural ganharia em velocidade e ritmo. (Essa opção seria particularmente dolorosa para as centenas de museus corporativos ou quase pessoais, aqueles museus mantidos por empresas, ou fundações, para a exibição de alguma anterior coleção de arte de seus donos ou patronos principais; as obras de arte teriam largamente desbastado, nessa hipótese, seu aspecto — e valor — patrimonial e, mais que isso, patrimonialista... o que ocorreria para benefício geral.) Os museus passariam a ser — pelo menos os novos museus — museus sem acervo...

O principal benefício do esquema das adegas seria a **democratização** imediata (por mais que essa expressão soe sempre estranhamente) do acesso às obras de arte por meio de uma ampliação de seu esquema de circulação. Indiretamente, não é descabido imaginar que o valor monetário das obras de arte se reduziria sensivelmente na medida em que sua posse não seria marca distintiva deste ou daquele museu. Eliminar o desejo de posse pessoal talvez seja algo fora do alcance da raça humana, mas seria quem sabe possível pelo menos deixar patentes, mais uma vez, a irracionalidade trágica das leis do mercado e o despropósito que é pagar US$ 50 milhões por um quadro de Van Gogh, sobretudo quando o artista morreu miserável. E na sociedade de massas, em que o público de uma exposição de arte num país desenvolvido não raramente chega ao milhão de visitantes e em que a visita a um museu, dado o afluxo de pessoas, transforma-se em excruciante experiência física matizada pelas várias cores da frustração, a separação entre as funções de exibição, de um lado, e de **preservação**, documentação e pesquisa poderia devolver, não ao museu propriamente (o nome poderia continuar a ser usado, como uma homenagem à tradição), mas à atividade de estudo e preservação de obras realmente valiosas, a possibilidade de alimentar seriamente o conhecimento mediante pesquisas especializadas, o que é uma quase impossibilidade no atual museu de visitação.

Administrador cultural

Sumário: administrador e ; primeiro administrador cultural pago pelo Estado; funções do administrador.

Termos relacionados: ação cultural, agente cultural, animador cultural, centro cultural, fabricação cultural, mecenato.

Administrador cultural é a expressão utilizada preferencialmente nos países anglo-saxões para designar o profissional que atua como mediador entre o produtor cultural, o público, o Estado e o empresário cultural ou incentivador (em qualquer combinação de duas dessas quatro figuras ou entre as quatro simultaneamente). Sendo de fato designado em inglês como *arts administrator* (na Inglaterra, em termos de política cultural a palavra-chave é arte e não cultura: assim, tem-se mais frequentemente *art centers* e não *cultural centers*), o administrador cultural confunde-se em parte com o agente cultural da tradição francesa mas, à diferença deste, encarrega-se de atividades mais propriamente administrativas, enquanto seu correspondente francês trata especificamente da **ação cultural** em si.

Embora se tenha notícia do exercício da administração da cultura tanto na Grécia antiga como na Roma de Ovídio (v. **mecenato**) ou na França de Molière, considera-se que na Inglaterra o primeiro administrador cultural diretamente pago pelo Estado data de 1639: tratou-se de William d'Avenant, um poeta e proprietário de um teatro.

A expressão "administrador cultural" é aplicada a uma ampla gama de profissionais — professores, trabalhadores sociais, legisladores, funcionários de órgãos culturais, agentes culturais — que exerçam num determinado momento, em termos atuais, três funções básicas: 1) criar as condições para que a produção cultural aconteça; 2) aproximar o produtor cultural de seu público; 3) estimular a comunidade a desenvolver seu próprio potencial criativo, o que se consegue através da formação de públicos, da descoberta e da preparação de artistas profissionais. Em outras palavras, são atividades do administrador cultural: a) a produção de obras ou espetáculos; b) aquilo que tradicionalmente se chamou de animação; e c) a formação. A Unesco, em seu relatório *Cultural Development in Asia,* estabeleceu uma dicotomia entre as figuras do artista (ou produtor cultural) e do administrador, apresentando-os como complementares mas não sobrepostos ("o administrador interessa-se pela arte mas não está diretamente envolvido com a arte e, sim, com sua administração"). Na atualidade, esse conceito ampliou-se. Fala-se num administrador-artista (como nas artes plásticas, domínio em que o próprio artista negocia as condições de exposição e venda de seus trabalhos com o marchand); no administrador como parceiro do artista (como nas expressões "diretor técnico" e "diretor cultural", quando ambas as funções existem num museu ou centro de cultural, ou como no par maestro [diretor artístico] — diretor administrativo, no caso de uma ópera ou sinfônica); no administrador como auxiliar do produtor cultural (o agente de um artista); no administrador como diretor do produtor cultural (editores que orientam o trabalho de escritores, marchands que requerem um certo tipo de produção); no administrador como funcionário do Estado; no administrador como auxiliar do público. De um modo ou de outro, o que se espera desse administrador é: que consiga os recursos econômicos para a produção de uma obra cultural, que organize a rotina necessária a essa produção (o que inclui um trabalho junto ao público), que incentive o produtor e o público.

Referências:

MARRUS, Michael R. *The emergence of leisure.* Nova York: Harper and Row, 1974.

PICK, John. *Arts administration.* Londres: E. & F.N. Spon, 1980.

_______ (ed.). *The State and the Arts.* London: City Arts, 1980.

Ridley, F.F. "The State and the Arts". Unesco, *Journal of Social Science Information*, 1977.

UNESCO. *Cultural Development in Asia.* Cultural Development, Documentary Dossier 2, 1976.

Afetual

Sumário: o ideológico, o cognitivo e o afetual.

Termos relacionados: avaliação, avaliação de exposições, distinção cultural, políticas culturais pós-modernas, cultura latente, imaginário.

Os estudos de política cultural, bem como as próprias políticas e seus procedimentos de avaliação, costumam previlegiar, em sua ampla maioria, os aspectos e objetivos ideológico-cognitivos que possam ou devam ter. Amparando o edificio de uma política cultural costuma existir um propósito informacional ou educativo, em sentido formal ou informal, que surge como a principal justificativa para sua existência. É essa a herança iluminista para as **políticas culturais**. Pequena ou nenhuma margem explícita tem sido deixada para o afetual, entendido em seu sentido amplo de fenômeno psicológico marcado pelas emoções e sensações (de prazer, excitação, estimulação etc.) — entre cujas consequências está a possibilidade de estabelecer-se uma ligação, entre o indivíduo e o objeto da afecção, de tipo estético (definida pelo domínio da intuição, do *insight*, da abdução e não pela dedução, indução e argumentação) — e pelas reações corporais que pode provocar. Há como um sentimento de culpa — derivado da ideologia do trabalho, erguida sobre a noção de produtividade, e da obsessão com o utilitarismo, responsável multissecular pela marginalização da arte — pairando sobre as políticas culturais e que as impedem de criar as condições para o exercício do afetual ou de reconhecer abertamente que o fazem, quando o fazem. Um dos pontos centrais da sociologia e da filosofia pós-modernas é o reconhecimento do afetual como componente vital do imaginário do homem e mediador privilegiado das relações sociais.

Um dos motivos empíricos da desatenção para com o afetual, ou mesmo sua marginalização, é a dificuldade de prevê-lo, prepará-lo, defini-lo e, acima de tudo, avaliá-lo em sua eficácia e eficiência. Os procedimentos de avaliação quantitativos não têm como apreender o universo do afetual e mesmo os qualitativos tradicionais amparam-se antes de mais nada em vetores cognitivos que possam manifestar-se imediatamente. No limite, o afetual é imponderável — o que não deveria ser motivo para eliminá-lo da esfera de preocupação das políticas culturais. O universo do homem contemporâneo (e sobretudo dos jovens) é, em ampla medida, afetual — quer esse afetual se manifeste e seja exercido simbólica, quer concretamente. A maioria absoluta das experiências de estar junto na sociedade atual é caracterizada pelo exercício do afetual em seu sentido mais amplo de emoção motricial. É o que ocorre com os espetáculos esportivos, nas danceterias, em óperas ou concertos ao ar livre, exposições de artes plásticas e mesmo em comícios, para não mencionar os modos culturais pop como os parques temáticos americanos e que se espalham um pouco pelo mundo todo (Disneylandia, Universal Studios, Beto Carrero World). A insistência exclusiva ou, mesmo, preferencial na dimensão cognitiva da prática cutlural pode ser apontada como um dos fatores de insucesso de determinadas políticas culturais. Uma abertura para o afetual rico e provocador pode apresentar-se como uma alternativa interessante para a proposta binária *cultura versus lazer* que tem dominado as discussões em política cultural. Essa oposição, nada falsa, pode ser superada pelo recurso ao afetual, um modo simultaneamente presente tanto na prática cultural propriamente dita como na prática de lazer e capaz de orientar o processo cultural pós-moderno para as saídas mais estimulantes procuradas pelas políticas culturais não mesmerizantes.

Como exemplos de práticas culturais amplamente baseadas no afetual podem ser lembradas as obras de artistas como Hélio Oiticica (seus penetráveis, em particular) e Lígia Clark (esculturas que se oferecem à manipulação e rearticulação pelo visitante da exposição) ou museus como o Fukagawa Edo, em Tóquio, um museu dito de **cultura popular** que reconstitui aspectos de Tóquio antiga (por nome, Edo) através da casas em tamanho natural reconstituindo um bairro da cidade às margens do rio Sumida durante o século XIX; o visitante da exposição ouve o cantar de galos, indicando a manhã que surge, vê o clarear do dia, experimenta o anoitecer, entra nas casas, assiste a vídeos, enfim penetra num universo cinestésico e sinestésico que mescla o cognitivo com o afetual de um modo totalizante. Comentários sobre a propriedade de recorrer-se ao afetual apenas quando se trata de culturas populares, como no caso desse museu, só podem ser descartados como preconceito amparado no desejo de **distinção**.

Referências:

DURAND, Gilbert. *Les structures anthropologiques de l'imaginaire*. Paris: Bordas-Études, 1983.

MAFFESOLI, Michel. *Aux creux des apparences* (Pour une éthique de l'esthétique). Paris: Plon, 1990.

Agente cultural

Sumário: agente cultural e intermediário cultural.

Termos relacionados: ação cultural, administrador cultural, animação cultural, intermediação cultural, mediador cultural.

Aquele que, sem ser necessariamente um produtor cultural ele mesmo, envolve-se com a administração das artes e da cultura, criando as condições para que outros criem ou inventem seus próprios fins culturais. Atua, mais frequentemente embora não exclusivamente, na área da difusão, portanto mais junto ao público do que do produtor cultural. Organiza exposições, mostras e palestras, prepara catálogos e folhetos, realiza pesquisas de tendências, estimula indivíduos e grupos para a autoexpressão; faz enfim a ponte entre a produção cultural e seus possíveis públicos.

Em 1995, com a aceitação legal de sua figura, antes vetada, passou-se a também no Brasil a chamar de agente cultural a quem encontra patrocinadores para um projeto cultural pronto. Esse uso do termo é uma apropriação e uma distorsão de seu sentido histórico. Buscar recursos para um projeto cultural é uma atividade de corretagem ou, na melhor das hipóteses, de produção e como tal deveria ser designada, nomeando-se a pessoa que exerce essa atividade de administrador cultural, produtor cultural ou **intermediário cultural**.

Referência:

Teixeira Coelho. *O que é ação cultural.* São Paulo: Brasiliense, 1989.

Alogestão

Termos relacionados: centro cultural independente, culturanálise, afetual.

Gestão do coletivo pelo próprio coletivo, a partir de estruturas afetivo-comunitárias.

Referência:

Porto, M.R.S. "Escola rural: cultura e imaginário". Tese de doutorado, São Paulo, Faculdade de Educação da USP, 1993.

Âmbito cultural

Ver Cultura autônoma.

Analfabeto secundário

Termos relacionados: indústria cultural, lazer, distinção cultural, público.

Indivíduo alfabetizado, com um grau de informação que pode variar do mais baixo ao mais especializado, capaz de decodificar informação visual e de servir-se de terminais eletrônicos, familiarizado, em suma, com as condições de existência num grande centro urbano contemporâneo, mas desprovido de uma mais ampla visão cultural de sua própria vida e do contexto social. É o produto de uma economia que não tem mais problemas de produção e sim de vendas, que não mais necessita de reservas de mãos de obra pouco ou nada qualificadas, e analfabetas, mas de consumidores qualificados a movimentarem-se pela parafernálica contemporânea. Caracteriza-se o analfabeto secundário por ter sua atenção desviada por trivialidades (os pseudoeventos criados pela televisão, como as novelas, competições esportivas etc.), orientar-se por uma sucessão de entretenimentos vazios e receber informações políticas sob a forma de comunicação espetacularizada. Próprio dos períodos em que o povo se transforma em **público**, o analfabeto secundário é contemporâneo de uma época cuja cultura perdeu quase todo traço distintivo e deixou de ser prioridade pública. O analfabeto secundário não se encontra apenas nas camadas mais desfavorecidas da população: longe disso, integra também, em proporção amplamente majoritária, os quadros da elite econômica e política. Sua mídia ideal é a televisão.

Referências:
ENZENSBERGER, H.M. *Guerra civil.* São Paulo: Companhia das Letras, 1995.
———. *Mediocridade e loucura.* São Paulo: Ática, 1995.

Animação cultural

Sumário: animação cultural, lazer; ação cultural.

Termos relacionados: ação cultural, fabricação cultural, lazer, mediação cultural.

Primeira expressão a que se recorreu, contemporaneamente, para indicar o processo de mediação entre indíviduos e modos culturais genericamente considerados. A animação cultural foi um dos instrumentos básicos da organização e promoção do **lazer** entendido não como simples ocupação do tempo mas como utilização instruída ou esclarecida do tempo livre. Nesse sentido, consistia em atividades de iniciação do **público** às artes eruditas, na condição de espectadores, e a **práticas culturais** e artísticas a seu alcance, geralmente como amador (pintura, cerâmica, teatro amador etc.). Incluía, ainda, programas como passeios turísticos, reuniões dançantes e atividades esportivas. Além de uma utilização dita nobre do tempo livre, a animação cultural procurava simultaneamente estimular as relações de convivialidade imediata (sem maiores preocupações políticas) entre os membros de um mesmo grupo ou categoria, como trabalhadores desta ou daquela atividade ou componentes de uma coletividade específica (religiosa, étnica etc.).

A partir do início dos anos 1960, com a ideologização crescente das **políticas culturais** e com o aparecimento de quadros culturais especificamente preparados para essa atividade, paralelamente à multiplicação de um **equipamento cultural** cada vez mais diversificado e complexo, a animação cultural passou a ser vista frequentemente como modalidade de integração passiva de indivíduos e coletividades ao *status* quo cultural e, por tabela, político. Os programas de animação cultural foram sendo gradativamente postos de lado junto com a própria expressão. Firmou-se, substitutivamente, a expressão **ação cultural** para designar um processo no qual se abria mais espaço para a participação ativa e não dirigida daqueles aos quais os programas se dedicavam e para os quais se procurava abrir horizontes mais amplos que os da simples diversão imediata.

Diversamente da **fabricação cultural**, a animação não visa necessariamente à produção de um objeto de cultura, nem tem por meta a transmissão de um conhecimento ou técnica específicos; não pretende tampouco, obrigatoriamente, formar uma opinião cultural, estética ou ideológica. Mas, ao contrário da **ação cultural**, não se caracteriza pela criação das condições a partir das quais seus receptores possam inventar seus próprios fins, tornando-se sujeitos da ação. É, antes, uma atividade que se esgota no ato, não gerando necessariamente resíduos ou pontos de partida para novos processos análogos ou diferentes.

Referências:

Teixeira Coelho. *O que é ação cultural*. São Paulo: Brasiliense, 1989.

Animador cultural

Ver Agente cultural, animação cultural, mediador cultural.

Antiguidade nacional

Ver Monumento histórico.

Aparelhagem mental

Termos relacionados: imaginário, culturanálise.

Designa o conjunto das modalidades perceptivas e os suportes sígnicos (linguagem verbal e outras linguagens) e conceituais que sustentam os modos de pensar de um indivíduo ou grupo. É a aparelhagem mental que torna operativa a noção de mentalidade, abrangendo os conjuntos de pensamentos, sentimentos e percepções — que podem ser diversos em diversas épocas, no interior de uma dada cultura, ou diversos na mesma época.

Referência:

PAULA CARVALHO, J.C. *A culturanálise de grupos: posições teóricas e heurísticas em educação e ação cultural.* Ensaio de titulação, Faculdade de Educação da USP, 1991.

Aparelho de base

Termos relacionados: equipamento cultural, filme-projeção.

Expressão recorrente no campo dos estudos cinematográficos, onde designa o conjunto dos recursos técnicos e das operações necessários à exibição de um filme: uma sala de exibição, projetor etc. O aparelho de base do cinema, entendido nesse sentido, não inclui o **público**.

Num sentido ampliado, o aparelho de base do cinema inclui os recursos e operações necessários à produção e exibição de um filme.

Por extensão, pode-se falar num aparelho de base do teatro, da ópera, da dança etc.

Referências:

BELLOUR, Raymond. *L'analyse du film.* Paris: Albatros, 1983.

______. *L'entre-images: photo, cinéma, video.* Paris: La Différence, 1990.

Apreciação artística

Ver Arte.

Arquétipo

Sumário: o arquétipo como forma vazia e dinâmica de organização das imagens; arquétipos genotípicos e arquétipos fenotípicos.

Termos relacionados: imagem primordial, imaginário, imaginação simbólica, mito.

Sistema de virtualidades da psique. A forma arquetípica, ou imagem primordial, fornecida pelo inconsciente, é em si mesma uma forma vazia que, para tornar-se sensível à consciência, é preenchida por elementos conexos ou análogos. O arquétipo apresenta-se como uma forma dinâmica, uma estrutura que organiza as **imagens**, sempre ultrapassando as concretudes individuais, biográficas, regionais e sociais que inteferem na formação delas. Pode ser entendido também como redisposição funcional para o objetivo de produzir ideias iguais ou semelhantes. Essas formas vazias, existentes *a priori*, podem gerar ideias ou contextos praticamente idênticos nos diversos indivíduos ou grupos, sem que se possa atribuir sua ocorrência a alguma experiência individual concreta. São componentes estruturais da psique (significando que o sujeito ou **grupo** é impelido por eles como pelo instinto) e possuem certa autonomia e energia específica, graças às quais podem atrair os conteúdos do consciente a eles adequados.

Faz-se uma distinção entre os arquétipos genotípicos, envolvendo modelos de aprendizagem e de *imprinting* e que correspondem aos *schèmes* (termo ainda sem tradução adequada em português); e os arquétipos fenotípicos, que engendram as imagens simbólicas e as constelações de imagens simbólicas que fornecem, entre outros, os **mitos**.

Referências:

Badia, D.D. "Imaginário e ação cultural: as contribuições de Gilbert Durand e da Escola de Grenoble". Dissertação, ECA-USP, 1993.

Durand, G. *A imaginação simbólica*. São Paulo: Edusp/Cultrix, 1988.

Jung, C.G. *Símbolos da transformação*. Petrópolis: Vozes, 1989.

______. *Tipos psicológicos*. Petrópolis: Vozes, 1991.

Arte

Sumário: concepção de arte comum em políticas culturais; arte enquanto arte e enquanto valor cultural; arte utilitária (arte como *commodity*) e filistinismo; apreciação artística; crítica e estética.

Termos relacionados: arte-ação, artes comunitárias, cultura, componente destrutivo.

Embora às vezes de modo apenas implícito, habitualmente as políticas culturais tendem a considerar como arte (ou, em todo caso, como a arte que as interessa) apenas aquelas manifestações que promovem uma certa ideia de civilização, aquela que contribua para o chamado aprimoramento da cultura como um todo, e das relações interindividuais e sociais em particular, segundo um determinado sistema de valores preestabelecido (socialismo, capitalismo, nacional-socialismo, populismo, cristianismo, islamismo etc.). O conceito de **arte-ação**, exposto por Mário de Andrade, aponta nesse sentido ao recusar a "arte gratuita", a arte que tem a "preocupação exclusiva com a beleza". Contra esses modos artísticos, a proposta da arte-ação defendia uma arte baseada no "princípio da utilidade como cânone absoluto de nossa estética", uma arte que não recusasse sacrificar "as nossas [do artista] liberdades, as nossas veleidades e pretensõesinhas pessoais", que reconhecesse o contexto histórico como elemento de produção, que — no caso do Brasil — recusasse o "folclore pelo folclore" e o modificasse com as proposições da arte erudita, uma arte que não se isolasse dos modos universais mas não os aplicasse de modo mecânico e servil. Em resumo, uma "arte de mãos sujas, uma arte comprometida com seu tempo, que não recusasse servir-se de tudo que lhe pudesse ser útil como instrumento de afirmação cultural". Em princípio e em geral, essa é a arte que interessa às políticas culturais, em particular as apoiadas e subvencionadas pelo Estado. Desnecessário destacar e salientar o caráter autoritário que costumam adotar tais programas. Suas ideias, muitas delas polêmicas, não foram de todo abandonadas no Brasil, mesmo por intelectuais de esquerda.

Essa concepção encontra fortes oposições. Hannah Arendt, por exemplo, é das que não aceita a ideia de que a arte possa ter outra finalidade que não ela mesma. Quando uma obra de arte é vista como meio para alcançar-se outro fim, observa a filósofa, a natureza mesma do que é arte está sendo alterada e perdida — mesmo quando o objetivo for educacional ou de "aperfeiçoamento pessoal". Uma vez aceita a possibilidade de fins segundos para a arte, a rigor nada existe que possa estabelecer uma diferença de nível entre o ato de recorrer a uma pintura para conhecer-se uma época histórica qualquer e o ato de usar a mesma pintura para esconder-se um buraco na parede. Tudo está bem, aceita Arendt, quando se tem consciência de que esse uso da arte não constitui a relação privilegiada que com ela se pode estabelecer. O problema é que essa consciência nem sempre se manifesta. O uso da arte como meio ou mediação caracteriza, observa Arendt, o *filistinismo*, palavra de que se serviram historicamente os artistas, a partir do século XVIII, para criticar uma sociedade que começava a valorizar apenas o que tivesse um valor material e que procurava uma utilidade para tudo — o que excluía a arte da ordem das coisas importantes e necessárias. Presente na *Bíblia* (onde indica o inimigo em número superior em cujas mãos se pode cair a qualquer instante), o termo filistinismo fazia parte da gíria de estudantes alemães do século XVIII que a ele recorriam para estabelecer uma distinção entre a imagem que tinham de si mesmos e a representação que faziam da burguesia da época. Clemens von Brentano foi provavelmente o primeiro a utilizá--lo como conceito para designar um estado de espírito que tudo julga em termos de utilidade imediata e de valores materiais, e que portanto não se interessa por objetos e ocupações (ditas inúteis) como os que se relacionam com as esferas não apenas da arte como também da natureza. Se o movimento ecológico alterou de algum modo as relações entre homem e natureza, falta ainda algum outro que possa fazer o mesmo, neste final de século XX, com as relações entre o homem e a arte.

Aquilo que, na expressão de André Malraux, se perde quando a arte é posta a serviço de uma ficção qualquer entendida como valor cultural, o que fica de fora quando se convoca a arte para promover esta ou aquela ideia de civilização, é seu valor de arte enquanto arte. Em outras palavras, quando a arte se transforma em veículo de valores culturais, sejam quais forem, perde seu valor de uso e assume um valor de troca, como qualquer outra coisa ou bem (hoje se diz "*commodity*") com trânsito no circuito social.

A ideia de que a arte é frequentemente chamada a promover determinados valores culturais, e recusada quando não o faz, transparece em exemplos como o da exposição de fotos homoeróticas de Robert Mapplethorpe nos EUA, que deu origem não só a mais um debate sobre as distinções eventuais entre arte e pornografia como a um movimento parlamentar naquele país visando, de imediato, impedir que recursos públicos sejam destinados ao apoio de artes julgadas inconvenientes e, a prazo médio, diminuir a presença do Estado no apoio às artes em geral. O fato é que não raro existe um choque direto entre o entendimento que as políticas culturais têm da arte e o entendimento que de arte têm os próprios artistas, e que é aquele segundo o qual a arte não existe e não serve para civilizar ou "salvar as aparências" mas para permitir que *tudo* possa ser visto sob todos os aspectos, inclusive em seu estado bruto — e não apenas em seu estado bruto como, se for o caso, em seu estado brutal, desenfreado, anticivilizado, contraditório.

Praticamente as mesmas questões estão presentes quando se trata de discutir a natureza da **apreciação artística** promovida por políticas culturais. Seria possível dizer que também na apreciação artística existiria um componente relacionado com o ato de cultivar o gosto segundo os objetivos condenados por Hannah Arendt. Inversamente, há argumentos no sentido de mostrar que isso não é tanto um *componente* propriamente dito da apreciação artística quanto um *resultado* do fato de ser alguém capaz de falar sobre arte com conhecimento de causa. A apreciação artística desenvolveu-se a partir da Crítica e da Estética ao longo da segunda metade do séxulo XIX. E foi usada não apenas "desinteressadamente" para a compreensão em si da arte pelos próprios artistas, filósofos e outros estudiosos, mas também pela burguesia emergente, como instrumento de diferenciação entre o que era "má arte" e "boa arte" quando a questão era tomar decisões sobre a oportunidade de se fazer determinado investimento econômico em arte. E logo se revelou, ainda, instrumento de "formação espiritual" dos jovens em geral — e das mulheres em particular. Mas a noção de apreciação artística não ficou marcada por esse enfoque instrumentalista. Enquanto crítica de arte, a apreciação artística, lembra Robert Saunders, é um desenvolvimento da Renascença italiana e teve um ponto de partida no momento em que os artistas e intelectuais começaram a fazer comparações entre um artista e outro para saber qual o melhor. Numa linha paralela, nessa mesma época iniciava-se o que hoje se conhece como História da Arte. Enquanto Estética, a apreciação artística data do Iluminismo, quando tudo se transformou em objeto de estudo científico, passível de repertoriação em manuais e enciclopédias. A origem do termo é o título de um livro de Alexander Baumgarten (1750). "Estética" vem do grego *aisthetikos* que significa recepção ou conhecimento pelos sentidos, em oposição a recepção ou conhecimento pelo intelecto. Quando uma **política cultural** promove determinada forma de arte enquanto **valor cultural** ou ideia civilizatória, diz-se que esse procedimento é mais propriamente intelectual (ou simbólico, sujeito às lógicas, à argumentação racional, na definição de Charles S. Peirce) do que estético (ou icônico, próprio da intuição, da emoção e da sensação, ainda nos termos da semiótica peirceana), o que daria motivos para denominá-lo secundário em relação ao procedimento artístico propriamente dito. De todo modo, é através do desenvolvimento da capacidade crítica, entendida como faculdade de distinguir entre uma coisa e outra, e do desenvolvimento da reflexão sobre a natureza e possibilidades da arte (estética) que se estimula a apreciação artística, a apreciação da arte entendida enquanto arte e não enquanto valor cultural.

No Anexo 2 deste volume encontra-se um estudo comparativo entre arte e cultura que explora as diferenças operativas e de função entre ambos os conceitos.

Referências:

ARENDT, Hannah. *La crise de la culture*. Paris: Gallimard, s/d.

MALRAUX, André. *Le musée imaginaire*. Paris: Gallimard, s/d.

PEIRCE, Ch.S. *Semiótica*. São Paulo: Perspectiva, 1987.

SAUNDERS, Robert. "Art history is a fiction". Long Island Arts Teachers Association Conference, mimeo., 1988.

Arte pública

Sumário: o sentido restrito da expressão; arte pública de decoração e de provocação; arte pública, direitos individuais e coletivos; arte pública e poder público.

Termos relacionados: alogestão, arte, artes comunitárias, centro cultural independente.

Apesar de cobrir em princípio todas as modalidades de exposição pública da arte (e, eventualmente, de produção pública da arte), por arte pública tem-se entendido habitualmente, de modo restrito, obras de arte plásticas — particularmente esculturas — expostas em lugares públicos em caráter transitório ou perene. A mesma expressão poderia ser aplicada a espetáculos teatrais apresentados em locais públicos ou em vias públicas (como fez o Bread & Puppet no início da década de 1970), bem como a projeções públicas de cinema; a arquitetura também já foi chamada de arte pública, assim como seria outro exemplo de arte pública a chamada cultura de rua (que inclui modos como o rap e o grafite). Umas não o são por carecerem de toda perenidade ou permanência (espetáculos teatrais e cinema) e se apresentarem como eventos singulares e excepcionais; outras por não mais terem nenhum vínculo orgânico com a população (caso hoje em muitos países, como o Brasil, da arquitetura, ao contrário do que ocorreu em momentos do passado, como na Renascença italiana, e salvo momentos de intensidade emocional excepcionais como o oferecido pela instalação da pirâmide de vidro no pátio central do Louvre, em Paris — que primeiro provocou uma recusa generalizada para em seguida ser amplamente aceita pela população como signo cultural forte); outras ainda por preconceituosamente não serem qualificadas como arte, mas apenas como **modo cultural** (rap).

A segunda metade dos anos 1980 presenciou um forte impulso das **políticas culturais** públicas na direção da arte pública, especialmente em cidades europeias como Berlim e Dusseldorf, que mantém um programa constante de instalação de obras plásticas em ruas e parques da cidade com o objetivo de desbanalizar o cotidiano e possibilitar à população um momento de reflexão e projeção numa outra dimensão existencial. A melhor arte pública, nesse caso, não é aquela exclusivamente decorativa mas a que se mostra como um enigma, uma provocação ou, ela mesma, uma reflexão sobre a vida em geral ou sobre a vida na cidade em particular. Assim, em Paris, no coração do Quartier Latin, na esquina do Boulevard Saint Germain com a Rue de Rennes, uma seção da calçada se ergue para o ar como se uma explosão estivesse acontecendo ou acabasse de se dar; em Dusseldorf, um jardim cheio de postes encimados por relógios que marcam a mesma hora fornecem um perturbador comentário sobre o tempo na cidade; em Berlim, um enorme arco tensionado sobre uma das principais avenidas, a Ku'dam, não pode deixar de recordar ao passante a realidade histórica singular vivida pela cidade até a queda do muro — e, possivelmente, mesmo depois. Monumentos públicos como o Arco do Triunfo são, no entanto, menos percebidos como arte pública pela população, no que não lhe falta razão, dado o caráter comemorativo oficializante de que habitualmente se revestem. Igualmente menos registradas como forma de arte pública são as esculturas que, embora situadas em parques ou locais assemelhados, ficam distanciadas do público passante por ocuparem um pedestal ou ficarem no interior de recintos delimitados: um dos traços necessários à plena caracterização da arte pública é o fato de oferecer-se como possibilidade de contato direto, físico, **afetual**, com o público.

Um aspecto particularmente importante ressaltado pelas manifestações recentes de arte pública diz respeito aos diversos tipos de direitos individuais e coletivos envolvidos na questão. Não são raras as manifestações coletivas de desagrado com a instalação de uma obra de arte num local público, não apenas (ou não mais) por motivos ditos morais mas também por razões estéticas, históricas ou outras. Em países onde os direitos individuais e coletivos são resguardados, podem surgir intricadas questões jurídicas sobre o direito que tem uma comunidade de *não querer* que uma determinada obra seja instalada num local e o suposto direito que teria o artista de manter naquele local a obra que para ali foi encomendada por uma autoridade pública. Incidentes como esses, nada raros, mostram, de todo modo, uma consciência da comunidade cada vez mais atenta para as questões do meio urbano e evidenciam uma outra característica da arte pública: o fato de, ao contrário do que ocorre com os **centros culturais independentes**, depender da iniciativa da autoridade pública sob todos os aspectos e não se prestar à **alogestão** — o que deveria, a rigor, retirar-lhe o qualificativo "pública"... Buscando contornar esses incidentes, autoridades públicas têm orientado os artistas a entrarem em contato prévio com as comunidades a serem "beneficiadas" por uma obra de arte a fim de verificarem o que deseja ou pode aceitar essa coletividade. A situação é bizarra, por de algum modo atrelar a criatividade do artista às conveniências do grupo; como se vê, o processo de autonomização da arte iniciado na Modernidade (separação da arte diante da Igreja e da nobreza e, a seguir, do Estado) é de fato um projeto inacabado...

A legislação de alguns países e cidades (caso de Nova Iorque, com sua lei dita "Per cent") tem tornado obrigatória a aquisição e exibição, em edifícios recém-construidos (públicos ou não), de obras plásticas, num percentual do custo total da edificação; nesse caso, seria mais adequado falar-se na existência de uma arte semipública, já que quem dela se beneficia não é a população indeterminada mas as pessoas que frequentam habitualmente esse edifício ou espaço.

Referências:

CIMET, E. "Arte público?", in *Signos 1989: El arte y la investigación*. México: Instituto Nacional de Bellas Artes, 1989.

GEE, Mary. *Yes in my front yard: community participation and the public art process*. High Performance v. 18, n. 1/2, 1995.

Arte-ação

Sumário: arte comprometida; utilidade em arte; arte-ação e ação cultural; ação artística; ações plurissensuais; a proposta dos anos 1970, a retomada nos anos 1990.

Termos relacionados: ação cultural, cultura de fronteira, culturas híbridas.

Em *O banquete*, livro inacabado, redigido entre 1944 e 1945, Mário de Andrade fala numa *arte-ação* para a qual prevê princípios. Não sendo propriamente um ensaio teórico mas uma coletânea de crônicas semanais escritas para *A Folha da Manhã* numa forma ficcional e dialogal à semelhança dos textos de Platão, *O banquete* não é definitivo sobre o que seria a arte-ação. A expressão aparece no capítulo V, intitulado *Vatapá,* dedicado à música brasileira, abordada sob dois ângulos convergentes: "A música brasileira tal como está na composição" e "Como compor música brasileira". Como no resto do livro, o tom desse capítulo é jocoso e irônico tanto quanto sério. Mário de Andrade não se preocupou com questões de coerência e clareza e frequentemente espalhou seu pensamento entre personagens de natureza bastante distinta (às vezes, oposta) que discutem sobre determinados pontos da arte e da estética de tal modo que o pensamento do autor vem tanto expresso quanto oculto através deles todos, num modo dialético, não fechado, impedindo que se ressalte de imediato, de modo unívoco, a opinião profunda do poeta e ensaísta.

O que se discute nesse capítulo é a situação da música brasileira e suas condições para expressar à época, "como entidade brasileira" e de forma "legítima, eficaz, funcional e representativa", a "organização da coisa étnica e assimilação do espírito universal". Essas condições a música brasileira encontraria, segundo um dos personagens, no momento em que deixasse de "fazer arte gratuita", em que abandonasse a "preocupação exclusiva da beleza, do prazer desnecessário", "a intenção estúpida, pueril mesmo, e desmoralizadora, de criar a obra de arte perfeitíssima e eterna."

A conversa entre os personagens deriva para vários assuntos antes de tocar no tema do Brasil diante de seu futuro e da natureza da arte aqui feita. Diz um personagem que o estado da arte no país não é o de um primitivismo, se se entendesse por isso o primitivismo como movimento de arte, nem um primitivismo diletante como costumam defini-lo os "*blasés* europeus". Os artistas brasileiros seriam primitivos como "filhos duma nacionalidade que se afirma e dum tempo que está apenas principiando". Nesse sentido, diz o personagem, toda arte americana, inclusive a dos EUA, é primitiva. Mas, "se quisermos ser funcionalmente verdadeiros, e não nos tornarmos mumbavas inermes e bobos da corte [...] temos que adotar os princípios da arte-ação". Fazê-lo seria "sacrificar as nossas liberdades, as nossas veleidades e pretensõesinhas pessoais e colocar como cânone absoluto da nossa estética o princípio de utilidade". Toda arte brasileira que não seguisse esse princípio seria "vã, diletante, pedante e idealista".

Propondo essa conceituação, o personagem reconhece que está fixando o Brasil como ponto de enfoque, como elemento de relação para avaliar a arte aqui feita. Mais: admite que seu juízo leva em consideração a transitoriedade da vida e não a eternidade de alguma estética. Rechaça a ideia de que todo juízo de valor estético deva basear-se no eterno, no universal — a arte brasileira, pelo menos, não deveria considerar esse fator. Nesse trem de pensamento, afirma não concordar com a ideia de que Villa-Lobos não faz música brasileira por usar orquestra sinfônica em suas composições, contestando os que viam nesse recurso uma filiação à cultura europeia — mesmo porque, diz, "nós somos também civilização europeia" e a orquestra nos pertence tanto quanto a um compositor russo ou espanhol. Não aceita, ainda, que pinturas brasileiras possam ser descartadas como tais ao refletirem a influência de alguma escola estrangeira (no caso, a Escola de Paris) por não haver no mundo, naquele momento, uma pintura que deixasse de refletir as propostas daquele grupo. A arte brasileira só seria de fato brasileira dentro "dessa arte-ação, desse primitivismo, natural do Brasil em face de seu futuro". Uma arte que "digere o folclore mas que o transubstancia", que digere as tendências e pesquisas universais por ser o Brasil um país atual e não uma entidade fixada no tempo.

Ligando a arte-ação ao princípio da utilidade, Mário de Andrade estava propondo um programa de ação para a arte e o artista brasileiros que quisessem comunicar-se com seu público e firmar-se no cenário mundial. Em outras palavras, faria arte-ação quem, deixando de lado vagos ideais de um Belo eterno, reconhecesse o contexto histórico como elemento de produção, se alimentasse de seus propostas (como, por exemplo, o uso de uma orquestra sinfônica), recusasse o folclore pelo folclore mas o modificasse com as proposições criadoras da arte erudita, não se isolasse dos modos universais mas não os aplicasse de modo mecânico e servil. Arte-ação, em outras palavras, seria uma arte de mãos sujas, uma arte comprometida com seu tempo, que não recusasse servir-se de tudo que lhe pudesse ser útil como instrumento de afirmação cultural. Quase antecipando os pós-modernos, Mário de Andrade dizia, em *O banquete*, que *tudo serve* para a arte — desde que ela não esqueça seu leito antropológico, por assim dizer.

O sentido que, através da leitura de *O banquete*, aos poucos vai sendo formado para o termo *arte-ação* tem, em princípio, pontos de contato com o sentido adotado neste dicionário para as expressões **ação cultural** e **fabricação cultural**. Considerada com os olhos e as ideias de hoje, *arte-ação* seria na verdade um termo aplicável *apenas* a procedimentos como esses (voltados, quanto ao que aqui interessa, para o apoio à arte, para a **mediação** entre a arte e um público) e não à arte enquanto tal. À maioria dos programas estéticos postos em prática depois dos anos 1940 repugna toda ideia de utilidade em arte, inclua ela noções de nacionalidade, de instrumentalidade, territorialidade etc. — embora periodicamente se repitam, com força integral, escândalos estéticos e sociais como o que caracterizou, no Brasil dos anos 1960, o uso da guitarra elétrica na música popular brasileira, evidenciando um razoável descompasso entre a prática dos artistas, a expectativa de parte do público e os mandamentos estéticos de parte da crítica. Essa tendência das artes atuais para um estado de independência absoluta em relação a qualquer programa de utilidade reforça a ideia de que a expressão arte-ação deva ser entendida como uma espécie de versão brasileira dos termos **ação cultural** e **fabricação cultural**. Por referir-se expressamente à arte, e por propor-se fins utilitários predeterminados, arte-ação não pode passar por sinônimo perfeito de ação cultural, cujos domínios são mais vastos. Mas, pelo menos de modo relativo e parcial, arte-ação pode ser entendida como modo brasileiro antecipatório de uma prática que só se firmaria, por aqui, e apesar de tentativas isoladas ao longo da história, a partir dos anos 1980.

Esse aspecto antecipatório da proposta de Mário de Andrade surge também em destaque quando se pensa em outros fenômenos culturais que adotaram a palavra *ação* como emblema. A referência imediata, embora não de todo ligada ao contexto imaginado pelo autor de *Macunaíma*, é a *action painting* de Jackson Pollock (1912--1956) que em 1947 — portanto três anos depois de Mário — abandonou o uso de pincéis e passou a pingar tinta sobre uma tela diretamente a partir dos tubos, espalhando-a com as mãos e os pés (o que não raro provocava ferimentos no artista, cujo sangue misturava-se então aos pigmentos coloridos). Pollock dizia que sua pintura era "direta" e antes *expressava* seus sentimentos do que os *ilustrava*. Mário de Andrade, apesar da dose de profecia passadista contida nesta afirmação, sem dúvida teria dito que era exatamente isso que ele desejava para a arte brasileira.

Outras práticas artísticas e culturais, porém, reivindicaram o termo *ação* de um modo que mais diretamente evoca o programa erraticamente proposto em *O banquete*. No final dos anos 1960, o Guerrilla Art Action Group — um dos vários que, nos EUA, tomaram a guerra do Vietnã como ponto de partida para uma intervenção artística, para não dizer *ação artística*, apresentou "peças teatrais" didáticas nas ruas de várias cidades americanas e mandou, a diferentes políticos, "cartas de ação" a respeito do que fazer quanto à guerra. Antes desse, outros grupos já haviam aparecido no cenário cultural americano com ações artísticas voltadas para a discussão pública de temas como os privilégios culturais (falta de oportunidades para as mulheres-artistas, ou para os negros, por exemplo), a própria guerra do Vietnã, o massacre registrado na prisão de

Attica etc. Em 1969 fundou-se o Art Works Coalition que, em maio de 1970, organizou um *sit-in* e uma *greve de arte* no Metropolitan Museum de Nova York, depois de ter protestado contra a abertura dos museus americanos no dia da moratória pelo Vietnã em 1969. O mesmo grupo organizou outra manifestação artística-antiartística contra o massacre de Song My diante da tela *Guernica*, na época ainda no Moma de Nova Iorque (mais tarde, *Guernica* voltaria à Espanha, sendo instalada em Madri). Artistas conhecidos, como Oppenheim e Morris, participaram das ações do AWC.

Outras ações artísticas "plurissensoriais" foram realizadas nesse período por um grupo internacional, o Underground Art Society, entre cujos princípios estavam o de manter o anonimato durante as representações e não aceitar remuneração pelas encenações. Um de seus projetos consistia na discussão preliminar, com o público, sobre os pontos cardeais do lugar em que a ação estava sendo preparada e executada. Sua ação se realizava geralmente numa rua e tinha por objetivo permitir ao transeunte expressar suas ideias sobre a arte e suas necessidades estéticas.

Essas ações artísticas ou estéticas marcaram acentuadamente os anos 1960 e 1970 e tiveram em dois grupos teatrais, o Bread & Puppet e Living Theatre, seus expoentes mais conhecidos. Tanto um como o outro ganharam intensa notoriedade por encenarem em ruas, fábricas e outros locais até então desprezados pela arte oficial. (O Living Theatre protagonizou um episódio tristemente famoso no Brasil ao ter todos seus integrantes presos, sob a ditadura militar iniciada em 1964, enquanto promoviam um laboratório teatral.) A Bienal de Veneza de 1972 foi marcada por ações teatrais de igual característica. A Praça de San Marco, as ruas da cidade, igrejas ex-consagradas, ilhotas desertas serviram como cenário para um teatro-ação que jogava o espectador diretamente numa experiência estético-política fortemente sensorial. Diferentes grupos teatrais como o Squat Theatre (EUA), o próprio Living Theatre (EUA), La Mama (EUA), o Teatro-Laboratório de Grotowski (Polônia) e o Théatre du Soleil (França) esposaram os mesmos ideais *acionacionistas* entre cujas metas estava claramente um propósito de não apenas sacudir o espectador de sua tradicional inércia, provocando sua resposta criativa, como também levá-lo a um conhecimento diverso da arte, suas funções e suas possibilidades. O nome para isso, tingido pelas fortes cores do didatismo que marcou grande parte da produção cultural dos anos 1960 e 1970, e embora não agrade a vários dos artistas envolvidos, poderia ser **ação cultural**. Em todo caso, arte-ação.

O cenário do acionismo artístico nos anos 1970 não foi apenas ocupado pelos programas estético-políticos, em que o Living Theatre e o Teatro do Invisível de Augusto Boal se destacaram. Faziam parte de seu ideário objetivos mais puramente sensoriais. Rasheed Araeen, no final dos anos 1960, organizou diversas ações no Tâmisa e no Sena para as quais o espectador era chamado a participar com a finalidade de ter realçada sua percepção da relação objeto/meio ambiente. Organizaram-se "ações eróticas" (duas mulheres andando nuas pelas ruas, uma delas ostentando os seios "ornados" com telas de tv) cujo objetivo era despertar a atenção para a hipocrisia nos costumes e a utilização do sexo na cultura. Outras ações tinham por meta experiências "de materialidade" (como as de Lygia Clark ou de Helio Oiticica, com seus "penetráveis"). Todas essas ações, diferentemente do que havia ocorrido antes com os *happenings*, de um modo ou de outro punham em causa, às vezes de modo radical, a função e o estatuto do artista e do **público**. O artista se despia consideravelmente de seu papel de mentor e sustentáculo exclusivo da arte e abria espaço para uma participação ingênua, não intencional, do público. É impositivo falar-se, portanto, na existência de uma vontade educativa a ser exercida sobre o público. O que se discutiu, inclusive à época, foi se o público estava preparado para essa intervenção e em que medida essas ações contribuíram para essa formação. A resposta, na maioria dos casos, foi não: o público não estava preparado e a contribuição para sua formação foi pequena ou nula. Isso poderia, aparentemente, impedir que essas propostas fossem consideradas como modos ou versões da ação cultural. A eficácia e a consciência do que está envolvido numa determinada prática, no entanto, nunca foi e não é um privilégio da ação cultural, pelo contrário. Uma insuficiente análise dos requisitos exigidos por uma ação desse tipo, e um desejo nem sempre inconsciente de na verdade não se afastar dos antigos modos artísticos, foram as causas para um reaparecimento desse acionacionismo ao final dos anos 1980 e início dos 1990. Mas, significativamente, aquilo que 20 anos antes, de um modo ou de outro, tinha sido um gesto de aproximação em direção do público, um gesto de amor pelo público, apareceu nesse novo instante histórico como um gesto de agressão, tão gratuita como as frequentemente vistas nos programas de televisão e nos filmes assim como nas ruas das grandes cidades. O grupo teatral Furya del Baus, com sua predileção por jogar água, terra, ovos sobre o público enquanto procura atingi-lo, sem intenções ideológicas, com carrinhos ou com o corpo dos próprios atores — contando com isso, de modo ainda mais sintomático, com a cumplicidade masoquista do público — é um exemplo radical de uma experiência acionacionista que teve com *O rei da vela*, do Oficina, nos anos 1960, um precursor fortemente politizado. Esse acionismo revisitado é uma espécie de ação cultural negativa, caso se prefira. Mas não deixa de ser uma arte-ação...

Referências:
ANDRADE, Mário de. *O banquete*. São Paulo: Duas Cidades, 1977.
POPPER, Frank. *Art, action et participation*. Paris: Klincksieck, 1985.
TEIXEIRA COELHO. *O que é ação cultural*. São Paulo: Brasiliense, 1991.
______. *Uma outra cena*. São Paulo: Polis, 1983.

Arte-educação (1)

Sumário: definição, processos, pilares teóricos, orientações filosóficas, os programas orientados para o produto, os programas orientados para a pessoa.

Termos relacionados: ação cultural, agente cultural, arte.

Arte-educação é a ciência do ensino da **arte**. Essa disciplina ou campo profissional não foi, até este momento, realmente definida nem mesmo aqui, nos EUA, mesmo para, simplesmente, distingui-la, por exemplo, do mero ensino para professores de arte. É este o modo mais adequado que encontro para, neste dicionário, defini-la: a ciência do ensino da arte.

Essa ciência envolve dois processos: 1) o processo de ensinar estudantes a realizarem obras de arte dita visual e 2) o processo de investigação sobre a natureza da criação de uma obra de arte e sobre a natureza dos processos criativos naqueles indivíduos que fazem arte, com o objetivo de ensinar a futuros professores de arte as qualidades de sua profissão. Em termos gerais, essa investigação trata das características da criatividade, da imaginação e da percepção visual tal como se aplicam à realização e ao entendimento das obras de arte. Esse tipo de preocupação pode ter um valor psicológico quando em foco estiverem os efeitos do processo criativo em arte sobre o desenvolvimento mental, emocional e criativo do indivíduo; pode ter um valor sociológico quando o viés for o dos papéis e funções das artes visuais na sociedade, nas escolas e nas vidas dos que criam arte; e um valor educacional quando se tratar do estudo da história, da filosofia, da metodologia e das técnicas utilizadas nos processos educacionais da arte.

Frequentemente, mas não necessariamente, os arte-educadores são artistas que entraram para a educação artística, nos três graus do ensino, e se tornaram, a partir de então, mais preocupados com os aspectos educacionais do ensino da arte do que com os processos de ensino do desenho, da pintura, da escultura da gravura etc. É sob esse aspecto educacional que a arte-educação tem o potencial de tornar-se um instrumento da **ação cultural** ou de mudanças sociais através do desenvolvimento da percepção visual, da imaginação criativa, do desenvolvimento da flexibilidade na resolução criativa de problemas de todo tipo e da formação de valores estéticos que se refletem tanto no entorno humano e urbano quanto nas obras de arte. Essa abordagem filosófica do ensino da arte reflete-se na escolha dos assuntos, materiais e modos ou linguagens artísticas (pintura, escultura, desenho, gravura, muralismo, fotografia etc.) que se tornam meios para o desenvolvimento de uma consciência social através da produção artística.

O reconhecimento da arte-educação como um campo profissional definido começou com o final da Segunda Guerra Mundial quando professores de arte e artistas-professores deram-se conta de que o ensino da arte era algo maior do que a simples transmissão de técnicas de desenho, pintura etc. Nas instituições de segundo e terceiro graus, os arte-educadores integraram-se quer aos departamentos de artes ou belas-artes, quer aos departamentos de educação. Desde então, um amplo corpo de pesquisas empíricas e aplicadas formou-se como consequência de teses de doutoramento e dissertações de mestrado cujos resultados foram publicados em periódicos científicos e divulgados através de congressos organizados por instituições voltadas para a arte-educação. Como ciência do ensino da arte, os laboratórios da arte-educação são as salas de aula, os ateliês escolares e, em algumas faculdades de educação, o laboratório didático. Esse reconhecimento da arte-educação como campo profissional próprio recebeu um impulso particular de dois livros: um inglês, *Education through art*, de sir Herbert Read (1939), e outro americano, *Creative and mental growth*, de Viktor Lowenfeld (1947). O livro de Lowenfeld, como diz seu título, seguia uma orientação psicológica quanto ao desenvolvimento da autoexpressão e da criatividade da criança, com um interesse especial para o desenvolvimento da consciência social. O livro de Read, embora também explorando a criatividade infantil, encorajava o recurso aos processos da arte no ensino de conceitos sociais e históricos.

O título do livro de Read deu nome a uma importante orientação filosófica da arte-educação. No Brasil, a filosofia de Read foi introduzida através da dedicação do artista Augusto Rodrigues e da Escolinha de Arte do Brasil. O livro de Read serviu também de estímulo para a criação da International Society for Education through Art (Insea), sob o patrocínio da Unesco (Organização das Nações Unidas para a Educação e a Cultura). Suas propostas e orientações filosóficas tiveram também um papel na criação da Associação Brasileira de Arte-educação, sob a orientação da professora Ana Mae Barbosa.

Há, no campo da arte-educação, duas filosofias predominantes. Uma se apresenta como "educação para a arte", orientada para o produto (no ensino superior, voltada para as "belas-artes") e outra, a "educação através da arte", centrada na criança ou no estudante (e que no ensino superior tem por foco programas de formação de professores). Os programas de arte-educação centrados na criança não menosprezam as artes mas encaram-nas em sua relação com a criança e no conjunto do currículo escolar. Em vez de recorrer à abordagem cronológica tradicional, nesses programas a história da arte é encarada do ponto de vista da história social. As recentes experiências no ensino da "nova" história da arte apresentaram-se como tentativas no sentido de romper o foco estreito da abordagem tradicional estritamente cronológica, ou daquela que procede pela discussão dos artistas famosos, dos grandes períodos da arte e dos livros importantes que se tornaram sinônimo de história da arte; ao mesmo tempo, as novas tendências procuraram tornar a história da arte mais relevante socialmente.

Alguns conflitos no campo da arte-educação derivam desses dois pontos de vista e manifestam-se, sob outras formas, no debate sobre o lugar que cada um pode ter num programa equilibrado de arte-educação. O programa orientado para o produto é mais adequado para o segundo grau e para os estudantes do terceiro grau que pretendem fazer uma carreira artística. O programa orientado para a criança convém mais à escola primária e ginasial (primeiro grau). Um programa de arte-educação socialmente consciente, isto é, que se preocupe com a ação cultural, faz parte da rubrica "educação através da arte" e pode ser ministrado tanto no primário quanto no ginasial. Os primeiros anos desses níveis são ótimos para o desenvolvimento de atitudes e crenças sobre as artes e os conceitos ao longo deles ministrados, mas alguns cuidados devem ser observados. A história da arte está repleta de exemplos do uso das artes visuais para influenciar e controlar os sistemas de crenças e de ideias das pessoas, por motivos religiosos durante a Contrarreforma, com objetivos de propaganda na Alemanha nazista e para sustentar um ponto de vista político como na URSS durante o stalinismo. O potencial que tem a arte vista ou produzida pelas crianças para influenciar suas crenças é suficientemente grande para que se aborde o ensino das políticas culturais, da ação cultural, da educação moral ou qualquer atitude social, apenas com as melhores e mais positivas atividades e propósitos — aqueles que deem sustentação à sociedade e a seus valores culturais.

Robert J. Saunders

Referências:

BARBOSA, Ana Mae. *Recorte e colagem: influências de John Dewey no ensino da arte no Brasil.* São Paulo: Autores Associados/Cortez, s/d.

_____. *Teoria e prática da educação artística.* São Paulo: Cultrix, 1975.

BARBOSA, A.M; SALES, H.M. (orgs.). *O ensino da arte e sua história.* São Paulo: MAC--USP, 1990.

LOWENFELD, Viktor. *Creative and mental growth.* Nova York: The MacMillan Co, 1947.

_____. *Your child and his art.* Nova York: The Macmillan Co., s/d.

READ, Sir Herbert. *Education through art.* Nova York: Pantheon, 1939.

REES, A.L.; BORZELLO, Francis. *The New art History.* Atlantic Highlands: Humanities Press International, 1988.

SAUNDERS, Robert J. *Relating art and humanities in the classroom.* Dubuque, Wm: C. Brown Publishing Co., 1977.

Arte-educação (2)

Sumário: educação *versus* ação cultural; a música na utopia de Platão; o desenho e a Revolução Industrial; arte e autoritarismo no Brasil.

Termos relacionados: administrador cultural, ação cultural, agente cultural, arte.

A presença da arte-educação (ou educação artística, ou educação através da arte) no campo da política cultural é tema controverso. Na concepção de política cultural vigente no mundo anglo-saxão, embora de modo implícito, o ensino das artes, pelas artes e a educação para a arte figura frequentemente entre as atividades próprias do *arts administrator* (v. **administrador cultural**), e portanto integra o elenco de objetivos de uma **política cultural**, tanto quanto o do professor de arte dos três níveis de ensino — e assim, sob esse aspecto, lá como aqui, é assunto de uma *política educacional*. Já a política cultural assentada sobre o princípio da **ação cultural** não se ocupa das questões de educação formal. Para essa política, cultura e arte são esferas e instrumentos indispensáveis à vida humana e devem ser promovidas, nos domínios da produção e da recepção, sem porém um caráter diretivo: são os indivíduos e os grupos, eles mesmos, que inventam os modos pelo quais se aproximam da obra de cultura e os fins que com ela pretendem alcançar, cabendo ao **agente** ou **mediador cultural** (e não a um educador) apenas o encargo de criar as condições para que isso se dê. Na estrutura administrativa do Estado moderno, os assuntos culturais ficaram durante largo tempo subordinados à área da educação (no Brasil, durante o Estado Novo, um único ministério cuidava das questões de saúde, educação e cultura, nessa ordem). A criação na França de um ministério especial para a cultura, ao final da década de 1950, por sugestão do escritor André Malraux, foi o marco que tornou mais visíveis as linhas, se não divisórias, pelo menos demarcatórias entre cultura e educação formal.

Outras discordâncias registraram-se também, ao longo da história e ainda hoje, sobre a necessidade ou não de apoiar-se a arte-educação ou educação através das artes *numa arte específica* e, se a resposta for afirmativa, em qual. Platão, em *A República*, apresentava a música como componente fundamental da educação do cidadão (desde que se exercesse sobre ela um controle rígido, dadas suas propriedades emolientes e pouco viris...). Com a ginástica e a aritmética, a música compunha as três áreas essenciais da formação humana. Das três, a música é que fornece a vivência e a noção de ritmo, sem o que não há juízo, caráter, filosofia, nada. São o ritmo e a harmonia que, penetrando fundo na mente, criam as bases para a formulação e geração do *bom*, do *belo* e do *adequado.*

Na modernidade, Hegel apresentou a arquitetura como a primeira, a mais completa e mais abrangente das artes. Com a intervenção do Estado na educação, sobretudo a partir de meados do século XIX, uma experiência marcante em arte-educação na Inglaterra, no quadro do ensino elementar voltado em particular para as crianças das classes trabalhadoras, foi a criação de uma disciplina nova denominada "Introdução ao desenho", quebrando-se uma tradição de só se ensinar às pessoas de condição inferior, que não teriam na vida a oportunidade de utilizar outras habilidades, apenas a ler, escrever e contar. O desenho já era ensinado nas academias mas sua introdução no currículo das escolas públicas, como benefício compulsório para os alunos, vinculava-se à ideia de uma *disciplina da observação* capaz de permitir a coordenação entre olho e mão e o *adestramento da habilidade manual* — o que resultou numa educação em *design* mediante o recurso ao desenho como meio de execução. Estava-se então nos primórdios da Revolução Industrial, que requeria o que ficou conhecido como "artes aplicadas", base do desenho industrial ou design; o ensino do desenho como exercício de disciplinamento adquiria assim um evidente caráter utilitário a sobrepor-se a qualquer outro objetivo de desenvolvimento espiritual do indivídio, como quiseram, entre outros, Schiller (em suas cartas sobre a educação estética do homem, de 1795), e Hegel (na *Estética).*

No Brasil, o currículo do Ensino de Fundamental contemplou, durante longo tempo, o ensino do desenho e da música — esta, em particular, através do canto orfeônico ou coral, instrumento privilegiado de disciplinamento coletivo e de inculcamento do patriotismo (ou do sentimento patrioteiro) utilizado pela política cultural do Estado Novo. Na atualidade, é visível o predomínio das artes visuais no campo da arte-educação.

Referências:

Arnold, Matthew. *Culture et anarchie*. Paris: L'Age d'homme, 1984.

Barbosa, Ana Mae. *Arte-educação: conflitos/acertos*. São Paulo: Max Limonad, s/d. (Col. Ar'te.)

_____. *Teoria e prática da educação artística*. São Paulo: Cultrix, 1975.

_____. (org.). *História da arte-educação*. São Paulo: Max Limonad, 1986. (Col. Ar'te.)

Gramsci, A. *Os intelectuais e a organização da cultura*. Rio de Janeiro: Civilização Brasileira, 1978.

Hegel, G.W.F. *Introduction à l'esthétique*. Paris: Aubier, 1964.

Platão. *The Republic*. Harmondsworth: Penguin, 1974.

Read, Herbert. *A educação através da arte*. São Paulo: Perspectiva, 1972.

Schiller, F. *On the Aesthetic Education of Man*. Nova York: Ungar, 1977.

Teixeira Coelho. *Arte e utopia*. São Paulo: Brasiliense, 1987.

Artes comunitárias

Sumário: origem inglesa do termo; ação político-cultural; concepção utilitária da arte e da cultura; o indivíduo como membro de uma coletividade.

Termos relacionados: arte, arte pública.

O Conselho Consultor da Associação de Artes da Grande Londres formalizou uma definição básica de *artes comunitárias*. Para o Conselho, essa expressão não remete em princípio a nenhuma atividade ou grupo de atividades em particular. Expressa, antes, um modo de entendimento da atividade de criação que abrange diferentes tipos de eventos e um amplo espectro de linguagens ou *media*, com os quais operam pessoas que habitualmente não seriam consideradas artistas. Nesse sentido, "artes comunitárias" é uma expressão — de origem especificamente inglesa — que designa um programa de ação cujo propósito é criar as condições para que tanto os artistas quanto os diferentes **públicos** de uma comunidade se utilizem das formas apropriadas de **arte** como ***meio de comunicação*** e expressão. Esses programas não procuram prioritariamente estimular a reprodução (seja no nível da produção, seja no nível do consumo) de formas artísticas e culturais consagradas. Não se trata, nesse caso, de levar as pessoas à ópera ou de mostrar-lhes filmes, apenas, mas de usar e desenvolver criticamente essas formas de modo a adaptá-las às novas necessidades — além de estimular o desenvolvimento de novas formas adequadas aos desejos e exigências locais.

Programas dessa natureza destinam-se a indivíduos considerados primordialmente como *parte de um corpo coletivo*, embora se possa observar, em seu conteúdo, a preocupação com as necessidades individuais de expressão. Isso porque programas de artes comunitárias propõem o recurso à arte como meio de mudança social, diretamente ou através da mudança de políticas sociais, e envolvem o conceito de ação política com o objetivo de produzir alterações no meio ambiente e de desenvolver a compreensão e a utilização dos diferentes sistemas de comunicação e intercâmbio existentes. Servem-se também das diversificadas formas de arte para explorar as heranças culturais de **grupos** específicos. Os ativistas das artes comunitárias operam preferencialmente em áreas urbanas degradadas, expressão com que se designam áreas carentes sob os aspectos econômico, educacional, sanitário e cultural.

Embora as fronteiras das artes comunitárias não sejam claras, as atividades desenvolvidas em seus programas geralmente incluem pinturas murais, fotografia comunitária, gravura, produção de pequenos jornais ou boletins, festivais comunitários de diferentes naturezas, teatro, produção de vídeos e equivalentes. Mesmo assim, nem todos esses exemplos costumam ser reconhecidos como modos de artes comunitárias pelos diferentes grupos de artistas comunitários.

Os programas de artes comunitárias não dependem, para serem postos em prática, da existência de um ***centro cultural*** entendido como edificação específica. Podem apresentar-se sob a forma de iniciativas tocadas por indivíduos que se deslocam até as áreas escolhidas e nelas dão início, como possível, às atividades viáveis. No entanto, é comum, na Inglaterra, que centros de cultura (lá chamados habitualmente de *art centers*) sejam a sede privilegiada desses programas, como no caso do Albion, numa periferia carente de Londres. Na verdade, com exceção dos "grandes centros culturais" voltados para as manifestações da arte erudita ou, em todo caso, da arte profissional, como o Barbican, a maioria dos centros culturais da Inglaterra está de um modo ou de outro envolvida em programas de artes comunitárias.

Embora a administração de Margaret Thatcher tenha, ao longo dos anos 1980, resultado em forte diminuição dos investimentos públicos em áreas como a cultura, programas de artes comunitárias, apesar de seu caráter claramente político (no sentido grego do termo — aquilo que diz respeito à vida pública na cidade — e também no sentido moderno, que não inclui forçosamente o caráter partidário) recebem subvenção governamental, direta (meios para a produção de videos, por exemplo) ou indiretamente (apoio para a construção de centros de cultura).

Programas de artes comunitárias — que operam, como se vê, com um entendimento utilitário da arte e da **cultura** e com conceitos não tradicionais do que seja arte, cultura e artista — são, ainda, utilizados para a formação ou capacitação de futuros profissionais, como iluminadores teatrais, sonoplastas, operadores de vídeo etc.

Referências:

KELLY, O. *Community, Art and the State*. Londres: Comoedia, 1990.

TEIXEIRA COELHO. *Usos da cultura* (políticas de ação cultural). São Paulo: Paz e Terra, 1986.

Artista instituído

Sumário: artista instituído, movimento cultural instituído, intelectual orgânico.

Termo relacionado: instituição cultural.

Artista oficialmente reconhecido como expressão orgânica da sociedade ou do sistema político que a organiza.

A figura do artista instituído — equivalente sob muitos aspectos à do *intelectual orgânico*, aquele que, por sua atividade conceitual, contribui, e às vezes determina, para a formação da consciência, homogeneidade e identidade de determinado grupo social — surge em vários momentos da história da cultura e não apenas, como pretendem alguns, nas ditas sociedades arcaicas, que tinham num bardo em especial sua voz cultural privilegiada. Durante o nazismo na Alemanha, a cineasta Leni Riefenstahl foi artista instituída do poder assim como S. Einsenstein o foi na URSS. Condição análoga tiveram os muralistas mexicanos, caso em que se configurou a existência de um verdadeiro **movimento** instituído. Na atualidade, reconhece-se que os **meios de comunicação de massa** em geral, e a televisão em particular, são o intelectual orgânico das classes ou grupos no poder, sejam quais forem.

Referências:

GRAMSCI, Antonio. *Os intelectuais e a organização da cultura.* Rio de Janeiro: Civilização Brasileira, 1978.

WILLIAMS, Raymond. *Cultura.* São Paulo: Paz e Terra, 1992.

AT-9

Sumário: regimes do imaginário, modelização do imaginário.

Termos relacionados: imaginário, cultura, culturanálise, culturas patente, latente e emergente, convergência simbólica, símbolo.

Procedimento experimental de modelização do **imaginário** elaborado por Yves Durand e por ele denominado *Teste arquetipal com 9 elementos* (AT-9), que permite detectar os símbolos predominantes num indivíduo ou **grupo** e organizá-los em campos semânticos definidos mediante uma operação, pragmática e relativista, dita **convergência simbólica**, consistente na identificação dos símbolos constantes ou quase constantes na paisagem mental desse indivíduo ou grupo. A função imaginária atuante nesse indivíduo ou grupo é dada pela estrutura que emerge dos símbolos detectados e das relações entre eles.

Esse teste foi desenvolvido a partir dos estudos antropológicos do **imaginário** iniciados por Gilbert Durand, que conduziram a uma disposição das **imagens** em dois regimes:

1) o diurno, a que correspondem estruturas heroicas (ou esquizomórficas), regidas por princípios lógicos (de exclusão, contradição e identidade) e orientadas, no que diz respeito aos reflexos, pela dominante postural;
2) o noturno, subdividido em duas espécies: uma, de estruturas dramáticas (ou sintéticas), regidas pelos princípios da causalidade e marcado pela dominante copulativa, e outra de estruturas místicas (antifrásicas), ordenadas pelo princípio da analogia e comandada pela dominante digestiva.

Os regimes do imaginário são influenciados por fatores ocorrenciais, históricos e sociais, que apelam para determinados encadeamentos de imagens preexistentes no indivíduo ou grupo, ou sobre eles exercem alguma influência, provocando a conformação de constelações simbólicas predominantes que atuam como fenômenos de compensação representativa (efeito de eufemização) ao suprirem, equilibrarem ou substituirem uma atitude pragmática.

Referências:

DURAND, Gilbert. *A imaginação simbólica*. São Paulo: Cultrix/Edusp, 1988.

______. *Les structures anthropologiques de l'imaginaire*. Paris: Bordas, 1979.

DURAND, Yves. *L'exploration de l'imaginaire*. Paris: L'Espace Bleu, 1988.

Autor-modelo

Sumário: sistema de representação de uma obra; estilo; filme e cultura do cinema.

Termos relacionados: espectador-empírico, cultura do cinema, interpretação, filme-projeção, filme-película, identidade de performance.

Autor-modelo de um filme, peça teatral, livro etc. é, não exatamente uma pessoa, mas um sistema de representação — no limite, um estilo. O termo "modelo", nessa expressão, não implica ideia de perfeição, apenas aponta para um sistema neutro de representação, para uma estratégia de simbolização, que marca uma obra com um determinado tom perceptível, com frequência, em sua superfície.

Em contraposição, o autor-empírico é a pessoa que cria a obra segundo determinantes pessoais, de origem nem sempre precisa ou precisável.

Na recepção e **interpretação** de obras de arte há uma razoável confusão ou imbricação entre os dois tipos de autor. Não é raro que se aponte para um quando se quer falar do outro ou que ambos sejam confundidos num só. A distinção entre um e outro é da mesma natureza da existente entre filme e **cultura do cinema**. À cultura do cinema pertence tanto o autor-empírico quanto o autor-modelo. Ao domínio do filme pertence apenas o autor-modelo.

Programas de **ação cultural** trabalham preferencialmente com a noção de autor--modelo.

Referências:

Eco, Umberto. *Seis passeios pelo bosque da ficção.* São Paulo: Companhia das Letras, 1994.

_____. *The Role of the Reader.* Bloomington: Indiana Univ. Press, 1979.

Avaliação

Sumário: especificidade das políticas culturais: seus múltiplos objetivos e o problema da avaliação; autoavaliação; funções do avaliador; princípios metodológicos da avaliação; objetivos da avaliação; domínios da avaliação: a avaliação plena; competências para a avaliação; procedimentos da avaliação; requisitos da avaliação; critérios de avaliação.

Termos relacionados: ação cultural, política cultural, público.

A possibilidade, pertinência, necessidade e especificidade de avaliação das **políticas culturais** são questões que vêm se apresentando com insistência cada vez maior desde meados dos anos 1980. Tornando-se historicamente possível a partir da iniciativa de realização de pesquisas quantitativas e qualitativas sobre os vários aspectos do **sistema de produção cultural** (dados econômicos relativos à produção de bens culturais, aos gastos culturais de órgãos públicos e às modalidades de consumo cultural, de modo particular), que geraram embriões de bancos de dados, a avaliação não apenas das políticas culturais como de todas as políticas públicas tem sido uma exigência decorrente de uma consciência mais aguda de cidadania tanto quanto de uma descrença nos processos tradicionais de representação política e de uma valorização (acaso prematura) dos métodos de gestão adotados de longa data pela iniciativa privada nos regimes capitalistas.

No caso das políticas culturais, quando a possibilidade de realizar avaliações foi inicialmente avançada como justificada e produtiva, o primeiro argumento encontrado para negá-las foi o da especificidade dessas políticas, tanto no setor público (quando comparada com as políticas educacionais, da saúde, das obras públicas etc.) quanto no privado (no caso de políticas culturais mantidas por instituições privadas ligadas ao comércio, indústria, instituições bancárias e outras). É um argumento com algum peso. De fato, o resultado de uma política cultural pouco em comum tem com o resultado de uma iniciativa no domínio da educação, da construção de conjuntos habitacionais ou do desenvolvimento de produtos de alta tecnologia. Não resta dúvida, porém, de que a rejeição da avaliação em políticas culturais origina-se em ampla medida no desejo de evitar intromissões de variada origem que poderiam desviar as iniciativas inicialmente tomadas ou, mesmo, eliminá-las por inteiro.

De todo modo, a primeira grande dificuldade na avaliação de políticas culturais diz respeito à incerteza relativa de seus objetivos e à multiplicidade de efeitos buscados ou por ela alcançados. Esses objetivos são, não raro, e simultaneamente, de natureza política e econômica tanto quanto propriamente cultural. E se os objetivos econômicos não são, nem mesmo estes, pelo menos nessa área, imediatamente discerníveis (por apresentarem-se divididos entre os de efeito imediato e direto e os de efeito indireto e de longo prazo), maior dificuldade existe no tratamento das metas especificamente políticas e culturais. Se uma determinada política cultural tem fundamentalmente, ou se tem também, o objetivo de *enquadramento ideológico* de uma comunidade ou de toda a sociedade, a forma a ser assumida pela avaliação será de construção previsivelmente trabalhosa, embora mesmo assim viável. E se o objetivo não for esse e, sim, tiver uma visada mais propriamente cultural — ampliar as ocasiões para a produção ou o consumo cultural, elevar o nível cultural geral de uma comunidade etc. — os obstáculos para o processo avaliativo não são menores dado que os primeiros resultados eventuais se dissolvem no contexto cultural geral para apenas num momento posterior, indeterminado e incerto, assumir alguma materialidade. Políticas culturais são implementadas, frequentemente, com o objetivo de intervir no núcleo organizacional (indiretamente) e nos procedimentos de operação simbólica e de construção do imaginário (diretamente) de uma sociedade, procurando criar as condições para a construção ou aprimoramento de uma *mentalidade* geral exigida para o enfrentamento de problemas cujas respostas devem ser encontradas por essa sociedade. Avaliar essas políticas, nessas circunstâncias, é tarefa árdua. São outros complicadores do processo avaliativo questões como a da legitimidade de princípio dessas políticas ou a das orientações de valor por elas adotadas ou acionadas. Mesmo assim, é possível, pertinente e necessário, na contemporaneidade, encontrar métodos de avaliação das políticas culturais.

1. Avaliação, autoavaliação e funções do avaliador

O primeiro ponto a ter-se claro, quando se inicia um processo de avaliação, é que ele deve permitir que se alcance, não de modo exclusivo mas sem dúvida concomitante, uma autoavaliação realizada por aqueles mesmos encarregados das políticas ou programas sob avaliação. Mesmo sendo essa uma das metas centrais de toda avaliação, seu processo é geralmente conduzido, nas experiências conhecidas, por uma equipe ou indivíduo estranhos aos serviços e programas culturais analisados. Esse agente avaliador procede a uma *avaliação restrita* ou a uma *avaliação ampla*. Na avaliação restrita faz-se uma análise da política ou programa, indicando-se os resultados obtidos e comentando-os de acordo com princípios previamente estabelecidos. Na avaliação ampla não apenas se perseguem os objetivos da avaliação restrita como se espera que o avaliador intervenha mais decididamente no processo, pesquisando os pontos de partida dessa política e as causas que levaram aos resultados alcançados, negociando modificações com os responsáveis eventuais e sugerindo alternativas viáveis. Esse avaliador é portanto, ao mesmo tempo, um examinador, um pesquisador, um negociador e um consultor. Para desempenhar essa função múltipla, ele deve sem dúvida assumir um ponto de vista político necessariamente congruente com a ideia contida na política avaliada; seus avaliados, em contrapartida, avaliam-no quanto à real congruência entre suas atitudes e sugestões e aquelas propostas e esperadas pela política inicial sob exame.

2. Princípios metodológicos da avaliação

O que se espera do avaliador, ou do processo de avaliação, faz que não se possa falar na existência de métodos de avaliação privilegiados a que se deve obrigatoriamente recorrer. Esses métodos são em geral definidos *ad hoc*, na dependência da política ou programa específicos a serem avaliados, e assumirão quase sempre um caráter compósito: nada impede que sejam, portanto, de natureza tanto etnográfica quanto sociológica, quantitativa como qualitativa, ideológica como funcionalista etc. Mas há alguns princípios a reger, de modo geral, a investigação metodológica:

1. A avaliação de uma política ou ação tem como ponto de partida o exame de seus fundamentos sob o ponto de vista da coerência entre o que se diz buscar e o que se faz de concreto para tanto.
2. A relação causa-efeito, no campo das políticas culturais, não é direta: não se pode dizer que uma determinada política ou ação cultural seja a causa direta deste ou daquele resultado observado. Essa política ou ação situa-se no interior de um contexto que sobre ela exerce múltiplas e poderosas forças. Portanto, a determinação dos resultados tem sempre um caráter relativo e está na dependência de uma apreciação de outros fatores estranhos ao processo acionado pela política ou ação propriamente ditas.
3. Uma mesma política ou ação pode ser avaliada sob ângulos diferentes, na dependência do que se resolve privilegiar: se os agentes que a aplicam, ou seu público, ou o processo ou o bem cultural em si etc. A avaliação final de uma política ou ação é a somatória de várias avaliações parciais, integradas umas às outras mais de um modo dialético do que mecânico.
4. Se ações localizadas no tempo e no espaço podem ser avaliadas integralmente num determinado momento, as políticas como um todo somente são avaliadas no decurso de intervalos maiores e dependem da acumulação de informações em bancos de dados capazes de fornecer não apenas retratos de períodos determinados como permitir o acompanhamento das várias curvas de respostas possíveis. Todo processo de avaliação de políticas culturais é, na verdade, uma

sequência de avaliações parciais, continuamente realizadas embora limitadas em seu escopo momentâneo.

5. Toda avaliação deveria fornecer tanto um *esquema* direto da política ou ação quanto um diagnóstico da situação que permita a tomada de medidas visando corrigir eventais distorções ou reforçar a tendência constatada. A avaliação restrita deve conter os elementos que permitirão, num segundo momento se for o caso, a avaliação ampla.
6. Toda avaliação deve criar as condições para ser ao mesmo tempo uma autoavaliação.

3. Objetivos da avaliação

Uma avaliação das políticas culturais procede através da análise:

1. da *coerência interna* da política ou ação, pela qual se mede a articulação entre seus três níveis:
   a) o nível das *finalidades* a serem alcançadas, em geral determinadas por valores previamente definidos (exemplo: aprimorar a capacitação profissional dos iluminadores teatrais);
   b) o nível dos *fins* perseguidos (permitir a esses profissionais encontrar trabalho);
   c) o nível dos *objetivos operacionais*, procedimentos intermediários que permitem alcançar os fins e finalidades (realização de estágios adequados, contratação dos orientadores, assinatura de convênios com teatros qualificados etc.);
2. *oportunidade* da política ou ação, que permite determinar se naquele momento essa política ou ação pode de fato ser bem sucedida (abrir uma oficina de iluminação numa cidade sem teatros seria exemplo radical de inoportunidade; propor uma oficina de iluminação quando o mercado está saturado de bons iluminadores, outro);
3. *eficácia* da política ou ação, medida pela distância entre os resultados esperados e os obtidos (exemplo: número bem menor de inscritos nessa oficina do que era possível supor no início, considerando-se a demanda e os supostos interessados; reduzido número de contratados entre os participantes da oficina, não por inexistência de vagas mas por insatisfação dos contratantes);
4. *eficiência* da política ou ação, medida pelo estudo da relação entre a qualidade e quantidade dos resultados obtidos e os recursos materiais e humanos acionados (exemplo: numa situação limite, gastos maiores com a oficina do que os seriam exigidos para mandar os eventuais interessados a um centro de excelência já existente; gastos diretos com material que poderia ser obtido por meio de patrocínio ou mediante um sistema de parceria entre o agente cultural e beneficiários indiretos, como os futuros empregadores);
5. *impacto final* da política ou ação, através do exame dos efeitos provocados intencionalmente ou não. Essa análise, embora só seja plenamente possível em

prazo médio ou longo (saber em que mudou a qualidade técnica da iluminação nos teatros da cidade ou do país no prazo de um ano, por exemplo), pode ser alcançada num tempo mais curto dependendo da natureza desses efeitos. Em princípio, é uma previsão desses efeitos, contida já na formulação da política ou ação, que determina o momento em que a avaliação deve e pode ser feita (um mês após o encerramento da oficina, seis meses, um ano etc.).

4. Domínios da avaliação

Uma avaliação pode incidir sobre cinco domínios distintos, passíveis de estudo individual ou em conjunto:

1. a *enunciação* do projeto em si (objeto e objetivos, justificativa, procedimentos, sumário geral com cronograma de execução, recursos econômicos necessários, recursos humanos mobilizados); além da coerência interna, interessa examinar aqui a pertinência do projeto em relação à política maior e ao sistema de valores do qual é parte;
2. o *processo de execução* do projeto e seus *executores*: nesta etapa, estuda-se a adequação das medidas e iniciativas tomadas, além da compreensão que os agentes encarregados da execução têm do projeto como um todo e de sua participação nele;
3. a *materialidade* resultante (a exposição, a montagem, o filme, a oficina etc.): verifica-se, aqui, se o resultado alcançado é a concretização do que foi exposto e pretendido;
4. o *uso* feito dessa materialidade por parte daqueles que o projeto procurava alcançar: a avaliação tratará de saber se e como o resultado do processo foi recebido, se esse resultado atende às expectativas do formulador da política ou ação e, tão ou mais importante, se atende às expectativas do *público* visado.
5. o *impacto final* produzido pelo programa ou ação avaliados e sua articulação com a política global dentro da qual esse programa ou ação foram concebidos.

Essa avaliação de cinco pontos permite que se identifique o *sentido* da política ou ação (aquilo que se busca de início alcançar ou passar), seu *significado* (aquilo que é efetivamente produzido como resultado da intervenção; o papel concretamente representado pela política ou ação) e sua *significação* (a soma de todos os efeitos desencadeados, ao longo de um tempo, pela intervenção cultural). Os dados obtidos através desse processo amplo e articulado configuram a *avaliação plena* de uma política ou ação cultural.

5. Competências para a avaliação

Dispensa-se dizer que o avaliador deve reunir, notoriamente, competência específica na área relativa — no caso, uma competência triádica: *competência de conteúdo* (conhecimento do que está em jogo; no exemplo citado, a boa iluminação teatral), *competência de investigação avaliativa, competência em políticas culturais*. Essa exigência aponta para a necessidade de recorrer-se quase sempre a uma equipe, embora não seja impossível encontrar avaliadores com trânsito nos três níveis avaliativos. Embora essas competências sejam requeridas num mesmo grau de intensidade, levando-se em consideração que os objetivos das políticas culturais são amplos e muito mais de caráter formador-genérico do que informador e formador-específico, em casos extremos é possível dizer que a competência em política cultural prevalece sobre a competência avaliativa em estrito senso e essas duas, nessa ordem, sobre a competência semântica ou de conteúdo.

6. Procedimentos da avaliação

Assim como variam os métodos gerais de avaliação, também os procedimentos a serem adotados num caso específico dependem da natureza do que estará sendo examinado. De modo geral, a analise da coerência interna exige não apenas a leitura de documentos prévios definidores da política ou ação, quando existentes, como também entrevistas com seus formuladores e aplicadores. Essas entrevistas terão dupla mão de direção: servem para informar o avaliador e devem servir para realimentar o formulador ou agente, tanto no caso em que são necessárias correções de rumo quanto no de reforço da tendência constatada. A análise da oportunidade depende de um exame do contexto maior, social e político, no qual se inscreve o caso sob exame; depende também, em grande medida, do saber acumulado pelo avaliador. As análises da eficiência e da eficácia derivam tanto do exame de dados obtidos quanto de entrevistas com os alcançados direta e indiretamente pela política ou ação (no caso da oficina de iluminação, os que a frequentaram e os que contrataram eventualmente esses frequentadores). A análise do impacto, a mais demorada, requer uma variedade de instrumentos que vão de dados estatísticos a entrevistas, leituras críticas, acompanhamento pessoal desses efeitos (no caso, ida a espetáculos teatrais, conversas com críticos e diretores de teatro etc.)

7. Requisitos prévios da avaliação

Embora a avaliação de uma política ou ação cultural seja factível a qualquer momento e sem maiores preparações, a avaliação ideal é aquela prevista desde o instante da formulação da política ou ação. O órgão, entidade ou indivíduo formulador deve sempre inscrever a política ou ação pretendidas num documento ou *projeto* formal tão claro e detalhado quanto possível. Recomendação banal, nem sempre seguida. Uma dificuldade recorrente para o avaliador está na necessidade de reconstituir arqueologicamente as origens do projeto avaliado, não raro quando seus formuladores já não mais estão presentes — caso comum em países, como o Brasil, desprovidos de projetos duradouros e suprapartidários, na área cultural como em outras (projetos assumidos pelos cidadãos, por eles reivindicados em caráter perene e que devem ser perseguidos em longo prazo) e nos quais cada gestão político-partidária tem como "ponto de honra", ao assumir a administração, a dispensa dos principais responsáveis anteriores pelos diversos serviços e programas culturais e sua substituição por outros, próximos dos vencedores, que não raro desconhecem o que vinha sendo feito ou que conhecem o que se fazia e pretendem intencionalmente alterar os planos, substituindo-os, num caso e noutro, por "novas ideias" (mais raramente, novos projetos) formulados no momento e de caráter claramente tentativo. (Esse fato deve conduzir a uma reflexão sobre o papel da estabilidade no cargo de funcionários públicos; em países como a Alemanha e a França, segundos e terceiros escalões não mudam obrigatoriamente quando da troca do comando político-partidário e isso provavelmente aconteceria, nesses países, sem o estatuto da estabilidade; em países como o Brasil, a estabilidade e a inexistência de estabilidade são, ambas, facas de dois gumes.) Em cenários como o brasileiro, a avaliação seria, no limite, dispensável porque suas conclusões são conhecidas desde logo: quase nenhum projeto chega ao fim porque quase nenhum projeto chega a de fato se iniciar e, se iniciado, dificilmente chega a seu termo e, se chegou, não o foi (e isso era de fácil previsão desde o início) nas condições supostas ou, melhor, imaginadas. Portanto, a responsabilidade primeira de todo formulador ou agente cultural, não só pensando na avaliação em si mas levando em conta a dinâmica cultural que se quer acionar ou alimentar, deve ser a de formular expressamente o projeto a ser executado. A recusa em fazê-lo é indício de uma decisão de evitar intencionalmente toda avaliação, ocorrência frequente no caso da chamada ***política de eventos*** (cuja finalidade imediata é atender, "no balcão" como se costuma dizer, a interesses imediatistas dos produtores culturais ou de clientes políticos). Sem projeto, sem registro material do projeto, a avaliação é dificultada: o que se faz, nesses casos, no máximo, é a contabilização de números em si mesmo insignificantes (tantos eventos realizados, tantas frequentadores registrados).

Na inexistência desse documento — ou, quando existente, diante de sua habitual vaguidão sustentada em boas intenções e posições tão politicamente corretas quanto inócuas por não terem explicitadas suas premissas e condições de execução, caso outra vez comum no Brasil — o avaliador tem a sua disposição alguns recursos alternativos já postos à prova:

1. pedir que o formulador da política, ou o agente cultural que a executa, defina, do modo mais sintético possível, a finalidade da política ou ação. Tanto ou mais do que na execução, o grande problema com as políticas culturais é sua proposição

clara. A dificuldade em explicitar esses objetivos de modo sucinto é indício claro de fraquezas fundamentais no projeto;

2. em seguida, pedir que lhe sejam expostos, um a um, seus programas de ação para conseguir aqueles objetivos;
3. pedir a descrição dos meios empregados para tanto;
4. solicitar uma enumeração dos recursos de que dispõe, econômicos e humanos;
5. perguntar pelos resulatdos esperados no futuro;
6. indagar sobre os indicadores de resultados com que esse agente ou formulador vai operar ou já operou (espera formar quantos iluminadores? em que espaço de tempo? quantos deverão ser contratados efetivamente? quanto receberão e em que esse salário supostamente maior demonstra o sucesso da oficina planejada etc.).

Com esse esquema ou retrato inicial fixado, o avaliador prossegue na busca dos objetivos já citados.

8. Critérios de avaliação

Como se disse, o principal motor de uma política cultural é o sistema de orientações de valor do qual parte e que, ao mesmo tempo, procura concretizar e firmar. Uma vez esse sistema determinado, e que deve ser endossado pelo avaliador como condição preliminar para o processo de avaliação, é possível fixar critérios para o exame de cada um dos diversos tipos de serviço ou programa cultural e que têm de ser procurados em todos os casos, respeitando-se as características próprias de cada uma das ocorrências concretas desse serviço ou programa. Assim, é possível determinar, *em princípio*, a quantidade e qualidade dos equipamentos que um centro cultural ou biblioteca deve conter, bem como o número mínimo de funcionários e as modalidades de serviços que deve oferecer. Também numa dimensão espacialmente mais ampla é possível fixar parâmetros claros que permitem uma avaliação continuada e ao alcance, a rigor, de todo cidadão. Em Cuba, disposições administrativas previam que cada município do país (a cidade de Havana é formada por vários municípios) deveria contar com um equipamento cultural formado por dez instituições específicas: casa de cultura, galeria de artes plásticas, biblioteca, cinema, museu, loja de bens culturais, livraria, coro, teatro e orquestra concertante. Na França, são também disposições administrativas que preveem as atividades das casas de cultura (espera-se que cada cidade opte por uma atividade preferencial na qual deverá se destacar: dança, teatro, cinema etc.) e das casas dos jovens e da cultura, cujos territórios respectivos são, em princípio, bem determinados. Ainda no que diz respeito ao estabelecimento de um *metro avaliativo*, a Unesco recomenda que as bibliotecas públicas tenham um mínimo de 2.500 títulos. A fixação de índices numéricos como esse é sempre motivo de divergências, todas respeitáveis. Mais polêmica ainda seria a determinação dos *tipos* de títulos contidos nesse estoque (se de psicanálise, se de história, se de literatura, se de física) e muito mais espinhosa seria a definição dos *nomes* (dos autores ou dos títulos) que comporiam esse estoque, com implicações sérias quanto ao papel do **agente cultural** (que corre o risco de transformar-se, no caso, num ***diretor de leitura*** jesuíta; cf. **biblioteca**) e ao impacto final da medida. A existência de um metro sugere a possibilidade de avaliações mais factíveis e transparentes — na verdade tão precárias e contestáveis quanto quaisquer outras. A inexistência de parâmetros prévios não impede avaliações de políticas, programas de ação ou serviços.

Não se deve esquecer, de modo particular, que a formulação de toda política ou ação é, ela própria, desde logo, uma avaliação do que existe naquele momento.

Referências:

Bourdieu, Pierre. *L'amour de l'art.* Paris: Seuil, 1969.

Crousillat, M.; Weisz, R. *Le problème de l'évaluation des performances des organisations culturelles.* Aix-en-Provence: Université de droit, d'économie et des sciences, 1978.

Janson, Francis. *L'action culturelle dans la cité.* Paris: Seuil, 1973.

Patton, M.Q. *Creative evaluation.* Beverly Hills: Sage, 1981.

Saez, Guy (org.). *Recherche evaluation dans les politiques culturelles.* Grenoble: Cerat, 1990.

Teixeira Coelho. *Usos da cultura* (políticas de ação cultural). São Paulo: Paz e Terra, 1986.

Avaliação de exposições

Sumário: avaliação em geral e avaliação de exposições; etapas da exposição abertas à avaliação; sentido, significado e significação de uma exposição; a realidade das avaliações.

Termos relacionados: afetual, avaliação, público.

Os princípios que regem a **avaliação** em política cultural, genericamente considerada, orientam do mesmo modo a avaliação de exposições e devem ser entendidos como pontos de partida incontornáveis (v. **avaliação**). No entanto, por terem uma identidade objetual mais precisa, derivada de uma localização definida no tempo e no espaço, e também por sua visibilidade mais ostensiva a permitir uma observação direta, empírica, de seus resultados aparentes, as exposições realizadas em museus, centros de cultura etc. parecem de avaliação mais factível e têm provocado constantes estudos que buscam determinar, se não os procedimentos concretos da pesquisa (que variam de caso para caso), pelo menos as etapas sobre as quais deve incidir a atenção do avaliador.

São cinco as etapas de uma exposição a merecerem avaliação específica:

1. uma etapa preliminar, anterior à montagem da exposição, na qual devem ser analisados os objetivos propostos, sua formulação, os conceitos em que se

apoiam, os procedimentos estipulados para alcançar esses objetivos e os efeitos que supostamente a exposição poderá alcançar; nesta fase cabem enquetes que procurem definir o público ideal da exposição, seus desejos e necessidades etc.;
2. a etapa de montagem ou conformação, na qual a exposição começa a assumir uma forma definida (fisicamente, espacialmente) e durante a qual os diferentes procedimentos são estudados em tempo real com o objetivo de evitarem-se problemas de difícil solução mais adiante; os procedimentos de *simulação* assumem, nesta etapa, particular destaque e envolvem não apenas o recurso a plantas e maquetes como a programas de computação que permitem visualizar em detalhes a disposição espacial do projeto inicial;
3. uma etapa de acompanhamento, durante a qual é observada a recepção pelo público da exposição *enquanto ela se realiza* (o que pode fornecer elementos para a correção de falhas ainda enquanto a exposição está aberta);
4. uma etapa final totalizante em que se avaliam os efeitos da exposição sobre o público, em particular, e seus resultados globais a partir de uma comparação com os objetivos iniciais da exposição;
5. uma etapa pós-avaliação, na qual se procede à avaliação da própria avaliação (discussão dos métodos utilizados etc.).

Os dois primeiros modos de avaliação contribuem para a fixação do *sentido da exposição,* i.e., o efeito total que a exposição *deve* produzir e que deve ser apreendido de imediato por seu receptor. A avaliação de acompanhamento trabalha com o *significado da exposição*, i.e., com o efeito direto realmente produzido sobre o público (em sua generalidade: imprensa, frequentadores etc.) e por ele experimentado concretamente. A avaliação final totalizante trabalha com a *significação da exposição* ou, em outras palavras, com o efeito global por ela exercido sobre seu público que a interpreta dos variados modos possíveis (para ser completa, a avaliação desse tipo deveria considerar os efeitos de médio e longo prazo, como por exemplo o aproveitamento dessa exposição em salas de aulas, se o objetivo incluir uma ação educativa, e os resíduos eventuais manifestados numa variedade de ocasiões como repercussões tardias na imprensa, memória da exposição em frequentadores de exposições seguintes etc.) A última etapa apresenta-se claramente como uma operação de meta-avaliação, voltada para o procedimento de exame em si mais do que sobre a própria exposição; nesta sua condição, no entanto, a meta-avaliação integra, também ela, a *significação* final da exposição por dizer respeito àquela exposição singular e dela de algum modo derivar, ainda que fornecendo elementos para procedimentos futuros.

Está claro desde logo que poucas são as exposições que passam por uma avaliação assim minuciosa. Habitualmente, o único tipo de avaliação que se realiza, numa exposição, é a totalizante — e mesmo assim, essa avaliação quase nunca se prolonga ao ponto de incluir o exame dos efeitos em médio e longo prazo: faz-se quase sempre uma avaliação imediatista, superficial, cujos resultados pouco mais geram do que argumentos para aqueles pesquisadores que rejeitam, no estudo da cultura em todos seus aspectos, o recurso às pesquisas e aos dados estatísticos. De todo modo, é o mínimo que se pode fazer, considerada a necessidade indiscutível da constituição de algum banco de dados estatísticos sobre a dinâmica cultural. Os motivos alegados para a não realização dessa avaliação abrangente são inúmeros, desde os relacionados com a natureza de pacotes prontos que assumem certas exposições organizadas em local de origem diverso do local em que está sendo mostrada até alegações quanto a custos de avaliação, falta de recursos humanos etc. São quase todos, e cada vez mais, frágeis motivos a esconder, não raro, um receio diante do que a avaliação poderá revelar quanto à real significação cultural e social do que está sendo exposto. A pouca prática de avaliação no interior de políticas culturais atesta de fato, na melhor das hipóteses, o **voluntarismo cultural** comum na área (traduzido na convicção de que, primeiro, o agente cultural responsável pela exposição sabe o que é melhor para seu **público** e, depois, na crença de que as intenções são boas e bastam); na pior, um descaso com a prática cultural e com o trato dos recursos públicos naterializado na organização de exposições que, em vez de atenderem à comunidade, servem apenas aos interesses de autojustificação dos organizadores ou do circuito restrito de produtores eventualmentne concernidos.

Referências:

Almeida, Adriana M. "A relação do público com o Museu do Instituto Butantan: análise da exposição *Na natureza não existem vilões*". Dissertação de Mestrado, ECA-USP, 1995.

Gottesdiener, Hana. *Evaluer l'exposition: définitions, méthodes et bibliographie sélective commentée d'études d'évaluation*. Paris: La Documentation Française, 1987.

Munley, M.E. "Asking the right questions: evaluation and the museum mission" in *Museum News*, 64(3), 1986.

Secreven, C.G. "Uses of evaluation before, during and after exhibit design" in *ILVS Review*, 1(2), 1990.

B

Barbárie

Sumário: cultura *versus* barbárie, monumento de cultura e monumento de barbárie, cultura e indistinção.

Termos relacionados: arte, arte-ação, cultura.

O objetivo declarado ou implícito de toda política cultural é o de erguer uma barragem contra a barbárie, se não combatê-la frontalmente. Cada sistema cultural tem seus critérios para definir o que seja barbárie (etimologicamente, aquilo que é estranho, estrangeiro). Para o regime comunista instalado na antiga URSS a partir de 1917, barbárie era a ordem burguesa (em termos de modos culturais propriamente ditos, barbárie era a chamada "arte moderna" e cultura, o "realismo socialista") tanto quanto o comunismo representa, para a cultura burguesa, a barbárie; durante o período Tokugawa, no Japão, a bárbarie era o Ocidente, ao qual o país se fechou durante mais de dois séculos; ao longo do século XVI, a barbárie para os húngaros estava encarnada no conquistador turco.

Para Walter Benjamin, nenhuma cultura (e nenhum processo de transmissão da cultura) é isenta de barbárie: todo monumento de cultura é ao mesmo tempo um monumento de barbárie, com o que pretendia dizer que a cultura não se deve apenas aos esforços dos gênios mas também à corveia dos anônimos que tornam possivel, direta ou indiretamente, a existência daqueles bens e obras edificados em valores de sublimação. O próprio monumento de cultura, ao erigir-se, o faz sobre um outro monumento que resta dominado, ao qual se denomina "de barbárie". Assim, não é raro que para a cultura erudita dominante num dado território, a cultura popular se apresente como barbárie.

Num sentido mais amplo e básico, um outro nome para barbárie é *indistinção*; o oposto da cultura é, nesse caso, a indiferenciação, a impossibilidade de distinguir entre uma coisa e seu oposto ou, mais simplesmente, entre uma coisa e outra. Quando todos os valores se equivalem, quando todas as experiências têm o mesmo sentido e o mesmo peso, quando é indiferente escolher uma coisa ou outra, vive-se uma época de barbárie. Se a insistência numa lógica dos pares de opostos (bem e mal, realidade e virtualidade) é redutora e no limite, no campo das relações sociais, autoritária, a aceitação da equiprobabilidade (todos os eventos têm a mesma probabilidade de ocorrer, ou de serem escolhidos) conduz à entropia e não é mais positiva do que a dicotomização exacerbada dos valores. É sabido, por exemplo, que a cultura do consumismo (se ela não é uma contradição nos próprios termos) e seu instrumento privilegiado que é a publicidade baseiam-se na equiprobabilidade e não, como parece, na diferenciação: é porque um produto (e um produto cultural, como os *Rocky* de I a V, os *Duro de matar* e os *Máquina mortífera*) vale outro que cada um tem sua vez e pode ingressar no circuito; é por um valer outro que todos são consumidos ou consumíveis. A cultura e a política cultural buscam criar as condições de diferenciação. A meta é reduzir a equiprobabilidade. O instrumento privilegiado para tanto é a **arte**.

Referências:

BENJAMIN, Walter. "Sobre o conceito da história" in *Obras escolhidas*: Magia e Técnica, Arte e Política. São Paulo: Brasiliense, 1985.

TEIXEIRA COELHO. *O que é ação cultural*. São Paulo: Brasiliense, 1989.

Bem artístico

Termos relacionados: arte, bem cultural, mercado simbólico, produto cultural.

Bem cultural que se define como obra de arte.

Referências:

DURAND, José Carlos. "Expansão do mercado de arte em São Paulo — 1960-1980" in MICELI, Sérgio (org.). *Estado e cultura no Brasil*. São Paulo: Difel, 1984, p. 192.

Bem cultural

Ver Produto cultural.

Biblioteca

Sumário: a ordem bibliográfica, biblioteca de autores, a biblioteca-retiro, o gabinete de curiosidades, o modelo jesuítico, a ordem bibliográfica de G. Naudé (a máquina cultural), o paradigma bibliotecário.

Termos relacionados: ação cultural, espectador-empírico/espectador-modelo, leitura, livro.

Uma das primeiras conceituações sobre a biblioteca, relevantes para entendê-la em sua forma atual, apareceu em 1644 sob a assinatura do francês Gabriel Naudé, que serviu a Richelieu e Mazarin, de quem foi bibliotecário, e depois à rainha Cristina, da Suécia, cuja biblioteca também organizou.

Em *Advis pour dresser une bibliothèque* (Conselhos para formar uma biblioteca), publicado naquele ano, Naudé expõe os princípios de uma grande "ordem bibliográfica" que, em sua opinião, permitia tornar o saber acessível e partilhado com o objetivo de organizar uma razão política.

Naudé apresenta a biblioteca como uma instituição necessariamente pública e universal. Pública no sentido de aberta a todos e universal por conter todos os autores (ele não escreveu "livros" mas "autores") que tivessem escrito sobre a diversidade dos assuntos interessantes ao ser humano, em particular as artes e ciências. Sua concepção se opõe aos três modelos principais que, na primeira metade do século XVII, ordenavam as relações entre os indivíduos e os livros. O primeiro deles, ilustrado pela descrição dada por Montaigne de sua "livraria", apresenta a biblioteca como um retiro, lugar de lazer solitário à margem dos afazeres domésticos ou dos deveres públicos. O segundo modelo fazia da biblioteca uma espécie de *gabinete* de curiosidades ou de obras seletas que satisfaziam as paixões bibliófilas. Para participar desse gabinete, os livros deveriam satisfazer duas exigências: a raridade e o luxo, propriedades que os tornavam dignos de serem colecionados. O terceiro formato era dado pelos jesuítas e influenciou amplamente a constituição da biblioteconomia moderna. Esse modelo assentava-se sobre um sistema de dupla articulação: a seleção e o expurgo, acionados pelo bibliotecário que, na prática, assumia o papel de um *diretor de leituras.*

A proposta de Naudé apresentou-se como o contrário de todos esses modelos. Sua biblioteca, mesmo sendo propriedade individual, devia abrir-se ao público e não constituir lugar de retiro e exercício de prazeres materiais para uma ou pouquíssimas pessoas; se não era exatamente pública, em todo caso a biblioteca devia abrir-se aos pesquisadores em busca de conhecimento puro e aos homens de estado atrás, estes, de caminhos e justificativas para seus programas políticos. E, contrariamente à pregação jesuítica, na biblioteca não deveriam ser admitidos apenas os livros cristãos, com o expurgo das obras heréticas, profanas ou simplesmente heterodoxas; o único critério de admissão dos livros era a utilidade que podiam ter — o que, de seu lado, tornava não obrigatória a presença daquelas obras luxuosas, ricamente ornamentadas, que se esgotavam nesses aspectos apenas. Naudé entendia também que o caráter universal da biblioteca tinha claros limites: não sendo possível, já naquele momento, colecionar todos os livros do mundo e sendo portanto imperioso aceitar uma visão parcial do saber, a opção era admitir, na biblioteca, o maior número possível de catálogos que dissessem, ao interessado, onde poderia encontrar a obra buscada se ela não existisse naquele lugar.

O modelo de biblioteca de Naudé afastava-se da ideia tradicional da coleção de opiniões das autoridades reconhecidas. Apresentando-se como "instrumento bibliotecário", sua biblioteca propunha um método crítico baseado na produção de bibliografias com o recenseamento das referências e na identificação das falsificações, o que permitia a operação fundamental da *verificação*. Esse instrumento bibliotecário originou, ou em todo caso acompanhou, o surgimento de um novo paradigma do saber que propunha como passo inicial incontornável de toda nova pesquisa a realização de um inventário ou *balanço preliminar* do conhecimento acumulado. Incidentalmente, esse paradigma foi e continua a ser uma pedra de toque do ensino universitário, sem que se pergunte sobre sua adequação ou pertinência para o atual estado do conhecimento, em particular no campo das ciências humans. Se na física, química ou matemática esse balanço é imprescindível e factível, nas ciências humanas ele não é mais nem uma coisa nem outra, e a insistência no *paradigma bibliotecário* tem levado, quase exclusivamente, a um *sistema da reprodução* do conhecimento que tolhe a criatividade científica num índice alarmante — se houvesse, nesse paradigma, espaço para o alarme intelectual.

De todo modo, à época a proposta de Naudé era perfeitamente contemporânea. Seu objetivo consistia em contrabalançar, e mesmo anular, o poder da Igreja que, através da Biblía interpretada por uma casta ou estamento com poder de monopólio nesse domínio, apresentava-se como fonte exclusiva de "conselhos" políticos para os soberanos. Naudé esposava um projeto político que, em suas palavras, procurava substituir a autoridade espiritual da Igreja pela *máquina cultural* que era a biblioteca.

Na contemporaneidade, em particular na contemporaneidade brasileira, o modelo de máquina cultural de Naudé permeou bastante o modelo jesuítico de biblioteca mas não o pôs de lado inteiramente. As épocas ditatoriais, por um lado, e conhecemos várias, não favorecem as máquinas culturais. Mesmo sem elas, porém, o formato jesuítico foi capaz de gerar uma espécie de vírus cultural para o qual não existe ainda uma cura à vista e que reaparece aqui e ali, com menor ou maior virulência, em determinados intervalos. Esse vírus é o causador da síndrome do orientador cultural, que se manifesta toda vez que um ou alguns " iluminados" decidem, não apenas o que os outros devem ler, mas que os outros, simplesmente, *devem* ler. Essa síndrome é recorrente na política cultural como um todo, nos agentes culturais de modo particular, e assume uma forma na aparência benigna: a do samaritano cultural que, mesmo convencido de que não lhe cabe "levar a cultura ao povo", dispõe-se a ser um profeta da boa nova cultural. A máquina cultural de Naudé não foi capaz de eliminar os vírus do diretor de leitura e do orientador cultural. Talvez só atinja sua plena maturidade como verdadeira máquina cultural quando a informatização do mundo tornar extremamente ampliado, e praticamente incontrolado, o acesso *direto* do interessado a todas as fontes de informação disponíveis. Em outras palavras, a *biblioteca* só se realizará plenamente como *máquina cultural* quando deixar de existir como tal...

De certo modo, ela já está a caminho desse ponto de aniquilação — e autoaniquilação. A ideia atual de biblioteca é a de um **centro cultural** ou, de todo modo, de um espaço que não privilegia mais o livro como objeto de uma coleção e dele faz apenas um instrumento de cultura a mais, ao lado do disco, do CD-ROM, do vídeo, da obra de arte etc. Se a biblioteca moderna e a pré-moderna eram o lugar da coleção, a biblioteca pós-moderna se apresenta (ou quer ser) como o lugar da informação, da discussão e da criação, rompendo vastamente com seus modelos passados. Esse novo formato de biblioteca é, sem dúvida, o da *biblioteca pública generalista* e não o da biblioteca de pesquisa, figura de todo modo rara em países subdesenvolvidos e que, larga e necessariamente, ainda é um espaço de reflexão e nada além disso deve ser se pretende preservar e estimular a ideia da investigação, embutida no modelo de Naudé. (Sob esse aspecto, estabelece-se, entre as ideias de informação e reflexão, uma certa antinomia que, no contexto atual, não deveria ser considerada excessivamente surpreendente...)

Referências:

DAMIEN, Robert. *La bibliothèque et l'état*. Paris: PUF, 1995.

MARIN, Louis. *Pour une théorie baroque de l'action politique*. Paris: Ed. de Paris, 1988.

MILANESI, Luiz. *A casa da invenção*. São Paulo: Siciliano, 1992.

______. *O que é biblioteca*. São Paulo: Brasiliense, 1985.

NAUDÉ, Gabriel. *Advis pour dresser une bibliothèque*. Paris: Amateurs du livre, 1990.

Biblioteca básica

Ver Biblioteca, cânon.

C

Campo da indústria cultural

Ver campo de produção erudita, indústria cultural.

Campo da produção erudita

Sumário: campo de produção erudita e indústria cultural; a produção para produtores; campos compósitos.

Termos relacionados: culturas híbridas, indústria cultural, capital cultural.

Essa expressão funcionou, durante algum tempo, como um dos polos de um eixo cuja extremidade oposta estava ocupada pelo conceito de **indústria cultural**, do qual era uma espécie de contrário, sem ser seu exato contraditório (e isso porque no interior de uma dada indústria cultural podia existir um campo de produção erudita dele dependente pelo menos sob uma ótica material, como no caso do cinema dito de arte). Deu-se o nome de campo de produção erudita a todo um sistema de geração de produtos culturais, com seus instrumentos de apropriação desses produtos, destinados — *pelo menos num primeiro momento* — a um público de produtores reais ou possíveis (o que inclui a categoria dos consumidores) desses mesmos tipos de produtos.

Produzir para produtores (a indústria cultural produz, em princípio e desde logo, em curto prazo, para consumidores) era um dos sinais distintivos desse campo. Uma outra característica do campo de produção erudita está no fato de que, enquanto a indústria cultural se rege pelas leis de concorrência ditadas pelo mercado do maior número, o campo de produção erudita se ordena pela avaliação dos produtores por seus próprios pares, que são ao mesmo tempo clientes privilegiados daqueles e seus primeiros concorrentes. As teses universitárias pertencem a esse campo, bem como as matérias publicadas nos cadernos de cultura, os filmes "de vanguarda", uma certa literatura refinada, a maior parte das artes plásticas etc.

É uma expressão que, na metade dos anos 1990, perdeu parte considerável de sua força específica. Uma revista culturalmente sofisticada como *The New Yorker*, mesmo não tendo baixado visivelmente seu nível, não pertence mais de modo claro ao campo da produção erudita, assim como a encenação de *Carmina Burana* num estádio de futebol, ou grande parte da dança pós-moderna, apresenta-se como um evento que tende a fundir traços da indústria cultural com os da produção erudita. Se ainda é possível identificar, nas extremidades dos dois polos, fenômenos culturais com marcas típicas de seus respectivos sistemas de produção, o industrial e o erudito, uma faixa intermediária de fenômenos culturais, cada vez mais ampla, assume feições amplamente compósitas.

Referências:

Canclini, N.G. *Culturas híbridas*. México: Grijalbo, 1988.

Bourdieu, Pierre. *A economia das trocas simbólicas*. 2. ed. São Paulo: Pespectiva, 1987.

Cânon

Sumário: coleções básicas, cânones cinematográficos e literários, o ponto de vista da história cultural *versus* o ponto de vista da experiência pessoal, educação *versus* criação dos próprios fins, ação cultural *versus* fabricação cultural.

Termos relacionados: ação cultural, biblioteca, fabricação cultural, público.

Que títulos devem compor uma **biblioteca**, discoteca, filmoteca ou outra coleção do gênero? Deverão ser adquiridos os títulos que o público quer ou aqueles de que o público precisa? E quem determina o que o público precisa? Essas questões habitam (ou assombram) rotineiramente o cenário das instituições culturais — as bibliotecas, acima de tudo, que acreditam poder enfrentá-las mais comodamente do que as filmotecas, discotecas e pinacotecas, em especial diante da existência de estudos quantitativos patrocinados pela Unesco indicando a quantidade de livros por número de habitantes de uma cidade.

Um dos modos de enfrentar o problema é levantar listas de obras básicas em cada área (literatura, história etc.) através da consulta a especialistas, geralmente professores e pesquisadores universitários. Sob certo aspecto, essa operação consiste em constituir o cânon de uma área — em outras palavras, o conjunto de livros ou filmes etc. que uma pessoa *deve* ler ou ver para situar-se como indivíduo culto ou para saber avaliar a produção na área correspondente.

Essa operação está longe de revelar-se cômoda e incontrovertida. Sequer, factível. Em 1995 em que, por convenção (já que a data é disputada) comemoram-se cem anos de existência do cinema, a *Folha de S.Paulo* pediu a 100 críticos de todo o mundo que indicassem os 10 melhores filmes da história. Foram mencionados 434 filmes e, desses, os mais votados formaram uma lista dos “dez principais” que nenhum dos 100 críticos endossaria integralmente... Os dez: *Um corpo que cai*, Alfred Hitchcock, EUA, 1958; *Cidadão Kane*, Orson Welles, EUA, 1941; *Apocalypse Now*, Francis Coppola, EUA, 1979; *Encouraçado Pontemkin*, Sergei Eisenstein, URSS, 1925; *A regra do jogo*, Jean Renoir, França, 1939; *8 1/2*, Federico Fellini, Itália, 1963; *Viagem a Tóquio*, Yasujiro

Ozu, Japão, 1953; *Aurora*, Friendrich Murnau, EUA, 1927; *Amarcord*, Federico Fellini, Itália, 1973; *Rashomon*, Akira Kurosawa, Japão, 1951. A discutibilidade estridente dessa lista dos dez mais é claríssima — pelo que inclui e pelo que deixa de fora.

Em literatura, Harold Bloom defende, num livro publicado em 1994, que o cânon ocidental é composto por 26 autores — não obras individuais mas *autores* (*v.* **biblioteca**), o que configura uma opção acaso menos soberba, menos temerária e, no limite, menos tola. Em sua opinião, esse cânon — aquilo que foi preservado daquilo que foi escrito, e aquilo que um ocidental deve ler para entender sua cultura — comporta Shakespeare, Dante, Chaucer, Cervantes, Montaigne, Molière, Milton, Samuel Johnson, Goethe, Wordsworth, Jane Austen, Walt Whitman, Emily Dickinson, Dickens, George Eliot, Tolstoy, Ibsen, Freud, Proust, Joyce, Virginia Wolf, Kafka, Borges, Neruda, Fernando Pessoa, Beckett. Mesmo sendo elástica por adotar o critério autoral, essa lista não é menos passível de divergências do que a cinematográfica. Bloom propõe um cânon relativo a um conceito imaginário, o Ocidente, com dimensão supranacional. Sua orientação segue tendência contemporânea para a eliminação da nacionalidade como critério categorizante. Mesmo assim, algumas políticas culturais se veriam às voltas com o estabelecimento de cânons nacionais. No caso da literatura brasileira, esses cânons podem ser buscados na obra de historiadores como Alfredo Bosi e Antonio Cândido. Procedimentos semelhantes dariam, aparentemente, conta dos cânons cinematográficos e musicais. Uma pinacoteca poderia ser composta de modo análogo, não enfrentasse o problema insolúvel de lidar com originais individuais, irreprodutíveis, vinculados a uma cotação de mercado que faz da posse dessas obras privilégio de pouquíssimos (e slidotecas jamais poderão apresentar-se como substitutas dignas dos originais).

O problema não reside na confecção das listas, que sempre acabam por ser feitas, de um modo ou de outro. O problema está no ponto de vista que condiciona a escolha das obras ou autores. Listas como a de Harold Bloom são, em primeiro lugar, acadêmicas. Mesmo que esse crítico descarte seu interesse por listas de livros que devem orientar os ensinamentos em instituições de ensino, permanece o fato de que sua própria relação, como outras elaboradas segundo princípios análogos, segue critérios ditos científicos e indicam obras e autores que, do *ponto de vista crítico, historiográfico ou outro* (inovação, ampliação de paradigmas, construção de uma nacionalidade etc.) são considerados relevantes. Os interesses dos autores dessas listas não são necessariamente os do leitor comum, do frequentador de uma biblioteca ou centro cultural. Na verdade, raramente esses interesses coincidem. Enquanto os autores de listas e cânon estão com os olhos virados para a história (de uma linguagem em particular, como a literária, ou de uma nação, de um momento etc.), o usuário se preocupa quase sempre com sua história pessoal. Em todo caso, o interesse por uma situação específica, singular, datada no tempo e no espaço, inteiramente individual, deve ser considerado tão ou mais legítimo por uma política cultural quanto os interesses acadêmicos por trás de um cânon. Não é difícil prever que o usuário típico de uma biblioteca de bairro ou de uma pequena cidade, no final do século XX, terá pouca inclinação para a leitura de Beckett, Proust, Virgínia Wolf, Dante ou José de Alencar, Euclides da Cunha e Guimarães Rosa, embora essa possibilidade lhe deva ser oferecida (e essa última oração só comparece, claro, sob a influência da ideia do cânon...). O que pode ser retirado de um romance, um filme, uma peça musical é função menos da história dessa arte (embora isso também represente um papel na fruição final) do que da história pessoal de quem se defronta com essa obra. Juízos de valor do tipo bom ou mau, digno ou indecente, útil ou nocivo nada significam para uma experiência pessoal. A relatividade dessas práticas de rotulação é ainda mais evidente quando se sabe que excelentes filmes são extraídos, não raro, de péssimos livros — o que torna claro que a questão não é a obra em si mas, em política cultural como em tantos outros domínios, o uso que dela se faz. Assim, questões de moda (literária, musical, cinematográfica) ou políticas, étnicas, sexuais e etárias ditam necessidades culturais com tanta justeza quanto as que podem ser descritas e defendidas a partir de outros pontos de vista. E terão de ser atendidas se a instituição cultural pretende manter-se viva e atuante.

A adoção de listas ou cânons em política cultural — embora eventualmente defensáveis como orientação — corre o risco de trazer consigo o germe da ideia de educação ou formação, que antes deriva para casos de **fabricação cultural** do que de **ação cultural** propriamente dita.

Referências:
BLOOM, Harold. *The Western Canon* (The Books and Schools of the Ages). Nova York: Harcourt Brace and Company, 1994.
Folha de S.Paulo, Suplemento "Os 10 melhores filmes", 10.5.1995.

Capital artístico

Termos relacionados: capital cultural, localismo, produto cultural.

Espécie do gênero **capital cultural**, definido como a acumulação das obras de arte de um indivíduo, grupo ou território. Ainda hoje, esta é uma noção intimamente ligada à ideia de local ou nação, embora já se fale, na contemporaneidade, num capital artístico da humanidade — capital na verdade sempre passível, como seu próprio nome indica, de conversão em moeda, independentemente de seu valor simbólico.

Referências:
BOURDIEU, Pierre e Darbel, Alain. *L'amour de l'art.* Les musées d'art européens et leur public. Paris: Minuit, 1969.
GIRARD, A. *Economie et culture:* Culture en devenir et volonté publique. Avignon: La Documentacion Française, 1986.

Capital cultural

Sumário: capital cultural de consumo, capital cultural de produção, modos de seleção do capital cultural, capital cultural e globalização, capital cultural e política cultural, imaginário cultural.

Termos relacionados: desenvolvimento cultural, sistema de produção cultural, imaginário, capital cultural nacional.

Num sentido estrito, *capital cultural* aponta para o *conjunto dos instrumentos de apropriação dos bens simbólicos*. Sob esse aspecto, considerando-se a questão do ponto de vista do consumo cultural — um dos modos de apropriação dos bens simbólicos — a alfabetização integra o capital cultural ou capital simbólico de um indivíduo tanto quanto sua educação em geral e seu treinamento para apreciar a música, a pintura, o cinema ou qualquer outra modalidade cultural. Do lado da produção cultural, fazem parte do capital cultural os produtos intermediários e equipamentos necessários à geração do bem simbólico final, como o celuloide para o cinema ou o mármore para a escultura, a sala de teatro onde será montada uma peça, o piano etc.

Num sentido mais amplo, constituem o capital cultural de um indivíduo ou comunidade a soma de todos esses instrumentos que permitem o consumo e a produção dos bens simbólicos (bem como sua distribuição e troca) e o conjunto dos próprios bens simbólicos produzidos, como as coleções nas bibliotecas, pinacotecas, museus, galerias, cinematecas, videotecas e assim por diante.

Fatores de variada origem intervêm para caracterizar um capital cultural. Considerações de ordem estética, étnica, religiosa, econômica podem determinar quais conjuntos de bens simbólicos constituem um capital cultural, que surge assim como a coleção dos bens simbólicos tidos como dignos de serem desejados e possuídos, à exclusão de todos os demais. Na Alemanha nazista, a arte expressionista não integrava o capital cultural alemão, tanto quanto para os parlamentares e autoridades governamentais norte-americanos de 1995 as fotografias homoeróticas de Robert Mapplethorpe não se incluem no capital cultural desse país. Um capital cultural nacional — francês, brasileiro, japonês — constitui-se das obras que alegadamente sintetizam o espírito ou identidade dessas nações ou povos ou que, mais simplesmente, são produzidas dentro de suas fronteiras ou servindo-se das línguas ali faladas. Numa ordem bem mais ampla — em particular numa época dita de globalização —, fala-se num capital cultural da humanidade, que pode ser tanto um sítio declarado de valor cultural mundial (como Ouro Preto ou Veneza) como a totalidade das obras existentes em todos os lugares e às quais todos e cada um deveriam ter acesso.

Não fosse a expressão "capital cultural" ter sido forjada a partir dos estudos de economia, seria necessário lembrar que faz parte do capital cultural o capital *tout court,* isto é, os recursos econômicos, financeiros, de maquinário etc. que possibilitam a constituição e a fruição dos conjuntos de bens simbólicos. Sem financiamento, um filme não se fará e não integrará o capital cultural de uma comunidade; sem dinheiro para a compra do ingresso, um filme não integrará o capital cultural de um indivíduo ou comunidade. Haveria, desse modo, uma íntima relação entre a estrutura de distribuição do capital econômico entre os diversos segmentos de uma sociedade ou país e a estrutura de distribuição (participação) do capital cultural nessa sociedade ou país. Em decorrência dessa observação, haverá, por exemplo, desequilíbrio entre o capital cultural dito *de produção* e o capital cultural *de consumo*, significando que uma parte da população pode ter acesso ao capital cultural via consumo mas permanecerá alienada de sua produção. Os programas de política cultural tratam, sob certos aspectos, de viabilizar a integração de parcelas mais amplas de uma comunidade a seu capital cultural (ou outros capitais culturais), do ponto de vista da produção (política cultural propriamente dita) e do consumo (de modo específico, ação cultural).

A expressão capital cultural, como foi dito, é de extração economicista e carrega assim todas as denotações e conotações próprias a essa área, inclusive aquelas de caráter utilitário (o capital serve para produzir, transformar uma coisa em outra que permita a alguém fazer ou chegar a algum lugar). Para alguns autores, essa filiação economicista da expressão tem a vantagem de apontar, não para um patrimônio estável, supostamente estável ou imutável, mas para um estoque que, à semelhança do que ocorre com o capital propriamente dito, pode ser reconvertido em outra coisa, acumulado, gasto, refeito, aumentado, apropriado ou distribuído de modo desigual por diferentes segmentos da comunidade e que, no limite, pode ter sua falência decretada (exemplo, o capital cultural iugoslavo, formado entre outras coisas pela cultura comunista desenvolvida no país após a Segunda Guerra Mundial, faliu com a guerra civil que opõe bósnios, servios, croatas e, sob outro ângulo, cristãos e muçulmanos; seria possível observar que, se um capital cultural vai à falência é porque na verdade nunca teve forças próprias que de fato o definissem como tal e foi nada mais do que um capital fictício, artificial — argumentação própria dos que defendem a ideia de um patrimônio igual a si mesmo e ligado teluricamente a um território ou espírito). Ainda sob esse aspecto, um capital cultural não seria, novamente, algo de estável e, sim, um campo para uma luta simbólica incessante entre classes, etnias, grupos e filiações de variada natureza. Outros autores, como Hannah Arendt, rejeitam a tese de uma cultura utilitária enquanto outros ainda, e é o caso de mencionar-se Gilbert Durand de modo particular, preferem pôr de lado a terminologia economicista e o desenho de um mundo voltado para a produção pragmática de bens ou objetos singulares. Nessa compreensão, por referir-se a um amplo trajeto antropológico, a expressão *imaginário cultural* poderia substituir com vantagens a fórmula consagrada por Pierre Bourdieu.

Referências:

Bourdieu, Pierre. *A economia das trocas simbólicas*. São Paulo: Perspectiva, 1987.

Canclini, N.G. *Culturas híbridas*. México: Grijalbo, 1989.

Durand, Gilbert. *A imaginação simbólica*. São Paulo: Cultrix/Edusp, 1988.

_____. *Mito e sociedade*. A mitanálise e a sociologia das profundezas. Lisboa: A Regra do Jogo, 1983.

Kusturica, Emir. *Underground* (filme). França: 1994.

Capital cultural nacional

Sumário: a tradição cultural, o culto à cultura; "patrimônio da humanidade", localismo e globalização.

Termos relacionados: localismo, capital cultural, cultura de fronteira, culturas híbridas, globalização, desterritorialização, produto cultural.

Até a intensificação da circulação dos bens culturais — sobretudo através da televisão mas também do cinema e, brevemente, da tela do computador ligado tanto a uma rede quanto a um serviço de aluguel imediato de vídeos — era possível falar-se num capital cultural nacional claramente delimitado, constituído a partir de uma relação tradicional com a cultura sustentada pelas práticas educacionais e familiares e sua panóplia de sanções. Essa situação, típica de países de velha tradição, como a França, desembocava num culto à cultura considerada digna de devoção. Com a aceleração das trocas culturais entre os países — eufemismo que tenta ocultar a viagem quase sempre só de ida da produção cultural dos países desenvolvidos para os demais, e dos Estados Unidos de modo especial para todos os outros —, a noção de capital cultural nacional tende a esfumar-se. Na época da **globalização**, a expressão "patrimônio da humanidade" não é mais figura de retórica: públicos de diferentes nacionalidades não têm de ser perorados para acreditar que Woody Allen, Fellini, Van Gogh ou a bossa nova são parte de seu próprio capital cultural.

É certo que essa situação não é universal. O **localismo** ainda é uma realidade e culturas inteiras rechaçam valores culturais estrangeiros, assim como a cultura islâmica repudia os valores culturais modernos e ocidentais. De todo modo, os eventuais capitais culturais nacionais não podem mais ser vistos sob a ótica da tradição cultural, nem se revestem mais das mesmas formas sacramentais de um culto vital à definição de uma determinada identidade.

Referência:

BOURDIEU, Pierre; DARBEL, Alain. *L'amour de l'art.* Les musées d'art européens et leur public. Paris: Minuit, 1969.

Capital simbólico

Ver Capital cultural.

Carente cultural

Termos relacionados: sistema de produção cultural (troca), necessidade cultural, serviço cultural.

A cidade de São Paulo viu promulgada em 1993 a lei municipal 11.357 tornando obrigatório que todos os espetáculos realizados nos teatros e anfiteatros municipais reservem 20% dos lugares disponíveis a cada sessão para a população de baixa renda, que paga, a título de ingresso, 0,5% do salário mínimo vigente. Para gozar esse direito, o interessado, carente cultural (expressão de ressonâncias sem dúvida irônicas...) deve credenciar-se preliminarmente em órgão da Secretaria Municipal de Cultura, que expede a "carteirinha" correspondente. O credenciamento é de grande interesse uma vez que, em São Paulo, a temporada lírica acontece no Teatro Municipal, casa que abriga, ainda, boa parte dos melhores espetáculos da temporada em todos os gêneros; com o preço dos ingressos nesse teatro variando de R$ 10 a R$ 100 reais (US$ 10,50 a US$ 105, em novembro de 1995), compreende-se a vantagem do credenciado que paga, na mesma data, R$ 0,50 por espetáculo (US$ 0,52).

Essa medida causou protestos na classe teatral por prever que, em princípio, os 20% dos lugares devem ficar disponíveis em toda sessão, não podendo a rigor serem ocupados, e pelo fato de que para obter-se o credenciamento não é exigida comprovação de renda. No projeto-lei original, os espetáculos em cartaz nos teatros municipais deveriam reservar apenas um dia para os ingressos a 0,5% do salário mínimo. Como o dispositivo legal vale apenas para os teatros e anfiteatros mantidos e administrados com recursos públicos, não há argumento possível contra a ideia transformada em lei. O que se discute é o valor do desconto oferecido (95% do preço do ingresso mais barato) e o fato de que os lugares a serem reservados para os efeitos da lei não serão, sem dúvida, os melhores — o que significa reintroduzir por uma porta a discriminação que se procura eliminar por outra... O **incentivo** direto à troca, no sistema de produção cultural, é sempre o mais controvertido de todos, quanto a seu real alcance e sign13,5

Referência:
Buono, Daniela. "Qualquer um pode ser '343'". Caderno de Cultura de *O Grito*, 15-28.8.95.

Catálogo central

Ver Livro.

Centro cultural independente

Sumário: centros de cultura alternativa; movimentos de contestação; cultura de rua e circuito alternativo; ressemantização urbana; forma organizativa.

Termo relacionado: espaço cultural.

Centro cultural desvinculado da administração pública e que tampouco se encontra sob o guarda-chuva fixo de nenhuma empresa ou fundação privada. Tendo como antepassados imediatos grupos surgidos no final dos anos 1960, como o Théatre du Soleil — instalado num antigo barracão militar na periferia de Paris, em Vincennes (e que montou espetáculos memoráveis, como *1789* e *L'âge d'Or*) — e o Schaubuhne, criado por Peter Stein ao pé do Muro de Berlim, os centros culturais independentes surgiram dos movimentos comunitários da década seguinte e das tendências de apoio prioritário à criação artística que marcaram os anos 1980. A orientação desses centros é a mais variada possível mas sempre marcada por sinais de contestação: abrigaram esquerdistas libertários em confronto com as concepções oficiais do comunismo e do marxismo, feministas radicais dos primeiros tempos, grupos de hippies orientalizantes, bandos punks, movimentos gay. Esses centros formaram-se em edificações em desuso, ocupadas extralegalmente por grupos de início não organizados (*squatters*), em zonas deterioradas das grandes cidades, numa dinâmica que não tardou a marcar o começo da recuperação urbana de muitas delas. Em Gand, na Bélgica, o centro Vooruit instalou-se numa Casa do Povo do início do século; em Liubliana (Eslovênia), o Retina ocupou antigos locais do exército; em Bergen (Noruega), centro análogo se instalou numa ex-fábrica de conservas de peixe; em Lund (Suécia), foi a vez de um laticínio servir como centro independente; em Luxemburgo, um matadouro; em Berlim, os estúdios da UFA, centro de produção cinematográfica sob o nazismo; em Leipzig, um castelo do século XIX. No Brasil, a situação é um tanto diferente; velhas edificações também foram ocupadas por centros de cultura mas estes são, em sua ampla maioria, ligados aos poderes públicos: em São Paulo, a Casa das Retortas, na origem parte do complexo da produção de gás da cidade (depois retomada, ironicamente, pela administração municipal exercida pela primeira vez na história da cidade por um partido... de esquerda, numa singular e significativa inversão da tendência mundial: enquanto no mundo todo espaços industriais e administrativos eram transformados em centros de cultura, na cidade de São Paulo — governada por um partido de esquerda — um centro de cultura foi transformado em espaço administrativo; pouco depois, essa mudança admnistrativa fracassou mas o espaço não voltou a ser destinado à cultura), e a Cinemateca Brasileira, que se instala num antigo matadouro; em Porto Alegre, uma casa de cultura também oficial instalou-se num velho hotel e um centro de cultura popular, num depósito do terminal marítimo. Um bom exemplo de centro independente no Brasil, com certeza o melhor, é a Casa da Paz, de Vigário Geral (RJ), em local de tráfico e violência. Essa característica arquitetural dos centros independentes significou, em escala europeia, uma ressemantização generalizada dos espaços vazios e sua ocupação pela cultura de uma forma inédita.

Esses centros são geralmente locais pluriculturais, dedicados a todos os tipos de artes e atividades culturais, e com programação intensa e continuada, comportando a apresentação de artistas locais mas também outros, profissionais, de renome nacional e internacional: não são, portanto, centros discriminatórios (só cultura popular ou só cultura erudita) e não temem apresentar-se como circuito alternativo para a chamada "cultura de mercado" quando são as únicas alternativas disponíveis nas cidades. Distinguem-se por um forte estímulo à **socialidade** e ao espírito comunitário, do qual um dos focos centrais é o café-restaurante. Seus recursos provém das próprias atividades dos centros e do patrocínio esporádico de shows, programas ou instalações, por empresas privadas.

Dezenove centros independentes europeus criaram em 1986 uma associação, a Trans Europe Halles, com sede na Bélgica, que funciona como espécie de parlamento cultural e mecanismo de cooperação e que procura, no momento, atuar como verdadeira rede de intercâmbio cultural e de mútuo apoio econômico. Ainda descartando o suporte de entidades próximas demais dos poderes públicos, alguns centros começam a receber financiamentos pontuais de organismos ligados à confederação supranacional que se tenta criar na Europa.

Começando como um movimento de defesa da chamada cultura de rua, os centros independentes são hoje fonte de uma dinâmica cultural multirramificada e de sólida penetração no tecido comunitário — o que lhes poupa, entre outras coisas, o mal terminal que ataca os órgãos culturais brasileiros presos ao Estado: a descontinuidade administrativa e programática. Seu sucesso é, por vezes, excessivo. O Via Láctea, centro independente de Amsterdã, cidade muitas vezes menor do que São Paulo, registra entre 250 e 300 mil visitantes por ano, cifra a ser comparada com a frequência do Museu do Instituto Butantã, um dos mais visitados do Brasil com cerca de 300 mil frequentadores por ano. Esse afluxo de pessoas faz o centro holandês correr o risco da sufocação física, como ocorre com o Centro Georges Pompidou (Beaubourg), de Paris, e exige constantes investimentos em infraestrutura que se transformam em outras tantas ocasiões para o desvio (forçado) de recursos do domínio prioritário, o da criação artística propriamente dita. No Via Láctea como em vários outros observa-se mesmo uma tendência no sentido de transformarem-se em locais onde o que importa acima de tudo é o *estar-junto,* muito mais e muito acima de uma preocupação ou desejo de cultura no sentido tradicional — o que diz muito e longamente sobre o imaginário urbano contemporâneo. Esses centros encontram-se assim em pleno processo de evolução, não tanto à deriva em relação ao gosto do momento e por este determinado, mas num diálogo intenso com ele — a palavra *evolução*, de resto, sumariza a filosofia que os rege nos anos 1990: trata-se, para esses centros (também chamados de "lugares alternativos", expressão bem mais recheada de significados do que o imaterial "espaço alternativo") de alterar-se na proporção do necessário, sem as propostas revolucionárias de três décadas antes, quando começaram a surgir...

Referência:
FRANCO, Alain. "La contre-culture européenne". Paris: *Le Monde*, 24.3.1995.

Cidade

Sumário: cidade e cultura; cidade, esfera prioritária da cultura; cidade criativa.

Termos relacionados: direitos culturais, arte pública.

Ver Anexo 2.

Com o surgimento da ideia do Estado-nação, no século XVIII, aos poucos se desenvolveu toda uma política cultural que tinha a nação, quer dizer, a esfera maior, como seu objeto e objetivo, seu ponto de partida e seu ponto de chegada. Noções como a de identidade nacional decorreram dessa ideia e sobre ela se voltaram para reforçá-la. Nação e cultura nacional pareciam dois termos correlatos, a tal ponto que não apenas um não poderia existir sem o outro como nem a cultura poderia existir se não fosse nacional. Todos os Estados democráticos e todas as ditaduras, de esquerda e direita, assentaram-se (e frequentemente se sentaram) nessa equação. Com todos os desvios que se conhecem.

No século XX, porém, foi gradativamente se firmando que a primeira realidade do indivíduo é a cidade, sendo o estado (a província, a região) e a nação meras ficções. Às vezes fortes o suficientemente para promover tragédias, como no caso do nacionalismo basco, mas ficções. Tudo se passa na cidade. E um livro fundamental como *O direito à cidade*, de Henri Lefebvre, no final da essencial década de 1960, contribuiu largamente para difundir essa noção. Tudo se passa na cidade e, portanto, a cultura é da cidade ou não é. E processos como o da globalização tornaram esse fenômeno ainda mais claro: se o global existe, o local não é menos certo. E o local é a cidade.

Assim, a primeira e essencial política cultural é aquela que se faz para a cidade, pela cidade e na cidade. Essa ideia se cristalizou ao longo do século XX para desabrochar, em 2004, no documento intitulado *Agenda 21 da cultura* que em março daquele ano foi firmado em Barcelona por representantes de mais de 300 cidades do mundo ali reunidos para afirmar a competência da cidade no campo da cultura e reivindicar para a cidade ações e iniciativas há muito reservadas, e mal reservadas, para a nação. Esse documento, apesar de sua prolixidade, deve ser considerado como a cartilha básica da política cultural contemporânea.

Paralelamente, surgiu um pouco por toda parte a ideia de incrementar e explorar o potencial cultural da cidade como fator de desenvolvimento econômico e humano, como insiste por exemplo Richard Florida em suas teses sobre a *cidade criativa*.

Referências:

Florida, Richard. *Cities and the Creative Class.* Kindle Books, 2004.

______. *The Rise of the Creative Class (and how it is transforming work, leisure, community and everyday life).* Basic Books, 2002.

Lefebvre, Henri. *O direito à cidade.* São Paulo: Documentos, 1969.

Vários. *Agenda 21 da Cultura.*

Ciências culturais

Sumário: ciências culturais e política cultural, extensão do termo "cultura", métodos de procedimento das ciências culturais.

Termos relacionados: política cultural, cultura.

Em contraste com as ciências naturais, apresentam-se como aquelas que têm, por objetos de estudo, aqueles construídos pelo homem — proposição cuja consequência mais significativa é que aquele que os observa deles participa ativamente.

Esse conceito, atribuído a Dilthey, entende a cultura como algo de extensão mais ampla do que aquela que lhe atribui a Política Cultural. Para esta, apresentada neste dicionário como ciência da organização das estruturas culturais, o termo *cultura* remete a produtos, bens ou eventos específicos, como os artísticos, folclóricos etc. A Política Cultural é, ela mesma, uma ciência cultural, como a sociologia ou a ciência política; mas a sociologia e a ciência política não são objeto da Política Cultural.

Pertinente à Política Cultural é o conceito de método de investigação para as ciências culturais também proposto por Dithey. Para esse autor, o método próprio a essas ciências é o da *compreensão simpatética* (sentir com, participar internamente do processo) ou, em outras palavras, da *captação intuitiva* (compreensão *por dentro,* a partir do interior, cujo instrumento é a intuição e o *insight*, geradores da abdução — a primeiridade, no sistema peirceano —, e não a dedução ou a indução). A esse método outro se opôs, o chamado método da observação objetiva, distanciada. Se o primeiro pode eventualmente fechar-se em seus próprios meandros, descrevendo insuficientemente seu objeto, o segundo não raro mostra-se incapaz de detectar a natureza específica de alguns processos culturais. Ambos os métodos são proveitosos tanto para a investigação em Política Cultural como para o estudos das ciências culturais em geral. (Dilthey propunha que os estudos procedendo pela compreensão simpatética fossem sempre de natureza histórica, o que no entanto não constitui uma obrigação incontornável para a investigação dos vários aspectos abrangidos pela Política Cultural.)

Referências:

Dilthey, W. *Selected Writings.* Cambridge: Cambridge Univ. Press, 1976.

Peirce, Ch.S. *Semiótica.* São Paulo: Perspectiva, 1987.

Williams, Raymond. *Cultura.* São Paulo: Paz e Terra, 1992.

Circuito cultural

Sumário: sentido genérico e restrito de circuito cultural; tipos de circuito cultural.

Termos relacionados: mercado simbólico, modernização cultural.

Universo em que circula determinado **modo cultural**. Por exemplo, filmes circulam pelo circuito cinematográfico definido por distribuidores e exibidores. Nesse sentido, um circuito pode estar confinado preferencial ou exclusivamente a um único território ou segmento social (circuito das artes plásticas brasileiras) ou pode atravessar diferentes territórios e segmentos culturais e sociais, levando a todos (ou a uma grande maioria) o mesmo produto, como no caso do cinema ou da televisão aberta (*broadcasting*). Fala-se, também, em circuito cultural de um determinado segmento da população, quando este é demarcado de modo mais ou menos rígido (tal segmento social transita preferencialmente por este e aquele modos culturais mas não por aquele outro).

Em sentido estrito, um circuito cultural é um conjunto compreendendo agentes produtores, meios de produção (tecnologia, recursos econômicos), produtos culturais, agentes distribuidores, dispositivo de troca e **público**, além de instâncias organizacionais relativas a todos ou à maior parte desses componentes (agências financiadoras, produtores privados, órgãos públicos de controle e estímulo, escolas de formação etc.) Assim, o circuito da música erudita é composto pelo conjunto dos compositores, músicos, maestros, universidades, salas de espetáculo e público específico. Nesse caso, um circuito cultural pode ter uma extensão ou amplitude física restrita, limitada a um ou alguns segmentos da sociedade. Sob esse aspecto, um circuito cultural é um sistema de produção cultural completo e específico no interior de um s**istema de produção cultural** maior. Fala-se assim no circuito cultural do teatro ou das artes plásticas ou do folclore ou da cultura científica, da cultura identitária, da cultura da autenticidade, da cultura empresarial etc. À medida, porém, que os modos culturais tendem a conviver simultaneamente num mesmo veículo, ou em veículos diferentes aos quais têm acesso diferentes públicos, a noção de circuito cultural nesse segundo sentido assume contornos esfumados. Na contemporaneidade, as obras de cultura e arte não têm mais uma localização territorial ou espacial específica; o processo de **modernização** envolve mais operações de transformação das funções e significados dessas obras do que, propriamente, deslocamentos físicos.

Quanto a sua origem, entendida como fonte de financiamento e controle organizacional, os circuitos podem ser privados e públicos. Em ambos os casos, os circuitos serão de produção industrial ou não e voltados ou não para o mercado; os circuitos privados quase sempre se dirigem diretamente para o mercado enquanto os públicos nem sempre se limitam ou se destinam apenas à esfera pública.

Referência:

Brunner, José J. "Políticas culturales y democracia", in Canclini, N.G. *Políticas Culturales en América Latina*. México: Grijalbo, 1987.

Cisão cultural

Sumário: a cisão cultural como fenômeno de colonização; cisão cultural e globalização; cisão e alienação cultural.

Termos relacionados: cultura autônoma, globalização.

Processo inerente a toda situação colonial em que a sociedade colonizadora afirma sua superioridade em todos os domínios (cultural, econômico, político, religioso, étnico) e racionaliza, a partir desse procedimento dogmático, a subordinação a que submete os povos colonizados. Sua primeira consequência é a negação das **culturas populares** autóctones, confinadas em bolsões de variada natureza (folclóricos, comunidades religiosas etc) ou simplesmente eliminadas. Pela cisão cultural, as comunidades colonizadas são separadas de sua própria cultura, que é no processo estacionada à margem da nova dinâmica cultural, sem ser agregada à nova cultura colonizadora e transformando-se aos poucos em vestígio histórico. Processos de cisão cultural de natureza análoga podem ocorrer nas situações de imperialismo cultural (como se dizia até os anos 1960 e 1970), como resultado da intensificação dos meios de comunicação, ou no atual contexto de **globalização** cultural, em que culturas locais são radicalmente desbastadas ao ponto da eliminação. E não apenas as culturas populares são passíveis de cisão: também os modos culturais eruditos podem ser submetidos ao mesmo processo.

O fenômeno que se poderia denominar alienação cultural diferencia-se da cisão cultural pelo fato de não implicar necessariamente a substituição de um modo cultural por outro, como na cisão, mas apenas a substituição do **controle** sobre o processo cultural correspondente (v. **cultura autônoma**).

Referência:

BATALLA, Guillermo Bonfil. "De culturas populares y política cultural", in *Culturas populares y politica cultural.* México: Museo de Culturas Populares/SEP, 1982.

Civilização

Termo relacionado: cultura.

Cultura e civilização, para certa ótica, surgem como termos equivalentes; para outra, a cultura é um dos componentes da civilização (ou o inverso), e há ainda aquela que, independentemente de toda valoração de eventuais conteúdos e assumindo um enfoque relativista, apresenta a civilização como o estágio avançado de uma cultura, o estágio em que um conjunto de práticas, crenças e valores apresenta-se consolidado num formato considerado como modelo a seguir, ideal a perseguir. Nesse último sentido, na atualidade existiria uma civilização norte-americana assim como num passado recente vigorou a ideia de uma civilização europeia — mas não se poderia falar numa civilização japonesa ou latino-americana. As diferentes políticas culturais revelam-se, cada uma a seu modo, orientadas por esses e outros conceitos de civilização — e a variedade é enorme. Mas se é difícil conceituar civilização em termos de política cultural, dizer *o que* ela é para as variadas políticas culturais, é menos árduo dizer *como* o *efeito de civilização* é buscado pelas múltiplas políticas — e esse efeito é procurado, nas melhores políticas, através de uma *longa conversa* (na verdade, outra definição de civilização) armada pela ação cultural entre as obras e práticas e os indivíduos, entre os indivíduos eles mesmos e entre eles e os agentes culturais. É a crença no efeito dessa conversa, na necessidade de alimentá-la e renová-la constantemente, que se mostra, se não visível, pelo menos perceptível nas fundações de toda política cultural que se propõe como meta ampliar os horizontes de manifestação do ser.

Referências:

POUND, Ezra. *Guide to kulchur*. Londres: Peter Owen, 1978.
WILLIAMS, Raymond. *Cultura*. São Paulo: Paz e Terra, 1992.

Coleção básica

Ver Cânon.

Competência artística

Sumário: relação com a performance artística; competência artística, educação, ação cultural.

Termos relacionados: distinção simbólica, interpretação, identidade de performance, disposição estética.

Conhecimento, por parte de um indivíduo ou **grupo** (no limite, de um **público**), que lhe permite situar uma obra qualquer (filme, peça de teatro, ópera etc.) em seu contexto próprio. Esse conhecimento é constituído por informações sobre elementos estilísticos, históricos, biográficos e outros que possibilitam a esse indivíduo ou grupo identificar uma obra no interior do universo artístico em que se encaixa.

Nesse sentido, a competência artística não diz respeito a uma qualquer habilidade de execução de uma obra de arte mas é índice de um *reconhecimento* artístico. Sob esse aspecto, ela se distingue da *performance artística,* entendida como capacidade de produzir uma obra de arte.

A competência artística deriva fundamentalmente, embora não exclusivamente, de um conhecimento simbólico, codificado. Sendo de natureza racional, não é imprescindível para a fruição de uma obra de arte, que trabalha amplamente com a dimensão estética em sentido estrito, isto é, com signos ligados à esfera do emocional, do sensual e do intuitivo. Mas é um complemento poderoso da recepção puramente estética, potencializando a fruição ao abrir, para o receptor, diferentes caminhos de aproximação à obra de arte.

Dependendo antes de mais nada da educação formal para as artes, a competência artística — vista como sinal distintivo de classe ou status, é, para a ação cultural, antes um meio ou instrumento do que um fim em si mesma. Em outras palavras, a **ação cultural** não visa fundamentalmente habilitar indivíduos ou grupos para uma determinada competência artística, o que seria função de um processo educacional. O que a ação cultural pode fazer é servir-se das competências artísticas para facilitar a consecução dos fins por ela visados.

Referência:

BOURDIEU, Pierre; DARBEL, Alain. *L'amour de l'art.* Les musées d'art européens et leur public. Paris: Minuit, 1969.

Componente cultural

Sumário: componente material, organizacional, simbólico.

Termos relacionados: controle cultural, cultura autônoma, reconversão cultural.

Recursos ou domínio de recursos a mobilizar para que um produto cultural, em pequena escala, ou a cultura ela mesma, como uma totalidade abrangente, bem como o propósito social que possa ter, sejam formulados e realizados. São três as categorias dos componentes culturais:

1) componentes materiais (equipamento cultural, matéria-prima etc.);
2) componentes organizacionais (infraestrutura administrativa, normas e leis para a cultura, formação para a cultura);
3) componentes simbólicos (mitos, ritos, o capital cultural em sentido amplo, incluindo as esferas da afecção, da confeção e da reflexão).

Na literatura, a expressão habitualmente utilizada para designar esses referentes tem sido *elementos culturais*, de pouca precisão conceitual. A essa expressão deve-se preferir *componentes culturais*, entendendo-se por componentes, conforme a proposta de L. Hjelmslev, os objetos que são registrados por uma única análise como homogeneamente dependentes da classe (no caso, um modo cultural determinado) e de si mesmos reciprocamente.

Referências:

BATALLA, Guillermo Bonfil. "De culturas populares y politica cultural", in *Culturas populares y politica cultural*. México: Museo de Culturas Populares/SEP, 1982.

HJELMSLEV, Louis. *Prolegômenos a uma teoria da linguagem*. São Paulo: Perspectiva, 1987.

Componente cultural híbrido

Ver Cultura emergente.

Componente destrutivo

Sumário: ação cultural e procura do bem; o caráter destrutivo e o elemento destrutivo.

Termos relacionados: arte, ação cultural.

As políticas culturais, em geral e em princípio, orientam-se por um princípio construtivo, em particular no que diz respeito a programas de ação cultural voltados para o público. Há uma insistência, nesses programas, não só no aspecto ético da questão eventualmente abordada (entendido no sentido em que ético é, antes de mais nada, aquilo que une as pessoas e grupos) como, diretamente, em tópicos morais e, de modo específico, nos chamados valores positivos como o bem, a felicidade ou a construção do coletivo. Se do lado dos programas voltados para o apoio à produção cultural existem brechas permitindo o aparecimento de manifestações culturais corrosivas, questionadoras tanto dos códigos culturais, formalmente considerados, quanto dos valores filosóficos, religiosos e políticos mais amplos sobre os quais aqueles evoluem, na margem da ação para o público prevalece uma espécie de paternalismo, mesclado com bom samaritanismo (do qual as proposições "políticamente corretas" são exemplos) que não raro atribui à **ação cultural** o tom de uma cruzada santa preocupada em fazer as pessoas felizes à força, se necessário. Há na ação cultural, em outras palavras, uma aparente intenção constante de pôr à margem aquilo que, sem maiores precisões, pode-se definir como o Mal: o Bem deve surgir em destaque e o Mal é apenas para ser entrevisto, se tanto, como ocorrência eventual e limitada, fadada a ser vencida pelo Bem.

Não é que no processo cultural deva fazer-se um espaço para o componente destrutivo; é que, sem este, aquele definha. Walter Benjamin deteve-se um pouco naquilo que chamou de "caráter destrutivo" para observar que o espírito jovem e sereno (destruir provoca o rejuvenescimento) não se fixa em imagens ideais e está interessado em destruir não pelo apego à destruição em si mas por estar interessado em saber o que pode ocupar o lugar da coisa destruída. O caráter destrutivo não está preocupado com uma das metas que move a ação cultural comum: ser compreendido. Ser compreendido é algo superficial, fora de seu campo de preocupações. O caráter destrutivo provoca, antes, mal entendidos. E perdas. O caráter destrutivo é o inimigo do homem-estojo, eternamente em busca de sua comodidade e conforto interior — aquele homem para quem a caixa (metafórica ou real) onde tudo guarda e preserva é a essência do mundo. Na ponta oposta desse eixo, o caráter destrutivo combate as acomodações e os tradicionalismos; se o homem-estojo transmite as coisas na medida em que as torna intocáveis e as conserva (procedimento de toda política cultural patrimonialista, preservacionista), o caráter destrutivo transmite situações e relações ao examiná-las e liquidá-las. Tendo consciência de sua situação histórica, o caráter destrutivo desconfia do andamento das coisas e nada vê de duradouro e definitivo: tudo tem vários caminhos alternativos de saída e entrada.

Observações análogas fez Ernst Bloch, que buscou detetar os impulsos positivos no interior dos negativos e os modos de aproveitar a força das paixões destrutivas de caráter coletivo, como aqueles presentes nas religiões extremamente reacionárias, nos nacionalismos ou, para fazer referência a um tópico extremamente contemporâneo, no consumismo. Todas as paixões humanas, para E. Bloch, as destrutivas tanto quanto as construtivas, incorporam um impulso na direção de um futuro transfigurado. Seu "princípio da esperança" não moraliza: insiste em que, de hábito, o primeiro momento da consciência coletiva nunca é essencialmente benigno. Diante da violência desses momentos, reações como retirar-se da vida coletiva para a suposta segurança da vida privada ou opor-lhes uma cultura afirmativa revelam-se irrelevantes. Fundamental seria trabalhar com esse impulso destrutivo e recuperar sua tendência utópica. (Hans-Jurgen Syberberg fez isso em sua releitura controvertida do nazismo no filme *Hitler: um filme de Alemanha.*)

E o impulso ou componente destrutivo por excelência está na arte — a exceção diante da regra, que é a cultura...

Referências:

BAUDRILLARD, Jean. *La transparence du mal.* Paris: Galilée, 1990.

BENJAMIN, Walter. "O caráter destrutivo", in *Documentos de cultura, Documentos de barbárie.* São Paulo: Edusp/Cultrix, 1986.

BLOCH, Ernst. *L'esprit de l'utopie.* Paris: Gallimard, 1977.

______. *Le principe espérance.* Paris: Gallimard, 1976.

SYBERBERG, Hans-Jurgen. *Hitler: um filme de Alemanha.* Longa metragem, Alemanha, 1977.

Comunicação cultural

Ver Valor cultural

Comunidade interpretativa

Sumário: intérprete e interpretante cultural; extensões do conceito; comunidade interpretativa ideal e real.

Termos relacionados: competência artística, identidade cultura, circuito cultural, campo de produção erudita, espectador-modelo, interpretação, público.

Designa o **grupo** de indivíduos que, tendo todos uma **competência artística** mais ou menos equivalente, compartilham dos mesmos códigos que instruem uma obra singular ou conjunto de obras e têm a mesma possibilidade de acesso ao conjunto de sentidos, significados e significações implicados. No limite, esses indivíduos partilham também um mesmo **gosto**. Essa comunidade constitui uma espécie de intérprete-modelo (v. **espectador-modelo, autor-modelo**) que o autor tem em mente ao produzir sua obra. O termo técnico mais adequado para expressar o conceito de intérprete-modelo vem da semiótica: *interpretante*, entendido não como uma pessoa (intérprete) mas como um conjunto de *conceitos* ou **imagens** mentais criados na relação autor/obra/receptor. Na descrição de Ch. Peirce, o interpretante é a interpretação verdadeira a que se chegaria se fosse possível considerar a questão de um modo tão profundo que se pudesse alcançar uma opinião definitiva. (Em política cultural, seria adequado falar-se num *interpretante cultural*.)

Essa comunidade interpretativa tem uma variada extensão. Em sentido restrito, é formada pelo grupo de indivíduos que são os consumidores ou usuários primeiros da obra ou conjunto de obras em questão e que poderiam ser os próprios produtores, eles mesmos, dessa obra ou conjunto. Como exemplo, a comunidade interpretativa da arte de vanguarda constitui-se do conjunto de artistas, críticos, historiadores, estudiosos e público especializado. Mas, em termos gerais, a comunidade interpretativa de uma obra ou conjunto pode ser simplesmente aquela que compreende todos os possíveis indivíduos integrantes de um mesmo **circuito cultural**: a comunidade interpretativa de um romance em língua portuguesa é, em principio, a de todos os indivíduos que dominam esse código. Eles formam a comunidade interpretativa ideal de uma obra, enquanto a comunidade interpretativa real define-se pelo conjunto dos indivíduos que de fato têm pleno acesso ao elenco semântico da obra. No cotidiano, e fora do **campo da produção erudita**, a identificação de uma comunidade interpretativa é tarefa de difícil execução. Há um consenso, nos estudos culturais, segundo o qual é mesmo fútil procurar pela plataforma de compreensão mútua de um conjunto de receptores de um modo cultural (o cinema, por exemplo) que não passaram por uma formação intelectual comum anterior. As razões pelas quais a esse conjunto de pessoas um determinado filme agrada ou desagrada, é compreendido ou não, são tão variadas que é diminuta a probabilidade de chegar-se a um mesmo patamar de concordância.

Referências:

Hauser, A. *História social da arte e da literatura*. São Paulo: Martins Fontes, 1995.

Teixeira Coelho. *Semiótica, informação, comunicação*. São Paulo: Perspectiva, 1980.

Conservação

Sumário: conservação e preservação

Termos relacionados: preservação, patrimônio.

Conjunto de práticas de variada natureza (administrativa, técnica etc.) desenvolvidas em instituições como **museus**, **bibliotecas** públicas, **centros culturais**, centros de referência, centros de documentação e que visam ao resguardo e à recuperação de **livros**, obras de arte, fitas cinematográficas etc. Entende-se que a conservação diz respeito a bens culturais como os citados, armazenados em espaços fechados, enquanto a **preservação** tem como objeto grandes obras de cultura (edificações, esculturas públicas) ou ambientes naturais.

Referências:

Gouveia, Maria Alice Machado de. "Políticas de preservação do patrimônio (três experiências em confronto): Inglaterra, Estados Unidos e França", in Miceli, Sérgio; Gouveia, Maria Alice Machado de.*Política cultural comparada*. Rio de Janeiro: Funarte, 1985.

Contracultura

Sumário: Antecedentes da contracultura contemporânea; A contracultura dos anos 1960; as versões contraculturais atuais

Termo relacionado: centro cultural independente

Movimentos contraculturais não são uma exclusividade do século XX. Se não o primeiro, pelo menos o mais incisivo e documentado da história anterior foi o Maneirismo que, na segunda parte do século XVI, libertou-se da iconografia e da idiografia religiosas e embriagou-se com as noções bem humanas da ilusão, da distorção, do maquinismo, do desvio, do insólito, do extravagante — numa palavra, do fenomenal, em contraste com o ideal, o abstrato e o espiritual, norteadores impositivos da arte até então. Um movimento tão marginal que apenas nas primeiras décadas do Novecentos pôde ser reconhecido como tal e separado da barra das saias do Renascimento e do Barroco. Desde então, outros movimentos contraculturais, entendidos nesse mesmo veio, se sucederam com diferentes graus de intensidade em seu poder — e em seu desejo — contestatório (o romantismo, o surrealismo). Entre estes, teriam direito de cidadania o jazz e as danças de salão que, a partir das décadas de 1920 e 1930, revelaram-se em formatos sucessivamente diferenciados desembocando no rock e, depois, nas danças de rua dos bairros negros das grandes cidades americanas.

Mas, convenciona-se que Maneirismo e Surrealismo, entre outros, pertencem à História da Arte enquanto jazz e rock à história de um **mercado cultural** cujas linhas de força mostraram-se sem direção intencional e se apresentaram (ou foram assim consumidas) como modos de entretenimento. Nem por isso deixariam de ser objeto dos estudos de política cultural. Para esse domínio, porém, tal como ele se consolida a partir dos anos 1950, a contracultura que se apresenta como primeiro grande paradigma foi a dos anos 1960, a cultura dos jovens, adolescentes e universitários na maioria, que se voltou para as experiências comunitárias, as drogas ditas psicodélicas, o misticismo oriental, a psicanálise profunda, teorias sociais anarquistas, o movimento de liberação da mulher, folclore ameríndio, entre outras orientações, num amálgama que irrompeu à tona na contestação violenta de rua em maio de 1968. Nem tudo que era jovem mostrou-se, naquele momento, contracultural. Escrevendo no calor do momento, Theodore Roszak foi feliz (e premonitório) ao dizer que do movimento ficavam excluídos os jovens que, já naquela época, ainda acreditavam que um pouco mais de religião tradicional consertaria a sociedade, os jovens liberais que viam no estilo Kennedy uma nova aurora civilizada, os jovens marxistas nos moldes antigos (maoistas de livrinho vermelho na mão, guerrilheiros latino-americanos) que continuavam "debruçados sobre as cinzas da revolução proletária, na esperança de que salte ainda qualquer fagulha", tanto quanto os jovens militantes negros cujos projetos políticos e culturais se definiram em termos etnicamente fechados e se apresentaram culturalmente tão estreitos quanto as mistificações nacionalistas do século XIX (previsão de todo coberta de razão quando se veem, hoje, as manifestações racistas da organização negra Nação do Islã, surgida de um desvio da pregação de Malcolm X). Na convergência de todas essas e outras manifestações contraculturais estava o desejo de oposição a uma sociedade cada vez mais dominada pela economia e pela tecnocracia e cujas duas aparentes alternativas — capitalismo e comunismo de origem marxista — eram vistas como as duas faces da mesma e inaceitável moeda. O complexo industrial-militar — expressão de intensa circulação à época —, com sua lógica própria inspirada em interesses imediatos muito mais do que em preceitos estritamente políticos — surgia como o símbolo de uma opressão cada vez maior não apenas sobre a existência física das pessoas mas também sobre seu universo interior, o que se conseguia com a manipulação realizada pelos meios de comunicação, secundada pelas técnicas psicanalíticas de acomodação e adaptação passivas do indivíduo a uma sociedade que se apresentava como detentora do monopólio do que deveria ser entendido por realidade, progresso, ciência, razão e arte.

Seria contrário ao próprio espírito da contracultura identificar uma forma única que sintetizasse suas manifestações. O uso de roupas não convencionais, de origem oriental ou ameríndia, e a ostentação de cabeleiras revoltas e grandes barbas foram traços físicos exteriores comuns a muitos setores do movimento contracultural mas não exclusivos deles. Timothy Leary e sua defesa dos grupos pop e rock como os verdadeiros profetas da nova geração, bem como o uso das drogas; a poesia de Allen Ginsberg, a voz de Janis Joplin e a guitarra de Jimmy Hendrix, a imprensa *underground* (os jornais *The Berkeley Barb*, *The East Village Other*, *The New Student Left*), os livros de Herbert Marcuse e de Norman O. Brown, os megafestivais como Woodstock, os filmes de Richard Lester (com os Beatles mas também os outros, como *The knack* e *How I won the war*), o tropicalismo de Caetano e Gil foram os diferentes sinais de um *espírito da época* que nunca se pretendeu unificador e que não se importava excessivamente com as contradições eventuais representadas por sua absorção pela indústria cultural. Certos grupos contraculturais, como os hippies, procuravam levar sua coerência ao ponto mais radical possível, tentando rebater o eixo do comportamento sobre o eixo do discurso cultural e vice-versa, do que resultou a fundação de dezenas de comunidades utópicas, afastadas dos centros urbanos, onde um novo modo de vida, mais próximo da natureza (de que é resíduo o movimento ecológico dos anos 1980) e menos repressivo, pudesse desenvolver-se. A rigor, de fato só seria possível falar-se em contracultura proprimente dita ali onde o efeito de mundo, o modo de inserção física, fosse convergente com o efeito de representação (obras de cultura, de arte). A incompletude, sob esse aspecto, de várias das propostas contraculturais não as impediu, porém, de manifestarem-se com um impacto considerável no momento.

Os **centros culturais independentes** (ou centros alternativos) que começaram a proliferar, sobretudo na Europa, ao longo da década de 1980, foram os herdeiros imediatos da contracultura dos anos 1960 e são suas versões atuais. Fugindo dos organismos estatais, abrigando-se nos restos arquitetônicos dos centros urbanos, esses centros apresentaram-se como comunidades "neo-hippies" no sentido de que, aceitando a vida da cidade, propunham-se como *nichos* onde *tribos* específicas (homossexuais, grupos étnicos) tinham a possibilidade de *conviver* num ambiente de intensa troca cultural marcado não mais, como antes, por um sentido de oposição aberta a alguma coisa mas, agora, pela *busca de pontos de atração* em torno de uma vida de substituição.

Fora desses centros, a contracultura dos anos 1960 estiolou-se a partir dos anos 1970 em tendências setoriais relativamente esotéricas como a New Age, inspirada na poesia flamejante do mesmo William Blake que, 20 anos antes, aparecia como epígrafe e palavra de ordem nos textos dos primeiros e exotéricos contestadores contraculturais...

Referências:

ROSZAK, Theodore. *Para uma contracultura.* Lisboa: Dom Quixote, 1971.
LEFEBVRE, Henri. *A revolta dos estudantes.* São Paulo: Documentos, 1969.
______. *La vie quotidienne dans le monder moderne.* Paris: Idées/nrf, 1981.

Contra-hegemonia cultural

Ver Cultura hegemônica, resistência cultural.

Controle cultural

Termo relacionado: componente cultural, cultura autônoma.

Capacidade individual ou coletiva de decisão sobre os **componentes culturais**.

Referência:

BATALLA, Guillermo Bonfil. "De cultura popular y politicas culturales", in *Culturas populares y politica cultural.* México: Museo de Culturas Populares/SEP, 1982.

Convergência simbólica

Termos relacionados: AT-9, imagem, símbolo.

Ampla constelação de **imagens**, relativamente constante e que parece estruturada por um certo isomorfismo dos **símbolos** convergentes.

Referência:

DURAND, G. *Les structures antrhopologiques de l'imaginaire.* Paris: Bordas, 1978.

Crítica de cultura

Termos relacionados: desenvolvimento cultural, mudança cultural.

Em sentido amplo, designa a prática reiterada de análise da produção cultural; nessa acepção, a crítica não é valorativa (não se propõe especificamente a julgar um produto, a considerá-lo bom ou mau) mas compreensiva e situacional: procura compreender a gênese de determinada obra e situá-la no contexto da linguagem a que pertence a obra em estudo (se obra de cinema, teatral, literária etc.) e no âmbito maior do processo cultural geral de uma época e local.

No domínio da política cultural, a crítica de cultura (também denominada, acaso impropriamente, crítica cultural) é vista quase sempre como um instrumento de **desenvolvimento** ou **mudança cultural** e assume, portanto, a figura de um juízo de valor. Assim, para o **libertarismo cultural**, por exemplo, a crítica de cultura (como a educação) serve para promover a distinção entre o que é bom e o que é mau, entre a obra considerada verdadeiramente de arte e o produto dito de exploração comercial, entre a violência esteticamente justificada e a violência utilizada como apelo mercadológico. Nesse caso, a crítica de cultura atua como norteadora e tutora do público, servindo como contrapeso, nessa doutrina em particular, à ausência programática de censura prévia à produção cultural.

Cultura

Sumário: concepções idealista e materialista; concepção compósita contemporânea: o sistema de significações; cultura como efeito de discurso e como efeito de mundo; o entendimento de cultura para a política cultural: efeitos de civilização, efeitos de barbárie; cultura e imaginário; centralidade da cultura; a cultura como uma longa conversa.

Termos relacionados: cultura patente, cultura latente, culturanálise, imaginário, território, cultura política.

Em sua conceituação mais ampla, *cultura* remete à ideia de uma *forma* que caracteriza o modo de vida de uma comunidade em seu aspecto global, totalizante. Num sentido mais estrito, como anota Raymond Williams, *cultura* designa o processo de cultivo da mente, nos termos de uma terminologia moderna e cientificista, ou do espírito, para adotar-se um ângulo mais tradicional. Sob esse aspecto, o termo aponta para:

1) um estado mental ou espiritual desenvolvido, como na expressão "pessoa de cultura";
2) o processo que conduz a esse estado, de que são parte as *práticas culturais* genericamente consideradas;

3) os instrumentos (ou os *media*) desse processo, como cada uma das artes e outros veículos que expressam ou conformam um estado de espírito ou comportamento coletivo.

Na contemporaneidade, a primeira noção é alvo de fortes críticas por implicar a ideia de que o metro para avaliação desse "estado desenvolvido" é o fornecido pela cultura de elite ou superior, o que conduziria à marginalização de largas camadas da sociedade que, não partilhando daqueles valores culturais, não seriam menos cultas num sentido antropológico. Tem sido comum, assim, privilegiar a segunda e a terceira noções, despidas da ideia restritiva embutida na primeira e entendidas como os modos pelos quais alguém ou uma comunidade responde a suas próprias necessidades ou desejos simbólicos.

Essas duas noções são, por sua vez, em geral abordadas a partir de dois ângulos. Um, dito idealista, que vê no termo "cultura" o índice de um espírito formador global da vida individual e coletiva a manifestar-se numa variedade de comportamentos e atos sociais mas, de modo especial, em comportamentos e atos específicos e singulares (artes plásticas, teatro etc.); e um segundo, chamado materialista e de inspiração marxista, que considera a cultura — em todos seus aspectos, incluindo os relacionados a todos os *media* e construções intelectuais — como reflexo de um universo social mais amplo e determinante. A tendência hoje dominante é uma composição entre os modos de entendimento idealista e materialista: as várias manifestações culturais não são determinadas de modo absoluto por uma ordem social global patente (v. **cultura patente**) mas são elementos decisivos na definição daquela ordem; por outro lado, a cultura não se caracteriza apenas pela gama de atividades ou objetos tradicionalmente chamados *culturais*, de natureza espiritual ou abstrata, mas apresenta-se sob a forma de diferentes manifestações que integram um vasto e intricado sistema de significações. Assim, o termo "cultura" continua apontando para atividades determinadas do ser humano que, no entanto, não se restrigem às tradicionais (literatura, pintura, cinema — em suma, as que se apresentam sob uma forma estética) mas se abrem para uma rede de significações ou linguagens incluindo tanto a **cultura popular** (carnaval) como a publicidade, a moda, o comportamento (ou a atitude), a festa, o consumo, o estar-junto etc.

A política cultural vem tratando dos processos e instrumentos (*media*) próprios desse último entendimento ao mesmo tempo compósito — por combinar as visões idealista e materialista da cultura — e ampliado, que encontra concretude no sistema geral das significações. Não é raro encontrar-se, ainda hoje, concepções de política cultural que a apresentam como tendo por objeto a cultura vista em seu sentido totalizante, antropológico e sociológico, de "modo global de vida". Para os adeptos desse paradigma, seria próprio da política cultural apresentar e viabilizar, exemplificadamente, programas voltados para a discussão e implementação do desenvolvimento nacional, a melhora das condições de vida nos centros urbanos, o amparo a grupos étnicos minoritários, a erradicação da violência, o aprimoramento do sistema educacional, a organização política, as relações de trabalho tanto quanto o apoio às manifestações artísticas propriamente ditas. Contudo, e uma vez que essa perspectiva leva à domesticação da cultura de que se falou no novo prefácio a esta edição, a tendência predominante nos diversos países, porém, é a de considerar como objeto da política cultural a cultura vista naquele sentido restrito-ampliado de sistema de significações ligado à representação simbólica das condições de existência. Em outras palavras, é objeto da política cultural a cultura que produz *efeitos de discurso* (representações da vida e do mundo cuja primeira finalidade é fornecer instrumentos de conhecimento, reconhecimento e autorreconhecimento) e não tanto a cultura que produz diretamente *efeitos de mundo* (práticas de inserção do homem no mundo: a construção de casas, a organização política etc.) — e isso apesar do fato de que muitos modos artísticos, a partir dos anos 1960, terem recusado essa distinção entre efeitos de discurso e efeitos de mundo, procurando apresentar-se como formas de fusão entre uma coisa e outra.

Foi dito que se constata uma tendência, na contemporaneidade, para a recusa da noção de cultura como índice de estado espiritual *desenvolvido* (o melhor de cada sociedade no saber e no pensamento, segundo a expressão de Matthew Arnold) e dos processos e instrumentos que a ele conduzem. No entanto, a ampla maioria das políticas culturais — mesmo ocupando-se apenas dos efeitos de discurso — encontra seu principal motor e justificativa exatamente na procura do desenvolvimento espiritual dos indivíduos para que se verifique um aprimoramento das relações sociais em seu conjunto (erradicação da violência, desenvolvimento nacional integrado e sustentado etc.). A origem dessa tendência remonta, embora disso essas políticas não tenham clara consciência, à concepção de cultura defendida por Kant, para quem a finalidade última da espécie humana, portanto a finalidade da natureza, é a cultura, "cenário da sabedoria suprema" por ser aquilo que torna as pessoas "suscetíveis às Ideias". Alguns consideram *funcionalistas* essas políticas culturais por se apresentarem como meios para a consecução de objetivos que extrapolariam os do universo cultural propriamente dito. Não se mostram como fins em si mas como instrumentos de uma política mais geral. Outros entendem, contrariamente, que não há outro fim para a cultura que não esse, razão pela qual a cultura nunca pode ser dita funcionalista. De todo modo, é rara a opção por uma política cultural "gratuita" ou "inutilitária". Para as políticas ditas utilitaristas, o sistema de significações (portanto, o conceito de cultura) sobre o qual se debruçam não é tão amplo: dele se excluem todos os processos e *media* que são expressões mais da barbárie do que da civilização. Nesse caso, excluem-se dessa política, por exemplo, o apoio à produção e ao consumo de obras cinematográficas que cultuam a violência ou a pornografia, comuns nos canais de televisão explorados comercialmente. Essa orientação de valor responde, também, pela recepção crítica dedicada a certos slogans que, num caso por uma coincidência eventual e, noutro, por intenção deliberada, estiveram em circulação no Brasil em alguns momentos da ditadura militar que se esgotou em 1982: "Disco é cultura" e "Esporte é cultura". Em ambos os casos, o significado que se pretendia passar era o de que o consumo de discos, assim como a prática ou a recepção passiva de atividades esportivas (o slogan correspondente era insistemente difundido por um canal governamental de televisão), conduzia àquele estado de espírito desenvolvido. Para uma política cultural preocupada com o efeito de civilização e oposta aos efeitos de barbárie, nem todo disco "é cultura" assim como nem toda prática esportiva (como o futebol o demonstra hoje à saciedade) leva à cultura.

Nos estudos antropológicos do **imaginário**, que hoje dão novas dimensões à análise da cultura e à formulação das políticas culturais, *cultura* vem descrita como circuito metabólico, simultaneamente repetitivo e diferencial, que se estabelece entre o polo das formas estruturantes, ou seja, das organizações e instituições (o instituído) — no qual manifestam-se códigos, formações discursivas e sistemas de ação —, e o polo do plasma existencial, isto é, dos **grupos** sociais, das vivências, dos espaços, da afetividade e do **afetual**, enfim do instituinte. Esse circuito é ainda dito metaléptico — i.e., guiado pela intencionalidade do desejo nas trocas e substituições dos elementos, suas causas e consequências — e caracteriza-se por essa polarização e não por uma dicotomia, localizando-se a cultura nesse anel recursivo que estabelece e alimenta a circulação constante entre ambos os polos.

É preciso acrescentar ainda que o conceito antropológico tradicional de cultura dificilmente serve à política cultural. Entre os modos antropológicos da cultura está, por exemplo, o direito. Mas a política cultural não trata do direito. Fazê-lo significaria que a política cultural ocupa-se praticamente de tudo, o que a torna invável como política pública (ou mesmo privada). O que tem sentido em política cultural, sob esse ponto de vista, é o princípio da **centralidade da cultura**. Por esse princípio, os assuntos de cultura deveriam situar-se no centro de todas as políticas públicas, uma vez que, por exemplo, o transporte público é uma questão de cultura (ou implica questões de cultura) tanto quanto a saúde e a educação. Que um ônibus pare junto ao meio-fio para que os passageiros tenham acesso mais fácil, cômodo e seguro ao veículo é uma questão de cultura mais do que uma lei de trânsito. E que o enfoque cultural de um problema de saúde possa trazer resultados alentadores é uma evidência comprovada cada vez mais (por exemplo, escolher o modo cultural por meio do qual é mais fácil transmitir um conselho para que as mulheres se preocupem com a prevenção do câncer de mama). O que o princípio da centralidade da cultura ainda implica, por exemplo, é que o ministro da Cultura esteja presente em todas as reuniões ministeriais e que portanto discuta todos os assuntos da vida nacional e não apenas aqueles que supostamente são específica ou estritamente culturais (a ópera, a literatura, o cinema etc.). Tal como acontece hoje, a cultura e seu representante, nos âmbitos local, estadual ou nacional, não são convocados para a discussão dos "assuntos sérios" (desenvolvimento econômico, taxas e impostos, infraestrutura energética), o que é uma grave, comum e mesmo criminosa distorção além de um desconhecimento da verdadeira dimensão da cultura. A cultura deve estar no centro da vida das pessoas e esse é o tributo que a política cultural paga à antropologia. Mas para a política cultural, nem tudo é cultura.

O melhor resumo da ideia de cultura (e que poucas políticas culturais se dispõem a aceitar) é aquele que apresenta a cultura como uma *longa conversa.* Uma longa conversa entre tudo o que é cultura, entre todos os que movem a cultura. Uma longa e franca conversa. A melhor ideia de liberdade e cultura é essa ideia da conversa. Essa, na verdade, é a melhor ideia de liberdade.

Uma discussão mais detalhada sobre o que é cultura para a política cultural, elaborada depois da primeira publicação deste livro no Brasil, pode ser encontrada em *A cultura e seu contrário*, deste mesmo autor (São Paulo: Iluminuras, 2008).

Referências:

Arendt, Hannah. *La crise de la culture*. Paris: Idées/Gallimard, 1972.
Arnold, Matthew. *Culture and anarchy*. Cambridge: Cambridge University Press, 1971.
Barthes, Roland. *Mitologias*. São Paulo: Difel, 1970.
Chauí, M. *Cultura e resistência*. São Paulo: Brasiliense, 1986.
Kant, I. *La philosophie de l'histoire*. Paris: Denoel/Médiations, 1974.
Kroeber, A.L.; Kluckhorn, C. "Culture: a critical review of concepts and definitions", in *Peabody Museum Papers*, XLVII. Harvard: Harvard University Press, 1952.
Paula Carvalho, J.C. "A culturanálise de grupos: posições teóricas e heurísticas em educação e ação cultural". Ensaio de titulação, Faculdade de Educação da USP, 1991.
Pound, Ezra. *Guide to kulchur*. Londres: Peter Owen, 1978.
Said, Edward W. *Cultura e imperialismo*. São Paulo: Cia. das Letras, 1995.
Teixeira Coelho. *O que é ação cultural*. São Paulo: Brasiliense, 1989.
Williams, Raymond. *Cultura*. São Paulo: Paz e Terra, 1992.
______. *Culture and society*. Londres: Chatto & Windus, 1958.

Culturanálise

Sumário: balizas da culturanálise, culturanálise e imaginário.

Termos relacionados: cultura latente, cultura patente, cultura emergente, imaginário, lazer.

Processo de determinação do diagnóstico sobre a situação cultural de uma comunidade determinada ou da dinâmica cultural mais ampla. Essa culturanálise procede pelo estudo do funcionamento sociológico e psicológico do sistema cultural e tem encontrado seu ponto de partida em quatro evidências:

1) a crise das humanidades, causa imediata do surgimento das políticas culturais depois da Segunda Guerra Mundial — como tentativa de reequilíbrio ordenado da dinâmica cultural — e ao mesmo tempo o maior obstáculo dessas mesmas políticas. Essa crise encontra seu núcleo instaurador no domínio do saber, pautado pela predominância da informação sobre o conhecimento e deste

sobre o pensamento. A especialização exacerbada do conhecimento científico levou a uma desintegração do saber em geral e das antigas humanidades em particular. As políticas culturais tentam, atuando pelas bordas do prato, recompor empiricamente essas humanidades, num procedimento cuja probabilidade de sucesso não é conhecida;

2) o apelo neoarcaico, materializado em particular pelo retorno da ideia de natureza tal como se manifesta nos movimentos ecológicos, em oposição à intensificação tecnoburocrática, e, de modo geral, nos movimentos de procura da *arkhé*, os princípios fundamentais autênticos (religião, mitologia, imaginário) que se opõem à *techné*;

3) a oposição cultural entre trabalho (fragmentado, racionalizado, burocratizado), vida privada (no apartamento fechado ao mundo exterior, como medida de segurança, mas aberto imaginariamente a esse mundo através da televisão) e tempo livre (do fim de semana e das férias);

4) o ressurgimento comunitário, visível na proliferação das associações de diversificada natureza (etária, religiosa, étnica, sexual, ético-estética, esportiva, de que são exemplos as igrejas, as torcidas uniformizadas, os grupos punks e skinheads etc.) e banalizado na forma dos clubes de férias e sua organização neocapitalista do lazer que converge para uma espécie de comunismo cultural do qual são signos o cultivo da individualidade na coletividade e a igualdade de condições de vida no território do clube.

O entendimento da dinâmica desses quatro vetores coloca-se como condição prévia para a definição de políticas culturais que tenham possibilidade de enraizar-se na comunidade a que se destinam. O instrumento privilegiado de uma culturanálise assim orientada tem sido encontrado nos estudos antropológicos do imaginário, que possibilitam o mapeamento da visão da realidade e da consciência do grupo (o modo pelo qual esse grupo constrói a realidade, a imagem que tem desse mundo). Para essa elaboração levam-se em conta os aspectos patentes e latentes da cultura, entendida como a relação dialética entre, de um lado, as formas estruturantes e organizacionais e, de outro, o plasma existencial. Procedendo a uma configuração temática das paisagens mentais, histórias de vida, sonhos e desejos de um grupo, a culturanálise apresenta-se como uma "pedagogia da escuta" da qual dependerá a decisão sobre a eventual intervenção cultural num grupo, seu teor e sua orientação.

Referências:

Morin, Edgar. *L'esprit du temps*. Paris: Biblio/Essais, s.d. (primeira edição, 1962)

Durand, G. *Les structures anthropologiques de l'imaginaire*. Paris: Bordas, 1978.

Durand, Yves. *L'exploration de l'inconscient*. Paris: L'Espace Bleu, 1988.

Paula Carvalho, J.C. A culturanálise de grupos: posições teóricas e heurísticas em educação e ação cultural. Ensaio de titulação, Faculdade de Educação da USP, 1991.

Cultura alienada

Ver Cultura autônoma.

Cultura autônoma

Sumário: âmbitos culturais, componentes e controle; culturas autônoma, apropriada, alienada e imposta.

Termos relacionados: controle cultural, culturas híbridas, reconversão cultural, globalização, sistema de produção cultural.

As relações possíveis entre os componentes culturais e o controle sobre eles exercido possibilita a identificação de quatro modalidades de cultura (ou âmbitos culturais, na expressão do antropólogo mexicano G. Bonfill): cultura autônoma, cultura imposta, cultura alienada e cultura apropriada (ou âmbito autônomo, imposto, alienado e apropriado). Controle próprio pleno sobre componentes próprios a um grupo caracteriza a cultura autônoma; componentes próprios e decisões alheias, cultura alienada; controle alheio, componentes alheios, cultura imposta; componentes alheios, controle próprio parcial, cultura apropriada.

A cultura autônoma distingue-se da apropriada na medida em que, em seu âmbito, o indivíduo ou grupo tem pleno controle sobre os componentes culturais envolvidos e, portanto, capacidade para produzir ou reproduzir o produto ou forma cultural correspondente; no âmbito da cultura apropriada, o indíviduo ou grupo pode apenas usar (mais frequentemente, consumir (v. **sistema de produção cultural**) o componente pronto ou produto cultural acabado, sem conseguir reproduzi-lo ou sem conseguir reproduzi-lo em grau equivalente ao do original. De seu lado, a cultura alienada, por implicar a perda da capacidade de controle sobre seus próprios componentes, é na verdade uma cultura congelada, morta, sem poder sobre a realidade; antes de configurar-se como alienada, essa cultura pode ter sido uma cultura de resistência cujo poder material e simbólico foi gradativamente corroído. De igual modo, uma cultura é autônoma quando seu poder de resistência é elevado.

Embora esses conceitos sejam em si sugestivos, na atualidade revelam-se pouco operacionais — no limite, mostram-se mesmo como conceitos às vezes vazios: numa época dita de globalização, com as diferentes culturas sendo colocadas num contato íntimo sem precedentes, é tarefa extremamente árdua identificar em que medida uma cultura é apropriada ou imposta ou saber até que ponto uma cultura é autônoma.

Referência:

BATALLA, Guillermo Bonfil. "De culturas populares y politica cultural", in *Culturas populares y politica cultural*. México: Museo de Culturas Populares/SEP, 1982.

Cultura de fronteira

Sumário: cultura sem centro; identidade por diferença e por homogeneidade; carnavalização; políticas culturais formalistas.

Termos relacionados: cânon, culturas híbridas, desterritorialização, globalização, multiculturalismo, reconversão cultural.

Cultura sem centro, cultura de muitos centros, feita do cruzamento de modos culturais importados com outros gerados no local sem que dessa combinação resulte um modo totalizante capaz de propor-se como traço próprio de um grupo.

A expressão "cultura" de fronteira deriva da realidade observável nas zonas de fronteira, marcadas pela heterogeneidade e diversificação de línguas, costumes, comportamentos. Nelas, a norma é a indefinição ou, melhor, a definição sucessiva e continuada a partir de pontos de fuga sempre diferentes. Mesmo as balizas supostamente mais impositivas das sociedades, que são as disposições legais, manifestam-se nessas zonas de maneira incerta e mutante. A cultura portuguesa, na análise de Boaventura de Souza Santos, é uma cultura de fronteira assim como o é a cultura brasileira, cultura antropofágica de apropriações e incorporações não seletivas que considera tudo como insumo possível do processo de transformação cultural. Essas culturas não se distinguem totalmente de culturas exteriores (carência de identidade por diferenciação) e apresentam internamente alto grau de heterogeneidade (carência de identidade por homogeneidade), do que resulta uma cultura — ou culturas — que transitam entre o local e o transnacional sem se deter claramente no nacional. Essa cultura de fronteira — que é sempre culturas, no plural — tem como motor privilegiado a carnavalização, caracterizada por um distanciamento lúdico em relação às formas originais de inspiração e pela aceitação de uma certa inconsequência do próprio processo de produção cultural e de seu resultado. O que daí resulta é uma cultura da forma, de variações e transcriações formais, muito mais do que uma cultura de conteúdo. Numa realidade assim multicultural, as possibilidades de criação são infinitas e menores as condições para um tutelamento por parte de uma elite que se vê sem condições de gerar uma cultura hegemônica.

As políticas culturais encontram considerável dificuldade para lidar com esse cenário cambiante e de linhas de força que se volatilizam com grande rapidez. Para essas políticas, é mais fácil assumir partidos ideológicos definidos que ancoram o contexto cultural, seu objeto, em determinados poços simbólicos: a cultura popular genericamente considerada, a cultura de um determinada etnia, o patrimônio histórico etc. Desse modo estabelece-se com maior comodidade uma escala de valores a partir da qual se fixam prioridades. O reconhecimento de um contexto como multicultural torna extremamente complexa a tarefa de definir-se uma política cultural e é necessário admitir a hipótese de que na base do esfarelamento das políticas culturais em países como o Brasil encontram-se não apenas intenções obscurantistas de sufocar a cultura como também a dificuldade real de escolher o que será apoiado — sobretudo quando se assumem perspectivas ontológicas sobre o fato cultural. Essa dificuldade, registrada mesmo em países onde a identidade cultural é, aparentemente, mais delineada, está levando as políticas culturais a assumirem princípios puramente formalistas e não mais conteudistas: por exemplo, para os efeitos da legislação cultural, é considerado nacional (ou regional, no caso de países que participam de acordos de integração, como Mercosul ou Nafta), por exemplo, o filme feito no território nacional (ou regional) ou o filme produzido por capitais nacionais (ou regionais), independentemente do tema, da língua em que for falado, dos atores ou diretor etc. Esse contexto aparentemente leva água para o moinho do neoliberalismo em política cultural, traduzido na defesa da abolição de todas as barreiras à livre circulação dos produtos culturais. A defesa do ponto de vista contrário se faz mais em nome do núcleo duro da identidade (a língua, eventualmente a religião) e de motivos puramente econômicos.

Referências:

ANDRADE, Oswald de. *Do pau-brasil à antropofagia e às utopias*. Rio de Janeiro: Civilização Brasleira, 1978.

BAKTHIN, M. *A cultura popular na Idade Média e no Renascimento: o contexto de François Rabelais*. São Paulo: Hucitec, 1986.

HOBSBAWN, Eric J. *A era dos impérios* (1875-1914). São Paulo: Paz e Terra, 1988.

SCHWARZ, Roberto. "O nacional por subtração", in *Que horas são?*. São Paulo: Companhia das Letras, 1987.

SOUZA SANTOS, Boaventura de. *Pela mão de Alice (o social e o político na pós-modernidade)*. São Paulo: Cortez, 1995.

Cultura digital

Sumário: tendências emergentes; inovação de distribuição (acesso), de programa, de conteúdo; a mediação em xeque; desregulação da cultura e da política cultual.

Termos relacionados: cultura, cultura objetiva, culturas pós-modernas, direitos culturais.

Ver Anexo 2.

É toda a cultura que circula pelos novíssimos meios de comunicação e informação como o computador, a internet, o telefone celular. A captação de imagens para um filme qualquer já se faz por sistema digital, bem como sua posterior projeção. Essas duas inovações são suficientes para produzir modificações importantes no sistema de produção (eliminação das cópias físicas para exibição individual por sala, de custo alto); distribuição (facilidade de acesso das salas de exibição ao produto) e troca (eventual redução no preço do ingresso na bilheteria — embora cortes nos custos de produção e distribuição não sejam repassados linearmente aos consumidores).

Mas não bastam para caracterizar esse cinema (ou o livro que se consulta num leitor digital) como exemplo pleno de cultura digital. Em sentido estrito, cultura digital é a que vem pelo computador, internet e telefone celular trazendo amplas mudanças de comportamento quer no modo de acesso ao bem ou produto cultural (acesso ubíquo), quer no modo de conviver com ele (conversar ao telefone móvel com alguém enquanto se toma um aperitivo no bar) e, sobretudo, no comportamento e na atitude geral da pessoa (duas pessoas amigas caminham lado a lado na rua e cada uma fala longamente ao seu próprio aparelho celular, em nova configuração das relações humanas).

Essas inovações são inúmeras e decisivas, do diagnóstico médico a distância (por um sistema de processamento de imagem) e da decoração de lojas por meio de recursos digitais ao ensino igualmente a distância em condições de competir com o professor presencial e suplantá-lo. Todo isso já é conhecido, bem como aqueles aspectos relacionados com a geração de uma nova arte (em duas ou três telas simultâneas, ou numa tela na qual zonas determinadas exibem, cada uma, um aspecto distinto da mesma realidade filmada ou distintos aspectos de realidades distintas, um pouco como fez Richard Lester em seus filmes com os Beatles nos anos 1960 porém de modo bem mais incisivo e variado). Ou aqueles outros aspectos que dizem respeito ao comércio e às finanças pela internet.

Algumas outras dimensões dessas mudanças não foram ainda suficientemente exploradas mas chamam desde logo a atenção, em especial no que diz respeito às políticas culturais. Os fluxos instantâneos, o reconhecimento de voz, a tela táctil (nada disso é para o futuro, tudo ocorre já hoje) têm amplas consequências, entre elas a que diz respeito à diferença (ou identidade) entre mundo real e virtual.

O nomadismo multiforme proporcionado pela nova cultura é um outro horizonte a considerar. Se Michel Maffesoli já causava incômodos à sociologia tradicional com suas observações sobre o nomadismo dos jovens nos anos 1980 e 1990, aqueles que buscam controlar os fluxos de informação e de pessoas terão agora ainda mais motivos de preocupação. Se a cultura já era portátil antes — com as fitas cassetes e depois com os DVDs de música e imagem que podiam acompanhar o imigrante em sua nova terra —, agora essa cultura transforma-se em algo tão deslocável e permeável quanto o ar. Computadores de bolso, telefones móveis que a tudo se conectam (e-mail, programas de notícias, mensagens de variada natureza) impulsionaram ainda mais os que já eram nômades e abriram portas para os que não haviam considerado a possibilidade. A própria cultura está por toda parte, inteiramente transportável, e não se fixa mais em qualquer território físico duro. A contrapartida com tons negativos ou em todo preocupantes é uma audiência permanentemente conectada à rede sem fio, abrindo perspectivas impensadas para o comércio.

A ideia de liberdade eventualmente permitida pela cultura digital precisa ser repensada. As primeiras reflexões sobre a cultura digital, ao final da década de 1980 e ao longo dos anos seguintes, variavam da adesão irrestrita aos horizontes abertos, apresentados como a última versão da redenção da humanidade, à rejeição total de suas propostas, que encarnariam a nova forma do Big Brother com suas tendências para a vigilância total. Liberdade total ou o cibercrime sem fronteiras e sem polícia? E existirá realmente liberdade se os programas que suportam a nova cultura continuam a ser programas fechados, proprietários como se diz (como os da Microsoft e da Apple), ou liberdade só existirá se os programas forem abertos, capazes de permitir todo tipo de alteração e reprodução ao gosto do usuário? Os programas, os softwares, na verdade sempre foram fechados, proprietários, mesmo quando as únicas tencologias disponíveis eram as do papel e do lápis. Doutrinas como a psicanálise e o marxismo são programas, softwares proprietários, que se bastam a si mesmos para realizar todas as operações desejadas e que não admitem mudanças e alterações ao gosto do usuário. Quando se adotava uma doutrina como qualquer dessas duas para o estudo, por exemplo, da arte, já se sabia desde o início aonde se acabaria chegando e o que se poderia provar. Esforços quase sobre-humanos de reorientação do pensamento eram necessários para, uma vez dentro de um programa teórico de interpretação, escapar a suas limitações e criar o novo, o imprevisto, o impensado. Esforços realmente enormes e dolorosos, porque a prática limitadora era frequentemente defendida por aquelas instituições mesmas que haviam sido desenvolvidas para incentivar a liberdade de pesquisa e pensamento, as universidades. Ainda hoje, as universidades exigem de um candidato a doutor a "pureza metodológica" (na forma da adoção de um único método de análise, considerado desde logo suficiente e autossuficiente e ao qual não se pode acrescentar nada ou do qual nada se pode tirar). Mesmo assim, e mesmo na universidade, a liberdade encontrou suas válvulas de escape então. Pode encontrá-las agora, apesar dos programas proprietários.

A cultura digital contribuirá para o desenvolvimento humano ou para o contrário disso? Aumentará a cultura do risco e do medo, típica da contemporaneidade, ou a reduzirá? Intensificará a cultura da unanimidade ou encorajará o florescimento de 200 mil, 300 mil pensamentos diferentes? Difícil dizer, neste ponto.

Uma coisa parece plausível, de repercussão nuclear para a ideia de cultura e de política cultural: o domínio do "autorizar-se a si mesmo" tenderá a ampliar-se, trazendo consigo, caso se firme e desenvolva, o desaparecimento dos explicadores, dos intelectuais, dos detentores do saber, dos mediadores. Jacques Lacan provocou grande celeuma quando sugeriu que as pessoas poderiam "autorizar-se a si mesmas" a apresentarem-se como psicanalistas sem terem de submeter-se ao controle (portanto ao poder) das sociedades psicanalistas de orientação freudiana clássica que então controlavam a profissão ao indicar quem estava apto a exercer a profissão e quem não. Sua proposta ecoava com amplitude a tendência libertária da época. Não obstante, os equívocos, os dramas e as tragédias resultantes dessa sugestão não foram poucos. Agora, é o conhecimento geral que passa pelo mesmo processo, com a Wikipedia que se abre para as contribuições de todos e cada um sem a necessidade de que submetam suas proposições aos critérios de uma banca de especialistas que, nos exames de graduação, mestrado e doutorado, dão ou não seu *imprimatur* ao que o candidato queria apresentar (um pouco como fazia a Igreja católica no tempo da Inquisição). Todos são livres para dizer e escrever na Rede o que quiserem. E tudo parece credível. A Wikipedia, é verdade, convida seus usuários a vigiarem-se mutuamente (um pouco como no mundo do Big Brother, um pouco como no mundo do nazismo) e alterar o que lhes parecer errado (fazendo que a ideia de autor, perseguida pelas utopias niveladoras de todo os espectros ideológicos, finalmente desapareça, tirando a razão de ser de pelo menos um direito cultural). Mas esse controle é aparente. E inútil. Com o digital, a desregulamentação chega ao universo da cultura, depois de ter passado pelos territórios da psicanálise, da arte (tudo vale na arte contemporânea, a crítica de valores parece banida, pelo menos momentaneamente), da aviação e das finanças. Os resultados foram não raro desastrosos, como o atesta o severo crack financeiro de 2008. Na outra ponta do espectro, e remando em direção oposta, estão as tentativas da Coreia do Norte, do Irã e da China de controlarem, respectivamente, o telefone celular, as antenas parabólicas e a Internet. No meio dessas duas forças, as pessoas terão de escolher seu caminho. Como de resto há muito tempo, enfim, senão sempre. A cultura digital muda muita coisa e não muito.

Essa desregulamentação alcança e fere fundo, claro, a política cultural. As possibilidades de controle e de direcionamento, próprias de boa parte da política cultural, não desapareceram. Mas de que adianta zelar pela identidade cultural e nacional e nacional-cultural se as pessoas podem ter acesso ao que bem quiserem recorrendo aos novos meios, muito mais fortes e que respondem mais direta e imediatamente ao que as pessoas querem? Por outro lado, é fato que assim como os avanços tecnológicos fazem que mais pessoas saibam arrombar portas e livrar-se de suas cadeias, fazem também que fechaduras mais seguras sejam inventadas. Sites e portais da internet podem ser barrados; telefones móveis podem ser emudecidos em territórios definidos (como nas prisões — mas também nas escolas e em regiões mais amplas) e sinais de TV por satélite podem ser embaralhados. Nada está definido, nenhum jogo está definitivamente feito. Nem mesmo com a cultura digital.

Referências:

FOGEL, Jean-François; PATINO, Bruno. *Une presse sans Gutemberg*. Paris: Grasset, s/d.

LEVY, Pierre. "L'universel sans totalité", in *Magazine Littéraire*, 1966-1996. La passion des idées, 1996.

MAFFESOLI, Michel. *Du nomadisme. Vagabondages initiatiques*. Paris: Le Livre de Poche, Biblio-Essais, 1997.

______. Le Temps des tribus (1988). Paris: Le Livre de Poche, 1991.

STALLMAN, Richard M. *Free Software, Free Society: Selected Essays*, Joshua Gay (org.). Boston: GNU Press, 2002.

Cultura do cinema

Sumário: filme e cinema; real e ficção; cultura do simulacro.

Termos relacionados: autor-empírico, autor-modelo, espectador-empírico, espectador-modelo.

Do que se fala quando se fala de cinema? De um modo cultural mas não, necessariamente, de filmes. Um filme é algo delimitado; o cinema, mais especificamente a cultura do cinema, remete a domínio bem mais amplo. Um filme é uma pelicula impressionada, montada, sonorizada, com um sentido relativamente fixo e definido. A cultura do cinema é um universo sempre em expansão que abrange desde as mundanidades de uma *première* até as mais sofisticadas teorias sobre o que é projetado na tela, passando pelos casos sexuais dos atores, pelas vaidades e disputas políticas por mais mercados. A cultura do cinema se infiltra por toda parte, da memória mais íntima à roupa que se veste; a cultura fílmica, uns poucos campos apenas: o da universidade, o dos livros, um ou outro mais. São diferenças nada pequenas, no entanto nem sempre percebidas. Cinema, arte do século XX, se faz de paixões públicas e envolve a vida cotidiana em todos seus aspectos, enquanto as outras artes, umas mais (como a literatura) outras um pouco menos (como as artes plásticas) perante o cinema não passam de segredos quase privados. O cinema, como a arquitetura, é um fenômeno de exposição pública só superado, nesse aspecto e sob certos ângulos, pela televisão (e caberia falar-se também numa cultura da televisão, de traços análogos aos da cultura do cinema). Será este o principal fator de constituição dessa cultura, e fato que responde pela constante identificação e confusão entre filme e cultura do cinema: não raro aponta-se para um quando se pensa no outro, ou se tomam ambos como sendo uma única entidade. Indício menor, porém frequente, dessa situação é a menção do nome do ator ou da atriz de um filme quando se quer fazer referência à personagem da narrativa. A penetração do real pelo ficcional, e vice-versa, é um dos corolários dessa cultura, piso de outro modo cultural mais amplo: a cultura do simulacro.

Cultura do medo

Ver Globalização cultural.

Cultura dominada

Sumário: cultura dominada, globalização, reconversão

Termos relacionados: culturas híbridas, cultura de fronteira, multiculturalismo, cultura dominante.

A expressão "cultura dominada" — cunhada num momento em que, se não a realidade cultural, pelo menos a análise dessa realidade procedia por compartimentos estanques — é, hoje, de entendimento controvertido. À medida que se desenvolvem os processos de globalização, reconversão e hibridização cultural, a noção de uma cultura que se mostre continuamente como dominada tende a se esfumar. De todo modo, o termo aponta não tanto, ou não apenas, para a cultura que tem poucas possibilidades de emergir, em virtude do poderio econômico ou político de outra, como, de modo mais específico, para uma cultura que não dispõe de uma acumulação suficiente, em todos os sentidos, capaz de permitir a constituição de um capital cultural próprio e a existência continuada e profissional de criadores especializados habilitados a levar adiante suas formas de expressão, multiplicando-as e renovando-as. Da forma como o cenário cultural mundial hoje se organiza, uma cultura dominada marca-se por tradições continuamente retomadas e por novas expressões artísticas efêmeras e frágeis que tendem a se repetir à medida que encontram alguma ressonância em seu meio, sem com isso beneficiarem-se de medidas de conservação e estímulo.

Alguns autores identificam a cultura dominada com a cultura popular. Mais corretamente, a cultura popular seria, eventualmente, uma versão da cultura dominada uma vez que, por exemplo, o cinema brasileiro (e não apenas o popular como também o erudito) é ele também, na compreensão específica aqui exposta, um modo cultural dominado.

Referência:

Gaudibert, Pierre. *Du culturel au sacré*. Paris: Casterman, 1981.

Cultura dominante

Termos relacionados: cultura nacional, cultura de fronteira.

Distingue-se entre uma cultura dominante por imposição violenta — exemplo, a imposição pelas armas do português, do espanhol, do inglês ou do francês, junto com a doutrina cristã, a civilização europeia etc., às populações indígenas das Américas — e uma cultura que resultou dominante por ter-se tornado, por variados motivos, ponto de referência central e fonte inspiradora (exemplo: uma cultura nacional preponderando sobre culturas regionais).

Referência:

Blanco, José Joaquin. "Los intereses privados y la cultura popular", in *Culturas populares y politica cultural*. México: Museo de Culturas Populares/SEP, 1982.

Cultura do risco

Ver Globalização cultural.

Cultura emergente

Sumário: a cultura como utopia experimental, síntese entre o concreto e o possível.

Termos relacionados: culturas híbridas, cultura de fronteira, cultura latente, cultura patente, culturanálise, imaginário.

Resulta da operação de transdução (abdução, no sistema filosófico de Charles A. Peirce), raciocínio e procedimento que, irredutíveis à dedução e à indução (domínios do dever ser: dado a, b deve ser), unem a tomada em consideração de uma realidade que se desdobra, instável, à referenciação a um imaginário possível. A cultura emergente pode denominar-se, também, utopia experimental na medida em que tenta proceder à síntese entre experiência concreta e experiência possível. Distanciada das construções abstratas *a priori* e da submissão ao real e ao sentido comum, a cultura emergente instala-se na esfera do virtual realizável mediante o recurso aos elementos de cada um daqueles dois domínios — numa apreeensão poético-científica da realidade.

Catalisadores da cultura emergente são os híbridos, resíduos e derivações (ideológicos, mitológicos, axiológicos) das formas e modos prevalentes, bem como as imagens-desejo, as sensibilidades marginais e imagens simbólicas em geral que circulam irresolvidas pelos campos da cultura organizacional e institucional. Esses elementos chamam-se híbridos por sua tensionalidade que os orienta rumo à cultura patente e à cultura latente ao mesmo tempo, quer dizer, rumo ao lógico e ao alógico, ao racional e ao afetivo, ao eidético e ao biótico. Nessa condição, os híbridos tornam-se mediadores simbólicos por excelência. Os híbridos manifestam-se como impuros e puros (ou imagens simbólicas propriamente ditas) e, por sua natureza, são os transdutores (ou abdutores) da função simbólica ou do símbolo. Nessa condição, em que são parteiros da cultura emergente, tornam-se pontes privilegiadas entre o latente e o patente.

O recurso à noção de cultura emergente permite superar as várias dicotomias inelásticas presentes na área cultural (cultura erudita ou cultura popular, cultura nacional ou cultura estrangeira) e observar a dinâmica cultural como ela de fato é, quer dizer, um fluxo e refluxo entre polos que se atraem e repelem sem se excluir.

Referências:

Bachelard, G. *Le nouvel esprit scientifique*. Paris: PUF, 1975.

Paula Carvalho, J.C. "A culturanálise de grupos: posições teóricas e heurísticas em

educação e ação cultural". Ensaio de titulação em antropologia das organizações e dos grupos. São Paulo: Faculdade de Educação da USP, 1991.
PEIRCE, Ch.S. *Semiótica*. São Paulo: Perspectiva, 1977.
TEIXEIRA COELHO. *Semiótica, informação, comunicação*. São Paulo: Perspectiva, 1980.

Cultura hegemônica

Sumário: as concepções dedutivista e relativista; os modos de resistência.

Termos relacionados: cultura autônoma, espaço cultural, globalização, reconversão cultural.

Numa época de globalização e de reconversão cultural continuada, o conceito de cultura hegemônica encontra grande dificuldade para manter-se. Tanto no domínio da produção quanto no do consumo cultural verifica-se que a política cultural oficial, quando há alguma, não se manifesta diretamente sob uma forma única mas, antes, apresenta-se como uma encruzilhada de tendências que representa não apenas os modos pelos quais os indivíduos lidam com aquilo que lhes é oferecido ou imposto, alterando-lhe os rumos e os significados, como as próprias incertezas e oscilações do poder de onde emana essa eventual política. Esse enfoque, de natureza relativista, recusa a concepção dedutivista que analisa os resultados culturais como diretamente dependentes das políticas eventualmente ditadas pelo Estado à sociedade civil e propõe que os receptores dessas políticas têm uma história (ou histórias) distinta da história dessas políticas, embora com elas se encontre em algum ponto. Esse entendimento é mais compatível com o desenho real da dinâmica cultural, feito de vacilações, contradições e ambiguidades, e que propõe um quadro emaranhado onde, por exemplo, a modernização cultural se manifesta ora como relativamente fracassada ora como relativamente bem-sucedida e a cultura do grupo dominante ora surge em destaque, ora apenas como mais uma alternativa.

Esse entendimento da questão não é insensível ao fato de que existem classes politicamente hegemônicas. Mesmo reconhecendo essa evidência, esse enfoque recusa as representações maniqueístas e conspirativas segundo as quais existem duas culturas, uma predominante, alienante e alienada, e outra dominada ou alternativa, verdadeira e justa, que se colocam numa relação tal que aquela asfixia esta. Esse paradigma clássico de explicação da dinâmica cultural não dá conta da proliferação dos centros de onde emanam continuamente novas formas culturais, nem das reapropriações que os indivíduos fazem do que lhes é proporcionado, nem dos cruzamentos continuados entre os diferentes âmbitos culturais (erudito e popular, autônomo e apropriado etc.)

Se há ainda algum sentido na expressão cultura hegemônica, deve ele ser corrigido ou complementado pelos de contra-hegemonia e hegemonia alternativa, realidades tangíveis produzidas por aqueles que de alguma forma estão fora do domínio da cultura pretensamente hegemônica ou se subtraem a seua força. Rejeitar essa possibilidade é desconhecer a capacidade de resistência dos modos culturais alternativos, expressos de maneira intencional e organizada ou de forma episódica e selvagem, algumas meramente destrutivas (como os grafites, designação nobre que recebem as pichações nos muros e fachadas), outras francamente construtivas (como as práticas da Casa da Paz em Vigário Geral, Rio de Janeiro).

Referências:

Canclini, N.G. *Culturas híbridas*. Mexico: Grijalbo, 1989.

Chauí, Marilena. *Conformismo e resistência*. São Paulo: Brasiliense, 1986.

Gramsci, A. *Os intelectuais e a organização da cultura*. Rio de Janeiro: Civilização Brasileira, 1978.

Williams, Raymond. *Cultura*. São Paulo: Paz e Terra, 1992.

Cultura hegemônica alternativa

Ver Cultura hegemônica.

Cultura imposta

Ver Cultura autônoma.

Cultura instituída

Termos relacionados: culturanálise, grupo, grupo sujeito, imaginário.

Cultura das organizações e instituições, entendida em contraste com cultura instituinte, dos grupos em sentido estrito, das vivências, da afetividade e do afetual.

Referência:

Paula Carvalho, J.C. “A culturanálise de grupos: posições teóricas e heurísticas em educação e ação cultural”. Ensaio de titulação, Faculdade de Educação da USP, 1991.

Cultura latente

Sumário: o afetual, as figuras inconscientes e as configurações consciênciais; mitos coletivos, mitos grupais, culturanálise.

Termos relacionados: imaginário, cultura patente, mitanálise, culturanálise, socialidade.

Em um grupo, é a cultura dada pelo nível afetivo, ou afetual, de estruturação desse grupo, entendida como o ponto de convergência das interações grupais de diferente natureza. Essa estruturação rege-se pelas formas e modos emanados do dispositivo inconsciente tanto quanto das elaborações conscientes manifestas em narrativas ou outras figuras do onirismo coletivo (mitos, ritos, comportamentos). As figuras de um grupo em particular são tributárias dos mitos coletivos gerais (do território, de um espaço cultural) ou são criadas localmente pelo próprio grupo, derivadas então de mitos pessoais ou transubjetivos. A cultura latente permeia a cultura patente e, por meio desta, a organização formal das instituições.

O conhecimento das figuras que compõem uma determinada cultura latente, e das relações entre elas estabelecidas, é indispensável para a definição de políticas culturais (quer se pretenda que caminhem ao encontro dos desejos de um grupo, quer se queira que sigam de encontro a suas manifestações habituais) e pode ser alcançado pela culturanálise de grupo e, em particular, pela mitanálise institucional.

Referência:

Paula Carvalho, J.C. "A culturanálise de grupos: posições teóricas e heurísticas em educação e ação cultural". Ensaio de titulação em Antropologia das organizações e dos grupos. Faculdade de Educação da USP, 1991.

Cultura molar

Ver Macrocultura dominante.

Cultura molecular

Ver Macrocultura dominante

Cultura objetiva

Sumário: as coisas que as pessoas produzem; a cultura exteriorizada; o mundo; mais-que-a-vida.

Termos relacionados: cultura; cultura subjetiva; capital cultural; imaginário; uso e consumo cultural.

É a soma das coisas culturais feitas pelo ser humano e que se traduzem nos bens e produtos culturais, tangíveis ou intangíveis (um mosaico, um livro, uma edificação, uma partitura, uma dança, um relato oral). Como o termo "objetiva" presta-se a entendimentos discutidos e discutíveis, o autor deste Dicionário prefere o termo "cultura objetivada": a cultura que se isola do indivíduo, que se coloca a uma distância dele e que se materializa naqueles mesmos exemplos.

O oposto da cultura objetivada é a cultura subjetiva, aquilo que é próprio do indivíduo, a parte da cultura objetivada que ele consegue apreender, um modo da cultura objetivada antes de ela ser o que é. O primeiro movimento da arte conceitual, no início dos anos 1960, fez-se com base na ideia dessa cultura subjetiva, ainda que Simmel não fosse mencionado (naquela época ele era ainda, de fato, pouco lido). Arte conceitual é aquela que depende muito mais da ideia que a sustenta, e que ela sustenta, do que do material que servia de suporte para a arte anterior (uma tela, um pedaço de mármore, uma folha de papel). A arte conceitual, efetivamente, não está objetivada e não é objetivável. Na versão alemã desse movimento usava-se mesmo a expressão *Kunst im Kopf*, literalmente "arte na cabeça". Fora da cabeça, isto é, fora da intenção, do ideamento — fora do espírito — nada havia. A arte conceitual era em tudo o oposto à arte objetivada anterior e a noção que transmite é exatamente aquela colocada nas palavras de Simmel.

O ponto central nessa questão, e de importância crucial para a política cultural, é a defasagem entre a cultura objetivada e a subjetiva. Há um fosso, habitualmente, entre uma e outra. De um lado está a vida (de cada um). De outro, essa mais-vida que é a capacidade criativa das pessoas. De outro ainda, essa mais-que-a-vida que é a cultura objetivada. O mundo contém todas as três dimensões, a vida contém apenas, se tanto, a esfera mais imediata do indivíduo. A cultura objetivada e a subjetiva colocam-se, mesmo, numa situação de irreconciliável antagonismo. A cultura objetivada opõe-se de fato às próprias forças criativas que a geraram. Não há identidade entre estas e aquela. Talvez isso é o que estivesse por trás das palavras de Platão segundo as quais o que interessa é a arte, não o artista, que é sempre menor que sua arte.

É essa oposição que pode responder à pergunta sempre refeita: "Por que a cultura não impede a violência?" "Por que os carrascos nazistas saíam de uma ópera para acionar as alavancas dos campos de concentração e extermínio?" Não há mistério algum: a cultura objetivada e a subjetiva não são equivalentes; não conversam necessariamente; o acúmulo de cultura objetivada não significa sua penetração na esfera subjetiva do indivíduo. A mera exposição da subjetividade a uma cultura objetivada não significa que exista uma circulação de elementos entre uma e outra. A cultura subjetiva é feita daquilo que ela mesma pode gerar e daquilo que pode apreender da cultura objetivada. Na maior parte das vezes, é muito pouco. Como Kant observou, a cultura e a arte tornam as pessoas suscetíveis às ideias — mas não garantem que se apossem delas.

Referências:

SIMMEL, Georg. *Le conflit*. Paris: Circé, 1995.

______. *Philosophie de l'argent*. Paris: PUF, 1987.

______. *Sobre la aventura: ensayos de estética*. Barcelona: Peninsula, 2001.

TEIXEIRA COELHO. *A cultura e seu contrário*. São Paulo: Iluminuras, 2008.

______. "El cadáver exquisito de la cultura", Revista *Artecontextco*. Madrid: fev. 2009.

Cultura oficial

Sumário: cultura instituída e cultura alternativa.

Termos relacionados: contracultura, cultura dominante, cultura hegemônica, cultura instituída, macrocultura dominante, reconversão cultural.

Cultura ordenadora, institucional, compiladora, que alegadamente expressa o espírito de um lugar ou de uma época. Não sufoca modos culturais alternativos mas tende a colocá-los em guetos — com os quais de qualquer forma acaba por entrar em relações de reconversão cultural.

Cultura oficial, dominante, hegemônica e macrocultura dominante são expressões frequentemente utilizadas como sinônimos. Na realidade, nem sempre a cultura oficial é a cultura dominante. Durante a ditadura militar no Brasil entre os anos 1960 e 1980, a cultura oficial era uma, de direita, ditada pelo estamento e pela classe no poder, mas a cultura dominante nos circuitos culturais mais significativos era de esquerda.

Referências:

ACHUGAR, Hugo (ed). *Cultura(s) y nación en el Uruguay de fin de siglo*. Montevideo: Logus, 1991.

SCHWARZ, Roberto. *Que horas são?*. São Paulo: Companhia das Letras, 1987.

Cultura organizacional da cultura

Sumário: sistema de valores da cultura em oposição ao sistema de valores da burocracia; alternativas de administração cultural: fundações e concessões; a cultura organizacional de modos culturais específicos.

Termos relacionados: imaginário, cultura patente, cultura instituída.

As diferentes instituições — universidades, sindicatos, empresas privadas, agremiações esportivas, igrejas — têm, cada uma, sua própria cultura organizacional, entendida como sistema complexo de valores, nem sempre explícitos, que orienta o comportamento dos atores nelas envolvidos. O mesmo é válido para as instituições culturais, como secretarias governamentais, ministérios etc. Essas instituições culturais, quando observadas à luz da dinâmica cultural em que estão insertas e que deveriam promover, têm ou deveriam ter uma cultura organizacional própria que conflita em ampla medida com a cultura organizacional da burocracia administrativa pensada, na área pública, para gerenciar domínios como o das atividades financeiras, obras públicas, contratação de recursos humanos etc. Essa burocracia administrativa opera sobre princípios como "concorrência", "menor preço", "prazos mínimos" e "previsão" (de custos, de conclusão), que nem sempre, para dizer o mínimo, se aplicam ao domínio da cultura. Na cultura, sobre o conceito da similaridade, que impera nas demais áreas (entre dois pregos similares, será comprado o mais barato), prevalece o princípio da pessoalidade, baseado na dissemelhança: esse artista não é o similar daquele e, apesar de ser mais caro (ou, às vezes, por isso mesmo) deve ser contratado no lugar daquele. Medidas como concorrências públicas, portanto, — fundamentais em outras áreas para evitar protecionismos e garantir o melhor uso do dinheiro público — não apenas não têm sentido na área da cultura como podem produzir efeitos exatamente opostos àqueles procurados. A própria ideia do funcionário público é incompatível com a do agente cultural. Do profissional da cultura se espera, e não raro se exige, um conhecimento específico dos condicionantes da área e um grau de envolvimento com o contexto cultural geralmente dispensados em outras esferas. No conjunto, a cultura organizacional da cultura é específica e de difícil compreensão para a cultura organizacional da administração pública como um todo. Como a administração pública ainda é dividida entre setores nobres (obras públicas, indústria e comércio, fazenda, agricultura) e setores pobres (cultura e educação, além de saúde, por exemplo), e como aqueles predominam sobre estes, a cultura organizacional dos primeiros é imposta aos segundos. As atividades da cultura se veem assim constantemente cerceadas em suas iniciativas, quando não simples e puramente bloqueadas e eliminadas.

Tentando contornar esse conflito, os administradores culturais têm recorrido à criação de fundações de direito público que, em princípio, teriam mais agilidade na captação e aplicação de recursos econômicos na cultura do que as tradicionais secretarias ou departamentos vinculados à administração direta.

Uma outra alternativa para a administração da cultura é a encontrada na Inglaterra onde centros de cultura são praticamente arrendados pelo poder público a particulares que os exploram com objetivo de lucro desde que atendidas as exigências socioculturais a que se voltam esses centros. Essas concessões têm seus termos estabelecidos em contrato e em prazos determinados os concessionários culturais devem prestar contas de sua atuação cultural e econômica. Essa solução implica o reconhecimento de uma especificidade da dinâmica cultural, que encontraria condições mais adequadas de atendimento e desenvolvimento nas mãos da iniciativa privada (dos próprios artistas ou produtores culturais, mas não deles apenas).

Assim como a cultura tem uma cultura organizacional própria, cada uma de suas subáreas desenvolve uma cultura organizacional específica. A do cinema é em princípio distinta da cultura da música, ambas divergem da cultura das artes plásticas e assim por diante. Em situações limites, uma mesma subárea cultural pode apresentar culturas organizacionais variadas. A indústria cinematográfica de Hong Kong, especializada em filmes de sexo e violência, é quase toda ela controlada por quadrilhas locais (as tríades) que põem em prática, quando "produzem culturalmente", quando realizam filmes, os mesmos "valores" adotados pelos gângsteres em suas atividades "normais". Artistas famosos são chantageados para aceitarem papéis em determinados filmes, diretores que desrespeitam contratos sofrem atentados físicos, negativos de filmes prontos de companhias concorrentes são roubados ou destruídos. Não apenas nesses aspectos "exteriores" se revela uma cultura organizacional típica; também a produção cinematográfica em si mesma organiza-se em moldes *sui generis*. Um milhão de dólares é o orçamento médio de um filme de Hong Kong; quatro milhões, um orçamento muito alto; nos EUA, um filme de sucesso pode custar ao redor de 50 milhões, com picos que chegam a três vezes esse montante (como *Waterworld*, de Kevin Costner). Em Hong Kong, os estúdios iniciam e completam um filme em sete a oito semanas; os filmes são em geral montados à medida em que são rodados e o tempo de pós-produção é mínimo. O objetivo declarado é fazer dinheiro o mais rapidamente possível, ao menor custo e com o máximo de lucro. Mais significativo: há uma estreita relação entre os temas e personagens desses filmes (suas cenas de violência ultrapassam de longe, em intensidade e capacidade de chocar o espectador, as do filme americano mais violento) e o modo de vida e valores (ou antivalores) da vida real das máfias proprietárias dos estúdios. Dificilmente poderá haver exemplo mais dramático de interação entre a cultura organizacional de um modo de produção cultural e os produtos culturais por ele gerados; a tese marxista segundo a qual todo produto tem a marca do sistema de produção que o gerou é, pelo menos aqui, plenamente confirmada.

Os efeitos dessa cultura sobre a cultura da sociedade como um todo não são difíceis de se prever, num momento em que já é visível que a exposição das massas à violência tende a torná-las violentas. Um deles, e não o de menor expressão, é a impossibilidade de exercer sobre essa indústria oriental um controle análogo ao que entidades civis norte-americanas vêm tentando conseguir sobre a indústria cultural daquele país. Recentemente, entidades como a conservadora Empower America e a democrática National Political Congress of Black Women convocaram a Time Warner, maior empresa de mídia do mundo no momento, a interromper a divulgação, em suas emissoras e companhias gravadoras, de músicas de gangsta-rap, cada vez mais numerosas, em que se prega o estupro e o assassinato de mulheres. Houve um tempo em que a cultura organizacional dos artistas era uma e a retratada ou imaginada em suas obras, outra; hoje, as duas tendem a se confundir...

Referências:
Dannen, Fredric. "Hong Kong Babylon", *The New Yorker*, 7 agosto 1995.
Paula Carvalho, JC. *Antropologia das organizações e educação: um ensaio holonômico*. Rio de Janeiro: Imago, 1990.

Cultura patente

Sumário: a cultura patente como nível técnico-racional; mapeamento.

Termos relacionados: cultura latente, culturanálise, imaginação, imaginário.

Determinada pelo nível racional de funcionamento de um grupo ou, em outras palavras, pelo polo técnico e consciente das interações grupais, entendido em contraste ao polo fantasmático que rege a cultura latente, a cultura patente organiza-se pelos perceptos e funções pragmático-reflexivas e manifesta-se na forma de objetivos e meios construídos que atuam como fator de agregação do grupo e expressam sua estrutura racional-produtiva (sua praxeologia). É essa mesma estrutura que faz que os grupos, tão logo se constituam, se apresentem como organizações formais dotados de uma cultura organizacional.

A cultura patente, permeável pela cultura latente, pode ser mapeada mediante um levantamento de seu ideário explícito, de seus elementos proxêmicos e de seus ritos, captáveis mediante observação de campo, entrevistas e questionários, combinados com operação análoga feita sobre a cultura latente.

Tradicionalmente, as políticas culturais prescindiam do entendimento detalhado da cultura patente e latente dos grupos; definiam-se quer por parâmetros fixados fora dos grupos a que se destinavam (por exemplo, na esfera da cultura erudita), quer por um retrato verossímil da cultura dos grupos mas não comprovado por nenhuma análise empírica — o que tinha por resultado usual tomar-se o patente como a única dimensão cultural do grupo ou, caso se arriscasse uma análise profunda do latente, considerá-lo como a verdadeira natureza do grupo, independentemente das marcas que sobre ele pode deixar o patente.

Referências:
Paula Carvalho, J.C. *A culturanálise de grupos: posições teóricas e heurísticas em educação e ação cultural*. Ensaio de titulação em antropologia das organizações e dos grupos. São Paulo: Faculdade de Educação da USP, 1991.
_____. "Imaginário e cultura escolar: um estudo culturanalítico de grupos de alunos em etnoescolas". Cuiabá: *Rev. Educ. Pública*, v. 3, n. 4, jul./dez. 1994.

Cultura política

Sumário: sentido estrito e amplo de cultura política; cultura cívica.

Termos relacionados: cultura, imaginário.

Em sentido estrito, conjunto de atitudes, normas e crenças de algum modo e em alguma extensão partilhadas pelos membros de determinada comunidade social e tendo como objeto fenômenos políticos (v. Bobbio, 1992). Compõem essa cultura os conhecimentos desse grupo sobre as instituições, a prática política e as forças políticas; as tendências diante desse universo, como cinismo, rigidez, dogmatismo, tolerância; e as normas como direitos e deveres diante dos assuntos públicos, aceitação das decisões da maioria, cumprimento das leis.

Em sentido amplo, e para o que interessa a este *Dicionário*, conjunto de ideias, crenças (efeitos de discurso) e práticas (efeitos de mundo) que organizam o relacionamento entre as pessoas no interior de um grupo. Nessa orientação, entende-se por política não apenas a prática institucional de atividades voltadas para o trato da coisa pública — exercício de cargos de representação, vida partidária — como, de modo geral, as práticas de relacionamento humano no interior de um grupo (socialidade, ou vida em comum na pólis; participação nos assuntos da comunidade; preocupação com os problemas e destinos do grupo etc.) que visam de algum modo à constituição de elos duradouros entre as pessoas. Esse complexo gera uma representação ou imaginário político formado por imagens (dinâmicas, simbólicas e afetivas) universais e invariantes no gênero humano e por versões dessas imagens derivadas da inserção do ser humano em culturas localizadas. O objetivo final desse imaginário é promover o equilíbrio social do grupo. Sob esse ângulo, o termo "cultura" é entendido tal como exposto, neste dicionário, no verbete correspondente.

Nesse segundo sentido, a cultura política aparece, em alguns autores, sob a designação de cultura cívica, compreendendo os modos pelos quais os diferentes grupos tomam decisões, suas normas e atitudes, suas relações com o governo e os concidadãos (v. Almond e Verba, 1965). Para essa corrente, cultura é entendida num sentido específico: orientação psicológica frente a objetos sociais.

Referências:

Bobbio, Norberto et al. *Dicionário de política*. Brasília: Edunb, 1992.

Almond, G.A; Verba, S. *The civic culture* (political attitudes and democracy in five nations). Boston: Little Brown, 1965.

Cultura popular

Sumário: dedutivismo, indutivismo, concepções ecléticas, cultura popular *versus* culturas populares, cultura nacional-popular.

Termos relacionados: cultura dominante, cultura hegemônica, distinção cultural, dedutivismo/indutivismo, cultura de resistência, cultura pop, indústria cultural, multiculturalismo.

O conceito de cultura popular é, hoje, extremamente controvertido. As concepções do dedutivismo e do indutivismo sumarizam, em grande parte, as diversas correntes que discutem o tema. Para os dedutivistas, não há propriamente uma autonomia da cultura popular, subordinada que está à cultura da classe dominante cujas linhas de força regem a recepção e a criação populares. Para os indutivistas, pelo contrário, a cultura popular é um corpo com características próprias, inerentes às classes subalternas, com uma criatividade específica e um poder de impugnação dos modos culturais prevalentes sobre o qual se fundaria sua resistência específica. Se para os dedutivistas só se pode conhecer aquilo que é chamado de cultura popular a partir das lentes da cultura dominante, para os indutivistas somente é possível apreender a natureza dessa cultura mediante seus próprios depoimentos diretos, expressos em suas obras ou em declarações explícitas de seus produtores.

Entendimentos intermediários buscam apresentar a cultura popular como um conjunto heterogêneo de práticas que se dão no interior de um sistema cultural maior e que se revelam, como expressão dos dominados, sob diferentes formas evidenciadoras dos processos pelos quais a cultura dominante é vivida, interiorizada, reproduzida e eventualmente transformada ou simplesmente negada.

Nessa concepção, a cultura popular não se apresenta como uma cultura à parte da cultura erudita ou dominante mas como um modo no interior de outro, com o qual dialoga (ou não) em diferentes comprimentos de onda. Sob esse aspecto, a cultura popular não é apenas tradição e folclore — i.e., aqueles modos e formas culturais congelados, que se reproduzem a si mesmos sem variação ou que se mostram como resíduos históricos, como ocasionais monumentos (embora monumentos preservados sejam quase sempre apenas aqueles da cultura dominante ou erudita) — mas uma constelação, se não um sistema, de diferentes perspectivas e produtos culturais cujos traços específicos, se existentes, devem ser procurados caso a caso e não definidos *a priori*. Alguns pesquisadores procuram privilegiar, nessa cultura, suas propostas de resistência à cultura dominante, enquanto outros tendem a ver como essa cultura se integra de algum modo no sistema cultural mais amplo e que papel ela aí representa, apontando sua função criadora no interior desse esquema, quando existente, ou sua atuação preservadora e imobilista quando for o caso. Essas divergências têm levado a que se aceite cada vez mais a proposta de só se falar em culturas populares no plural em lugar de cultura popular no singular, que poderia sugerir a ideia de uma unicidade (de origens, formas, propósitos e alcances) quase nunca facilmente perceptível, se existente. A adoção dessa forma no plural na verdade tornaria obrigatório que se falasse também não em cultura erudita, no singular, como oposição às culturas populares, mas em culturas eruditas (ou dominantes) no plural. Se não se adota o plural para a cultura erudita, apenas para as populares, será porque assim ficaria evidente que na verdade não existe sempre uma cultura dominante mas apenas culturas dominantes, o que retiraria em ampla medida o caráter de cultura dominada ou subalterna das culturas ditas populares... Essa visão pluralista das culturas se torna tanto mais imperiosa quanto se procura identificar ou promover a presença de um multiculturalismo na sociedade contemporânea. Essa visão mais elástica das culturas populares permite entendê-las como uma miríade de processos sociais concretos, originados no passado ou propostos por elementos modernos, que respondem a necessidades concretas dos grupos que as produzem e dela se alimentam em sua luta pela sobrevivência. Esse entendimento mais dialético, em oposição à representação maniqueísta de duas culturas em conflito, uma das quais representa sempre o valor positivo e a outra, o negativo, aponta para a existência, no tecido cultural, de zonas de clivagem ou embricamento em que a cultura adquirida por imposição se mistura a uma cultura feita, esta também, de iniciativas próprias, numa mescla que funde a hegemonia (que portanto não o é mais) com a subalternidade (que deixa de sê-lo). Embora esse entendimento da questão seja ainda combatido por aqueles que nele veem um mascaramento da luta de classes e da opressão sobre o povo exercida pelas classes dominantes (uma vez que a própria expressão "cultura popular" só foi possível historicamente quando a diferença e a oposição de classes se tornou patente), há uma tendência crescente para considerá-lo como mais compatível com a realidade atual. Enquanto estudiosos mais exigentes protestam, por exemplo, contra, a deturpação, pelo espírito de imitação ou pelo desejo de agradar ao mercado, de formas populares tradicionalmente expostas em objetos artesanais ou folclóricos, outros veem nessa adaptação estética aos novos padrões (retirados de revistas estrangeiras de arte, de motivos da indústria cultural etc.) apenas a revelação de uma adaptação social maior e da capacidade de criação renovada da classe ou segmento que a promove.

A insistência em distinguir claramente os domínios de uma cultura dita erudita e de outra chamada popular em países como o Brasil — quando essa insistência não for mera tentativa de reivindicar sinais de distinção, com a reserva da expressão "cultura propriamente dita" para a cultura de uma classe dominante e o uso da expressão "cultura popular" para o resto — é mesmo tida como arriscada ou impertinente na medida em que nenhum modo cultural poderia ser, aqui, claramente identificado como tal. Essa concepção tem implicações relevantes no tratamento da chamada cultura nacional-popular, expressão com pelo menos duas origens distintas:

1) surge no interior da chamada cultura dominante com o objetivo de mascarar os conflitos sociais internos ao deslocá-los para o eixo de um embate entre a cultura do lugar e a cultura estrangeira;
2) surge no interior de grupos esquerdistas, de oposição política à classe dominante, interessados em apresentar a chamada cultura popular como a única forma válida de cultura nacional.

Essas diversas concepções da questão manifestam-se nas diferentes políticas culturais. Algumas verão a cultura popular como um gueto a ser resguardado contra a cultura dominante (e, por vezes, contra si mesmo), enquanto outras deixarão livre caminho para os modos da indústria cultural eliminarem os bolsões de cultura popular e outras ainda procurarão, pelo contrário, considerar a dinâmica cultural em sua totalidade fenomenológica e incentivar a popularização ou democratização da cultura ou, melhor ainda, o livre trânsito dos sujeitos e objetos culturais em toda sua multiplicidade.

A destacar, ainda, que nos estudos culturais norte-americanos a expressão "cultura popular" costuma designar com frequência, de maneira exclusiva, os produtos culturais próprios da sociedade de massas e criados ou veiculados pelos meios de comunicação de massa (rádio, tv, cinema, história em quadrinhos etc.); não é incomum que a expressão adquira, nesse caso, um sentido pejorativo, por considerar-se que o objeto por ela designado não é verdadeiramente cultural, i.e., não torna as pessoas "suscetíveis às Ideias", como queria Kant ao apresentar a cultura como parte do vasto "cenário onde atua a sabedoria suprema".

Referências:

BLANCO, J.J. "Los intereses privados y la cultura popular", in *Culturas populares y politica cultural*. México: Museo de Culturas Populares/SEP, 1982.

CANCLINI, N.G. "Cultural reconversion", in Yudice, G. (org.). *The crisis of contemporary latin american culture*. Minnesota, University of Minnesota Press, 1992.

_____. *Culturas híbridas*. México: Grijalbo, 1989.

CHAUÍ, M. *Conformismo e resistência*. São Paulo: Moderna, 1986.

_____. *Cultura e democracia*. São Paulo: Brasiliense, 1989.

_____ et alii. *Política cultural*. Porto Alegre: Mercado Aberto, 1984.

FEIJÓ, M.C. *O que é política cultural*. São Paulo: Brasiliense, 1985.

GAUDIBERT, P. *Du culturel au sacré*. Paris: Casterman, 1981.

HICKS, E et al. *Postmodernism and new cultural tendencies in Latin America*. São Francisco: San Fracisco State University, 1992.

KANT, I. *La philosophie de l'histoire (opuscules)*. Paris: Denoel/Médiations, 1974.

LUNA, Jaime Martinez. "Resistencia comunitaria y cultura popular", in *Culturas populares y politica cultural*. México: Museo de Culturas Populares/SEP, 1982.

NOVELLO, Victoria. "La expropiación de la cultura popular", in *Culturas populares y politica cultural*. México: Museo de Culturas Populares/SEP, 1982.

SANTOS, J.L. *O que é cultura*. São Paulo: Brasiliense, 1986.

Cultura subalterna

Termos relacionados: controle cultural, cultura autonôma, cultura dominante, cultura hegemônica, macrocultura dominante, reconversão cultural, culturas híbridas.

Resulta de processos culturais como os da colonização europeia da América a partir do século XVI. Nesse sentido, as primeiras culturas subalternas (ou submetidas) americanas foram (e são) as indígenas, sufocadas pela cultura imposta pelos conquistadores. Por extensão, diz-se que uma cultura é subalterna quando as iniciativas culturais do grupo que representa são tolhidas, cerceando-se suas potencialidades e desbastando-se sua autoconsciência (v. controle cultural, cultura autônoma). Em determinadas situações, como as marcadas pela cultura dos meios de comunicação de massa, resíduos dessa cultura subalterna emergem na forma de expressões padronizadas apresentadas como folclore.

É necessário destacar que na atualidade os fenômenos de reconversão cultural e de intensa troca simbólica tendem a nuançar as antigas distinções rígidas entre cultura dominante e cultura subalterna (e outras), vistas agora, todos, como modos de uma cultura híbrida.

Referência:

CARLÓN, José Carreño. "Las politicas de cultura popular del Estado", in *Culturas populares y politica cultural.* México: Museo de Culturas Populares/SEP, 1982.

Culturas centrais

Sumário: dois entendimentos distintos; culturas periféricas; a distância entre produção e consumo de arte e cultura, a inversão contemporânea.

Termos relacionados: campo de produção erudita, culturas híbridas, indústria cultural, reconversão cultural.

Há uma variação importante no sentido desta expressão, quer ela se encontre na literatura especializada, quer nos textos menos informados. Nestes, ela tende a indicar a ou as culturas predominantes, se não hegemônicas, no cenário internacional. Culturas centrais seriam neste caso, no conjunto, a americana e a europeia; setorialmente, a cultura americana é central em termos de cinema de massa, a europeia em cinema erudito (embora essas distinções não sejam tão precisas). A música popular brasileira também comparece no elenco das culturas centrais.

Na literatura especializada, a expressão aponta para as culturas vividas por um número reduzido de criadores, intérpretes, agentes, pesquisadores. Nesse sentido, culturas centrais são os modos culturais de elite, de prestígio, que servem de âncora ou farol para o conjunto da produção cultural e merecem as atenções principais da mídia, dos estudos e das políticas culturais: a música erudita, as artes plásticas de vanguarda, o cinema de arte, a videoarte, a dança contemporânea, a literatura em países como o Brasil, música erudita. O fato de certos eventos culturais, como as Bienais, atraírem número elevado de visitantes não autoriza a concluir que o modo cultural neles envolvido é compartilhado por amplas camadas da população; para que assim fosse, seria necessário que esse modo de alguma maneira se revelasse parte integrante dos hábitos culturais dessas pessoas, enquanto atos de produção e de consumo — o que está longe de ser o caso. Esses modos são também chamados de centrais por se transformarem em polos de irradiação a partir dos quais estilemas são posteriormente apropriados e transformados por outros modos.

Esse conceito de culturas centrais tem a vantagem, nada desprezível, de pôr em destaque o fato de que a maioria da população, em especial as classes desfavorecidas, mas também todos os meios sociais em geral, vive cotidianamente no universo das culturas periféricas, aquelas que desfrutam de pouco ou nenhum prestígio social embora constituam o caldo do maior número (caso da telenovela, das histórias em quadrinhos, do cinema de massa, da música popular). Não se faz, nesse caso, a tradicional identificação entre determinadas classes sociais e determinados modos culturais: a cultura erudita não é traço definidor das classes altas porque também estas vivem, cotidianamente, imersas nas culturas periféricas, assim como a cultura ainda chamada de popular não é específica das classes baixas. Criadores, intérpretes, pesquisadores das culturas centrais podem eventualmente pertencer às classes altas ou a elas ascender mas nem todos a elas pertencem, por definição. Essa concepção de culturas centrais chama a atenção para três fatos importantes em política cultural:

1) há uma enorme distinção entre produzir cultura e consumir cultura (corolário: fundamental é deter os meios de produção cultural, nem tanto é ter acesso à produção existente);
2) há (ainda) um amplo fosso entre arte e a vida;
3) na contemporaneidade, se o critério para se identificar uma cultura central for o tempo que cada um dedica a um modo cultural (em horas diárias de recepção, por exemplo) ou o espaço ocupado por esse modo no imaginário cotidiano (influência sobre o comportamento geral das pessoas), culturas centrais seriam a da televisão e da música popular, por exemplo, e não mais a literatura, o teatro etc.

Essa expressão é, na atualidade, utilizada frequentemente apenas em sua forma plural uma vez que a diversidade cultural torna praticamente inviável o predomínio de um único modo cultural sobre todos os demais; comumente, são pelo menos dois modos culturais que se apresentam como culturas centrais. No passado, os estudos de estética com frequência tentavam esboços hierarquizantes das artes que apontavam, conforme o autor, uma linguagem artística que predominaria sobre as demais (ex: a arquitetura, a música ou a poesia).

Referências:
Girard, A. *Economie et culture: culture en devenir et volonté publique*. Avignon: La Documentacion Française, 1986.
Canclini, N.G. *Culturas híbridas*. México: Grijalbo, 1988.

Culturas da privação

Termos relacionados: reconversão cultural, globalização.

Modos culturais ligados aos graus mais intensos de pobreza, compreendendo comportamentos cotidianos, expressões artísticas (arte bruta), apropriação e transformação de objetos e materiais jogados no lixo.

No singular, a expressão designa o conjunto dos fenômenos próprios da vida marcada pela pobreza e pela miséria.

Referência:

GAUDIBERT, Pierre. *Du culturel au sacré*. Paris: Casterman, 1981.

Culturas híbridas

Sumário: a superação das dicotomias; hibridismo e desterritorialização; cultura emergente.

Termo relacionados: cultura emergente, cultura de fronteira, sincretismo cultural, desterritorialização.

Expressão que surge recentemente para designar o cenário cultural contemporâneo caracterizado não mais por níveis ou compartimentos estanques que separam a cultura erudita da popular e de massa, a científica da literária, a artesanal da industrial, a étnica arcaica da tecnológica de ponta, a identitária da globalizada. A hibridização refere-se ao modo pelo qual modos culturais ou partes desses modos se separam de seus contextos de origem e se recombinam com outros modos ou partes de modos de outra origem, configurando, no processo, novas práticas. Uma consequência da hibridização é a desterritorialização, fenômeno pelo qual modos culturais desvinculam-se de seus espaços e tempos originais e são transplantados para outros espaços e tempos nos quais mantêm aproximadamente os mesmos traços iniciais. O fenômeno da hibridização é por vezes designado como de sincretismo ou mestiçagem.

A hibridização não é mero fenômeno de superfície que consiste na mescla, por mútua exposição, de modos culturais distintos ou antagônicos. Produz-se de fato, primordialmente, em sua expressão radical, graças à mediação de elementos híbridos (orientados ao mesmo tempo para o racional e o afetivo, o lógico e o alógico, ao eidético e ao biótipo, ao latente e ao patente) que, por transdução, constituem os novos sentidos num processo dinâmico e continuado (v. **cultura emergente**).

Se exemplos do modo cultural híbrido podem ser identificados com clareza (a produção musical dos Beatles, o casamento entre o cinema de Richard Lester e os próprios Beatles, nos filmes *A Hard Day's Night* e *Help!*, nos anos 1960, que marcaram o primeiro momento dessa hibridização em grande escala, com o traço de qualidade necessário para falar-se efetivamente numa cultura), não é certo que esse modo tenha se tornado uma constante ou uma tendência inevitável. O processo cultural não se manifesta na forma de uma linha progressiva; sua figura seria, antes, aquela fornecida por um sismógrafo, cheia de altos e baixos, de interrupções e retomadas. Assim, depois dos anos 1960 fenômenos culturais compósitos continuam ocorrendo (a ópera *Carmina Burana* encenada em estádio de futebol, misto de circo e cultura erudita, como os espetáculos do grupo teatral La *Fura dels Bauls*) — mas não de modo predominante e apontando, quase sempre, para uma combinação onde o popular (e, sobretudo o popularesco) sobressai.

Referências:

CANCLINI, N.G. *Culturas híbridas*. México: Grijalbo, 1990.

HICKS, E. et al. *Postmodernism and new cultural tendencies in Latin America*. São Francisco: San Fracisco State University, 1992.

PAULA CARVALHO, J.C. *A culturanálise de grupos: posições teóricas e heurísticas em educação e ação cultural*. Ensaio de titulação, Faculdade de Educação da USP, 1991.

TEIXEIRA COELHO. "Era uma vez uma cultura." (Eles representam a cultura contemporânea). Caderno 2, *O Estado de S. Paulo*, 3 dez. 1995.

Culturas operárias

Sumário: culturas populares, modo de vida, lazer.

Termos relacionados: cultura popular, cultura autônoma, socialidade, lazer.

Tende-se na atualidade a considerar que nas culturas operárias (e não mais cultura operária, no singular) a tônica se deslocou das obras enquanto conceito tradicional (literatura operária ou proletária, pintura de expressão proletária, em oposição a uma literatura e uma pintura burguesas, por exemplo) para o domínio das expressões artísticas mais efêmeras definidas antes por seu componente popular — o que as coloca numa mesma linha de horizonte com outros modos da cultura popular — do que por um critério de pertinência ou determinação de classe. Esse deslocamento se manifesta no sentido de uma socialidade mais ampla e de modos de vida (festas coletivas, empreitadas comunitárias).

Como vários outros fenômenos culturais, também as culturas antes chamadas operárias passam pelo processo da globalização e de constante reconversão, o que faz que os diferentes modos culturais se interpenetrem segundo a lógica dos meandros fluviais, esfumando-se as fronteiras entre o que era denominado cultura burguesa e as demais modalidades culturais. Esse deslocamento, no entanto, não deve levar à pressuposição de que os segmentos operários tenham desistido ou se afastado das formas tradicionais da cultura; mas autoriza a que se preste atenção à importância cada vez maior que as atividades de lazer, e não de cultura propriamente dita, assumem para a maioria dos segmentos sociais.

Referências:
BOURDIEU, P. *La distinction*. Paris: Minuit, 1979.
GAUDIBERT, P. *Du culturel au sacré*. Paris: Casterman, 1981.

Culturas periféricas

Ver Culturas centrais.

Culturas pós-modernas

Sumário: cultura superior, média, de massa; cultura científica; cultura dos intelectuais literários; cultura do narcisismo; cultura da identidade; cultura da autenticidade; cultura da lamentação; cultura da performance; cultura da atitude; cultura do entretenimento; lazer; cultura da publicidade; cultura veleitária; cultura religiosa; cultura empresarial; cultura do desmanche; cultura da unanimidade; jornalismo cultural.

Termos relacionados: cultura; culturas híbridas, cultura de fronteira, globalização, políticas culturais pós-modernas.

No final do século passado, que, já um pouco mais pacificamente, é possível rotular de pós-moderno, tanto a tradicional concepção antropológica de cultura quanto categorias mais recentes como cultura superior, média (*midcult*) e de massa (*masscult*) — discutidas no começo dos anos 1960 por Dwight MacDonald, na esteira dos escritos da Escola de Frankfurt, e em seguida vastamente popularizadas por Umberto Eco, entre outros —, sem esquecer conceitos similares do tipo **cultura popular**, de *elite* ou *erudita*, **cultura hegemônica**, **cultura dominada**, *cultura nacional-popular*, não mais dão mais conta, sozinhas, da complexidade e diversidade da dinâmica cultural. São todos conceitos que, conservando embora seu papel na historiografia da cultura e tendo a seu tempo aberto perspectivas sugestivas que eventualmente podem continuar a ser exploradas, não permitem avançar, para dizer o mínimo, no entendimento dos modos pelos quais as pessoas hoje vivem suas culturas, na compreensão do que é **cultura** hoje para este ou aquele grupo, na percepção do que se espera ou não se espera desta ou daquela versão cultural neste momento. Demasiadamente abrangentes e ao mesmo tempo esquemáticos, além de terem sido desde o início controvertidos quanto a sua amplitude e profundidade, esses conceitos e os fenômenos que recobrem são hoje atravessados em todas as direções por linhas de força que passam de um a outro anulando as fronteiras que um dia talvez os separaram e irrigando-os com novos traços que os distorcem até os tornarem irreconhecíveis, se as lentes utilizadas para observá-los forem as mesmas de trinta anos atrás. O resultado imediato dessa inseminação dos velhos quadros de referência com novos ingredientes é a proliferação de *culturas* designadas por rótulos que parecem apressados e dão às vezes a impressão de se sobreporem mas que captam nuança de sensibilidades e visões de mundo e que portanto não podem ser descartados se o objetivo for o entendimento dos vetores e tendências da dinâmica cultural. Durante alguns anos, foi possível colecionar, à maneira de um entomólogo cultural, diferentes rótulos que designam espécimes dessas novas culturas com nomes como *cultura da autenticidade*, *da reclamação*, *da identidade*, *do narcisismo*, *da performance* e algumas mais. Esses rótulos devem ser tomados a sério e não como modismos superficiais gerados e alimentados pelo jornalismo cultural e por uma ensaística que, para ser diminuída, é chamada de ligeira em oposição aos grandes estudos sobre temas ditos profundos que um dia fizeram a glória da Academia. Se esses rótulos passaram a existir é porque expressam ou tentam expressar desejos, aspirações e necessidades menos ou mais incertos e é isso que lhes dá foros de legitimidade.

A constatação da estreiteza dos conceitos consagrados nos estudos da cultura — e nada pior do que hábitos do pensamento: é preciso mudar sempre a forma do pensamento, insistiu Wittgenstein — começa com a percepção de que, por opção ou mero desconhecimento, já naqueles mesmos anos 1960 a discussão sobre as culturas deixou de lado um modo cultural em particular (o que, de resto, em nada a impediu de trilhar seu próprio caminho e nele fortalecer-se): a *cultura científica*. Como os estudos culturais de que resultaram conceitos como cultura de massa, cultura erudita etc., durante todo esse tempo monopolizadores das discussões, tiveram por berço de predileção os EUA e o continente europeu, não lhes foi difícil ignorar um debate que se instaurou na Inglaterra a partir de 1959, provocado por C.P. Snow com uma conferência pronunciada em Cambridge sob o título "As duas culturas e a revolução científica". O fundo da tese de Snow consistia na identificação, no mundo contemporâneo, de duas grandes culturas abrangentes: a *cultura dos intelectuais literários*, como a chamou, e a *cultura dos cientistas naturais*. Entre uma e outra era possível observar, destacou o autor inglês, uma profunda suspeita e incompreensão, com desastrosas consequências para o enfrentamento dos problemas que afetam a humanidade como um todo. Os currículos das escolas e universidades não estavam naquele momento — como não estão — abrindo espaço necessário a cada uma dessas duas culturas e, em especial, à científica. Boa parte da responsabilidade por essa situação era atribuída por Snow aos "intelectuais literários", por ele vistos como personagens vinculados à velha cultura humanista, ao mundo pré-moderno e contrários à revolução industrial e à aplicação da ciência na vida cotidiana moderna. Por trás dessa concepção de Lorde Snow, título sob o qual foi também largamente conhecido, havia — como na representação da cultura enquanto dividida ou setorizada em três segmentos: popular, de massa e de elite — a visão de um conflito (à inglesa) entre classes sociais, uma emergente e outra decadente. De um lado, a classe média alta, dominante na Inglaterra entre 1910 e 1950, a que pertencia a elite literária, e de outro, uma nova classe social, oriunda não raro dos segmentos mais baixos da classe média, de onde se originavam os cientistas e que ameaçava substituir a classe no comando. O mundo contemporâneo, para Snow, definia-se pela tríade ciência, democracia e modernidade cuja estabilidade estava ameaçada pelas ideias e comportamento dos "intelectuais literários", por ele vistos como *veleitários naturais* que encaravam os problemas de amanhã com atitudes do passado. A carga contra a cultura humanista conduzida por Snow foi pesada e, em certos momentos, ácida. Snow, ele mesmo um homem público com um passado de cientista, chegou a sugerir que esse confronto entre culturas opunha uma cultura heterossexual e afirmativa, a cultura científica, a uma cultura felina e oblíqua, a literária ou humanista. Suas posições foram alvo de duros ataques, em especial por parte do crítico literário F.R. Leavis, figura de projeção na Inglaterra à época, para quem não havia como desmerecer os intelectuais literários que alertavam para os altos custos da revolução industrial e para a questão ética irresolvida pela ciência. Não é o caso de se discutir aqui os argumentos favoráveis à cultura científica e contrários à cultura humanista ou vice-versa. Ressaltando apenas que C.P. Snow estava sem dúvida com a razão ao apontar para o fosso entre esses dois modos culturais, bastará destacar ser essa uma classificação das culturas mais abrangente do que outras habituais desde os anos 1960, como a divisão tripartite entre cultura erudita, cultura popular e cultura de massa quase sempre tomadas apenas como **modos** ou **versões** da cultura literária. Com o foco nelas centrado, a cultura científica ficou à sombra das discussões — para o bem e para o mal dela mesma e da humanidade. Os desconhecimentos mútuos e os mútuos preconceitos que sempre aumentaram a distância entre cultura científica e literária, para ficar com os termos de Snow, são facilmente visíveis à tona das relações pessoais e profissionais no interior da própria instituição projetada para aproximar uma da outra: a universidade.

Se **cultura científica** é um grande gênero a incluir no quadro das discussões sobre os modos culturais, *cultura de massa* será um dos rótulos a ser daí excluído para abrir espaço a outro ou outros mais eloquentes. Os debates sobre essa cultura retomados no início dos anos 1980 apontaram para o fato de que os referenciais a partir dos quais era possível definir ou descrever a cultura de massa haviam lentamente se dissolvido ao longo das duas décadas anteriores, levando consigo todos os conceitos relacionados ou deles dependentes. A cultura superior, baliza para a identificação dos traços prováveis da cultura de massa, foi gradativamente perdendo sua "autoridade cultural" e social (no sentido de autoridade no campo de forças que definem um imaginário coletivo) pelo desbaste provocado por repetidas fusões entre ela mesma e as versões da cultura popular. À medida em que não se reconhece mais a existência de padrões autorizados de gosto e que a difusão em grande escala de determinados princípios e valores produz uma certa banalização das ideias e, mesmo, um rebaixamento desse gosto, estabelecer os limites (claros ou difusos que sejam) entre a cultura superior e a de massa torna-se tarefa árdua e, a rigor, inútil. Diante desse quadro, novos conceitos e terminologia foram buscados e obteve boa repercussão, em meados dos anos 1980, a proposta de rotular a "antiga" cultura de massa com a expressão *cultura do narcisismo*, uma cultura marcada não pela autoafirmação, como permite crer certo entendimento superficial do narcisismo, mas pela perda da *individualidade*, uma cultura em que o eu está, como na velha cultura de massa, constantemente ameaçado de desintegração, em que o *eu* se vê tomado pelo sentimento de um vazio interior continuado.

Essa cultura do narcisismo não seria possível sem uma *cultura do consumo* ou do *consumismo*, com a qual no entanto não se confunde. A cultura do consumo — atributo, na terminologia de 1968, das *sociedades da opulência* caracterizadas pela proliferação de bens materiais (sonho que se encerrou no início da década seguinte com o "choque do petróleo não sem antes tornar-se figura central do imaginário coletivo da segunda metade do século XX e, durante largo tempo, pesadelo de cidadãos e governantes do Leste europeu que se esboroou em 1989) — desencoraja a iniciativa e a autoconfiança ao mesmo tempo que incentiva a dependência, a passividade e o estado de espírito típicos do *espectador*. Essa cultura do consumismo estimula a ética aparente do hedonismo cujo resultado perverso, uma vez que esse hedonismo claramente não está ao alcance de todos, é, pela impossibilidade de se ter tudo que é ofertado — coisas, atitudes e pessoas —, um estado de *permanente desconforto espiritual* e de *ansiedade crônica* (numa vertente, digamos, pacífica ou, pelo menos, passiva) e um estado de *iminente criminalidade* (como é fácil de constatar num país de fortes desigualdades sociais como o Brasil). Essa cultura do narcisismo consumista, herdeira da cultura de massa, se vê assim mais bem descrita nos termos qualitativos de uma *cultura oral*, como o faz Christopher Lasch, do que nos termos quantitativos do grande número adotados pelos primeiros estudos culturais, e é sob esse aspecto que pode ser mais nitidamentemente distinguida de sua antecedente, a cultura burguesa do século XIX. A cultura burguesa do passado europeu, como a cultura burguesa do Brasil atual, exibia fortes traços patrimonialistas, o que levou os culturólogos de orientação psicanalítica a descrevê-la como uma *cultura anal*, uma cultura da retenção, uma cultura de circulação restrita, uma cultura que procede antes pela exclusão do que pela inclusão (como acontece com a ópera e o concerto, mas também com o livro e a posse individual de obras raras e com o balé e...) e que portanto não tem condições de desempenhar a *função específica* da cultura que é unir, ligar, fundir ao redor de um núcleo de sentimentos e percepções comuns. Já a cultura do consumo revela-se uma *cultura oral*, uma cultura através da qual a pessoa (que não é sujeito) percebe o mundo como extensão do seio materno, um seio provedor. Uma cultura onde os seios proliferam e estão, aparentemente, o tempo todo à disposição de todos. Uma cultura na qual aparentemente nada é exigido do consumidor (além de fidelidade ao consumo), colocado numa situação de dependência absoluta do "seio materno" (seja ele, agora, a TV, o carro cobiçado, o filme de ação etc.). Uma cultura em cujo interior a pessoa se encontra, *aparentemente*, na situação de escolher livremente — não entre um seio e outro, mas livre para escolher os dois seios ao mesmo tempo. Uma cultura onde todas as opções podem, na aparência, ser exercidas simultaneamente, onde as ligações (com os bens, artísticos ou não, e com as outras pessoas) são descompromissadas. Mais do que uma cultura oral, como a denomina Lasch, essa cultura do consumo poderia ser significativa e adequadamente chamada de *cultura excremencial* por ser uma cultura onde tudo ou quase tudo (e certamente o simulacro de tudo) se produz e se desdobra transbordantemente em exibições o tempo todo, numa catadupa de emoções e sentimentos orientados para as mais diversas destinações, inclusive as mutuamente conflitantes.

Contra essa cultura do vazio interior constante tenta afirmar-se uma *cultura da identidade*, resultante do desejo e da dificuldade de definir os limites precisos da individualidade. Não se trata mais da cultura da identidade procurada ao longo dos anos 1960, isto é, uma cultura da identidade como traço nacionalmente unificador, porém de uma identidade vista ora numa ótica maior ou anterior — a de uma etnia — ora numa ótica menor, a de uma preferência sexual ou a do gênero, ora em ambas simultaneamente. Um rótulo mais atual para designá-la é *cultura da autenticidade*: o que ele designa é a busca de uma visão de mundo e de um modo de estar no mundo que teria sido alegadamente reprimido ou sufocado. A cultura gay se encaixa nessa divisão tanto quanto as que recorrem a rótulos do tipo afro-americanidade e afro-brasilidade.

O par imediato dessa cultura da autenticidade recebe o nome, na fórmula proposta por Robert Hughes para descrever a situação nos EUA, de *cultura da lamentação*. A cultura da lamentação, da reclamação ou do queixume poderá também no futuro ser lembrada pelo apelido de cultura da vitimização. Segmentos da população, por motivos variados — crença religiosa, cor da pele, origem nacional, sexo, idade, preferências sexuais etc. — descobrem-se ou declaram-se vitimados. A condição de vítima não é um detalhe num conjunto maior mas uma visão de mundo da qual todo o resto decorre: preferências estéticas, níveis de desempenho, representação de direitos e deveres, figuração do lugar na sociedade e assim por diante. Sua consequência mais visível no campo cultural é a confusão entre a eventual discriminação cotidiana sofrida pelo indivíduo ou grupo no universo da cidadania e a alegada discriminação cultural ou estética contra eles exercida em suas tentativas de expressão. Faz parte da cultura da lamentação a demanda da abolição dos cânones de gosto, dos critérios de qualidade e competência e dos juízos de valor: um certo filme ou romance é bom porque seu autor é, foi ou teria sido vítima de uma opressão racial, sexual ou religiosa e não por este ou aquele fator específico e intrínseco à produção cultural. Essa cultura levou a uma outra, a do politicamente correto, descrita por Hughes como a cultura da ênfase no subjetivo, no ego, uma cultura da cidadania infantilizada segundo a qual os direitos pairam acima dos deveres e destes estão desligados. Uma cultura cujos componentes são extraídos do domínio dos sentimentos e não da razão ou, em todo caso, dos conceitos teóricos.

As culturas da autenticidade e da reclamação são, em seus movimentos de superfície, culturas de afirmação, culturas ativas, o que as diferenciaria da cultura do consumismo e do narcisismo. Na realidade, podem terminar como versões destas ao estimularem a dependência em relação a um molde preparado. "Mais ativa" seria a *cultura da performance*, ou do desempenho, que, sem dizê-lo, decorre do que o antropólogo francês Gilbert Durand considera um dos mitos fundadores da cultura ocidental: o mito do produtivismo. Também esta é uma cultura no sentido estrito em que dela decorre um sistema de valores estruturador do mundo e da vida. Entre seus sinais exteriores mais prosaicos identificam-se práticas como a do *cooper*, da aeróbica (num sentido mais amplo, o universo das academias de modelação do corpo) tanto quanto a obsessão com os índices de venda, de produção, de circulação, de audiência e assim por diante. No Brasil, um de seus atuais traços evidentes aparece no recurso ao vocativo *campeão* com que muito pai das classes média e média alta se dirige a seus rebentos homens. Uma das figuras nucleares dessa cultura é a do mundo que se move pela ideia da competição. Seu lema não é mais o carcomido "o importante não é vencer mas concorrer" porém "o importante não é vencer mas derrotar". O mundo é um balanço de perdas e ganhos. O uso do termo *performance* para designar certo tipo de atividade artística, aquela que se "libertou" do suporte material para desenvolver-se livremente no espaço, aqui e agora, com o corpo e através do próprio corpo do artista que se exibe diretamente ao público e não mais se retira, modesto, para trás de suas imagens ou de assinatura, é significativo como índice da penetração dessa ideologia cultural nos mais diferentes universos da vida contemporânea, pelos quais passeia no entanto um mesmo sentido: a perseguição de um resultado armado em etapas todas elas postas em exibição e em imediata apreciação. Para essa cultura, no domínio do esporte ou da arte, não é mais possível (ou tático) descurar da *evidenciação do valor*; não se confia mais na capacidade de julgamento do espectador, seja ele o patrão, o colega artista ou o visitante de bienais; o valor em cena (e em jogo) é evidenciado e sublinhado em todas as fases de seu processo de desdobramento do valor e, para que não se tenha dificuldade em avaliá-lo, será expresso por um esforço físico que que fornece e explicita seus critérios quantificáveis de apreciação. Também essa cultura mantém relações próximas de vizinhança e interação com a cultura do narcisismo (procura da autossuficiência fadada ao autoaniquilamento) e do consumismo (por exemplo, o uso de roupas de certas etiquetas, de alta obsolescência do ponto de vista do *estilo*) e também ela, portanto, é uma substituta da cultura de massa. Não é o caso de esquecer que um assalto e um ato de terrorismo são, de igual modo, performances e como tais são conscientemente, ou quase, considerados por seus praticantes — de resto para tanto despertados pela iconografia da violência.

A cultura da performance, como a cultura do consumismo, se faz acompanhar necessariamente por uma *cultura da atitude* ou do *comportamento*, singularmente promovida pela TV. Embora haja nessa cultura da atitude ou do comportamento uma boa dose de simulação — se não posso ter esse desempenho, assumo pelo menos a atitude de quem o tem; se não tenho utilidade patente para esse produto, uso-o mesmo assim simbolicamente —, a diferença maior entre a atitude ou comportamento e a *coisa real* deve ser procurada na ausência, no caso da atitude e do comportamento, de uma relação estrutural e causal entre essa atitude ou comportamento e um paradigma mais amplo de inserção do sujeito no mundo. Atitudes e comportamentos surgem como fragmentos de uma existência (frequentemente imaginária) desprovidos de todo elo estrutural entre si. Atitudes e comportamentos de hoje são distintos e, mesmo, incompatíveis com atitudes e comportamentos de amanhã, regidos muito mais por valores simbólicos postos a girar em alta rotatividade pelo mercado do que por um capital simbólico acumulado autonomamente pelo indivíduo.

Esse indivíduo, aliás, está bem pouco inclinado a construir-se capitais simbólicos próprios, ele que permanece imerso no que Brecht chamava de *cultura do entretenimento*. Hannah Arendt teria preferido abolir a palavra *cultura* desse rótulo por entender que se formara na contemporaneidade uma oposição decidida entre *cultura* e **lazer** diante da qual o homem contemporâneo, dito de massa, buscaria apenas o segundo pólo, o do lazer. Em todo caso, essa cultura do entretenimento constitui já um campo bem delimitado e firme capaz de gerar definidas representações do mundo. Um número cada vez maior de falas e frases de estudantes, em particular daqueles provenientes de escolas públicas e de periferia mas não delas apenas, compõe-se não somente de expressões da gíria como de palavras e sintaxes ouvidas nos *talk shows* da TV e nos *spots* e *jingles* publicitários do rádio e da TV. Dito de outro modo, provêm não da leitura, como no passado, mas de outras falas e dos meios de comunicação. Se há algumas décadas os estudantes eram levados a decorar poemas inteiros, hoje, com a aparente necessidade humana de exercitar regulamente a memória não sendo mais satisfeita por uma ideologia da formação escolar que decidiu abandonar o "saber de cor" em nome de um ensino supostamente libertário e conceitual (quer dizer, livre de fatos, datas, nomes e frases ou máximas, isto é: um ensino conceitual que quase nunca consegue ser mais do que etéreo), os jovens ávida e espontaneamente decoram *jingles*, *slogans* publicitários e "bordões" de apresentadores do rádio e da TV. E entoam em coro ou recitam-se mutuamente, com marcada alegria, esses fragmentos inconclusos da cultura não média mas mídia. Integrando essa cultura do entretenimento sem com ela fundir-se a ponto de perder seus traços, aparece, cada vez mais sólida, a *cultura da publicidade*, toda ela baseada nos modos da *atitude* (a atitude de fumar um cigarro em público, de enlaçar a namorada na rua, de portar-se com os amigos no bar, de balançar o corpo na discoteca) e cimentada no paradigma dos trinta segundos. Esse paradigma, princípio motor da publicidade, reza que que tudo pode ser dito em 30 segundos, que tudo que vale a pena ouvir não passa dos 30 segundos. É a arrogância da síntese. De procedimento quantitativo ditado pelo preço do segundo na TV, essa formulação acaba sendo apresentada pelos publicitários como norma geral da retórica e instrumento privilegiado da epistemologia contemporâneas. Não é assim, por certo. Quase nada pode ser dito em 30 segundos, quase nada pode ser respondido em 30 segundos. A brevidade não apenas não é em si um bem desejável como pode fácil e previsivelmente transformar-se num modo de ocultamento e deturpação. O jornalismo em geral adotou esse modo de expressão, cultuado não só como instrumento eficaz de informação mas também como procedimento artístico de primeiro plano desde que a literatura modernista — como a de Hemingway — o adotou. As frases curtas fascinaram. Não se pensou muito se esse *curtismo* não estaria apenas representando especularmente (de forma crítica ou não) o pouco fôlego do homem inculto contemporâneo e se não seria mera facilitação do contato entre mentes breves. Não se atenta tampouco para o fato de que, como um *ismo*, o modernismo como um todo e esse modernismo literário em particular que é o jornalismo — modernismo que *não foi* e *não é* universal: jornais como *Le Monde* e *The New York Times* o ignoram amplamente, para sorte de seus leitores — já pode ter oferecido tudo que tinha a oferecer. E que não era muito.

Essas culturas do entretenimento e da publicidade marcam um acentuado ofuscamento da cultura letrada por um novo **modo cultural** que não é necessariamente o da imagem mas o do som acoplado à imagem. No caso brasileiro, esse deslocamento da cultura letrada pode nem ter ocorrido: teria havido, aqui, a passagem de uma cultura oral pré-imprensa para uma outra cultura não *da imagem*, como foi possível pensar num certo momento, mas para uma *cultura audiovisual* ou, talvez mais apropriadamente, para uma nova cultura oral, uma cultura oral em segundo grau. De uma forma ou outra, essas formas culturais do entretenimento e da publicidade assinalam distintamente o apogeu de uma *cultura veleitária*, uma cultura da vontade imperfeita, da vontade hesitante, da intenção passageira, uma cultura onde a vontade é exercida com ímpeto e ineficácia, com volubilidade e irreflexão e cuja figura de expressão preferencial seria dada pela palavra *quisera* se as pessoas conhecessem e praticassem essa forma verbal. "Ele quisera mas não chegou a querer; ele quisera mas como não quis, não fez diferença" etc. Outra versão do mesmo fenômeno é o que já se chamou *cultura do espetáculo*, a ser entendida como cultura da administração das formas verbivocovisuais, na fórmula de McLuhan.

Ainda a destacar o espaço cada vez maior requerido pela *cultura religiosa* em todas suas versões radicais que se estendem do fanatismo evangélico ao fanatismo fundamentalista islâmico e outros fanatismos. Vistos através do tubo deformante da cultura religiosa é que estes tempos surgem decididamente pós-modernos. Se há algo que marcou a modernidade foi o divórcio entre Estado e religião, arte e religião, ciência e religião, ética e religião etc. No entanto, o que se observa hoje por toda parte é um movimento nítido de reocupação dos espaços leigos pelo *espetáculo performante* da religião exibida em público como forma de afirmação de *autenticidades*. A imprensa e a TV nem falam mais da opressão cotidiano exercida sobretudo contra as mulheres na maior parte do mundo islâmico. Todos, em todas as latitudes e longitudes, parecem agora confortavelmente acomodados ao fato de que durante anos Salman Rushdie, quer dizer, um escritor, um homem que lida com as ideias, tem vivido como criminoso ou pária por determinação de um estado terrorista que tem nas mãos, como refém, todo o Iluminismo ocidental. Enquanto isso, o fundamentalismo intolerante se alastra pelo Egito, mata sistematicamente jornalistas e escritores argelinos e nessa mesma Argélia já destruiu 600 escolas públicas em pouco mais de um ano. Nos EUA, essa religiosidade tem vindo ainda, por enquanto, envolvida em plástico e é vendida na TV como um produto qualquer: embora menos temível por voluntariamente colocar-se ao nível de qualquer outro produto, não é possível iludir-se e esperar que se trate de evento epidérmico. Pelo contrário, é apenas uma bomba com um longo estopim cujo detonamento pode ser interrompido ou adiado mas não necessariamente. Os sinais, visíveis também no Brasil, são precisos e eloquentes. A convivência pacífica entre uma modernidade leiga — que não reprime o sentimento religioso individual mas que afirma a neutralidade leiga das instituições públicas — e uma pré-modernidade religiosa intolerante, revela-se sempre mais difícil para os que recusam a hipocrisia. Durante muito tempo a *intelligentsia* ocidental procurou relativizar essas formas de irracionalidade religiosa considerando-as no interior de suas próprias culturas e segundo seus referenciais de origem, a partir dos quais deveriam ser entendidas e aceitas. Fica evidente, agora, que esses modos sacroculturais não querem ser vistos no interior de suas próprias fronteiras e que a não intervenção da cultura chamada ocidental no interior dessas culturas, diante dos casos de opressão declarada e anunciada contra as mulheres, os escritores, a escola leiga e tudo mais que representa os valores ditos ocidentais, significa, limpidamente, o abandono pusilânime de todos os ideais que durante estes 200 anos têm se empilhado uns sobre os outros em milhões de páginas de livros, nas cabeças das crianças, nas constituições, nos discursos. É como se toda a cultura da modernidade iluminista tivesse se transformado numa imensa cultura veleitária. Essa cultura *quisera* um mundo leigo, um mundo esclarecido, de tolerância. Quisera. Como o mundo não se mostra assim, a cultura ocidental diz "paciência". A passividade diante da intolerância fundamentalista, além de atentória aos homenageados direitos humanos, é suicida.

Modos de oposição não declarada a essa cultura religiosa existem, em todo caso, em variados níveis de qualidade e intensidade, e a *cultura empresarial* ou *corporativa* (*corporate culture*) é um deles. A expressão é menos nova do que parece, tendo um sólido enraizamento em países como Japão e EUA. Inclui princípios de relacionamento humano no interior das grandes companhias, ideários do comportamento da empresa com o público, procedimentos de representação do mundo e das relações a serem mantidas com essa representação (dos quais faz parte a *cultura da performance*, por exemplo) e, também, padrões de gosto estético e cultural referendados por e definidores de categorias inteiras de objetos de arte, arquitetura e equivalentes. Alguns designers, como Sotsas, criam móveis — que se poderia descrever como de "gosto publicitário": cores fortes, formas irregulares, funções disfuncionais, à beira do *kitsch* ou já muito além do *kitsch* — e outros objetos declaradamente voltados para a *corporate culture* e vendidos em locais frequentados por membros dessa cultura (lojas de design, anexos dos grandes museus etc.). São objetos e lugares que pouco ou nada mais têm em comum com os tradicionais objetos e lugares destinados à alta burguesia; pertencem a uma outra esfera de gosto e de afirmação. *Afirmação*, de resto, é uma palavra própria da *corporate culture* e por ela reivindicada: não há mais nenhum pudor na reivindicação desse rótulo como pôde um dia ter existido (nos anos 1960, digamos). Nos tempos do neoliberalismo, a *corporate culture* surge como valor positivo que não se precisa ocultar. A *corporate culture* tem um outro traço peculiar: não é uma cultura "dura" que tenha fronteiras definidas e uma "população" estável; embora não seja uma cultura portátil, que se possa levar daqui para lá, é uma *cultura descontínua*, espacialmente falando, na qual não se está o tempo todo (não se pertence a ela o tempo todo de uma vida e mesmo no intervalo de tempo em que se pertence a ela não se está nela o tempo todo). A classe executiva dos voos internacionais é um lugar típico da *corporate culture*; a essa cabine diferenciada liga-se, a distância, a sala vip que os cartões de crédito mantêm nos principais aeroportos e os quartos de hotéis dos circuitos cinco estrelas, aproximados entre si pelos carros do ano alugados e pelos taxis e limusines especiais. Entre um e outro desses lugares, porém, abrem-se grandes buracos de indiferenciação e de cotidianeidade vulgar. É aliás nesses mesmos buracos negros estilísticos (a palavra *estilo* cai como uma luva na *corporate culture*) que vive, a maior parte do tempo, uma parte expressiva dos membros dessa cultura, que dela participam apenas quando a *serviço da empresa*, da corporação. Não se trata portanto de uma *cultura de imersão*, nem de uma cultura que se carrega consigo mas de uma *cultura prêt-à-porter* encontrada em determinados lugares e situações e que é vestida e desvestida com hora certa, como quando se aluga um traje a rigor. Como a *corporate culture* constitui um *ambiente* com a aparência de um conjunto ou sistema, não se apresentando sob o aspecto da simples sobreposição fortuita de objetos e atos isolados como na cultura do consumismo comum, é difícil dizer se seus efeitos sobre seus membros têm maior ou menor poder de dissociação da personalidade do que os produzidos pela cultura do consumo.

A *corporate culture*, com sua coorte de estilistas, designers, artistas gráficos — categorias profissionais cujo aparecimento está intimamente associado ao advento dessa cultura — opõe-se também, com forte contraste, ao que um dia se chamou de cultura erudita ou de elite ou, ainda, de vanguarda. Visualmente não é difícil distinguir entre um artista plástico (por mais que esta expressão seja inexpressiva) e um artista gráfico ou artista empresarial, um *corporate artist*. Os traços deste artista *corporate* (por mais que ele se apresente como um artista plástico) são predominante os traços da *ilustração* e da publicidade que a *corporate culture* quer vender como o modo privilegiado de arte da segunda metade do século. E se sua forma é a da ilustração, seu contéudo é aquele retirado dos jornais, revistas "sofisticadas" e comerciais de TV. Proliferam as exposições de pintura cujas telas oferecem imagens feitas a partir de fotografias publicadas na imprensa ou a ela destinadas, como fotos sobre esporte, arquitetura etc. A *corporate culture* tem representantes em todos os domínios artísticos, das artes plásticas à música passando pelo cinema. Assim como a *muzak* (música ambiental enlatada, apropriada para o trabalho e para a espera em lugares públicos que frequentam o imaginário da *corporate culture*, como os aeroportos) pertence a essa cultura, filmes inteiros são feitos segundo seus princípios estéticos, como *9 1/2 semanas de amor*, *Orquídea negra* e tantos outros.

Mas não é pelos traços formais exteriores que a *corporate culture* mais se distingue da ex-cultura erudita. Esse traço diferenciador central está no fato de que enquanto a *corporate culture* é uma *cultura de adesão* a padrões, normas e princípios de diversificada natureza (estéticos, éticos, econômicos, políticos), boa parcela da ex-cultura de elite ou vanguarda, sobretudo aquela feita entre o final do século XIX e a Segunda Guerra Mundial (com um período de sobrevivência incerta até o final dos anos 1960), era uma *cultura de oposição*, oposição a concepções artísticas em vigor, a instituições públicas, a partidos políticos e ideologias, a regras de comportamento sexual ou ético, ao predomínio do coletivo sobre o individual (ou vice-versa), como o foram a seu tempo o cubismo e o surrealismo ou, numa outra dominante, o psicodelismo hippie da segunda metade dos anos 1960. A *corporate culture* não quer opor-se a nada, não lança manifestos, não entra em combates físicos ou conceituais: quer apenas *ignorar*, desconhecer, cavar um nicho para si e mantê-lo intocado, distante fisica ou imaginariamente da cultura restante. De seu lado, aquela ex-cultura de elite era decididamente *contra*. Sua arma preferida era o desprezo, artistocrata que era — embora um de seus artistas fosse filho de um obscuro professor primário, outro descendesse de uma pequeno-burguesa família de negociantes de vinho e assim por diante. Era uma cultura *contra*. Contra a sociedade, contra a modernidade — contra o homem, no limite. Os museus estão abarrotados dessas obras *contra* e, paradoxalmente, estão sempre lotados pelas pessoas *contra* as quais elas um dia foram feitas. É pungente, e um tanto cômico às vezes, observar os esforços (nem sempre meramente altruísticos) da arte-educação e de alguma ação cultural no sentido de aproximar de certas obras de arte pessoas, segmentos e classes inteiras contra as quais aquelas obras foram inicialmente feitas. De um modo ou de outro, é sob todos os ângulos mais significativo designar essa cultura com o nome pelo qual na verdade ela sempre respondeu e reivindicou: *cultura de oposição*.

Próxima dessa cultura de oposição, mas com um âmbito muito maior sob um aspecto e mais restrito sob outro, é o que se pode denominar *cultura do desmanche*, a ser entendida sob o mesmo sentido dado ao termo na gíria policial: desmontagem ou canibalização de um carro roubado para venda isolada das peças, a seguir compradas por pessoas que não podem ignorar sua procedência dado o preço reduzido que por elas pagam. O Brasil continua neste momento sob a ascendência dessa cultura do desmanche, que enfeixa numa mesma linha de força todo o espectro cultural definido pela antropologia, das artes à cultura jornalística e à cultura política, da cultura de rua à cultura dos relacionamentos interpessoais, da cultura da mídia à cultura universitária. Este país, durante décadas, foi treinado para a recusa de tudo e de todos, acostumados a uma cultura do desespero e do fracasso. Os sinais dessa cultura estão por toda parte, do histórico lema de Chacrinha ("Não vim para explicar, vim para confundir") a índices gritantes como os expostos em "bordões" do tipo "um corpo caído no chão" (para designar um jogador que sofreu uma falta), "de frente para o crime" (indicando uma situação em que um jogador se prepara para cobrar uma falta ou pênalti), "é um animal esse Joãozinho" (qualificando um jogador virtuoso etc.). Mais do que representar uma espécie de logotipo do locutor, essas expressões condensam um certo *espírito do tempo* e refletem (ao mesmo tempo que reforçam) os traços de uma cultura criminaloide. *Cultura criminaloide* — expressão derivada de Pasolini — é, de resto, outra versão cultural própria desse momento para a qual toda atenção que se puder dedicar nunca será excessiva. No período ideologicamente mais denso dos anos 1960/1970, Pasolini não hesitou em escrever que éramos todos, nesta sociedade ocidental e capitalista, criminaloides. De lá para cá, a situação apenas piorou. A cultura criminaloide está por toda parte, patentemente desdobrada aos olhos fascinados e às vezes (cada vez menos) atônitos dos *espectadores* ou veladamente (nem tanto) exposta e cultuada sob a forma (cínica) de denúncia. Ocupa as telas dos cinemas e das TVs, está nas minisséries e nos comerciais, nas arquibancadas dos estádios de futebol e entre os filhos das famílias das classes opulentas e médias. Sob a forma da violência explícita transformou-se, já se disse, em *estilo* contemporâneo. A ditadura iniciada no Brasil em 1964 e a corrupção que com ela se firmou e alastrou são duas faces dessa mesma moeda, que tem livre curso nacional e internacional, no interior de uma mesma cultura (a *corporate* e a da performance, por exemplo) e transculturalmente. Identificar seus sinais exteriores é ocioso, tão numerosos e onipresentes eles são. É uma unanimidade.

A *cultura da unanimidade* — cultura do óbvio ou de um consenso cada vez mais estreito, para usar uma expressão de George Steiner — é, por sinal, outra versão cultural da pós-modernidade a merecer reflexão. Os cânones do gosto foram e estão sendo definidos (por vezes, forjados) por uns poucos e difundidos em ampla escala como padrões universais indiscutíveis. As *políticas culturais*, que sob esse prisma podem ser chamadas de *políticas do gosto*, afunilam-se cada vez mais. Com elas, o pensamento e as ideias. Steiner chega a falar numa oligarquia do gosto, designação talvez não tão apropriada dada a extensão do fenômeno. Exemplo: em 1977, os EUA mandaram ao espaço duas naves, *Voyager I* e *Voyager II*, com a missão de explorar os limites deste sistema solar, o que começaram a fazer dez anos depois quando alcançaram o "ponto" programado. Com elas foram para o espaço uma coleção de objetos representativos da cultura humana com a intenção (dramática) de avisar eventuais extraterrestres sobre a existência de vida humana num certo planeta chamado Terra. Entre esses objetos seguiu a gravação de um prelúdio de Bach, considerado assim como a representação por excelência do gênio de uma espécie. Poderia ter sido uma peça de Beethoven, o que não alteraria essa ideia da unanimidade. Não foi, o que teria feito a diferença, uma obra de Stravinsky ou de Schönberg. Isso aponta para o fato de que um número limitado de compositores, poetas, escritores, pintores, cineastas condensa em si, cada vez mais, a expressão da humanidade inteira. Os centenários deste ou daquele se sucedem a golpes de campanhas globais que reforçam drasticamente os afunilamentos. A multiplicação dos meios de produção cultural e a proliferação dos "artistas" (que assim são chamados ou assim se autointitulam: nos EUA calcula-se que chegam a 10 milhões de pessoas) trouxeram consigo o efeito paradoxal de provocar a emergência de um consenso quanto ao valor de alguns poucos nomes em vez de favorecer o surgimento de novos valores e variantes. A insegurança e o desnorteamento são o substrato de uma realidade que essa cultura da unanimidade oculta. Estamos numa época em que valores subjetivamente construídos transformam-se em princípios transsubjetivos graças a um lento processo de distilação maturada ou, posto de outra forma, em uma época assinalada pelo alçamento induzido — ou passivamente consentido — de alguns valores a uma posição de dominação sobre os demais? Será impossível negar, em todo caso, que uma parte considerável da atual produção cultural e artística já nasce sob o selo da unanimidade — quase sempre aposto pelo jornalismo cultural —, num absurdo cujas raízes devem ser buscadas quer na cumplicidade mercadológica e comercial entre mídia e produtores, quer na fascinação "ingênua" que manifestamos quase todos diante das campanhas magnificentes e massacrantes que hoje cuidam dos lançamentos culturais, tanto por ocasião de um leilão de obras de Van Gogh quanto da apresentação de um novo e *ready-made pop star*. As políticas de ação cultural deveriam refletir duas vezes sobre o que conseguiram fazer ou não nos últimos quarenta anos no domínio da divulgação da cultura.

Diante desse quadro, designações tradicionais como cultura popular, de massa, pós-industrial, unidimensional, moderna e pós-moderna, globalizante e, mesmo, de direita e de esquerda perdem boa parte da operacionalidade que um dia tiveram. A "cultura de massa" ou "da mídia" não pode mais ser entendida nos termos marxistas relacionados exclusivamente com o conceito de classe social e tampouco pode ser explicada conforme um modelo freudiano ou lacaniano exclusivo. A cultura de massa, tanto quanto a popular e a erudita, é hoje (e já há algum tempo) atravessada por linhas de força diferentes — a da cultura da autenticidade, da reclamação, da performance, do consenso, da oposição — que a ligam com a cultura a seu lado sob algum aspecto ou dimensão, num movimento de criação, não de novas *estratificações*, mas de novas *cintilações* cujo sentido, embora deslizante, não é inteiramente inapreensível.

Muitas das designações desses novos modos culturais foram criadas pelo jornalismo cultural. O espírito do tempo, isto já foi mais de uma vez apontado, é o do jornalismo. Mais: talvez o espírito do tempo seja o jornalismo. De instrumento técnico e empresa comercial que um dia possa ter sido, o jornalismo transformou-se em projeto de conhecimento e modelo de representação do mundo e da vida, modelo que *formata* — quer dizer: que prepara para o recebimento de informações, que estabelece os limites para o recebimento dessas informações, que apaga totalmente informações anteriormente recebidas para que novas informações possam ser aí gravadas — a recepção, sensações, emoções e ideias. O jornalismo, com seus princípios estilísticos, seus manuais de redação apresentados e tomados como *erzats* perfeitos dos antigos sistemas lógicos e filosóficos e dos esquemas legais e éticos, deixou de ser o quarto poder republicano para assumir a função de codetentor, ou avalista, do poder. Se nos anos 1960, pano de fundo para essas considerações sobre os novos modos culturais, foi possível falar num "complexo industrial-militar" hoje é obrigatório falar num "complexo jornalístico-financeiro". Sob esse aspecto, se não sua natureza pelo menos sua atual tendência totalitária é inconfundível — mesmo que esse totalitarismo se revista de alegadas intenções humanitárias. Contra o jornalismo não há recurso: nenhuma apelação judicial ou informal, necessariamente *post-facto*, tem o poder de anular ou reverter a sentença jornalística. É imensa a força desse traço na formação das tendências e consciências e na (quase) simultânea liquefação e anulação delas todas por outras tendências e consciências mais novas ou, em todo caso, mais recentes. As imbricações profundas (às vezes veladas, para não dizer subterrâneas) entre jornalismo e ciência, jornalismo e arte, jornalismo e universidade (aquelas entre jornalismo e política e entre jornalismo e economia são mais evidentes, parece) estão ainda, largamente, por pesquisar. O que se pode dizer desde logo, e isto deve dar a exata dimensão do fenômeno, é que a expressão "jornalismo cultural" revela-se, sob um aspeto, consideravelmente tautológica — porque *jornalismo* é, em ampla medida, apenas um outro nome atual para *cultura*, o modo atual da cultura...

Referências:

ARENDT, Hannah. *La crise de la culture*. Paris: Gallimard, s/d.

HUGHES, Robert. *Cultura da reclamação*. São Paulo: Companhia das Letras, 1993.

LASCH, Christopher. *O mínimo eu*. São Paulo: Brasiliense, 1986.

SNOW, C.P. *The Two Cultures*. Londres: Cambridge Univ. Press, 1993 (Canto Edition).

STEINER, George. *Real Presences*. Londres: Faber & Faber, 1991.

Curadoria

Sumário: a transformação de um conceito; tendências atuais; curadoria e função da crítica; a curadoria pós-moderna.

Termo relacionado: interpretação.

Originalmente, designava o processo de organização e montagem da exposição pública de um conjunto de obras de um artista ou conjunto de artistas. Cabia ao curador tratar de todos os detalhes necessários à operação: seleção de obras, preparação do catálogo, projeto físico da exposição, supervisão da montagem e desmontagem, documentação — enfim, cuidar da administração da mostra em seus diferentes aspectos.

Uma alteração sensível na função do curador ocorreu a partir do momento em que lhe foi concedida ou reconhecida a tarefa de determinar o *tema* inspirador de uma exposição — um grande salão ou exposição de caráter nacional ou internacional, como as bienais

— e de selecionar artistas e obras segundo essa escolha. Assim, o filósofo francês Jean-François Lyotard foi o responsável pela organização no Beaubourg, em Paris, no final da década de 1980, de uma exposição intitulada *Les immateriaux* (*Os imateriais*) cuja proposta era exemplificar e discutir aspectos da **pós-modernidade** segundo a concepção do pensador, autor de obras sobre o tema. Em casos como esse, as obras e os artistas transformam-se em instrumentos para demonstração da tese defendida. Se antes artistas e obras eram o ponto de chegada da exposição, sob esse novo entendimento de *curadoria* artistas e obras são pontos de partida. Essa transformação acompanha a tendência recente, pós-moderna, de valorizar o crítico e o historiador da arte e de colocá-los em pé de igualdade com o artista — e não raramente, em posição superior. Críticos, historiadores, filósofos etc. não são mais apenas responsáveis eventuais pelo aparecimento (ou descoberta) de artistas isolados: criam movimentos inteiros e dão rumos à produção artística. Esse cenário parece confirmar as teses de Hegel sobre o fim da arte e sua substituição pela estética ou teoria sobre a arte, que se torna assim autônoma em relação a seu anterior objeto, por ela ultrapassado em extensão e profundidade.

Essa tendência acompanha também um movimento de ficcionalização da História, inclusive da história da arte. Não mais prevalece a ideia de causalidade necessária (geralmente de natureza cronológica) entre dois fenômenos, substituída pela proposta segundo a qual o panorama dos fatos humanos pode ser recortado e interpretado a partir de múltiplos pontos de entrada, independentes uns em relação aos outros.

No limite, é como se nesse sentido atual o termo *curador* se aproximasse da definição jurídica que tradicionalmente lhe é reservada: aquele que, por incumbência legal ou jurídica (no caso, cultural) tem a função de zelar pelos bens e interesses dos que por si não o possam fazer, como os órfãos, loucos, tóxico-dependentes, estroínas etc. Os artistas surgem, assim, como aqueles que não sabem ou não explicitam as tendências em que se encaixam, suas hipóteses de trabalho, suas propostas: não têm controle sobre sua obra, são relativamente incapazes de geri-la...

D

Dedutivismo cultural

Sumário: autonomia e dependência das culturas populares; métodos de investigação; tendências ecléticas.

Termos relacionados: cultura hegemônica, cultura popular, resistência cultural.

Nos estudos sobre as **culturas populares**, são dedutivistas os que as descrevem e entendem mediante um movimento analítico que vai do geral para o particular. Para essa corrente, determinantes no nível geral, alternada ou cumulativamente, são o sistema de produção considerado em sua totalidade, as classes dominantes, a **indústria cultural**. O dedutivismo atribui ao aparelho de estado ou aos segmentos e classes que o controlam — entre os quais, a **indústria cultural** tal como se manifesta em particular no audiovisual — um poder determinante de manipulação sobre a produção e a recepção cultural das classes subalternas. Estas não teriam uma autonomia no sentido pleno da palavra, nem uma diferença específica e tampouco se apropriariam do que lhes é transmitido ou imposto de um modo particular que lhes permitisse reelaborar esse material ou resistir-lhe de algum modo. Para os dedutivistas, a representação predominante das culturas subalternas e das classes populares é aquela, e apenas aquela, fornecida ou permitida pela **cultura hegemônica**.

Num polo oposto, o indutivismo assume por hipótese de partida a ideia de que existem nas culturas populares traços específicos e intrínsecos que se originam e manifestam de modo independente em relação às linhas de força da cultura hegemônica. Essas culturas ditas subalternas manifestariam assim uma criatividade própria e um poder de **resistência cultural** capaz de manter intatas suas propriedades intrínsecas. Para o indutivismo, a única representação possível das culturas populares é aquela que elas mesmas fornecem. Há dois aspectos centrais no indutivismo a considerar. Primeiro, a ideia de que os **produtos culturais** das classes populares são espontâneos e trazem em si as marcas autônomas desse universo, o que é discutível, e, segundo, que as representações que esses produtos (ou seus autores) dão do modo de produção e de existência dessa cultura são autênticas e devem ser tomados tais quais. Se os dedutivistas são criticados por atribuírem um poder incontrastável ao Estado ou às classes dominantes e a seus instrumentos, como a indústria cultural — o que já foi chamado de "doença infantil do esquerdismo" —, dos indutivistas se costuma cobrar uma maior atenção ao fenômeno da alienação, que faz que entre as condições reais de existência e a representação dessas condições exista um fosso que nem sempre aquele mesmo nele mergulhado pode transpor.

As divergências entre indutivistas e dedutivistas tem consequências nos métodos de investigação. Os dedutivistas costumam recorrer aos questionários de aplicação direta e aos dados estatísticos para o entendimento do comportamento das classes e segmentos enquanto os indutivistas recorrem à etnografia (com que se atrelam aos aspectos mais tradicionais das **culturas populares**, desprezando a dinâmica de interação com outros modos culturais também nelas existente), ao estudo das ideias e das mentalidades e, eventualmente, às entrevistas abertas. Se os dedutivistas são criticados por desconhecerem, ao privilegiarem as abordagens quantitativas, a autonomia que as culturas subalternas podem ter e verem-nas apenas como componentes de um sistema maior, os indutivistas o são por menosprezarem as relações de dominação entre as culturas. Há uma tendência contemporânea, nesses estudos, para adotar-se uma posição eclética entre as duas tradições investigativas: conforme o caso e de acordo com o que se procura, se extrairia de cada um dos métodos o que de melhor podem oferecer para a montagem de um quadro mais apropriado.

Referências:

CANCLINI, N.G. *Culturas híbridas*. México: Grijalbo, 1990.

GRIGNON, C.; PASSERON, J.C. *Sociologie de la culture et sociologie des cultures populaires*. Paris: Gides, 1982.

Democracia cultural

Ver Democratização cultural

Democratização cultural

Sumário: democratização da cultura e democracia cultural; cooptação cultural; serviços culturais e capital cultural.

Termos relacionados: analfabeto secundário, capital cultural, mercado cultural, serviço cultural.

Embora esta seja uma expressão cujo conteúdo, no uso comum, varie acentuadamente, em seu sentido mais recorrente democratização da cultura é, na essência, um processo de popularização das chamadas artes eruditas (artes plásticas, ópera, música erudita etc.). Na base desses programas de popularização está a ideia de que diferentes segmentos de uma população gostariam de ter acesso a esses modos culturais — ou poderiam ser persuadidos a expor-se a eles — caso se recorresse aos intrumentos adequados de educação, sensibilização e facilitação dessas práticas (programas educacionais lastreados em práticas culturais; programas de visitas guiadas a instituições culturais voltadas para crianças, jovens e adultos; maior divulgação dos **eventos** culturais; subsídio aos preços dos ingressos e recursos análogos). Programas como esse poderiam ser movidos por interesses meramente mercadológicos — necessidade que tem o mercado de **bens culturais** de ampliar o leque de consumidores — ou por propósitos mais elevados baseados na ideia de que todos têm a ganhar com os valores culturais manifestos nesses modos. Num caso como no outro, prevalece o objetivo de ampliar o número de espectadores, frequentadores, leitores, ouvintes, isto é, de alargar o campo dos receptores de cultura.

A essa concepção opõe-se a da *democracia cultural*, fundada no argumento de que programas de popularização como os defendidos pela tese da democratização cultural não vão nem longe, nem fundo o suficiente e se baseiam em concepções discutíveis do que é bom ou mau em cultura, do que é ou não um valor cultural, do que deve e pode ou não deve e não pode ser consumido. Para os defensores da democracia cultural, a questão principal não reside na ampliação da população consumidora, mas na discussão sobre quem controla os mecanismos de produção cultural e na possibilitação do acesso à produção de cultura em si mesma. Políticas de democracia cultural se apoiariam não na noção de **serviços culturais** a serem prestados à população mas no projeto de ampliação do **capital cultural** de uma coletividade no sentido mais amplo desta expressão. A dependência em relação a esses serviços, gratuitos ou não, colocaria os indivíduos numa situação de aceitação tácita dos valores e objetivos dos que os organizam e mantêm; haveria, nesse caso, o que se chama de cooptação cultural, com resultados — em termos de enraizamento e multiplicação das práticas culturais — frequentemente frágeis e ilusórios, o que se demonstraria com o fato de que, eliminados por algum motivo esses serviços, os **públicos** por eles formados costumam se dissolver sem maiores reivindicações ou reciclagem em seus hábitos. Contrariamente a um programa de serviços culturais, uma política de sustentação e ampliação do capital cultural que passe pela discussão das formas de **controle** da dinâmica cultural pode criar as condições para **práticas culturais** duradouras, quer de consumo quer de produção.

Referências:
HAUSER, A. *História social da arte e da literatura*. São Paulo: Martins Fontes, 1995.
OWEN, Kelly. *Community arts*. Londres: Comoedia, s/d.
TEIXEIRA COELHO. *O que é ação cultural*. São Paulo: Brasiliense, 1989.

Democratização da arte

Sumário: arte popular, arte jovem e público de arte, modo cultural especialista, versão cultural amigável.

Termos relacionados: democratização cultural, competência artística, comunidade interpretativa, distância cultural, público.

Designa o objetivo de políticas culturais que buscam criar as condições para que um número sempre maior de pessoas tenham acesso (fruição e compreensão) a um número cada vez maior de obras de arte (v. **democratização cultural**).

Historicamente, na modernidade o cinema foi a primeira tentativa de produzir arte não apenas para um grande número, como para um grande número de pessoas de pequena ou nenhuma competência artística. Mesmo assim, apenas o cinema em seus primeiros momentos — o que, *grosso modo*, vai de sua invenção até meados dos anos 1950 no século XX — pode ser considerado efetivamente democrático ou popular: é consenso que não só o cinema como toda arte só pode ser popular enquanto é jovem: à medida que uma arte "envelhece" ou se "desenvolve", torna-se necessário conhecer suas etapas anteriores, com seus variados códigos, para poder dela fruir plenamente. Em outras palavras, quanto mais se acumula a produção artística num determinado campo, maior competência artística exige das pessoas e grupos para ser apreendida em sua amplitude. Por outro lado, as ideias nunca têm tanto sucesso como quando envelhecem, de que é prova o sucesso verdadeiramente massivo de que hoje goza o Impressionismo, com exposições em Tóquio e Nova York recebendo visitantes na casa dos milhões. Essas duas proposições aparentemente contraditórias apontam, de fato, para a tensão existente entre um modo artístico como um todo (a pintura, ou a pintura moderna; o cinema, ou o cinema americano) e suas versões (a pintura impressionista; o filme de ação): enquanto o modo tende a tornar-se gradativamante complexo, uma ou algumas de suas versões surgem como portadoras de uma proposta que, à força de reiterações, mostram-se familiares e, na linguagem informacional de hoje, amigáveis (assim como se diz que um programa de computador é amigável, *friendly*, abre-se facilmente à penetração do usuário, mostra claramente seu interior). A democratização da arte espraia-se, por certo, antes pelos caminhos da versão amigável do que pelo do modo especialista — mostrando como inevitável a defasagem entre públicos de competências distintas e entre produtores e públicos, **distância cultural** que nenhuma política cultural parece conseguir superar...

Referência:

HAUSER, A. *História social da arte e da literatura*. São Paulo: Martins Fontes, 1995.

Descentralização cultural

Termos relacionados: alogestão, arte pública, desenvolvimento cultural.

Processo pelo qual comunidades locais — e, no limite, os cidadãos, organizados em coletividades — passam a se autoadministrar em termos de política cultural. As coletividades locais tornam-se livres para eleger os responsáveis por suas escolhas, independentemente dos poderes centrais estaduais ou federais. Essa noção baseia-se na ideia de que a única realidade, em termos de país, é a cidade ou o local, e não o estado ou a federação, abstrações meramente jurídicas.

Alguns autores consideram que um corolário desse princípio é o direito dos artistas de criar em suas próprias cidades; este, no entanto, é assunto controvertido: prevalece a opinião de que cabe à comunidade escolher tudo em matéria de cultura, inclusive os artistas que pretende valorizar.

Referência:

WANGERMÉE et al. *La politique culturelle de la France*. Paris: La Documentation Française, 1988.

Descontextualização cultural

Ver Reconversão cultural.

Desenvolvimento cultural

Sumário: as questões quantitativa e qualitativa; cultura, financiamento e equipamentos culturais.

Termo relacionado: democratização cultural.

Em sentido estrito, é o resultado de programas ordenados que buscam a implementação de inovações na produção e, sobretudo, na recepção cultural destinadas a ou exercidas por **públicos** específicos (jovens, bairros ou regiões desfavorecidas etc) através de um processo de amplificação e coordenação das iniciativas culturais dos diferentes parceiros.

O conceito de desenvolvimento cultural é, porém, altamente polêmico. Se esse desenvolvimento visa ampliar quantitativamente a área de influência da cultura erudita, as demais culturas correm o risco de ver-se cerceadas. Se, por outro lado, por desenvolvimento designa-se um desdobramento da produção cultural graças a financiamentos, equipamentos e edificações, o perigo está no privilegiamento do que se considera a casca da questão cultural em detrimento de seu fulcro, a **prática cultural** propriamente dita, sempre de difícil manipulação (tanto quanto é difícil a formação de recursos humanos em condições de alimentá-la). A ideia de desenvolvimento implica ainda, de algum modo, que possa existir algo como um "crescimento cultural", assim como se fala num crescimento econômico, e também essa noção é bastante contestada; as transformações culturais não se inscrevem propriamente numa escala de evolução ou de progressão — no limite, de progresso. Inovações técnicas não podem ser equiparadas a evoluções qualitativas, e um **modo cultural** contemporâneo não é, só por isso, melhor ou mais evoluído que um modo de cinquenta anos atrás. O que resta de sentido na expressão "desenvolvimento cultural" é o fato de relacionar-se com um aumento quantitativo da produção e do consumo cultural, que pode ser medido em números sem que se possa avaliar com tranquilidade em que isso contribui para a dinâmica cultural total. Em todo caso, sempre será possível apostar na lógica engeliana segundo a qual uma alteração na quantidade envolve sempre uma alteração na qualidade...

Referências:

LEPHAY-MERLIN, C. *Les dépenses culturelles des communes (1978-1987)*. Paris, La Documentation Française, 1991.

MORIN, E. *L'esprit du temps*. Paris: Biblio/Essais, s.d.

Desritualização cultural

Sumário: original, cópia, dessacralização da produção e da recepção.

Termo relacionado: sacralização cultural.

Fenômeno que se iniciou com a possibilidade de multiplicação de cópias perfeitas de um mesmo original, a ponto de tornar-se impossível e irrelevante distinguir entre o que poderia ser a matriz primeira e o objeto duplicado. Esse é um processo que se exacerba na modernidade mas com antecedentes históricos, como no caso da gravura. Embora sempre tenha havido uma tendência para privilegiar-se, em gravura, a prova de artista (P.A.), entendida como a primeira com que o artista se satisfaz, cada uma das peças de uma mesma série de gravuras tem o mesmo valor artístico e comercial — pelo menos, quando essa série tem uma limitação quantitativa clara (e quanto mais limitada a série, maior o valor de cada peça) — e não se justifica distinguir entre um original e sua cópia.

Na modernidade, várias obras de arte ou de cultura surgiram já marcadas pela possibilidade de reprodução, como o cartaz, o filme, a gravação sonora, o video (para não mencionar o caso mais antigo do livro). Mesmo no domínio da pintura foi possível a invenção de métodos capazes, como a camagrafia, de reproduzir uma tela original com todas as características formais iniciais, como textura, relevo, tamanho etc. Essa reprodutibilidade implica uma perda da áurea da obra de arte e na desritualização tanto dos procedimentos de produção quanto de recepção ou consumo. A audição de um concerto sinfônico ou de uma ópera pode ser feita na intimidade e informalidade da casa de cada um, embora não seja possível falar na identidade absoluta entre ambos os modos de consumo. Do lado da produção, as técnicas atuais de gravação permitem a eliminação de imperfeições, o acréscimo de efeitos especiais de realce, a substituição de partes indesejáveis (que podem ser de um trecho, de um único compasso ou de uma única nota) e com isso se elimina o caráter de aventura única e irreprodutível das performances ao vivo.

O resultado final é que o **público**, hoje, tende a não manter com a produção e a recepção de obras de cultura a mesma relação ritual observável tradicionalmente — uma relação de respeito e, mesmo, devoção a obras singulares. As obras de cultura circulam agora pelos mais diversos tempos e espaços e nesse percurso variado tecem um novo cenário cultural e um novo relacionamento indivíduo-obra que se pode descrever como de dessacralização da cultura, fenômeno acentuado pelos traços de uma cultura pop veiculada pelo audiovisual e que tem na obsolescência (quase) programada, e na permutabilidade indiferente de uma obra por outra, seu aspecto mais visível e sua força de contágio, com reflexos no campo da cultura erudita. (Essa dessacralização deve ser entendida em termos relativos: modos culturais como o cinema ainda dão sinais de alimentarem um forte ritual e se alimentarem dele, como o demonstrou o cineasta iraniano Mohsen Makhmalbaf em *Salam Cinema*: tendo colocado um anúncio em jornal para que interessados em participar de uma filmagem o procurassem, o cineasta viu seu estúdio invadido por milhares de pessoas que viam no cinema uma possibilidade, consideravelmente ilusória, de escapar à realidade imediata sufocante...)

Referências:

BENJAMIN, W. "A obra de arte na época de sua reprodutibilidade técnica", in *Teoria da cultura de massa*, L.C. Lima (org.). Rio de Janeiro: Paz e Terra, 1978.

CANCLINI, N.G. *Culturas híbridas*. México: Grijalbo, 1989.

TEIXEIRA COELHO; GOLDBERGER, Ana M. *Arte contemporânea: condições de ação social*, 2. ed. São Paulo: Nova Crítica, 1969.

Desterritorialização cultural

Termos relacionados: culturas híbridas, território.

No estágio atual da **indústria cultural**, no interior do processo de **globalização** cada vez mais intensa de todo tipo de troca, modos culturais se separam de seus **territórios** de origem, eventualmente despem todo traço distintivo ligado a um território particular, e investem outros territórios do qual se propõem como representações adequadas (ou que assim são consideradas). Nessa operação, se diz desterritorializado tanto o modo cultural que investe um território de aportação quanto o modo cultural original assim deslocado.

Referência:

CANCLINI, N.G. *Culturas híbridas*. México: Grijalbo, 1989.

Dessimbolização

Sumário: experiência simbolizada; coerência entre pensamento, sentimento e ação; a ruptura simbólica; os estereótipos em cultura.

Termos relacionados: ideologia cultural, ressimbolização, enculturação.

Processo cultural pelo qual as emoções e os sentimentos são separados do pensamento (da abstração, do juízo) e, uns e outros, da ação. Quando a dinâmica cultural — que envolve a produção tanto quanto o consumo ou uso cultural, bem como os modos de comunicação, de ação e de política cultural — apresenta-se livre das coerções produzidas pelos efeitos de dominação nas relações sociais, manifesta-se uma coerência entre pensamento, sentimento e ação (nos termos de Ch.S. Peirce, entre primeiridade, secundidade e terceiridade ou, ainda, entre os domínios da estética (emoções, sentimentos), da ética (ação) e da lógica (convenção, abstração). Em outras palavras, aquilo que é feito é sentido e entendido. Essa experiência de uma totalidade integrada e coerente recebe o nome de *experiência simbolizada.*

Quando, inversamente, a dinâmica cultural apresenta-se fortemente marcada por um processo ideológico (v. **ideologia cultural**), aquilo que é entendido não é sentido e feito, ou o que é feito não é sentido embora seja entendido, o que é sentido não é entendido nem feito etc. Nesse caso, a experiência de simbolização ocorre não mediante o recurso a (e gerando) signos plenos, que associam uma ideia, conceito ou intenção a um determinado sentimento, mas por intermédio de *estereótipos* que, em teoria da cultura, devem ser entendidos como intenções inconscientes (intenções insconcientes para a ação, para o sentimento ou para o juízo).

A experiência simbolizada, ou de simbolização, possibilita o desenvolvimento pleno das personalidades individuais — aquelas capazes de distinguir entre o eu e o outro e de operar tolerantemente com imagens não idealizadas do eu e do outro — no interior de um grupo social que, por conseguinte, mostra-se apto a criar as condições de realização de todos e cada um.

Referências:

LORENZER, A. "Symbols and stereotypes" in CONNERTON, P. (org.). *Critical Sociology.* Nova York: Penguin, 1976.

SLOAN, T. *Damaged life: the crisis of the modern psyche.* Nova York: Routledge, 1996.

TEIXEIRA COELHO. *Semiótica, informação, comunicação.* São Paulo: Perspectiva, 1980.

Direito ao belo

Termos relacionados: patrimônio, preservação, monumento histórico.

A ideia de que o belo é patrimônio da sociedade e da humanidade aparece claramente num decreto da Assembleia Nacional francesa datado de 16 de setembro de 1792, pouco depois da Revolução de 1789 e de uma decisão anterior estabelecendo que "os princípios sagrados da liberdade e da igualdade não mais permitem expor aos olhos do povo francês os monumentos erguidos ao orgulho, ao preconceito e à tirania".

O decreto de 1792 dizia:

"A Assembleia Nacional, considerando que, ao mesmo tempo que se destroem os monumentos que lembram o despotismo, é importante preservar e conservar dignamente as obras de arte, dignas de alimentar o lazer e de embelezar o território de um povo livre, decreta urgência no tratao desta questão. E tendo decretado essa urgência, a Assembleia Nacional decreta que:

Art. 1: Através da Comissão dos monumentos, se procederá à triagem das estátuas, vasos e outros monumentos, existentes nas casas a seguir ditas reais e nos edifícios nacionais, que mereçam ser conservados para a instrução e a glória das artes.

Art. 2: Feita essa triagem, os administradores mandarão retirar as peças de chumbo, cobre e bronze considerados inúteis, transportá-los para os ateliês nacionais e encaminharão ao ministro do interior os processos e inventários de suas operações.

Art. 3: Enquanto aguardam que os monumentos que vale a pena conservar sejam transportados para os depósitos para esse fim preparados, os administradores ficam encarregados de zelar especialmente para que nenhum dano sofram por parte de cidadãos de pouca instruição ou de pessoas mal intencionadas.

Referência:

PERROT, P. *Le luxe, une richesse entre faste et confort. XVIII-XIX Siècle.* Paris: Seuil, 1995.

Dirigismo cultural

Sumário: dirigismo e espontaneismo; necessidades e desejos culturais; a política cultural como combate cultural; oferta e demanda no campo da cultura; opções privilegiadas de uma política cultural; responsabilidades do agente cultural.

Termos relacionados: capital cultural, democratização da cultura, distinção.

Forma de intervenção na dinâmica da cultura que se realiza de cima para baixo, das instituições e dos agentes culturais para a coletividade ou público a que se voltam, sem que sejam estes consultados sobre suas necessidades ou desejos. Políticas culturais dirigistas partem de diagnósticos elaborados pelos **agentes culturais** com base num quadro de referências previamente determinadas. Assim, quando começaram a ser implantadas na França ao final dos anos 1950, as casas de cultura colocaram-se um tríplice objetivo: **democratizar** o acesso à criação; armar as pessoas contra a exploração mercantil da criação; combater o nivelamento cultural e a dominação engendrada pela civilização do consumo.

Nos domínios da política cultural, é intensa e constante a discussão sobre a necessidade do dirigismo e a oportunidade do espontaneísmo, ou sobre os graus inevitáveis de dirigismo em todo tipo de política cultural, incluindo aquelas inspiradas pelas teorias do espontaneísmo (que se definem pela ideia de que toda necessidade ou desejo cultural brota espontanemante dos indivíduos organizados ou não, não tendo os agentes culturais outro papel que o de criar as condições materiais para o atendimento dessas necessidades e desejos). O índice recorrente dessa polêmica é a pergunta: "Devem os agentes culturais dar ao povo o que ele quer ou o que ele precisa?". Essa questão pressupõe uma outra, relativa à **resistência** eventualmente constatada, entre os beneficiários de uma política cultural, contra os programas que lhe são destinados e motivada pela vontade de ter acesso (ou acesso maior) aos modos culturais mais comuns, mais em moda, no momento. Essa resistência é uma realidade frequente, manifesta de modo particular nas comunidades mais à margem da dinâmica cultural em sua totalidade. À reivindicação que fazem do "mais do mesmo" (mais teatro influenciado pelas novelas de televisão, mais ocasiões para ver de perto o ator televisivo, mais pagode ou samba-enredo ou música sertaneja etc.) o agente cultural costuma responder com sua proposta de "um pouco do diferente".

As políticas culturais dirigistas de fato representam-se como num estado de luta contra uma determinada situação cultural; sinal disso são os três verbos ou palavras de ordem que exprimem os objetivos das casas de cultura francesas: armar, combater e democratizar. No campo da cultural há sempre, parece, uma guerra a ser travada. Uma guerra contra uma cultura mercantilizada e reificante, contra uma cultura estratificada ou imobilizada incompatível com alegados interesses maiores da comunidade, contra a parcela dos detentores de uma **arte** e uma **cultura** e que supostamente não querem partilhá-las com os culturalmente despossuídos (**distinção**) e também, de fato, contra aqueles mesmos que seriam beneficiados por determinada política cultural mas que a ela se mostram resistentes ou, mesmo, refratários e que devem portanto ser sensibilizados para a direção visada. Há nessa posição, sem dúvida, uma série de ideias predeterminadas sobre o **capital cultural** a privilegiar pela política cultural.

De todo modo, tende a ficar claro atualmente entre os agentes culturais que:

1) no campo da cultura, a oferta é que determina a procura, mais do que o inverso — e portanto um certo grau de dirigismo é inevitável;
2) programas culturais sustentados por políticas públicas devem destinar-se àqueles modos e práticas culturais não cobertos habitualmente pelas diversas ramificações da indústria ou do mercado cultural — e novamente o dirigismo surge como etapa incontornável;
3) o agente cultural, que passa por uma formação específica, tem suas responsabilidades públicas próprias e não pode furtar-se a elas limitando-se a ser um elo passivo

na corrente de transmissão dos desejos do público ou da comunidade a que deve atender. Assim, algum grau de intervenção, de dirigismo, parece inerente a toda política cultural.

Referências:

JANSON, F. *L'action culturelle dans la cité*. Paris: Seuil, 1973.
LICHTHEIM, G. *As ideias de Lukacs*. São Paulo: Cultrix, 1973.
MILANESI, L. *A casa da invenção*. São Paulo: Siciliano, 1991.
PLEKHANOV, G. *A arte e a vida social*. São Paulo: Brasiliense, 1969.
TEIXEIRA COELHO. *O que é ação cultural*. São Paulo: Brasiliense, 1989.
TROTSKY, L. *Littérature et révolution*. Paris: 10/18, 1974.
______. *Les questions du mode de vie*. Paris: 10/18, 1976.

Direitos culturais

Sumário: origem; direitos humanos; direitos culturais básicos; o direito e o dever em cultura, uma relação assimétrica.

Termos relacionados: direito ao belo

O período vivido pela humanidade a partir da segunda metade do século XX é chamado por Norberto Bobbio de a *era dos direitos*. Um livro seu contendo essa expressão saiu em 1990.

De lá para cá, o mundo viveu tantas tragédias e crimes ligados a esses direitos que aquela denominação de Bobbio hoje pode surpreender. Antes de Bobbio, o economista inglês John Kenneth Galbraith já havia descrito essa mesma época como a *era da incerteza* e mais recentemente sociólogos como Ulrich Beck e Anthony Giddens intitulam-na *era do risco*. Como a verdade talvez esteja outra vez no meio, não será equivocado dizer que, sem dúvida, esta é, pelo menos, a grande *era da expectativa de direitos*.

Muita coisa mudou, sem dúvida — sobretudo nos países desenvolvidos. Antes, nos aeroportos desses países, nos saguões de acolhida dos que chegavam podia-se ler grandes cartazes que lembravam aos que por ali passavam as *restrições* aos bens que podiam trazer do exterior (lembrando portanto o que *não se podia fazer*). Hoje essas mesmas alfândegas e postos de controle ostentam avisos anunciando nitidamente quais são os *direitos dos viajantes*. Ainda que o *conteúdo* dos avisos seja no fundo o mesmo, a *forma* de dizê-lo é outra — e a forma, aqui, se não é tudo, é muito. Hoje, mesmo em países subdesenvolvidos como o Brasil leem-se, nos aeroportos, quais são os direitos dos viajantes em casos de desrespeito cometidos pelas companhias aéreas. Em suma, vive-se um momento a meio caminho daquilo que Bobbio generosamente chamou de *A era dos direitos* e a realidade mais comum, que é a da *expectativa de direitos* — e todos que um dia estudaram direito sabem que uma expectativa de direito está longe de ser um direito protegido pela lei.

Os direitos culturais são um desdobramento dos direitos humanos, estabelecidos na Declaração dos Direitos Universais do Homem, de 1948. Com ela, procurava--se enfim *proteger o indivíduo contra os abusos praticados pelo Estado*, como havia sido a norma na década anterior, sob o nazismo e o fascismo, em momentos ainda anteriores (como sob a revolução bolchevista) e como continuaria a ser em seguida (como na ditadura do Partido Comunista chinês sob Mao). Claro que, antes disso, outros momentos haviam se destacado como especialmente marcados por um desrespeito ao indivíduo, como durante todas as revoluções (especialmente a Francesa) ou sob o império da Inquisição, isto é, da Igreja romana. O indivíduo tinha enfim reconhecido, em 1948, embora tardiamente, *o direito de não ser oprimido*. Em outras palavras, passava a ter o direito reconhecido de gozar de algumas liberdades fundamentais. Fundamentais porque naturais, quer dizer, que não dependem da decisão de algum dono do poder político, religioso ou outro. Entre essas liberdades fundamentais está o *direito à vida*, o *direito de movimentar-se livremente* dentro de sua cidade, de seu país ou entre diferentes países; o *direito de não ser preso* sem acusação formal e justificada, o *direito de escolher a religião* que melhor lhe convier, o *direito de escolher*, não seus governantes, palavra velha, indevida e inconveniente, mas os *administradore*s da coisa pública. Diante desses direitos, e para assegurá-los, o Estado tem um dever: o de *não imiscuir-se*, o de *abster-se de fazer* certas coisas, de cometer certos atos.

Foi a partir dessa Declaração e de duas outras que se seguiram, da Unesco, em 1966 e 1976, que se definiram os direitos culturais do indivíduo:

1) o direito de participar da vida cultural;
2) o direito de usufruir dos benefícios do progresso da ciência e da técnica;
3) o direito de autoria.

A esses três, básicos, outros podem agregar-se, como o direito de manifestação do pensamento, o direito à educação etc.

Como se vê, são direitos expressos de modo acentuadamente vago, a vaguidão que permite que algumas dezenas de países firmem a declaração comprometendo-se a fazê-los respeitar.

Seja como for, dessa primeira proposição, e tão ou mais importante que ela (consequência que muitos ainda não querem deduzir), deriva o direito a *não participar* desta ou daquela vida cultura (da minha mesma, daquela onde habito, ou de outra). Se terrível é a ditadura que *não me deixa ver* certas coisas, que *não me permite ler certos livros, que não me quer autorizar a fazer* certas coisas, que *não suporta me ouvir dizer* certas coisas, há uma outra ainda pior que é aquela que *obriga* ver certas coisas, ler certos livros, fazer determinados atos. Os direitos culturais protegem o indivíduo numa dupla mão de direção, portanto.

Ainda a observar que a Declaração dos Direitos Culturais (que vinha no interior de um documento que de fato se intitula Declaração dos Direitos Econômicos, Sociais e Culturais, com isso comprovando-se mais uma vez que a cultura vem sempre em último lugar, quando deveria ser a fonte e a mola de tudo) cria uma situação de curiosa assimetria. Se o indivíduo tem o direito de participar da vida cultural, por outro lado ninguém tem o dever de lhe proporcionar uma cultura, embora a Constituição de muitos países afirme que é um dever do Estado fornecer cultura ao cidadão. Esse reconhecimento tem sentido se interpretado como a obrigação do Estado de abrir o circuito da *cultura existente* a todos mas não no sentido de que o Estado deva criar uma cultura para o indivíduo. Apenas a sociedade civil é que pode criar cultura e ela, justamente, não está obrigada a fazê-la. Os direitos culturais são portanto *sui generis*, uma vez que não criam um dever correspondente, como é norma em Direito — a menos, como se disse, que se entenda por isso o dever do Estado de distribuir a cultura existente.

Ver outras implicações dos Direitos Culturais no Anexo 2, neste volume.

Discoteca básica

Ver Cânon.

Disposição estética

Termos relacionados: ação cultural, competência artística.

Em alguns contextos, equivale a **competência artística,** significando o domínio de códigos que permitem a um indivíduo ou grupo reconhecer uma obra de arte e diferenciá-la de outra. Em sentido restrito, a disposição estética deve ser entendida não apenas como a posse desses códigos de reconhecimento mas, ainda, como a evidenciação de uma disponibilidade ou abertura para a experimentação de uma determinada prática artística. A competência artística não implica a disposição estética e o inverso é igualmente verdadeiro. É entendimento comum que a a **ação cultural** ocupa-se primordialmente de criar as condições para o surgimento da diposição estética; a competência artística caberia, antes, à educação formal ou informal.

Referência:

Canclini, N.G. *Culturas híbridas*. México: Grijalbo, 1989.

Distância cultural

Termos relacionados: circuito cultural, território.

Expressão de sentido variado que indica:

1) o grau de afastamento ou proximidade entre os produtores e consumidores de culturas diversificadas no interior de um mesmo **território** (por exemplo, entre os produtores/consumidores de cultura erudita e os produtores/consumidores de **cultura popular**, ou entre os produtores/consumidores da cultura empresarial e os produtores/consumidores da cultura científica; as diferenças de pronúncia, na Inglaterra, entre os diversos segmentos sociais servem para marcar as distâncias culturais e, indiretamente, as distâncias sociais); quanto menor for o trânsito dos mesmos produtos culturais pelos diferentes **circuitos culturais** (música erudita no circuito da **cultura popular**, música popular no circuito da cultura erudita), maior será a distância cultural entre as diferentes esferas sociais. Por outro lado, a exposição da maioria ou de todos os membros de um **grupo** ou de uma inteira sociedade ao mesmo veículo ou circuito cultural não assegura por si só a diminuição da distância cultural e, por conseguinte, da distância social: estudos recentes sugerem que o grau cada vez maior de adesão à prática de ver televisão pode estar levando a uma diminuição acelerada do grau de participação direta das pessoas em associações como sindicatos, partidos políticos, grupos amadores de cultura. Esses estudos não levam em consideração a dimensão da eventual diminuição imaginária das distâncias culturais através dessa exposição à televisão; em outras palavras, é ainda desconhecido o grau de estreitamento simbólico das relações culturais (e sociais) mediante esse tipo de consumo cultural;
2) o mesmo fenômeno descrito no tópico anterior quando se verifica entre culturas de **territórios** distintos (exemplo, entre o cinema americano e o cinema brasileiro);
3) idem entre uma obra de cultura e seus consumidores possíveis ou entre um modo de produção cultural e os que gostariam de a ele ter acesso (numa grande cidade, a dificuldade que encontram os moradores da periferia para frequentar cinemas e teatros; a dificuldade ou impossibilidade de produzir-se um filme no interior do país);
4) idem entre a experiência artística e a experiência cotidiana (os artistas românticos pretendiam diminuir ou abolir a distância entre arte e vida).

Políticas culturais nacionais (no caso do item 2, através do auxílio à produção nacional ou da restrição de circulação do produto estrangeiro, por exemplo) e programas de **ação cultural** (que pretendem criar as condições para que os indivíduos e coletividades se expressem criativamente em todas as circunstâncias possíveis da vida cotidiana) têm ostensivamente como meta a redução dessas distâncias culturais, habitualmente detectadas por pesquisas quantitativas e qualitativas.

Referências:
GROSSBERG, Lawrence et al (ed.). *Cultural Studies*. Nova York: Routledge, 1992.
TEIXEIRA COELHO. *Moderno pós moderno*. São Paulo: Iluminuras, 1995.

Distinção simbólica

Sumário: divulgação e distinção simbólica; os novos modos da distinção.

Termos relacionados: reconversão, disposição estética, dirigismo cultural.

A dinâmica cultural na sociedade de classes tem sido marcada, no que diz respeito à circulação dos bens culturais, pela dinâmica entre a divulgação e a distinção. A divulgação é uma exigência ao mesmo tempo da **democratização** cultural, por permitir o acesso de maior número de pessoas a um maior número de obras, e do mercado cultural, na exata medida em que amplia o círculo dos consumidores. A exigência, apresentada pelas classes desfavorecidas — quando há essa exigência — de um acesso mais amplo a um número sempre maior de ofertas culturais coincide assim com a necessidade que tem o **mercado cultural** de multiplicar a colocação de seus produtos. (Na realidade, no campo da cultura é a maior oferta que motiva uma maior demanda, e não o contrário.) Paralelamente a essa operação no entanto, e num sentido que lhe é a rigor oposto, registra-se um movimento sempre renovado de enfrentamento dos efeitos massificadores da divulgação mediante a criação ou recriação de símbolos culturais que atuem como novos sinais diferenciadores entre os diversos segmentos sociais. Esses novos símbolos servirão, num segundo momento, para realimentar o mecanismo da divulgação, o que provoca a busca de outros modos de distinção e assim sucessivamente.

Esse, pelo menos, era o quadro clássico da dinâmica cultural até o momento em que a diferenciação entre os produtos da cultura superior e da cultura popular mostrava-se bem acentuada. À medida que, sobretudo nos países de maior **disposição estética** e consumo cultural, aumentou a circulação dos **produtos culturais** entre os vários segmentos da sociedade — com a multiplicação das visitas aos **museus**, a edição de clássicos da literatura e da música a preços cada vez menores, o acesso ao cinema através do vídeo — o balanço entre divulgação e distinção pode ter se alterado no rumo do estreitamento das opções de distinção. Não tanto, todavia, a ponto de apontar para sua eliminação. Novos modos de distinção surgem a cada instante, envolvendo não apenas a cultura erudita mas exemplos da própria cultura pop. Assim, se virou sinal de distinção viajar a Nova York para visitar uma grande exposição de pintura, não é menos distintivo fazer a mesma viagem para assistir a uma peça musical (*Miss Saigon*, *O fantasma da ópera*) que, como a exposição, dificilmente visitará os países da periferia econômica. O que funciona como fator distintivo não é a qualidade intrínseca do fenômeno cultural mas aspectos como sua raridade, as circunstâncias de sua produção e exibição etc.

Referência:
Canclini, N.G. *Culturas híbridas*. México: Grijalbo, 1990.

Divulgação cultural

Ver Distinção simbólica.

E

Ecomuseu

Sumário: a nova museologia, ecomuseu, museu de vizinhança, museu territorial ou regional, museu integral, museu a céu aberto, museu-parque, museu comunitário.

Termos relacionados: museu, público de museu, territorialidade, espaço cultural, patrimônio cultural, ação cultural.

A efervescência cultural após a Segunda Guerra Mundial culminou na atitude de contestação global de valores em maio de 1968, na França. O **museu** foi uma dentre as muitas instituições questionadas, surgindo, em Paris, um grupo de profissionais que criticavam a passividade e as posições burguesas do museu tradicional, que envolviam seus aspectos espaciais de templo, palácio, mausoléu e a concepção da coleção enquanto tesouro das elites, em desacordo com a consciência do valor social da cultura e a necessidade de democratização desta última.

Embora a crítica aos museus já viesse sendo feita ciclicamente durante a primeira metade do século XX (principalmente pelos fauvistas e futuristas), foi a partir de 1968 que ela passou a ter força para mudar as políticas culturais de países como a França, a Inglaterra, os Estados Unidos, México e Canadá, entre outros.

Vasarely, figura importante da op-art, afirmou em 1970: "Quero acabar com tudo aquilo que exatamente o museu quer: a obra única e insubstituível, a peregrinação, a contemplação passiva do público".

Em 1962, o Icom, frente à descolonização da África que se operava naquela década, promoveu a Conferência de Neufchâtel (Suíça) sobre o papel dos museus nos países em desenvolvimento. A seguir, a Unesco desenvolveu uma série de seminários para debater problemas como a alfabetização, as minorias oprimidas e os problemas indígenas. Em 1958, na reunião do Rio de Janeiro, foi bastante enfatizado o papel do museu enquanto elemento da educação não-formal. Em 1971, a IX Conferência do Icom, em Paris e Grenoble, foi dedicada ao tema "O museu a serviço do homem presente e futuro". Dessa época em diante, o museu passou a ser visto a partir do ponto de vista antropológico e foi colocado em evidência o fato de que, até então, dentro dos museus não havia lugar para a cultura em seu sentido mais amplo, isto é, o museu só se ocupara das culturas dominantes, de origem europeia.

A Mesa Redonda de Santiago do Chile, em 1972, promovida pela Unesco, marcou o momento em que a museologia tradicional, europeia, que tomava o objeto e o patrimônio como fins em si mesmos, foi dada como sendo apenas uma das museologias possíveis, trazendo o reconhecimento de que havia museologias outras, adaptadas às culturas regionais. Segundo H. de Varines-Bohan, invertendo a ordem dos fatores, a nova museologia deve partir do público, ou seja, de dois tipos de usuário: a sociedade e o indivíduo. Em lugar de estar a serviço dos objetos, o museu deveria estar a serviço dos homens. Em vez do museu "de alguma coisa". o museu "para alguma coisa": para a educação, a identificação, a confrontação, a conscientização, enfim, museu para uma comunidade, função dessa mesma comunidade.

A nova museologia caracteriza-se pela busca criativa e inovadora de alternativas museológicas mais de acordo com as mudanças que as sociedades experimentam na atualidade. Redefine o papel do museu na sociedade a partir de uma visão crítica e transformadora, possibilitando o surgimento do novo museu integral que devolve a condição de sujeito histórico à comunidade para a coleta, a preservação e a difusão de seu **patrimônio cultural**, gerando, assim, um processo de autogestão e liberação social.

Ecomuseu

O ecomuseu é um instrumento que o poder político e a população concebem, fabricam e exploram conjuntamente. O poder põe à disposição da comunidade os especialistas, as instalações e os recursos; a população entra, segundo suas aspirações, com seus conhecimentos e sua peculiaridade.

A ideia do ecomuseu foi lançada no fim dos anos 1970. Em 1979, Pierre Mayrand, de Haute-Beauce, Canadá, sem usar a palavra ecomuseu levanta "a possibilidade de criar um museu e um centro de interpretação que fornecesse, ao mesmo tempo, serviços culturais". Na verdade, aquela região isolada era praticamente desprovida de equipamentos culturais. Para que a ideia germinasse era necessário que as pessoas tomassem consciência coletiva de sua identidade e de seu patrimônio. Recuperando o passado, poderiam, com a ajuda do museu, concentrar-se no presente e no futuro. Mayrand, que se esforçou por demistificar a instituição museu, encorajou os habitantes a definir coletivamente o valor de sua história.

A palavra ecologia foi criada pelo biólogo alemão Haeckel em 1878 para designar "o estudo das relações entre organismos vivos e o meio ambiente". Georges Henri Rivière formaliza o conceito do ecomuseu como o museu do homem em seu meio ambiente, o museu que a população de um dado território cria como meio de autorreconhecimento, assistida por uma equipe técnica. É onde ela apresenta, a si mesma e aos visitantes, sua evolução a partir do tempo mais longínquo.

Assim, um dos princípios fundamentais do ecomuseu é a sua relação com o meio ambiente natural e cultural que o rodeia, devendo refletir o desenvolvimento cultural e econômico de uma região, o que lhe dá o caráter regional. A região não é definida por seus limites administrativos ou jurídicos, mas em função de uma área que tenha uma certa homogeneidade de tradições culturais e de vida econômica. Não se limita a um edifício, podendo ser formado por um conjunto de unidades que visam a mesma finalidade. O ecomuseu deve contar com o apoio e colaboração da população e ser o resultado do desejo dessa mesma população de explorar, documentar e compreender sua própria evolução. Deve, ainda, levar a população a se interessar por sua própria região, por sua cultura e a assumir a responsabilidade pelo seu futuro. Esse enfoque deve, também, permitir que se desenvolva o desejo de dar a conhecer a região ao mundo exterior.

O ecomuseu, portanto, é um espelho no qual a população se contempla para reconhecer-se, no qual busca a explicação do território no qual está enraizada e onde viveram povos que a precederam, na continuidade ou descontinuidade das gerações. É uma expressão do homem em relação à natureza que o cerca. É uma expressão do tempo, pois estabelece a ligação entre as gerações precedentes e as posteriores.

A coleção do ecomuseu é composta por tudo o que existir no território e tudo o que pertencer aos habitantes, tanto material quanto imaterial, móvel ou imóvel. É um patrimônio vivo, em constante mudança e em criação constante, que pertence aos indivíduos, famílias, pequenas comunidades. As equipes de ação cultural e de pesquisa podem se utilizar dessa coleção na medida de suas necessidades. A aquisição desse patrimônio não deve acontecer a não ser em casos de abandono ou perigo de alienação, prejudicial para a comunidade. Essa é só uma solução eventual e a coleção própria do museu, no sentido institucional, não pode ser um fim em si mesma.

O **público** do ecomuseu é, em primeiro lugar, a população do território no qual ele está estabelecido; em segundo lugar, são os visitantes externos à comunidade. Os membros da população são os donos do museu: são ao mesmo tempo atores, conservadores, curadores, consumidores e usuários. São responsáveis, portanto, pelo museu e pelo equipamento técnico que está à sua disposição.O que diferencia esta população do **público do museu** tradicional é o fato de não ser simplesmente consumidora da cultura do ecomuseu participando, ao contrário, dos programas, da gestão e operação dos equipamentos e, por fim, por ser também o objeto das pesquisas que voltam para ela de diversas formas. A população reconhece e toma conta de seu patrimônio, tornando-se capaz de planejar um futuro para ele.

O ecomuseu assume diversos nomes, nos vários países, podendo ser conhecido como museu etnológico, centro de cultura industrial, centro de interpretação, museu-parque, museu artesanal, entre outros. Os principais exemplos de ecomuseus se encontram na França, em Portugal e no Canadá.

Em Portugal, depois da revolução de abril de 1974, multiplicaram-se as iniciativas culturais, dentro da perspectiva do **pluralismo cultural**. Os museus locais se beneficiaram com a gestão democrática das comunidades e se tornaram ferramentas importantes para o desenvolvimento das mesmas. Tirando partido do **patrimônio** físico e cultural das regiões onde estão instalados, os museus municipais (como continuam a ser chamados, embora se encaixem, por sua prática, dentro da classificação de ecomuseu) foram além da constituição de coleções e oferecem instrumentos de reflexão e estudo que ajudam as populações e o governo local a resolver os problemas que encontram e descobrir os recursos econômicos, energéticos, tecnológicos, turísticos e culturais da região. Dentre os vários museus municipais, destacamos o Ecomuseu Municipal de Seixal, o Museu Etnológico de Monte Redondo, o Museu Municipal de Benavente, o de Alcochete, o Museu Rural do Vinho de Cartaxo, o Museu de Mértola, o Museu de Fermentões, o de Escalhão, de Carregueiras, de Estremoz, de Peniche e o Museu Municipal de Vouzela.

Em Portugal, ainda, todos os anos há uma reunião do Minom, Comitê de Nova Museologia, do Icom.

No Brasil, no Rio Grande do Norte, em meados da década de 1990 começa a ser desenvolvido um projeto de ecomuseus comunitários em Seridó e Cangaíba que se propõe a fazer, com a ajuda da comunidade, o mapeamento das fazendas da região, levantamento das obras de arte sacra e cadastramento dos sítios arqueológicos.

Museu de vizinhança

A partir dos anos 1960, os responsáveis pelos museus americanos passaram a se interessar pela concepção de museu como instrumento de evolução social. Em 1969, em Congresso promovido pelo Bedford Lincoln Neighborhood Museum, foi apontada a falta de contato entre o museu e o meio humano. Sem negar o valor e a necessidade das coleções e das exposições de objetos que testemunham a cultura material, profissionais passaram a defender que "o museu tem que assumir a responsabilidade pela inovação cultural e social, tomar a iniciativa e estar à serviço da comunidade... O museu deve se interessar pelos artefatos, pelos documentos e pela tradição oral que podem ajudar a melhor compreender o presente e a reforçar o sentimento de uma história e uma identidade coletivas" (Kinard). Devem revitalizar as sociedades urbanas e dar aos cidadãos o sentimento de que o lugar que habitam lhes pertence. No contato com a coletividade, o museu revive. Descobre novas possibilidades de valorização do patrimônio local, de conhecer os problemas locais, servindo de catalisador de mudança no seio de um ambiente do qual ele participa.

Assim, o que distingue o museu de vizinhança é o fato de ser um museu urbano, geralmente localizado em grandes centros, nos quais existem várias etnias e classes sociais não atendidas pelas políticas culturais oficiais.

O Anacostia Neighborhood Museum, localizado na cidade de Washington e pertencente ao Smithsonian Institution, foi o primeiro museu de vizinhança americano, inaugurado em 1967.

O bairro em que se localiza e do qual leva o nome foi escolhido em função da ação da associação comunitária Greater Anacostia Peoples, com que o Smithsonian entrou em parceria para criar com a vizinhança um museu regional e territorial.

O Anacostia não tem coleção, só apresentando exposições temporárias. Por esta razão, ele adquire mobilidade e dinamismo, podendo acompanhar as mudanças de aspirações e necessidades da população do bairro. Sua primeira exposição teve por tema: o rato, flagelo que o homem atrai — e fez que a comunidade tomasse consciência de um problema social e ambiental que dizia respeito a todos. Trouxe informações preciosas e ofereceu várias soluções para o extermínio dos roedores. Outras exposições exploraram temáticas da história das comunidades negras, temas africanos, situação social dos negros, das mulheres etc. Embora mostrassem aspectos constrangedores da realidade, essas exposições estimularam o debate e a crítica na comunidade.

Aos poucos foram aparecendo outros museus de vizinhança por todo os Estados Unidos, em Detroit, Atlanta, Springfield, Tucson, as Casas de la Gente das comunidades hispânicas e o Brooklin Neighborhood Museum.

Atualmente, a denominação que se atribui a esse tipo de museu, sobretudo na Espanha, é "de proximidade".

Museu territorial ou regional

Termo proposto por Sheila Stevenson, para substituir ecomuseu, pois o território ou a região toma o lugar do edifício; a coleção é o patrimônio coletivo; e o público é a própria população.

O museu territorial é aquele consagrado a todos os aspectos tanto naturais quanto históricos e artísticos de uma região ou distrito. É parte integrante de suas comunidades rurais ou urbanas, mais sensíveis às necessidades de uma sociedade aberta e pluralista, na qual membros de grupos étnicos, raciais, religiosos ou sociais bastante diversificados participam de modo autônomo para o desenvolvimento de sua cultura tradicional.

Museu integral

Ao lado do ecomuseu de origem europeia, na América Latina veem-se aparecer instituições correspondentes ao conceito de museu integral, como consequência ainda da Mesa Redonda de Santiago do Chile, de 1972. Seus objetivos são bastante semelhantes aos do ecomuseu: deve alargar o domínio tradicional do museu, levando em consideração a tomada de consciência do desenvolvimento antropológico, socioeconômico e tecnológico dos países da América Latina; deve se abrir para pesquisadores e instituições de todos os gêneros; as técnicas de apresentação devem ser modernizadas sem desperdícios incompatíveis com a situação dos países envolvidos; os museus devem criar sistemas de avaliação que lhes permita determinar a eficiência de sua ação frente a comunidade. Caracteriza-se pela estreita relação entre necessidades, possiblidades concretas e escolhas feitas por uma certa comunidade, ligada a um território ou cidade determinados. Como exemplo de museu integral, podemos citar o de Barquisimeto, na Venezuela.

Museu a céu aberto

Embora tenham sido criados no final do século XIX, nos países nórdicos como a Suécia, Dinamarca e Noruega, os museus a céu aberto têm os mesmos objetivos dos ecomuseus e podem ser considerados como seus antecessores imediatos. Eles agrupam em um mesmo espaço, de fácil acesso, construções de origens e épocas diferentes, dando-lhes um ambiente que evoque o meio original no qual existiram. Nesses espaços, desenvolvem-se atividades de cunho artesanal, atividades de agricultura, seguindo as técnicas antigas e fazendo uso de equipamentos igualmente antigos. Esses museus visam dar uma imagem global de uma determinada época e de suas condições de vida.

Como exemplo contemporâneo, podemos citar o Museum of Kent Life, na Inglaterra, fundado em 1985, e que exibe a história social e econômica do município e de seus habitantes, do fim do século XIX ao início do século XX. Ocupa 40 acres, ao norte de Maidstone e engloba construções de uma fazenda, herbário, horta (*kitchen garden*), pomares e animais tradicionais da região. Reserva, ainda, um espaço para que artesãos trabalhem segundo as técnicas tradicionais.

Museu-parque

Criados a partir de 1980 pelo mundo todo, a concepção dos museus parques nacionais foi inspirada no ecomuseu, e tem por objetivo levar a população de uma região a perceber as relações de causalidade na evolução que vem ocorrendo naquele lugar e a analisar as consequências dessa evolução para chegar, por si mesma, à solução dos problemas.

Museu comunitário

O ecomuseu aparece no México com o nome de museu comunitário, adotando os princípios da Mesa Redonda de Santiago do Chile. O primeiro passo foi a criação de A Casa do Museu, em 1972, sob a proteção do Museu Nacional de Antropologia; o segundo foi a criação do Programa para o Desenvolvimento da Função Educativa dos Museus que deu continuidade às experiências museológicas desenvolvidas pela Casa do Museu, aprofundando-as até chegar à criação dos museus comunitários. Estes se localizam nas áreas economicamente menos favorecidas do México, em comunidades que não contam com nenhum **equipamento cultural**.

O museu comunitário é o resultado da criatividade comunitária já que sua criação e desenvolvimento têm como fundamento a participação ativa da comunidade que se encarrega de investigar, resgatar, preservar e difundir seu patrimônio histórico e cultural. Essas atividades contribuem para a firmar a **identidade cultural**, valorizando os elementos específicos da visão de mundo de cada grupo, recuperando o passado a fim de forjar um presente mais claro e melhor. O museu comunitário, portanto, dá sequência, nas pequenas comunidades, a um programa político de busca e afirmação da **identidade cultural** do país, anteriormente iniciado, em nível nacional, pelo Museu de Antropologia da Cidade do México.

O Programa de Museus Comunitários do Instituto Nacional de Antropologia e História (INAH) representa um esforço que a Coordenação Nacional de Museus e Exposições vem levando a cabo desde 1983, coordenado e operado pela Direção de Museologia através do Departamento de museus Comunitários. Até 1991, os 33 museus comunitários atendiam 37 municípios, cobrindo as regiões de Chihuahua, Hidalgo, Guerrero, Yucatán e Baja California, e contando com um total de 58 promotores (ou **agentes culturais**), recrutados entre os professores das escolas locais. Nesse período, trabalharam temáticas relativas à história das comunidades, aviação civil, mineração, paleontologia, etnografia, agricultura, ecologia, artesanato regional, medicina tradicional etc., temáticas representativas do patrimônio histórico e cultural das várias regiões onde opera o programa.

Concluindo, o ecomuseu surge como consequência do novo modo de pensar o museu e, por ser um processo participativo, leva a população a conservar os elementos significativos de seu patrimônio natural e cultural e a fazer escolhas políticas e econômicas com relação a seu futuro. Assim sendo, o ecomuseu para se manter vivo, aberto às mudanças das aspirações e necessidades da comunidade, não pode se institucionalizar.

Por sua própria natureza, o ecomuseu é indissociável da **ação cultural** permanente, responsável pela estruturação dos processos que permitirão à população o acesso à cidadania, ou seja, o fato de ser sujeito de sua vida cultural e, por consequência, política; responsável, também, pela preservação das várias vozes da sociedade, do próprio princípio do **multiculturalismo**, na construção da história.

Maria Helena Pires Martins

Referências:

ALONSO FERNÁNDEZ, L. *Museologia. Introdución a la teoría y a la práctica del museo.* Madri: Istmo, 1993.

BLAVIA', Milagro Gomes. "Le musée de Barquisimeto: intenter ou errer", *Museum* 148 (37): 4, 1985, pp. 224-229.

CENTRO DE ESTUDOS DE SOCIOMUSEOLOGIA. *Cadernos de Museologia.* Lisboa: Universidade Lusófona de Humanidades e Tecnologias, 1, 1993.

DEPARTAMENTO DE MUSEOS COMUNITARIOS. "El Museo Comunitario", *Antropologia*, México: INAH/Nueva Epoca, 32 (out./dez.), 1990, suplemento de 28 páginas.

ENGSTROM, Kjell. "L'idée des écomusées s'implante en Suece", *Museum* 148 (37):4, 1985, pp. 206-210.

COMITÊ BRASILEIRO DO ICOM. *A memória do pensamento museológico contemporâneo.* Rio de Janeiro: ICOM, 1995.

KINARD, John R. "Le musée de voisinage, catalyseur de l'évolution sociale", *Museum* 148 (37):4, 1985, pp. 217-223.

NABAIS, António José. "Le développement des ecomusées au Portugal", *Museum* 148 (37):4, 1985, p. 211.

RIVARD, René. *Que le musée s'ouvre.* Ou vers une nouvelle muséologie: les écomusées et les musées ouverts. Québec: 1984 (mimeo).

RIVIÈRE, G. Henri. "Definition évolutive de l'écomusée", *Museum* 148 (36):4, 1985.

SECRETARIA MUNICIPAL DE CULTURA. DEPARTAMENTO DO PATRIMÔNIO HISTÓRICO. *O direito à memória: patrimônio histórico e cidadania.* São Paulo: DPH, 1992.

STEVENSON, Sheila. "The territory as museum", *Curator*, (25):1, 1982, pp. 5-16.

VARINE-BOHAN, H. *Museum*: XVIII (3), pp. 131 e ss.

______. "El museo puede matar o vivir", *Technique et Architecture*, 326: 1979.

Efeito de discurso

Ver Cultura.

Efeito de mundo

Ver Cultura.

Eliminação cultural

Ver Expropriação cultural.

Elitismo cultural

Sumário: elitismo erudito; elitismo popular.

Termos relacionados: tradicionalismo cultural, irracionalismo cultural, culturas pós-modernas.

Modo da política cultural voltado para a definição de um corpo privilegiado de formas e práticas culturais que devem ser adotadas como sinal distintivo de uma superioridade existente ou a ser alcançada. O elitismo cultural tanto pode adotar e defender os **modos culturais** ditos eruditos, da cultura superior, como pode ocorrer sob a forma de um *elitismo popular,* baseado na defesa de versões populares da cultura. Num caso como no outro, o elitismo cultural implica a desvalorização e a marginalização do modo cultural visto como oposto.

Politicamente, o elitismo assume a forma da glorificação de uma cultura nacional ou étnica (ou, ainda, de um povo específico) como sendo superior às demais e em cujo interior os adeptos de um determinado partido ou agrupamento, no poder, são os melhores entre os melhores. O desprezo pelos diferentes, politica e culturalmente, é ao mesmo tempo a consequência e o motor do elitismo.

Referência:

Eco, Umberto. "Ur-fascism", *The New York Review of Books* v. XLII, n. 11, 1995.

Enculturação

Sumário: conformação psicobiológica do indivíduo; ideologização.

Termos relacionados: dessimbolização, ressimbolização, ideologia cultural, aculturação.

Processo pelo qual os indivíduos que compõem uma sociedade são submetidos a uma operação cultural que organiza, codifica e canaliza seus impulsos, suas energias e necessidades psicobiológicos. Por esse processo, os diferentes domínios da vida — das maneiras à mesa às identidades sexuais, dos juízos de valor à conduta pública — são estruturados de modo a fazer que todos e cada um saibam o que e como fazer nas diferentes situações sociais.

Sob vários aspectos, o processo de enculturação equivale ao processo de ideologização, ou conformação das pessoas no interior de molduras ideológicas predeterminadas. Para os que aceitam a identidade plena entre esses dois termos, a enculturação implica a impossibilidade de escolherem, os sujeitos, aquilo que melhor convém a seus desejos e necessidades. Para os que encontram na enculturação e na ideologização apenas pontos em comum mas não uma identidade completa, a enculturação distingue-se da ideologização porque, nela, as pessoas eventualmente *querem* fazer aquilo que é prescrito peo processo enquanto que, na ideologização, não há escolha possível (v. **ideologia cultural**).

A **aculturação** pode levar à enculturação. A aculturação não é sempre, necessariamente, consciente e dirigida, enquanto a enculturação, mesmo quando inconsciente, exige, para efetivar-se, processos dirigidos e ordenados para esse fim.

Ver **aculturação.**

Referência:

SLOAN, T. *Damaged life: the crisis of the modern psyche.* Nova York: Routledge, 1996.

Equipamento cultural

Termos relacionados: aparelho de base, espaço cultural.

Sob o aspecto da macrodinâmica cultural, por equipamento cultural entende--se tanto edificações destinadas a práticas culturais (teatros, cinemas, **bibliotecas**, centros de cultura, filmotecas, **museus**) quanto grupos de produtores culturais abrigados ou não, fisicamente, numa edificação ou insituição (orquestras sinfônicas, corais, corpos de baile, companhias estáveis etc.).

Numa dimensão mais restrita, equipamentos culturais são todos os aparelhos ou objetos que tornam operacional um **espaço cultural** (refletores, projetores, molduras, livros, pinturas, filmes etc.).

Referências:

Teixeira Coelho. *Usos da cultura* (Políticas de ação cultural). São Paulo: Paz e Terra, 1987.

———. *O sonho de Havana*. São Paulo: Max Limonad, 1986.

Espaço alternativo

Ver Centro cultural independente.

Espaço cultural

Sumário: Espaço cultural, centro cultural, casa de cultural; espaço e território.

Termos relacionados: democratização da cultura, território, desterritorialização, terreiro.

O conceito de espaço é de uso relativamente recente nas ciências humanas. Mesmo em arquitetura, domínio em que esse uso deveria (aos olhos de hoje) ser recorrente, apenas a partir da terceira década do século XX é que o recurso ao termo e à noção de espaço começa a ser observado embora sua utilização mais frequente tenha demorado ainda algum tempo. Antes, e durante mais de dois mil anos de história da arquitetura, o objeto desse campo da prática e do conhecimento era descrito nos estudos arquiteturais mediante diferentes outros conceitos ou noções: firmeza, conforto, beleza, construção, decoração, distribuição. Foi necessário um acúmulo de estudos em domínios os mais diversos, como os da física e dos estudos ideológicos, para que o espaço deixasse de ser invisível, perdesse sua aparência de *dado imediato, postulado*, e se apresentasse como um constructo — portanto passível de análise e de uma atribuição de significados e significações tão variáveis quanto os contextos abordados.

De modo análogo, no campo da política cultural o termo e o conceito de espaço levaram algum tempo (embora comparativamente mais curto) para emergir à superfície. Na contemporaneidade, a primeira expressão consagrada a que se recorreu para designar o lugar em que se oferece a possibilidade de produzir-se ou consumir-se diferentes modalidades culturais foi *casa de cultura*, vulgarizada sobretudo a partir da iniciativa da administração pública francesa, no final da década de 1950 e sob a orientação de André Malraux, de dotar o país de uma rede de estabelecimentos ou **equipamentos** cuja proposta era democratizar a cultura e dotar o indivíduo dos recursos necessários para o enfrentamento das tendências, já bem nítidas naquele momento, de mercantilização da cultura (v. **democratização da cultura**). *Maison de la culture* foi o termo que essa política popularizou. Num segundo momento, ao redor dos anos 1970, gradativamente ampliou-se o recurso aos termos *centro* (preferida na Inglaterra, na forma *art center* e não de *cultural center*) e, em seguida, *espaço*.

Embora não haja registro de que o recurso ao termo *espaço* tenha resultado de uma análise do esquema conceitual disponível na época, nem de uma apreciação das condições das práticas culturais e dos objetivos das políticas culturais, não havendo portanto nenhum sinal de que sua utilização tenha sido outra coisa que não um efeito de moda, sem nenhuma intenção consciente, o fato é que essa noção não deixa de ser, em política cultural tal como é frequentemente apresentada, sugestiva e apropriada. De fato, a construção de um edifício específico para a prática da cultura ali onde antes nada havia de análogo, ou o aproveitamento para esse fim de um edifício cuja função original era outra (caso de ressemantização do espaço), não deixa de ser uma operação de abstração: condições para a prática da cultura são criadas artificialmente num local que anteriormente não a comportava ou lhe era, mesmo, hostil. A abstração que se opera nesse momento é a do **território** da cultura, ou dos modos culturais variados daquele lugar primeiro onde uma cultura ou modo cultural originalmente surgiu ou era praticado. Um espaço cultural, como atualmente entendido implica, de fato, uma desterritorialização da cultura ou dos modos culturais: práticas inicial ou originariamente exercidas num determinado lugar passam a sê-lo num outro lugar com o qual não estão historica e socialmente ligadas, num primeiro momento. Essa desterritorialização da cultura promovida pela instituição espaço cultural, esse artificialismo de origem (e que pode num segundo momento eventualmente desaparecer), é tão evidente e acentuado que não raro surge como motivo principal da decadência ou não utilização plena de seus recursos e possibilidades, como se verifica em diferentes pontos do país (quase sempre os mais necessitados) afastados das principais correntes da dinâmica cultural. O caráter abstrato do termo *espaço*, na expressão espaço cultural, é tão mais perceptível quando se observa que, contrariamente ao que acontece com relação à expressão *centro cultural*, espaço cultural não é uma designação particularmente contestada. Autores (como os adeptos do **indutivismo**) e administradores culturais que privilegiam os modos culturais ditos subalternos ou populares, que combatem a ascendência dos modos culturais eruditos e da indústria cultural e que veem nesses locais (quase sempre com razão) alavancas de multiplicação de modalidades consagradas de cultura (aquelas geralmente defendidas pelas classes ou segmentos dominantes e que veiculam sua representação da cultura e do mundo) costumam rejeitar a expressão "centro cultural" pela imagem, nela contida, de um lugar que se apresenta como o ponto de referência nuclear para as demais práticas culturais. O mesmo não ocorre diante da expressão "espaço cultural", hoje amplamente banalizada e vaga o suficiente para aplicar-se a uma variedade de edificíos, dos mais amplos e públicos — autênticos complexos culturais que de algum modo se inserem no contexto cultural vital de uma comunidade —, àqueles privados, por vezes minúsculos, e que se revelam eventualmente instrumentos de marketing comercial (por exemplo, espaços culturais que são na verdade locais de apresentação da moda e ocasionalmente acolhem também uma exposição de artes plásticas; ou, mais simplesmente, bares e restaurantes que se pretendem locais de reunião cultural).

Uma distinção informal começa a estabelecer-se no Brasil entre a casa de cultura, o centro cultural e o espaço cultural. Há uma tendência para reservar-se a expressão espaço cultural para aqueles locais mantidos pela iniciativa privada, que se dedicam a promover uma ou outra atividade cultural, não um conjunto delas, e que não apresentam nem um acervo de obras, nem uma frequência constante em suas atividades (em relação a uma mesma especialidade ou no conjunto de sua atuação). Assim são os espaços culturais de bancos e grandes empresas, que veem na cultura uma prestação de serviços (na melhor das hipóteses; v. **democratização da cultura**) ou um simples modo de amenizar as condições de frequentação de um local ao mesmo tempo em que pretendem se mostrar como preocupados com a cultura. Ao lado do espaço cultural, o centro cultural é geralmente uma instituição mantida pelos poderes públicos, de porte maior, com acervo e equipamento permanentes (salas de teatro, de cinema, bibliotecas etc), voltada para um conjunto de atividades que se desenvolvem sincronicamente e oferecem alternativas variadas para seus frequentadores, de modo perene e organizado. E tem-se reservado a expressão casa de cultura para designar:

1) quer um centro cultural de pequeno porte, situado em bairros e periferias, com pouco equipamento e acervo (ou nenhum), também com função de reprodução da cultura instituída porém voltado mais para as atividades de formação cultural (oficinas, cursos) e de incentivo da produção cultural local, com a qual está ligado de modo mais orgânico;

2) quer pequenas instituições voltadas para a divulgação de um modo cultural específico (a poesia, o teatro), como as que homenageiam personalidades destacadas (Casa de Mário de Andrade), ou aquelas mantidas por representações estrangeiras para promover suas culturais nacionais em geral ou sob algum aspecto em especial (Casa de Dante) e que quase sempre mantêm uma programação constante e especializada. Enquanto o centro cultural e o espaço cultural são, este mais do que aquele, locais destinados primordialmente à recepção da cultura (a produção da cultura fica reservada, também neles, a uns poucos — e parte dessa produção tem origem no próprio aparelho de estado), a casa de cultura pretende-se um local de convivência sócio-cultural e de produção de modos culturais mais visceralmente ligados às comunidades em que se situam.

Mesmo que essas distinções relativas tendam a firmar-se, a expressão "espaço cultural" é usada, de modo genérico, para designar qualquer lugar destinado à promoção da cultura e é sob este aspecto que se destaca, pela força sugestiva, seu caráter de contraposição às noções de território e territorialidade da cultura.

É a partir dessa noção de território que se observa um outro uso para a expressão *espaço cultural*, da qual se vem lançando mão para designar a *área* de influência ou de presença de uma cultura ou modo cultural, independentemente de seu sítio de origem. Nesse sentido é que se fala no espaço cultural do cinema americano ou da música popular brasileira etc.; nestes casos, o território é um, menor, e o espaço cultural, outro, bem mais amplo. Novamente aqui, o conceito de espaço faz abstração de toda contextualização específica e particular.

Referências:
TEIXEIRA COELHO. *A construção do sentido na arquitetura.* São Paulo: Perspectiva, 1991.
SANTOS, Boaventura de S. "Modernidade, identidade e a cultura de fronteira", *Tempo social*, Rev. Sociol. USP, São Paulo: 5(1-2), nov. de 1994.

Espectador-modelo

Sumário: O espectador ideal da obra; espectador-empírico.

Termos relacionados: autor-empírico, interpretação, identidade de performance.

Espécie de tipo ideal que o filme, montagem teatral ou outro espetáculo (no caso de um livro se falará de leitor-modelo) de certo modo não apenas prevê como receptor e colaborador cúmplice da obra como, ainda, procura criar. Umas menos, outras mais — nesse caso, aquelas que procuram alcançar intencionalmente um certo público, como os produtos culturais medianos —, todas as obras de cultura e arte conformam a percepção do receptor ou tentam conduzi-la para o foco pelo qual se interessa o autor. O receptor mais amoldado a essa percepção constitui o espectador-modelo.

Em oposição a este, o espectador-empírico (ou leitor-empírico) é qualquer um que se expõe à obra e que a percebe e decodifica de acordo com seus próprios interesses e paixões, que podem ser estimuladas pela obra ou lhe serem absolutamente estranhos.

Filmes de gênero (policias, de ação, de sexo, comédias, infantis) trabalham, em princípio, com a noção de espectador-modelo, que procuram atingir e cujos interesses e reações supõem conhecer. Assim, a frase de abertura "Era uma vez" seleciona um leitor-modelo que será uma criança ou alguém que se disponha a entrar no jogo de uma narrativa de ressonâncias irrealistas.

Programas de **ação cultural** trabalham preferencialmente com a ideia do espectador-empírico, enquanto os de fabricação ou animação cultural partem da hipótese de um espectador-modelo.

Referências:
Eco, Umberto. *Seis passeios pelos bosques da ficção.* São Paulo: Companhia das Letras, 1994.
_____. *The role of the reader.* Bloomington: Indiana Univ. Press, 1979.

Espontaneísmo cultural

Ver Dirigismo cultural.

Estruturas antropológicas do imaginário

Termos relacionados: imaginário, arquétipo, símbolo.

Protocolos normativos das representações imaginárias, bem definidos e relativativamente estáveis, agrupados em torno de *schèmes* originais, **arquétipos** e **símbolos** no interior de sistemas míticos.

Essas estruturas ou protocolos comportam tanto uma leitura psicodiagnóstica quanto sociodiagnóstica. Mas, para lá de ambas, e considerando que entre os indivíduos, os **grupos** e a sociedade circula a **cultura**, o diagnóstico integrador das várias facetas do **imaginário** será conseguido mediante o recurso a uma hermenêutica dos símbolos ou hermenêutica antropológica.

Referências:

BADIA, D.D. "Imaginário e ação cultural: as contribuições de Gilbert Durand e da Escola de Grenoble". Dissertação, ECA-USP, 1993.

DURAND, Gilbert. *As estruturas antropológicas do imaginário: introdução à arquetipologia geral*. Lisboa: Presença, 1989.

Ética em política cultural

Sumário: a política cultural como ponto convergente de éticas distintas; a ética da ação cultural; alternativas para a definição de uma ética mediática.

Termos relacionados: arte, ação cultural, dirigismo cultural, elemento destrutivo.

A questão ética apresenta-se, de um lado, bem mais intrincada em política cultural do que em vários outros domínios. Há, aqui, uma questão ética própria do artista ou do produtor cultural, outra referente ao mediador ou agente cultural e pelo menos mais uma, relativa ao usuário ou receptor. E cada uma dessas éticas persegue fins que, se não se revelam específicos e distintos, não são exatamente, por si e em si, convergentes. Existe, por exemplo, um consenso quanto à liberdade de criação do artista ou produtor cultural, que não deve ou não precisa preocupar-se com a utilização a ser dada a sua obra, nem propor-se metas, utilitárias, sociais, políticas, que ultrapassem a esfera de suas intenções pessoais. O que o artista põe em sua obra não é necessariamente aquilo que o usuário dela retira, assim como aquilo que o artista faz com sua obra não é bem aquilo que com ela realiza o **mediador cultural**. Se os interesses não se chocam, tampouco se harmonizam se não forem realizadas certas operações que se revelam, não raro, convulsões ou distorções impostas a um ou outro dos componentes do circuito cultural.

De outro lado, porém, fazendo abstração dessa rede de éticas particulares, a política cultural como um todo, e o **agente cultural** em particular, pode expressar de modo não ambíguo sua ética central: criar as condições para que as pessoas e grupos, produtores ou usuários, inventem seus próprios fins no interior de uma finalidade coletiva maior. Não será, por certo, tarefa clara e simples mas, em todo caso, bem mais facilmente realizável do que com alguma frequência se alega — desde que se consiga contornar o grande obstaculo que é o **dirigismo** sufocante.

Esse deve ser entendido como o postulado ético geral em política cultural. Um de seus casos singulares mais sensíveis na atualidade é o que diz respeito à ética dos **meios de comunicação**, rádio e televisão de modo especial e televisão de maneira ainda mais destacada. Ao longo dos anos 1990 vêm se acumulando, por toda parte, indagações quanto à utilização ética da mídia — polêmica que faz fronteira com a questão da censura e da liberdade de opinião. Países de forte tradição liberal nessa área, como EUA, Inglaterra e França, multiplicam a troca de ideias sobre a questão enquanto outros, como o Brasil — sem dúvida pela memória bem acesa da recente experiência sob a ditadura mas também pelo recuo generalizado do interesse público diante da investida mercantil neoliberal —, hesitam no caminho a tomar por medo de reabrir as portas para o controle autoritário da expressão. Esse receio, no entanto, não pode prosperar. No Brasil, a decisão sobre o que fazer através das ondas eletrônicas cabe exclusivamente aos proprietários de empresas em tudo e por tudo comerciais, embora caiba ao Estado o poder de conceder, em nome da sociedade, o direito de uso desses canais. Mas as empresas comerciais, em nenhuma parte do mundo e menos ainda no Brasil, nunca evidenciaram uma preocupação relevante com os interesses coletivos — em todos os domínios e, de modo singular, na cultura. A ética do lucro não é incompatível com a ética da cultura. Mas quando nada existe que chame a atenção para o que está em jogo nesse campo, como no Brasil, a tendência é cada uma dessas éticas apontar para uma direção e a do lucro, sufocar a da cultura. A situação torna-se ainda mais sensível quando ao desejo neoliberal-mercantil de ter as mãos inteiramente livres soma-se a hesitação (ou demissão) liberal (e social-democrata ou socialista — de esquerda, enfim) de estabelecer algum controle que se assemelhe à censura. Num momento, porém, em que a violência na realidade virtual da imagem duplica a violência da cotidianeidade concreta, e em que a esse contexto se acrescentam as imagens da religião eletrônica, em suas mais variadas e extremadas versões, a questão do uso público dos meios públicos de comunicação não pode ser contornada.

Na França, os debates continuados sobre o aumento da violência na televisão levou o Conselho Superior do Audiovisual (órgão supragovernamental encarregado de acompanhar o cumprimento, por parte das rádios e televisões, das várias disposições que regem a matéria naquele país) a convidar em 1995 as emissoras de TV do Estado e particulares a aceitarem determinadas regras de autocontrole como forma de evitar a promulgação mais dura, e eventualmente intempestiva, de disposições legais por parte do Parlamento nacional. Ressaltando não ter competência em matéria de deontologia da comunicação, esse Conselho (composto por representantes da sociedade e intelectuais, além de funcionários do governo) estimou que existe a necessidade social de proteger o público diante de certas programações que promovem a violência, a intolerância e o sectarismo e pediu um reforço da discussão sobre a ética da televisão como forma alternativa da censura de cima para baixo. E entregou às emissoras um dossiê convidando-as a apresentar propostas sobre temas como honestidade da informação (no noticiário e na publicidade), pluralismo e equidade, respeito pelo espectador em geral e pelo público jovem em particular e, de modo específico, respeito pela ordem pública — e é necessário destacar que o nível de violência na televisão francesa é bem menor do que na brasileira ou americana e o respeito pela ordem pública, bem maior.

Na Inglaterra, duas novas instâncias recentemente criadas, a Broadcasting Complaints Commission (Comissão para as Reclamações sobre a TV aberta) e o Broadcasting Standards Council (Conselho para os Padrões da TV aberta) recebem as queixas do público e fazem pressões sobre as emissoras, quando cabíveis. No Canadá, campanhas de opinião pública contra a violência na mídia levaram as emissoras a assinar um protocolo de bom comportamento. E também nos EUA, campanhas de opinião pública, além de iniciativas parlamentares, insistem na necessidade de alterações no conteúdo do que é oferecido reiteradamente na busca de maior audiência e maiores lucros. É um tópico diante do qual não há como recuar.

Referências:

MAMOU, Yves. "Éthique des programmas de télévision", Le Monde n. 15798, 10.11.95.

SLOUKA, Mark. *War ot the worlds*. Nova York: Basic Books, 1995.

TEIXEIRA COELHO. "O imaginário do desmanche" in *Moderno pós moderno*. São Paulo: Iluminuras, 1995.

______. "Sensibilidades", *Imagens* n. 1. Campinas: Unicamp, 1994.

Evento cultural

Ver Política de eventos.

Expressão simbólica

Sumário: representação simbólica e representação alegórica: componentes racionais e irracionais.

Termos relacionados: símbolo, imaginação simbólica, imaginário.

A melhor formulação possível de algo relativamente desconhecido, não podendo, por isso mesmo, ser mais clara ou característica. Para delimitar melhor o sentido deste termo, cabe uma comparação com a concepção ou expressão alegórica, que se apresenta como paráfrase ou transformação proposital de algo conhecido. Apresentar a cruz como signo do amor divino, por exemplo, é operação não simbólica pois "amor divino" designa o fato que se quer exprimir de um modo bem melhor do que pode fazê-lo uma cruz, portadora de muitos outros sentidos. Simbólica seria a explicação que considerasse a cruz, para além de qualquer explicação imaginável, como expressão de um fato místico ou transcendente, portanto psicológico, até então desconhecido e incompreensível, que pudesse ser representado do modo mais condizente possível só pela cruz. A representação simbólica é sempre um produto de natureza altamente complexa, pois compõe-se de dados de todas as funções psíquicas. Mesmo tendo componentes racionais, a expressão simbólica não é de natureza racional nem possui um lado que fala à razão e outro inacessível à razão; ela é essencialmente determinada por dados irracionais fornecidos pela percepção interna e externa.

Referência:

JUNG. *Tipos psicológicos*. Petrópolis: Vozes, 1971.

Expropriação cultural

Sumário: expropriação, eliminação, imposição cultural.

Termos relacionados: controle cultural, resistência cultural.

Perda de **controle** sobre os recursos e as decisões culturais próprios. Implica, em grau de menor intensidade, a **eliminação cultural** ou proibição de exercer certos âmbitos da cultura própria. Por exemplo, no começo do século a batucada (dos negros) era proibida pela polícia. Sua consequência imediata e necessária é a **imposição cultural**: introdução, pela força, numa determinada cultura, de elementos culturais alheios.

Referência:

BONFIL, Guillermo. "Los pueblos indios, sus culturas y las politicas culturales", in CANCLINI, N.G. (ed.). *Políticas culturales en América Latina*, México: Grijalbo, 1987.

F

Fabricação cultural

Sumário: processo com fins e meios definidos; oposição à ação cultural; fabricação e totalitarismo.

Termos relacionados: ação cultural, animação cultural.

Processo de mediação cultural com ponto de partida, etapas intermediárias, fim e finalidade previstos. Tem por meta, alternativa ou cumulativamente, a transmissão de conhecimentos e técnicas determinadas; a formação de uma opinião cultural específica; a conformação de um modo de percepção ou a produção de uma obra cultural previamente estipulada. Nesse processo, os objetivos são predeterminados, cabendo ao **agente** ou mediador cultural orientar as atividades de seu público na direção estabelecida. Opõe-se, nesse sentido, à **ação cultural,** processo de invenção e construção conjunta, entre mediadores e público, dos fins e meios culturais visados, não raro definidos apenas no decorrer do próprio processo. Políticas culturais que respeitam os interesses dos indivíduos, públicos e comunidades optam por programas de ação cultural.

A expressão fabricação cultural inclui, também, uma referência ao sentido de *fábrica* em latim, que significa "engano, artifício, dolo". A expressão assume assim um tom pejorativo e com esse alcance é empregada quando se faz referência, por exemplo, aos programas culturais promovidos por governos totalitários, como durante o período do Estado Novo no Brasil,do nazismo na Alemanha e do fascismo na Itália. Programas culturais inspirados em ideias religiosas assumem igualmente o modo da fabricação cultural, em especial quando existe uma identidade entre o poder de estado e o poder religioso.

Referências:

Arendt, Hannah. *Crise de la culture.* Paris: Gallimard, 1972.
Teixeira Coelho. *O que é ação cultural.* São Paulo: Brasiliense, 1992.

Fantasia

Ver Imaginação.

Fantasma

Ver Imaginação.

Filme-película

V. Filme-projeção.

Filme-projeção

Termos relacionados: aparelho de base, identidade de performance.

Designa não tanto o fenômeno da projeção em si de um filme mas a significação final que adquire um filme numa determinada projeção; sendo diferenciados os contextos de projeção de um mesmo filme (públicos diferentes, culturas diferentes, épocas diferentes), diversificadas também poderão ser as significações por ele assumidas.

A figura do filme-projeção contrapõe-se à do filme-película (filme-fita), entendido como o conjunto das imagens e dos sons efetivamente impressionados na película. É possível recorrer às distinções que, em Semiótica, se faz entre sentido, significado e significação para esboçar um paralelo da dinâmica entre filme-projeção e filme-película. Sentido é o efeito que, calcula-se, um signo deve produzir e que ele produz imediatamente, sem qualquer reflexão prévia. Significado é o efeito realmente produzido pelo signo num intérprete. E significação é o efeito total produzido pelo signo num intérprete se esse signo receber a devida consideração. O filme-película corresponde de certo modo à esfera do sentido, enquanto o filme-projeção oscila entre o significado e a significação. Diz-se que o filme-película corresponde "de certo modo" à esfera do sentido porque, sobretudo se esse filme-película for um filme de ficção, é discutível se numa obra de cultura desse porte é possível efetivamente determinar-se seu sentido: o mais provável é que uma obra de cultura, e a obra de arte mais ainda, comporte apenas significados e significações, hipótese em que o filme-projeção corresponderia à significação e o filme-película, no limite, ao significado.

O filme-película pertence ao universo do **aparelho de base** em que deste está excluído, num primeiro momento, o espectador.

Referências:

BELLOUR, Raymond. *L'entre-images*. Paris: La Différence, 1990.

_____ et al. *Passaages de l'image*. Paris: Centre Georges Pompidou, 1990.

PEIRCE, Ch. S. *Semiótica*. São Paulo: Perspectiva, 1984.

TEIXEIRA COELHO. *Semiótica, informação, comunicação*. São Paulo: Perspectiva, 1980.

Filmoteca básica

Ver Cânon.

Folclore

Sumário: folclore, patrimônio e identidade cultural; o folclore diante do desenvolvimento moderno; tradicionalistas e modernizadores.

Termos relacionados: cultura molar, cultura molecular, identidade nacional, identificação, globalização, reconversão cultural.

A Carta do Folclore Americano, aprovada pela Organização dos Estados Americanos em 1970 a partir de estudos elaborados por especialistas de variada origem, conceitua o folclore como conjunto de bens e formas culturais tradicionais, predominantemente de caráter oral e local, e que se apresentam inalteráveis em seus modos de apresentação. Visto sob esse ângulo, o folclore é entendido como o depositário privilegiado da identidade de cada país e núcleo central de seu **patrimônio** cultural — considerado este, pelos signatários da Carta, como em perigo diante da progressão dos meios de comunicação que promoveriam a desintegração desse patrimônio e, consequentemente, a perda da identidade dos povos americanos.

Essa concepção de folclore, que pede políticas de **conservação** e resgate constante do patrimônio está sendo vista, nos anos 1990, como tradicionalista. Estudos atuais, que se colocam a meio caminho entre a posição tradicionalista e a modernizadora, contestam em larga medida o entendimento firmado pela Carta e que foi vastamente endossado por teorícos e práticos da **ação cultural** nos anos 1960 e 1970. Segundo esse esquema conciliador, o desenvolvimento moderno não elimina, como afirmam ou querem os modernizadores e como temem os tradicionalistas, os modos culturais tradicionais, que seguem existindo, embora em formas transformadas, uma vez que os setores populares (e não apenas estes) não insistem na nem se satisfazem com a repetição passiva das formas arcaicas — e essas formas não se mostram menos capazes de representar um modo de ser, se é este ainda passível de identificação. Por outro lado, as culturas tradicionais (em particular aquelas próprias do universo agrícola mas também as urbanas) não mais representam a **cultura popular**, que transborda agora de outras fontes incluindo as que se identificam com os meios de comunicação de massa. E ainda: o tradicional não é traço distintivo dos segmentos populares mas encontra-se em estado difuso em todas as camadas sociais sob diversas formas, o que não permite mais que seja identificado como núcleo molar da identidade. Essas correntes atuais dos estudos de política cultural procuram contestar tanto o ponto de vista dos tradicionalistas, defensores de um suposto imaginário puro e imutável, próprio de cada pais, como o dos modernizadores, que negam a esse conjunto cultural tradicional não só a possibilidade de representar privilegiadamente o espírito de um lugar como a própria possibilidade de continuar existindo na época do audiovisual (cinema, vídeo, Internet).

Para a política cultural contemporânea, não se trata mais apenas de formular programas de preservação de tradições arcaicas, supostamente inalteradas, mas de examinar as interações entre o folclore e os demais modos culturais modernos e determinar suas atuais funções na dimânica cultural contemporânea.

O primeiro indício dessa alteração no caráter do folclore está nas influências que sofre de modos culturais elitistas de um passado imediato e que são por ele reivindicadas como forma de adaptação ao gosto atual (v. **reconversão cultural**). O folclore entrou, em várias sociedades e de maneira definitiva, para o mercado de bens culturais criado e exigido em particular pelo turismo nacional e internacional — e essa passagem é carregada de consequências relativamente a seu modo de produção, a suas fontes de inspiração e a sua função na coletividade.

Por outro lado, o produtor e consumidor imediato do folclore não mais tem acesso apenas a essa esfera cultural: participam também de outros circuitos, como o da cultura de massa e, não raro, da cultura dita de elite ou erudita. De modo análogo, a presença das manifestações folclóricas nesses mesmos meios massivos, embora limitada, garante sua circulação por outros segmentos da comunidade que não o "popular".

Diante desse quadro, a insistência de programas que tratem o folclore segundo o modelo predominante até o aparecimento dos meios de comunicação de massa, em particular a televisão, só pode redundar em equívocos preconceituadamente discriminatórios ou que, apesar da eventual boa fé, confinam o folclore no interior de camisas de força por ele claramente recusadas.

Referências:

Canclini, N.G. *Culturas híbridas*. Mexico: Grijalbo, 1989.

______. *Las culturas populares en el capitalismo*. Mexico: Nueva Imagen, 1989.

Ribeiro, Berta et al., *O artesão tradicional e seu papel na sociedade contemporânea*. Rio de Janeiro: Funarte, 1983.

G

Ganho cultural

Sumário: ganho e perda cultural; critérios de avaliação.

Termos relacionados: cultura autônoma, sistema de produção cultural; circuito cultural.

Aquisição, por um indivíduo ou grupo, de novos conhecimentos conceituais ou práticos (extensão dos horizontes intelectuais ou dominação de um novo saber fazer). Resulta de um processo, em outras palavras, pelo qual se adquirem novos códigos e se amplia a **competência artística** ou disposição estética desse indivíduo ou grupo, com sua inclusão em novos circuitos culturais. A perda cultural, inversamente, assinala uma deterioração de qualquer desses domínios ou, em outras palavras, a exclusão de um indivíduo ou grupo de um ou mais circuitos culturais ou a retirada, de um individuo ou grupo, de um ou mais modos culturais anteriormente parte de seu capital. A introdução de novos materiais ou técnicas numa determinada sociedade pode implicar perda cultural; por exemplo, tradições de carpintaria ou marcenearia podem ser eliminadas ou severamente desbastadas por novas propostas técnicas e exigências do mercado. De modo análogo, à medida que as pessoas envelhecem em sociedades sem uma política cultural à altura desse nome, elas tendem a colocar-se ou a serem colocadas à margem dos circuitos culturais, deixando de frequentar cinemas, teatros etc.

Discute-se sobre as reais dimensões desse ganho ou perda e sobre os critérios para sua avaliação. É pacífico que a mera exposição intensificada a obras de cultura e arte não significa necessariamente um ganho cultural na medida em que essa exposição pode implicar apenas em consumo cultural e não em uso cultural (v. **sistema de produção cultural**). De igual modo, a diminuição da frequência a um **modo cultural** não torna obrigatória a conclusão pela existência de uma perda cultural; critérios quantitativos devem ser corrigidos por uma análise dos efeitos desse ganho ou perda sobre o **imaginário** cultural do indivíduo ou **grupo**.

Referência:

CHAUÍ, Marilena. *Conformismo e Resistência.* São Paulo: Brasiliense, 1986.

Gasto cultural

Sumário: política cultural plena; alternativas para o apoio à cultura; a concepção arcaica e paternalista da atividade cultural; incentivos indiretos à produção cultural; tendências dos gastos públicos com a cultura.

Termos relacionados: política cultural, público, globalização, sistema de produção cultural, capital cultural.

Na esfera individual, a expressão designa os gastos efetuados com a aquisição de livros e discos ou ingressos para teatro, cinema e museus e outros análogos; não inclui aquilo que se pode considerar como investimento, como a compra de obras de arte de alto valor. Na esfera coletiva, a expressão aponta geralmente para os gastos de comunidades ou do poder público com as operações de distribuição, troca e consumo de cultura (v. **sistema de produção cultural**) mas não exclui aqueles realizados com o incentivo à produção cultural.

Um aspecto singular dos gastos culturais é o que diz respeito à boa apresentação dos locais destinados à apresentação de obras culturais, como teatros, cinemas e museus. Cineastas brasileiros têm concordado que a medida mais favorável ao cinema nacional nos últimos anos, desde o desmantelamento do sistema cultural promovido pelo governo Collor (e que remonta aos primeiros e anteriores sinais de esgotamento da fórmula representada pela Embrafilme), foi a abertura em São Paulo do Espaço Banco Nacional de Cinema após a inauguração anterior, no Rio, da Estação Botafogo, ambos idealizados e administrados pelo mesmo grupo privado, em parte financiado pela instituição bancária que empresta seu nome ao empreendimento paulistano. O Espaço Banco Nacional, hoje Espaço Unibanco, é uma sala de exibição cinematográfica do tipo *complexo* (ou *cineplex*, como se diz nos EUA): tendo inicialmente três salas e, em seguida, mais duas, esse espaço oferece também um átrio de convivência dotado de bar e livraria de arte. Orientando-se pelas concepções arquitetônicas contemporâneas relativas aos espaços culturais e seguindo uma tendência observável nos EUA, esse Espaço oferece ao espectador, além de um ambiente agradável, o conforto de poltronas novas, uma boa projeção e um bom som e de uma programação sensível e aberta, compatível com o espírito **multiculturalista** do momento. O que essa iniciativa conseguiu demonstrar, antes de mais nada, é que público para o cinema, e público para o cinema brasileiro *também*, existe toda vez que tratado com o respeito devido não apenas à sua condição de espectador de cinema como, de modo mais amplo, à sua condição de consumidor. Enquanto os demais exibidores, procurando explorar ao máximo o parco capital inicial investido, deixam, no Brasil, suas salas apodrecerem ao limite do insuportável, e veem seus frequentadores escassearem cada vez mais — num comportamento predatório e suicida próprio do capitalismo em várias áreas, não apenas na cultural, e sobretudo em países como o Brasil — esse Espaço tem salas sempre cheias, batendo repetidamente seus próprios recordes e superando suas próprias previsões sobre a duração dos filmes em cartaz. Outras medidas de atenção para com o espectador ainda estão para serem tomadas, como a venda antecipada de ingressos, não raro com lugar marcado, já praticada na França e nos EUA e largamente possibilitada pelo recurso a computadores mesmo extremamente simples. De todo modo, essa iniciativa privada mostrou definitivamente que, quando condições adequadas lhe são fornecidas, o público comparece — inclusive para os filmes brasileiros.

Esse exemplo ilustra bem dois pontos cuja formulação teórica é conhecida. O primeiro relaciona-se ao fato de que as políticas culturais só atingem plenamente seus objetivos (configurando uma política cultural plena ou integrada) quando dirigidas ao mesmo tempo para todas as fases do **sistema de produção cultural**: a produção, a distribuição, a troca e o consumo, fases do sistema de produção cultural. A Embrafilme teve como meta criar as condições para o estabelecimento de uma indústria cinematográfica nacional. Para tanto, tratou de viabilizar a produção de filmes, através de financiamentos e empréstimos, em parte a fundo perdido, e teve, acessoriamente, uma presença menor no circuito da distribuição. Pouco fez pelo incentivo ao consumo e nada quanto à troca, entendida, no caso do cinema, como o conjunto dos estados e operações relativas às condições de projeção dos filmes na contrapartida adequada ao valor do ingresso pago pelo espectador. É histórica a queixa dos espectadores quanto ao que se dizia ser má qualidade do som do filme nacional; é bem menos sabido que o problema do som não era inerente ao filme em si, na maioria das vezes, mas ao péssimo sistema de som da quase totalidade das salas, aspecto não notado pelos espectadores quando assistem ao filme estrangeiro que tem na legenda uma muleta ou um substituto completo para o que os personagens dizem em cena. Essa falha das salas exibidoras só começou a ser mais amplamente notada quando as emissoras de televisão principiaram, timidamente, a exibir filmes brasileiros: nessas ocasiões, viu-se que o som era perfeito ou plenamente satisfatório. A política cultural da Embrafilme, no entanto, negligenciou esse aspecto e gerou um número considerável de filmes que ou nunca foram exibidos comercialmente por falta de espaço num mercado exibidor dominado pelos interesses estrangeiros ou, exibidos, foram frequentemente rejeitados pelo público por deficiências que não eram todas suas. A abertura do Espaço Nacional em São Paulo mostrou não apenas como o apoio às outras pontas do sistema de produção é importante, ou vital mas, também, que é possível pensar-se em esquemas indiretos de estímulo a determinada modalidade de produção tão eficazes quanto os demais.

O outro ponto ilustrado diz respeito ao fato de que cultura, definitivamente, não mais se faz nem se promove sem dinheiro. Prevalece ainda no Brasil uma mentalidade não inocentemente arcaica e paternalista que vê na cultura o universo do que é excedente e gratuito, no sentido mais amplo do termo, estando portanto fora do sistema de produção e, por isso, *sem qualquer valor*. O artista ainda é visto, no final do século XX, como aquele que fornece o supérfluo, o suplementar (uma representação teatral após o jantar ajuda a digestão ao arejar a cabeça), ou aquilo que vem *abrilhantar* um momento social (um comício político, um congresso científico, uma inauguração, uma visita) — algo que, já que sem valor, se espera que o artista faça de graça, em nome de objetivos supostamente elevados e da glória de ser recebido por quem o convida. Os efeitos dessa mentalidade filistina e capitalista primitiva — que não consegue enxergar sequer o amplo potencial econômico, direto e indireto, da atividade cultura — multiplicam-se sob diversas roupagens mas podem ser resumidos em duas ou três fórmulas: remuneração aviltante para os artistas e pessoas com atividades culturais profissionais (ou ausência de remuneração: não é incomum uma representação teatral ou musical, ou uma palestra, ser feita em troca de alimentação e hospedagem, tratamento histórico dado aos artistas na época pré--moderna (v. **patronato cultural**) mas também às prostitutas de mais baixo escalão, às quais as pessoas de cultura são assemelhadas, como observa Luiz Milanesi); recursos mínimos (ou inexistentes) para a produção material do bem cultural; e descaso com os locais onde os eventos culturais se realizarão (portanto, descaso para com o público em geral e ao cidadão de modo específico, exemplificado em teatros sem equipamento e conforto, museus precários na coleção e nos serviços e tudo o mais que se sabe). A prática da cultura requer um mínimo de dignidade para sua produção e apreciação. O público de cultura não está mais disposto a sacrifícios; sendo chamado a participar de um imaginário da contemporaneidade que lhe é apresentado com os tons faiscantes da publicidade e da imagem via TV e cinema artificioso, esse **público** exige, se não luxo, pelo menos conforto e agradabilidade. Os grandes museus compreenderam essa tendência e competem entre si em exuberâncias arquiteturais — não raro às custas de seus acervos, simbólicos quando não irrelevantes. Os museus são, de fato, caso particular; quando pertencentes ao poder público, revelam uma capacidade suspeita no que diz respeito à obtenção de recursos para construção e reforma e uma deficiência notável do lado dos recursos humanos para tripulá-los e das obras de arte necessárias para povoá-los; quando vinculados a uma fundação, servem de *pirâmides culturais* cuja função primeira é dourar o nome da instituição. De todo modo, atuam como indício de uma nova sensibilidade material, no campo da cultura, que não pode ser menosprezada. Com a percepção do potencial econômico das atividades culturais sob mais de um aspecto (empregos diretos e indiretos, rendas turísticas etc) nota-se uma tendência para a valorização do **patrimônio cultural** passivo e ativo que não assume a forma apenas (ou não mais) de discursos pomposos e acadêmicos sobre o valor da cultura: os cofres públicos e privados abrem-se mais para o que surge como alternativa de investimento econômico. Na França, país que conta com um sistema de banco de dados sobre a cultura com 20 anos de existência, as cidades com mais de 150 mil habitantes aumentaram em 15% seus gastos com a cultura, entre os anos 1984 e 1987. No orçamento geral dessas cidades, as despesas culturais passaram de 10% em 1981 para 12% em 1987. Nesse mesmo ano, os gastos culturais diretos nessas cidades (não incluindo os investimentos privados) chegaram a 180 dólares por habitante. Apesar das reservas com que se podem encarar certas comparações, cabe destacar, por exemplo, que no Estado de São Paulo o orçamento da secretaria de cultura para 1995 permitiria que fossem gastos 54 dólares por habitante (33 dólares se descontados os recursos destinados à rádio e TV Cultura e ao Memorial da América Latina) — isso se os recursos dessa secretaria não estivessem, no mês em que esteve verbete foi preparado, abril de 1995, congelados em 90% por insuficiência de caixa do tesouro estadual... Independentemente do valor relativo desses números, importa verificar como esses recursos estão sendo gastos. A tendência mundial aponta para um uso mais vertical do que horizontal: procura-se fazer aplicações das quais resultem ações ou produtos (um centro de cultura, um museu, uma biblioteca, um curso de formação) capazes de se proporem como modelares (e portanto multiplicadores por emulação) em vez de perseguir-se uma política horizontal de pulverização de recursos que, a pretexto de cobrir vastos espaços territoriais, não evita a rarefação do tecido cultural e apenas consegue a manutenção da cultura como um todo, e de seu público em particular, no estado de precariedade tradicional cujo resultado primeiro é a indiferença endêmica diante do fato cultural.

Referências:

Département des Études et de La Prospective. "Les dépenses culturelles des grandes villes en 1987" in *Bulletin du Développement culturel* n. 82, Paris, jul. 1989.

_____. "Les dépenses culturelles des collectivités locales en 1987" in *Bulletin du Cévelppement Culturel* n. 81, Paris, jul. 1989.

_____. "Evolution des dépenses culturelles des communes" in *Bulletin* n. 85, Paris, maio 1989.

Globalização cultural

Sumário: globalização na economia e na cultura; tendências e previsões.

Termos relacionados: centros culturais independentes, cultura de fronteira, desterritorialização, imaginário, modernização cultural, modos culturais pós-modernos, reconversão cultural, arte pública,artes comunitárias.

Se o processo de globalização da economia, ao qual se associa o fenômeno da globalização cultural, está em curso pelo menos desde a época das grandes viagens marítimas no século XVI, de que resultou a colonização das Américas, sua intensificação potencializada deu-se após a Segunda Guerra Mundial e, de modo mais específico, nas duas últimas décadas — em particular graças ao aperfeiçoamento dos meios de comunicação de massa e da informática. Mesmo não estando esse processo ainda plenamente configurado, uma vez que subsistem centros de decisão nacionais e regionais, a globalização da economia caracteriza-se pela predominância das empresas multinacionais, aquelas com atividades em mais de um Estado nacional e que hoje já se apresentam como empresas globais, e pela consequente diminuição do controle do Estado sobre a gestão da economia (capitais especulativos deslocam-se rapidamente de um Estado para outro, sem muito ou nenhum controle por parte dos governos nacionais e deixando atrás de si, por vezes, uma terra arrasada, como ocorreu no México em 1995).

Esse processo se desenvolve no cenário de um avanço tecnológico generalizado — em especial nas áreas da informática, robótica e engenharia biológica — em meio à degradação ambiental acelerada e a modificações profundas nas esferas pessoal, familiar, profissional e legal dos indivíduos. Sob o aspecto das relações jurídicas entre o Estado e o indivíduo, cuja pedra de toque é a figura da cidadania, o traço característico em grande parte do mundo é a impossibilidade cada vez maior de exercer-se plenamente esse direito. O Estado-previdência, que assegurava pelo menos a educação, a saúde, a aposentadoria, a segurança e uma subsistência mínima, tem cada vez menos condições de fazê-lo diante da enormidade dos problemas a enfrentar, do desbastamento (e do autodesbastamento) que vem sofrendo como consequência da atual ascendência da ideologia neoliberal, e do avanço do capital privado que disputa, com a administração pública, as possibilidades de obtenção de lucro. O indivíduo se vê cada vez mais abandonado à própria iniciativa, ou à própria sorte, em particular no que diz respeito à segurança. Grupos armados internos questionam abertamente a autoridade pública por motivos políticos, religiosos ou puro banditismo, e tendem a instalar poderes paralelos, pressionando a partir do interior Estados já encurralados pelo exterior, pelas empresas e organizações financeira globais, quando não diretamente por outros Estados mais fortes. O que foi considerado como a mais cara conquista da modernidade — a criação de um Estado secular, separado da religião e fomentador de uma cultura pública universal, o que teria por resultado a superação das identidades tradicionais, fechadas sobre si mesmas e retrógradas — esboroa-se com a rapidez surpreendente da queda física do Muro de Berim; a globalização da informação, em vez de eliminar as diferenças e realinhar os horizontes, parece reacender os velhos fantasmas particularistas e autocentrados e impulsioná-los numa onda expansionista. Novas formas de **socialidade** comunitária e grupal, de inspiração religiosa, étnica, cultural ou outra, são apontadas por uns como caminhos alternativos para uma cultura até aqui excessivamente organizada pela ideia de público entendido em seu sentido mais amplo, enquanto outros consideram que tais práticas submetem-se, elas também, aos efeitos da derrocada do Iluminismo racionalista e nada podem trazer como substitutivo para o ordenamento antes garantido pelo Estado.

Em termos socioprofissionais, a tônica destacada tem sido o desemprego cada vez mais intenso provocado pela globalização — que atinge inclusive setores da classe média antes resguardados — ao lado do decréscimo continuado dos salários em consequência da oferta cada vez maior de mão de obra e da concorrência entre as empresas. A família, em consequência sobretudo da tendência econômica mas não apenas disso, tende a dissolver-se sempre mais cedo ou a atomizar-se de modo cada vez mais acentuado (de que é indício a existência de um televisor em cada quarto da casa). E ainda na esfera íntima tanto quanto na familiar e grupal, pelo menos nos países avançados e, por enquanto, nas classes economicamente mais fortes (mas a ampliação horizontal desta prática é questão de tempo), é todo um novo universo que se oferece ao **imaginário** através da informática e da cibernética, alterando experiências sensoriais e intelectuais mediante o recurso à realidade virtual. No Japão, praias artificiais com ondas nas quais se pode surfar constituem novo modo de relacionar-se com a natureza — no caso, com a natureza cultural... Em várias partes do mundo, os parques temáticos (tipo Disneylandia e Universal Studio) se repetem: em situações de **desterritorialização** e atemporalidade, podem-se experimentar sensações e emoções as mais distintas sem que o indivíduo tenha de empenhar-se para tanto, fisica ou intelectualmente. Por toda parte, em Nova York como na pacata Brighton, em Tóquio ou em São Paulo, é possível esquiar sem tocar na neve e sem usar esquis e voar em asa-delta sem sair do chão graças a aparelhos eletrônicos: a ginástica entre o falso e o verdadeiro se apresenta de maneira cada vez mais cômoda, inevitável e, parece, desejável. De forma mais "tradicional", o uso do vídeo como experiência de cinema individual, na qual se pode interromper à vontade o fluxo da narrativa, abre-se como maneira inteiramente distinta de experimentar a imagem.

Estes são aspectos comportamentais com que as políticas culturais vêm lidando na forma de problemas e para os quais procuram soluções dentro do âmbito que lhes compete (como nos **centros culturais independentes).** Do ponto de vista dos modos culturais tal como são tradicionalmente considerados, a globalização — processo complexo, não unívoco, divergente que gera resultados diversos nos diversos locais onde se manifesta — revela-se antes de mais nada na tendência à uniformização da sensibilidade (v. **modos culturais pós-modernos**) via cinema e televisão, o que é conseguido através da distribuição de produtos gerados por um número cada vez menor de fábricas culturais colocadas sob a égide econômica (e do gosto) dos padrões americanos administrados por empresas globais (se em economia a globalização tem sido contemporânea da emergência de países asiáticos, no campo cultural a situação é um pouco diferente: com a abertura relativa da situação política da China, o cinema chinês pôde aparecer e firmar-se culturalmente mas não tem ainda condições de conquistar mercados estrangeiros como o fez, por exemplo, a indústria automobilística japonesa; o mesmo se aplica a Hong Kong, capaz de fazer filmes rapidamente e a um custo baixo sem, porém, ameaçar ainda a hegemonia americana). Produtos alternativos circulam apenas em espaços limitados (mostras e festivais), alcançando públicos menores ou diminutos. Este é o quadro que afeta o cinema mas também as artes plásticas ou a literatura e a música. A uniformização — *wishful thinking* da indústria cultural — não é ainda absoluta nem inevitável: em plena era da globalização observa-se um claro ressurgimento da diferença identitária manifestando-se de modo extremamente violento (conflitos na ex-Iugoslávia e na antiga URSS, implicando não apenas um desejo de separação mas também de dominação e de extinção, se necessário e se possível, do diferente) ou procurando emergir mais pacificamente sob a aparência do **multiculturalismo**.

Entre a uniformização e a diferença, o fenômeno da **reconversão cultural** se difunde (v., também, **cultura de fronteira**). As culturas e os imaginários nacionais tendem a desmoronar (relativamente) mas não desaparece de todo o **localismo** como âncora cultural, quer isto signifique um valor positivo (de afirmação identitária) ou negativo (reafirmação de provincianismos não de todo distantes do racismo e da xenofobia).

Para as políticas culturais que buscam uma atuação sociocultural, uma das principais questões levantadas pela globalização é a do tratamento cultural dos grandes espaços urbanos que já não são mais públicos — no sentido de espaços para todos, de que todos podiam usufruir em harmonia o tempo todo — mas que se apresentam, agora, como espaços apropriados (pela classe média, mediante o recurso — legal ou ilegal — ao fechamento das ruas numa tentativa de evitar a ação de criminosos; pela marginalidade, mediante o recurso à violência física direta e à delimitação de territórios "livres", quer dizer, entregues ao tráfico, nos quais cada um penetra por risco e conta próprios; pelas grandes corporações econômicas com suas cidades artificias, como o bairro de La Défense, em Paris) dos quais o *espírito político* (a rigor, o espírito urbano) é cada vez mais escorraçado.

Quando se considera a cultura sob um prisma amplo (estilo de vida, valores e visões de mundo, moda, alimentação, produção e consumo de massa), a tendência para uma certa homogeneidade pode ser constatada sem dificuldades. Tanto num hotel cinco estrelas de Nova York tanto quanto numa modesta hospedaria do tipo *bed and breakfast* instalada numa construção do século XVI no interior da Inglaterra é possível obter o mesmo tipo de café da manhã e não é impossível dar a volta do mundo sem jamais provar os pratos típicos de cada lugar, o que não acontecia há meros 20 anos. Os mesmos filmes estão sendo exibidos quase simultaneamente em todas as grandes cidades e as mesmas roupas vestem do mesmo modo as pessoas de várias latitudes e longitudes. Para os que consideram a cultura como sinônimo de tradição, de permanência no tempo, de traço nacional distintivo, essas mudanças são consideráveis. Para os que entendem a cultura como um processo dinâmico que nunca, em momento algum da história, se manteve igual a si mesmo — apesar de abrir espaço para bolsões de especificadade local — o que se registra hoje não é nenhuma novidade e, menos ainda, não significa nenhuma calamidade relevante. De modo similar, alguns descrevem esse quadro de uniformização (relativa) como resultante de um processo de dominação ou exploração enquanto outros o veem como simples derivado inevitável da interface, como se diz agora, entre a economia e a cultura, realidade histórica perceptível em todas as etapas da paixão humana e observável pelo menos desde a época do expansionismo romano, entre 98 e 180 d.C. De um modo ou outro, essa florada do mesmo por toda parte está ainda longe de ser fenômeno maciço e incontornável. Se o sanduíche do McDonald tem aproximadamente o mesmo gosto em todos os países, a arquitetura de uma lanchonete McDonald na cidade de Windsor, na Inglaterra, nada tem a ver com a arquitetura de outra lanchonete da mesma rede na cidade de Hartford, EUA. E o modo como esse sanduíche é consumido nesta e naquela também está longe de ser idêntico, assim como é diversa a pertinência social das pessoas que as frequentam. Mas, deslizando de passagem pelo fato de que essa internacionalização de modos e costumes é mais presente nos grandes centros urbanos (poucos) do que nas pequenas cidades do interior, o fato é que permanecem ainda eretas as fronteiras de todos os tipos, das físicas às políticas e às imaginárias (língua, mitos etc.), não existindo no momento previsões definitivamente incontestáveis sobre a orientação da *resultante cultural* do atual processo econômico.

Referências:

BAUDRILLARD, Jean. *La transparence du mal*. Paris: Galilée, 1990.

______. *Le crime parfait*. Paris: Galilée, 1994.

CASANOVA, P.G. *O colonialismo global e a democracia*. Rio de Janeiro: Civilização Brasileira, 1995.

ECO, Umberto. "Viaje a la hiperrealidad" in *La estrategia de la ilusión*. Barcelona: Lumen, 1986.

IANNI, Octávio. *A sociedade global*. Rio de Janeiro: Civilização Brasileira, 1992.

______. *Teorias da globalização*. Rio de Janeiro: Civilização Brasileira, 1995.

LEE, Iara. *Prazeres sintéticos* (filme, 1995).

ORTIZ, R. *Mundialização e cultura*. São Paulo: Brasiliense, 1994.

SOUZA SANTOS, Boaventura de. *Pela mão de Alice* (o social e o político na pós-modernidade). São Paulo: Cortez, 1995.

KENNEDY, Paul. *Preparing for the Twentieth Century*. Nova York: Random House, 1993.

SLOUKA, Mark. *War of the worlds: cyberspace and the high-tech assault on reality*. Nova York: Basic Books, 1995.

TEIXEIRA COELHO. *Arte e utopia*. São Paulo: Brasiliense, 1987.

TOSHIO, Iyotani. "Globalization and culture", in *The Japan Foundation Newsletter*, v. XXIII, n. 3, Tóquio, dez. 1995.

WENDERS, Wim. *Paris, Texas* (filme, 1984).

Gosto

Sumário: conceitos de gosto; gosto, prazer, felicidade; gosto e criatividade; o gosto e o novo; gosto e ordem; gosto adquirido;o juízo do belo; mau gosto, o feio, kitsch, e *camp*; gosto *versus* sensibilidade.

Termos relacionados: política cultural, voluntarismo cultural.

Toda política cultural costuma ser, sob mais de um aspecto, uma batalha pelo gosto. Foi assim na época áurea do realismo-socialista, na Alemanha nazista, durante o Estado Novo de Getúlio Vargas e é como luta constante entre sistemas ou padrões de gosto que continua a ser, em larga medida, se não entendida, sem dúvida praticada. A expressão mais simples e simplista desse combate é a da oposição entre mau gosto e bom gosto, plena de significados não apenas estéticos como ideológicos.

Gosto, num sentido abrangente, é a faculdade de *discernir* características ou qualidades de objetos e fenômenos. Mais especificamente, gosto é a "vantagem de descobrir com sutileza e presteza a medida do prazer que cada coisa deve dar aos homens", como apareceu no *Ensaio sobre o gosto*, obra inacabada de Montesquieu publicada em 1758 e inicialmente pensada para a *Encyclopédie*. Nesse mesmo texto, Montesquieu dava uma "definição mais geral" do gosto como sendo aquilo que, independentemente de ser bom ou mau, correto ou não, liga as pessoas a uma coisa pelo sentimento — definição que não impede a vinculação do gosto às "coisas intelectuais", cujo conhecimento dá prazer ao espírito.

Em Montesquieu, o gosto está ligado diretamente ao prazer e, num sentido mais amplo, à felicidade. Prazer do intelecto tanto quanto prazer dos sentidos, do qual o primeiro é a culminação, a realização plena. A felicidade não estaria exatamente no prazer mas na capacidade de *receber* o prazer, abrindo espaço para uma associação entre a possibilidade do prazer e a situação de receptor ou espectador — o que poderia justificar o destaque (ou mesmo privilégio) atribuído à condição de espectador observável em certas políticas culturais. O prazer, para Montesquieu, é um *dado* que se obtém mais quando *achado* do que quando *procurado*. Não existiria, assim, um programa para a busca do prazer e da felicidade: o que fornece um e outro é o acaso, o inesperado, aquilo que surge quando menos se espera, quando se está fazendo uma outra coisa, quando a atenção e a intenção estão voltadas para outros objetivos. Proposição de implicações análogas pode ser encontrada em Wittgenstein. Um de seus aforismos diz — sem qualquer referência a uma eventual leitura de Montesquieu — que o gosto é a refinação da sensibilidade mas que a sensibilidade nada *faz*, é meramente receptiva. A consequência imediata dessa colocação é que, como vem num outro aforismo, mesmo o gosto mais refinado *nada* tem a ver com a criatividade, com o poder de criação — o que muita política cultural não percebe.

Se não há um programa claro para a obtenção do prazer e da felicidade — portanto, um programa para a alimentação e a satisfação do gosto — existem pelo menos pistas capazes de levar a esse estado ou condição. Em seu *Ensaio*, Montesquieu constata que é o prazer proporcionado por um objeto que leva as pessoas a um outro objeto, sendo essa a razão pela qual o espírito procura sempre "coisas novas", não descansando nunca nessa procura. Nesse caso, uma das molas para o exercício do gosto e obtenção do prazer estaria na multiplicação das "coisas a ver". Dar a ver, dar a ver mais do que se poderia esperar: esta seria, nesta ótica, a meta de uma política cultural. A procura do novo, paradigma do Iluminismo transformado em pedra de toque da Modernidade, tem sido contestada na contemporaneidade em sua condição de valor cultural. Escrevendo no final dos anos 1940, o marxista Arnold Hauser criticou acerbamente, em sua *História social da literatura e da arte*, publicada em 1951, a obsessão com o novo manifestada agudamente nas propostas artísticas a partir do Impressionismo. Os movimentos filosóficos e estéticos pós-modernos, curiosamente — curiosamente porque os críticos de inspiração marxista são os mais acerbos contestadores da ideia de uma pós-modernidade — também abriram fogo contra a ideia do novo como motor e objetivo do gosto, portanto do prazer.

Para Montesquieu, de todo modo, a questão é clara: trata-se de "ver um grande número de objetos, ampliar a visão, estar em vários lugares, percorrer mais espaços". Em outras palavras, o que está em jogo é *ampliar a esfera de presença do ser* (da alma, nas palavras de Montesquieu) — e este poderia ser o modo sintético de expressar a meta de toda política cultural. Essa é a razão pela qual as viagens oferecem tantos pretextos para o prazer. Quando viajar não é possível, quando obstáculos se interpõem entre as coisas e os sentidos e sentimentos — na cidade, os prédios bloqueiam a visão quando não são seu objeto; no campo, tudo pode ser indistinto, invisível; nas relações humanas, o trabalho e tanta coisa pode obscurecer os sentimentos — a arte surge como mediação privilegiada.

Ter muito a ver, mostrar simplesmente muitas coisas, *pode não bastar* para provocar o gosto e fornecer prazer. Para Montesquieu, seria imperioso mostrá-las *numa ordem.* Políticas culturais inteiras se justificam com essa ideia da ordenação: mostrar não basta, imprescindível pôr ordem, ensinar a ver, educar para ver. Essa educação dos sentidos ou educação do gosto (na expressão de Karl Marx, "educação dos cinco sentidos, trabalho de toda a história universal até agora") configura uma das orientações da política cultural mais discutíveis. Suas implicações são claras e podem ser resumidas na observação de um arte-educador americano contemporâneo, Robert Saunders, para quem a história da arte talvez seja a única disciplina humanística que é pensada e conhecida mais pelo modo como tem sido ensinada (ordenada) do que por suas proposições específicas — o que suscita a possibilidade de que a própria arte seja hoje conhecida mais pelo modo *como* é ensinada ou ordenada do que por aquilo em que se constitui e oferece. Como o *Ensaio sobre o gosto* ficou inacabado, não se tem o desenho completo dos "prazeres da ordem"; em todo caso, Montesquieu insiste que a confusão, a desordem, a falta de ordem são obstáculos que o espírito não consegue vencer na busca do prazer e no exercício do gosto. E *ver* simplesmente, mesmo com ordem, pode não bastar ainda sob um segundo aspecto: no esquema de Montesquieu, melhor seria talvez que essa visão fosse tal que permitisse *ver as coisas em seu conjunto*, promovendo com isso a reparação da atenção demasiadamente vinculada ao detalhe, ao mais próximo, ao imediato, própria da vida cotidiana. Este será o sentido da explicação de Montesquieu para a preferência das pessoas pela simetria: "ela constitui um conjunto". Ainda, numa passagem de seu *Diário de viagem* anotou que "quando chego a uma cidade, subo sempre ao campanário ou à torre mais alta para ver o conjunto". A arte permitiria ver não apenas o que não é possível ver diretamente como possibilitaria ver, entrever, o conjunto. (Ponto de vista passível de discussão: Fernando Pessoa, sob o heterônimo de Alberto Caeiro, escreve que a natureza é "partes sem todo"; mesmo estando no outro polo do eixo, nessa toada tudo leva a crer que também a arte não teria todo nenhum a perseguir...)

Outra questão fundamental para a política cultural: o que é necessário para "ter gosto"? Gosto se adquire, o gosto pode ser alterado, o gosto pode alterar? Para Montesquieu, existem o gosto natural e o gosto adquirido. O gosto natural é uma aplicação imediata e requintada de regras que não são conhecidas. Não implica nenhuma teoria ou conhecimento. Não é necessário *saber* que o prazer dado por uma certa coisa considerada bela vem da surpresa: basta que ela surpreenda — e que surpreenda "tanto quando deve, nem mais nem menos". E ao lado do gosto natural, um gosto adquirido pode ser desenvolvido, como foi dito, através do exercício da multiplicação da visão e do conhecimento. O gosto adquirido afeta, altera, aumenta e diminui o gosto natural, e o contrário é também verdadeiro. Wittgenstein, novamente, fez observações que seguem as trilhas abertas por Montesquieu: a faculdade do gosto não pode *criar* uma nova estrutura, só pode promover ajustes em estruturas já existentes. Como diz o filósofo, o gosto aperta e solta os parafusos mas não constrói um novo equipamento: "dar à luz" não é sua função. Muita política cultural desconhece o *caráter ajustativo* do gosto e, na busca da criação de novas estruturas, novas sensibilidades e do "novo homem", movida pelo **voluntarismo cultural** embarca em aventuras equívocas e, às vezes, trágicas. A função do gosto, para Wittgenstein, é tornar as coisas *aceitáveis*, nada mais do que isso.

Essa é a razão pela qual Wittgenstein coloca de um lado o gosto e, de outro, a criatividade. E, ainda, o motivo pelo qual acreditou que o grande criador não precisa ter gosto: seu produto vem ao mundo já formado, independentemente do gosto do criador ou outros.

É possível saber que se tem gosto, é possível concluir que, após um período de iniciação ou exercitamento, se conquistou um gosto? Wittgenstein acha que sim. Aquilo *que se tem* é passível de consciência. Já *aquilo que se é*, não. Posso saber que tenho gosto (algo que encanta, diz ele, mas que não fascina), não se sou original. E esse gosto que tenho é um gosto coletivo, ao qual adiro, ou é um gosto próprio? Será preciso escapar da esfera de Wittgenstein e Montesquieu para propor que sou consciente de ter gosto próprio quando meu gosto se afasta *ligeiramente* do gosto prevalente. Se meu gosto se identifica em tudo com o gosto dominante, não é um gosto próprio; se dele se afasta em tudo, simplesmente não é gosto.

Para Kant, cuja *Crítica do juízo* (ou *Crítica da faculdade de julgar*) apareceu cerca de 30 anos depois do *Ensaio* de Montesquieu, o gosto é definido de modo mais específico como a faculdade de julgar o belo. Em mais detalhes, o gosto é a faculdade de julgar *desinteressadamente* um objeto ou um modo de representação, através da satisfação obtida ou da insatisfação provocada. Denomina-se belo ao objeto dessa satisfação. Kant segue pelo caminho tomado por Montesquieu que, no *Ensaio*, distinguia entre ter prazer na visão de uma coisa útil (dita *boa*) e ter prazer em ver algo sem que isso tenha uma utilidade precisa (neste caso, esse algo é dito *belo*). Mas enquanto em Montesquieu a discussão do gosto segue por vários caminhos, em Kant o ponto de vista desse estudo é o do belo. Essa distinção inaugura o campo de atuação privilegiado das políticas culturais que é o da obra de cultura, de modo geral, e da arte, singularmente, em detrimento dos outros domínios que, para Montesquieu, promoviam o desenvolvimento do gosto, como as viagens, a visão de uma cidade ou de uma paisagem etc. (Sob esse aspecto, uma política cultural pós-moderna encontraria uma alternativa provocante na adoção — não exclusiva, por certo — dos caminhos de Montesquieu.) *A ampliação da esfera de presença do ser* se faz hoje de modo acentuado, se não exclusivo, através da mediação da obra de cultura e, cada vez mais e de modo específico, da imagem.

Tradicionalmente, as políticas culturais ocupam-se do gosto em sua versão do "bom gosto". Mais recentemente, o mau gosto fez irrupção no domínio da alta cultura e passou a ser — em suas várias versões, entre as quais o kitsch e o *camp* — não apenas objeto de estudo acadêmico como também fonte de inspiração e, mesmo, de culto. Montesquieu não esteve alheio ao problema. Em seu *Ensaio*, faz distinções entre o "nobre" e o "inferior" (ou *baixo*), mediados por algo que se encontra "exatamente" entre um e outro, o "ingênuo". Ressaltando que dos três o "ingênuo" é o de apreensão mais árdua ("está tão perto do inferior que é difícil ombreá-lo sem nele cair"), escreve que "o inferior é o sublime do povo, que gosta de ver coisas feitas para ele e que estão a seu alcance". As pessoas "bem educadas", no entanto, remetem-se sempre às ideias que são nobres, sublimes ou, no máximo, ingênuas.

A desqualificação do mau gosto é considerada, em certos círculos teóricos, como forma de opressão cultural sobre as camadas populares. A reação crítica à indiferença ou à condenação do mau gosto, ocasionalmente sob tons populistas, manifesta-se em "releituras" orientadas pela contestação das análises — como as realizadas pelos autores da chamada Teoria Crítica, ou Escola de Frankfurt — baseadas na dicotomia entre cultura superior e cultura inferior e que se encerram quase sempre pela valorização daquela sobre esta. E a reação "popular", ela, assume os modos da reivindicação e da "curtição", entre série e galhofeira, dos produtos de manifesta má qualidade ou mau gosto.

São vários os exemplos dessa tentativa de reabilitação do mau gosto. Os mais evidentes pertencem, hoje, preferencialmente, ao campo das imagens e encontram materialização nos filmes ditos de "escracho" ou "besteirol" (dos quais *O bandido da luz vermelha*, de R. Sganzerla terá sido, no Brasil, um antecedente erudito e as chanchadas da Atlântida, um precursor não intencional) e nos programas de televisão como *Planeta e Casseta*. Num nível internacional, vários dos *cult movies* são filmes de baixa qualidade técnica e estética como os do diretor Ed Wood, autor de produtos de minúsculo orçamento como *Plan 9 from Outer Space* e *Glen or Glenda (I changed my sex)*. Designado num livro de 1980, *The Golden Turkey Awards: nominees and winners, the worst achievements in Hollywood history,* de Harry e Michael Medved, como "o pior diretor de todos os tempos", Ed Wood foi tema de um filme recente, com grande orçamento e indicações para o Oscar, dirigido por Tim Burton (de *Batman*, entre outros). Os motivos dessas sucessivas *ondas do mau gosto* — e da operação de enobrecimento do mau gosto via análise teórica — são diversos e discordantes. Haveria, de um lado, por parte da "massa" (mas não dela apenas), uma espécie de vingança contra a noção de grandeza, a seriedade, o tenebrismo, as formalidades e solenidades da veneração estética tradicional, vista como sinal distintivo de classe; e vingança também contra a especulação metafísica e a favor da felicidade imediata, imediatamente perceptível e consumível, sem traumas e culpas. De outro lado, aponta-se para estratégias de marketing de massa baseadas no recurso ao *kitsch* ou ao *camp* como "feitos para o povo e ao seu alcance" e fala-se numa *ironia terminal* decorrente dos vários processos de desbastamento da cultura erudita promovidos pelos próprios artistas modernos e por teóricos acadêmicos. De um modo mais agressivo, lembra-se que esses produtos, diante dos quais até o mais desprovido espectador sente-se um ser superior, oferecem excelente ocasião para o "deleite na estupidez". No mesmo sentido, a ruindade representada (tanto quanto a representação ruim da ruindade) surgiria como modo de consolo; e o desprezível, como objeto digno de afeição. Isso não poderia ser confundido nem com a proposta da arte moderna (remontando a Rembrandt, com seu *Boi escorchado*) de encontrar o belo no feio, nem com a proposta politicamente correta e multiculturalista de descobrir o belo no rejeitado e no ignóbil. A adesão ao mau gosto seria, sob um outro ângulo, outra evidência do comportamento adolescente ampliado, típico do momento atual — algo a meio caminho entre a contestação aos cânones consagrados e o prazer sincero diante de obras que seriam o prolongamento das brincadeiras infantis "de mau gosto".

A promoção do mau gosto observada ao longo dos anos 1980 e 1990 é um processo distinto daquilo que foi a "redescoberta" do *kitsch* na década de 1960 e as operações de revalorização por que passou como índice de uma "outra cultura" cujo imaginário seria tão relevante para a dinâmica cultural quanto o das versões culturais tradicionalmente incensadas. Naquele momento, defendeu-se que o universo dos valores estéticos não mais podia ser dicotomizado entre os campos do Belo e do Feio: uma outra dimensão — uma outra "praia", na expressão feliz de Abraham Moles — estava aberta à frequentação de todos, cultos e menos cultos, a praia do *kitsch*, palavra cujo primeiro aparecimento se deu provavelmente na Alemanha, por volta de 1860, para designar a operação de " fazer móveis novos com velhos" (*kitschen*) e que gerou *verkitschen*, "vender algo diferente daquilo que foi encomendado e acertado": em bom português, passar gato por lebre. Esses, de fato, os dois sentidos relevantes de *kitsch*: não tanto ou não só mau gosto mas aquilo que é falso (falso, quer dizer, em relação ao "autêntico" da cultura nobre), enganoso, artificial, ilusório, exagerado, pretencioso. Mesmo sendo fenômeno universal e permanente, o termo kitsch, tal como irrompeu nos estudos acadêmicos nos anos 1960, mostrava-se vinculado ao contexto econômico e cultural do segundo pós-guerra mundial, marcado pelo crescimento cada vez mais acentuado da produção industrial e pela diluição rápida, por essa indústria, dos estilemas artísticos consagrados. Nesse cenário, o termo é usado para designar o estilo da ausência de estilo, aquilo que está fora de lugar, a multiplicacão dos efeitos não funcionais, o excesso. Suas manifestações imagéticas destacadas são o famoso pinguim de geladeira, os desenhos animados de Walt Disney como *Fantasia* (hoje no entanto, década de 1990, já "relidos" como formas máximas do cinema contemporâneo, o que só um saudosismo meramente subjetivo ou instrumentalizado pelo mercado pode explicar), as decalcomanias açucaradas. Certas "manifestações estéticas" do *kitsch* perturbam essas análises. O rei Luís II da Baviera (Luís Wittelsbach) transformou seu castelo num cenário de *kitsch*-barroco radicalizado a um ponto em que os liames da referência cultural popular se esgarçam e em seu lugar surge a malha de uma intenção deliberadamente estética, própria da cultura superior.

Já o *camp* é uma espécie de *kitsch* sofisticado, ou que assim se julga. Suas ocorrências estão mais ligadas à cultura de massa gerada pela indústria cultural, enquanto o *kitsch* encontraria suas raízes numa cultura popular autêntica, se essa expressão ainda tem sentido. *Camp* designa um modo do esteticismo. Seu ponto nuclear não é a questão do belo (ou do falso belo, se se preferir, como ocorre no *kitsch*) mas a do artifício, do estilo ou da estilização. Se o *kitsch* é democrático na sua proliferação, o *camp* faz parte de um código privado. É uma cultura de grupos, de tribos: é sinal distintivo, elo entre iniciados ou entendidos. Se o *kitsch* é uma cultura do interior e suburbana, o *camp* é cultura urbana, dos grandes centros. Surgem como casos de *camp* as luminárias Tiffany, as drag queens, certos restaurantes frequentados por celebridades, a revista *Esquire* nos anos 1960 e a *Playboy* de todas as épocas, os quadrinhos de Flash Gordon e, mais ainda, os filmes atuais do *Batman* e, em diversa perspectiva, os filmes de Ed Wood. Talvez a zona cinzenta separando o *kitsch* do *camp* possa ser atenuada lembrando que Hebe Camargo sempre foi um caso de *kitsch* enquanto Elke Maravilha é, claramente, *camp*. A lista é interminável e pode ter acréscimos a cada ano.

Os que de algum modo promovem o *camp* como modo alternativo e contestador da ideia assentada de cultura — ou o levam suficientemente a sério a ponto de discuti-lo por escrito — partem não raro de uma contestação das ideias de Kant sobre o gosto, em particular sua noção de que o belo é aquilo que agrada universalmente e sem conceito. Alegam que essa agradabilidade universal não existe e que ela é, sempre, local e temporalmente marcada, o que justificaria a multiplicação de *camp*s locais. Do mesmo modo, o "sem conceito" kantiano seria algo misterioso demais; as pessoas saberiam por que escolhem determinadas coisas ou obras como fatores de agradabilidade, e esses fatores seriam perfeitamente identificáveis (ligados a sexo, padrões sociais, étnicos etc.). A palavra *gosto* é, ela mesma, substituída por outra "mais moderna": sensibilidade, que o crítico marxista Raymond Williams também consagra, provavelmente sem defender o *camp*, na expressão "estrutura de sensibilidade" — afinal, uma *estrutura* é algo que se pode analisar, desmontar, e não um bloco inconsútil como o conceito kantiano.

As manifestações do *kitsch* e do *camp* são, por certo, fenômenos culturais de pleno direito cujo estudo permite uma compreensão mais fina da dinâmica cultural.

O que se discute é se favorecem, na expressão simples e feliz de Montesquieu, uma ampliação da esfera do ser...

Referências:

DORFLES, Gillo. *Il kitsch (antologia del cattivo gusto)*. Milão: Gabriele Mazzotta, 1969.

GAMA, Rinaldo. *O guardador de signos* (caeiro em pessoa). São Paulo: Perspectiva/ Instituto Moreira Salles, 1995.

KANT, I. *Crítica da faculdade do juízo*. Rio de Janeiro: Forense Universitária, 1993.

______. *Duas introduções à Crítica do Juízo*. São Paulo: Iluminuras, 1995.

MOLES, Abraham. *Psychologie du kitsch, l'art du bonheur*. Paris: Mame, 1971.

MONTESQUIEU. *Essai sur le goût*. Paris: Rivage Poche, 1993.

O'BRIEN, Geoffrey. "A kinder, gentler perversity", *The New York Review of Books*, v. XLI, n. 19, nov. 1994.

SAUNDERS, R. *Art history is a fiction*. Long Island, 1988, mimeo.

SONTAG, S. *A Susan Sontag Reader.* Nova York, Vintage Books, 1982.

WITTGENSTEIN, Ludwig. *Culture and value*. Chicago: Univ. of Chicago Press, s/d.

Grupo

Termos relacionados: imaginário, cultura latente, cultura patente, culturanálise, grupo sujeito.

Conjunto de indivíduos reunidos ao redor de um fim comum a ser perseguido e que serve de centro ordenador das relações entre esses indivíduos, uns em relação aos outros, e entre eles e o fim buscado.

Em Aristóteles é possível buscar uma metáfora sugestiva para a ideia de grupo. Para Aristóteles, cidade era o conjunto espacial que se podia abarcar com os olhos a partir da edificação mais alta di lugar. Aí se pode falar de grupo. (Sob este ângulo, desnecessário ressaltar que a maioria das cidades contemporâneas, em particular as metrópoles e as megacidades como Tóquio e São Paulo ou México, não são cidades — e não o são sob mais de um aspecto...) Por analogia, um grupo, em política cultural, pode ser entendido como um conjunto de pessoas em busca de um fim comum e que pode ser visto por inteiro numa mesma mirada. Esse entendimento dá à noção de grupo uma materialidade concreta, retirando-a da vaguidade segundo a qual o grupo é concebido como composto por um número qualquer e indeterminado de indivíduos.

Diferencialmente, e sob uma perspectiva que interessa à teoria do **imaginário**, um grupo pode ser descrito como um conjunto de pessoas que, em razão da história individual de cada uma, sentem de forma particular uma relação, fenômeno ou ação percebidos de modo diverso pelo conjunto mais amplo que integram. Esta concepção incorpora, para a caracterização do grupo, os aspectos intelectuais, afetivos e reativos (respectivamente, terceiridade, primeiridade e secundidade, na filosofia de Ch.S. Peirce) e não apenas os racionais, definidos pelo fim buscado.

Referências:
ARISTÓTELES. *Politics.* Harmondsworth: Penguin, 1974.
PAULA CARVALHO, J.C. "A culturanálise de grupos: posições teóricas e heurísticas emeducação e ação cultural", Ensaio de titulação, Faculdade de educação da USP, 1991.
PEIRCE, Ch. S. *Semiótica.* São Paulo: Perspectiva, 1984.
TEIXEIRA COELHO. *Semiótica, informação, comunicação.* 3. ed. São Paulo: Perspectiva, 1990.

Grupo sujeito

Termos relacionados: grupo, imaginação, culturanálise.

É o grupo que tem controle sobre sobre suas **práticas culturais**, de modo geral, e, em particular, sobre suas fantasias e **fantasmas** (o controle sobre os fantasmas, de modo particular, é o que possibilita ao grupo transformá-los em fantasmas transicionais, situacional ou historicamente caracterizados, impedindo-os de se constituirem em fantasmas de grupo dominantes, próprios de grupos sujeitados).

Não é raro que programas de política cultural tratem os grupos a que se destinam como grupos sujeitados, ao impor-lhes fantasmas não-transicionais (gerados fora do grupo), ou transformem-nos deliberadamente em grupos sujeitados.

Referências:
GUATTARI, F. *Psychanalyse et transversalité: essais d'analyse institutionelle.* Paris: Maspero, 1974.
PAULA CARVALHO, J.C. "A culturanálise de grupos: posicões teóricas e heurísticas em educação e ação cultural", Ensaio de titulação, Faculdade de Educação da USP, 1991.

H

Hábito cultural

Sumário: o hábito como quintessência do indivíduo ou grupo; a pesquisa do hábito cultural: o estável e o alternativo; hábito e imaginário cultural.

Termos relacionados: grupo, grupo sujeito, imaginário, prática cultural.

Hábito, na expressão tomista, é a massa, a argamassa que molda e modela o indivíduo; em Cícero, o hábito é uma forma, uma figura, uma compleição, uma disposição. Um hábito cultural é, assim, uma figura, uma forma cultural que identifica ou representa um indivíduo ou **grupo** e que é, de um e outro, sua quintessência.

O conhecimento dos hábitos culturais dos diferentes grupos sociais é indispensável à política cultural, que procura mapeá-los através de sondagens e pesquisas — voltadas tanto para a detecção do que é (relativamente) *estável e continuado* (o idêntico) nesses grupos quanto, o que é menos comum de encontrar-se nelas e mais difícil de obter-se, daquilo que surge, a esses grupos, como *alternativo* (o diferente) e que pode apontar para um desejo menos ou mais consciente por estes alimentado. O estudo do imaginário é fundamental para o desenho do hábito cultural.

Referências:
CRETELLA JR., José e Geraldo de Ulhôa Cintra. *Dicionário latino-português*. 3. ed. São Paulo: Cia. Editora Nacional, 1953.
MAFFESOLI, Michel. *Eloge de la raison sensible*. Paris: Grasset, 1996.

Heterocultura

Termos relacionados: cultura de fronteira, cultura emergente, culturas híbridas, modernização cultural, identidade cultura.

Modo cultural de um **grupo** ou comunidade que se alimenta ao mesmo tempo em duas ou mais matrizes culturais diferentes ou antagônicas (tradição e modernidade, continuidade e inovação, nacional e estrangeiro etc.).

Referência:
PAULA CARVALHO, J.C. "A culturanálise de grupos: psições teóricas e heurísticas em educação e ação cultural", Ensaio de titulação, Faculdade de Educação da USP, 1991.

Híbrido cultural

Ver Cultura emergente.

História imaginária

Sumário: a imagem pública de uma certa ideia de nação.

Termos relacionados: monumento histórico, preservação, patrimônio.

Expressão proposta por Th. W. Gaehtgens para significar que o **patrimônio** histórico e cultural de um país, tal como se observa através dos monumentos públicos, edificações e obras de arte em **museus** históricos que são objeto de alguma política cultural, constitui uma história imaginária desse país na medida em que é fruto de seleção, i.e., de **preservação** e destruição. Como exemplo, o rei Louis-Philippe da França, pretendendo congregar todos os franceses, celebrar a comunidade nacional e a grandeza do país, promoveu a edificação de monumentos públicos e a restauração de castelos reais, bem como a do complexo de Versailles, com o objetivo de reduzir as lutas partidárias, conciliar as diferenças e unificar a nação através de uma imagem pública. Vários governos que se sucederam na França, incluindo o de François Mitterand, que terminou em 1995, adotaram a mesma política (sob F. Mitterand, destaca-se, por seu significado simbólico evidente, a construção do Grande Arche de La Défense, que enquadra — no eixo visual — e supera, em dimensões, o Arco do Triunfo, erigido na Place de l'Etoile, Paris, em 1836, para homenagear os soldados mortos nas guerras da República e do Império e que era considerado, nas enciclopédias escolares francesas, "o monumento mais notável jamais construído no gênero [dos arcos de triunfo]".

A história imaginária se constrói através de batalhas simbólicas com ícones de domínio público. Singular, sob esse aspecto, é a história da estátua de Napoelão colocada sobre a coluna erigida na Praça Vendôme em Paris: coloada na coluna sob o Império, foi deposta na Restauração (substituída pela bandeira branca), recolocada durante a Monarquia de Julho (com Napoleão sob as vestes de um soldado e não mais de César, derrubada durante a Comuna e finalmente recolocada na coluna em 1874. Sorte semelhante teve a Igreja da Madeleine, também em Paris, concebida durante o Antigo Regime como igreja, tornou-se um templo dedicado à glorificação do exército, sob Napoleão, e reencontrou sua natureza inicial sob Luís XVIII. A cada um desses movimentos de sobe e desce, de mudança de indumentária ou de finalidade, corresponde uma história imaginária do país — ou, mais simplesmente, uma história do país.

Referências:

GAEHTGENS, Th.W. *Versailles, de la résidence royale au musée historique*. Paris: Albin Michel, 1984.

HARGROVE, June. *Les statues de Paris*. Paris: Albin Michel, 1989.
MARRINAN, Michael. *Painting politics for Louis-Philippe: art and ideology in Orleanist France 1830-1848*. New Haven: Yale Univ. Press, 1988.
NORA, Pierre (org.). *Les lieux de mémoire*. Paris: Gallimard, 1986.
PERROT, Ph. *Le luxe, une richesse entre faste et confort - XVIII-XIX siècle*. Paris: Seuil, 1995.

I

Identidade cultural

Sumário: identidade cultural e representação; núcleos duros da identidade; identidade e identificação cultural.

Termos relacionados: globalização, território.

O conceito de identidade cultural, noção-chave em muitas políticas culturais, aponta para um sistema de representação (elementos de simbolização e procedimentos de encenação desses elementos) das relações entre os indivíduos e os grupos e entre estes e seu território de reprodução e produção, seu meio, seu espaço e seu tempo. No núcleo duro da identidade cultural — aquele que menos se desbasta através dos tempos, mesmo nas situações de distanciamento do **território** original — aparecem a tradição oral (língua, língua sagrada, língua sagrada secreta, narrativas, canções), a religião (mitos e ritos coletivos, de que são exemplos as peregrinações ou a absorção de drogas sagradas) e comportamentos coletivos formalizados. Como extensões desse núcleo duro, surgem os ritos profanos (carnaval, manifestações folclóricas diversas), comportamentos informalmente ritualizados (ir à praia, frequentar espetáculos esportivos) e as diversas manifestações artísticas.

Durante um tempo, considerou-se na verdade que não apenas havia núcleos duros no conceito de identidade cultural como, ainda, que todo ele era um conceito duro, fechado, igual a si mesmo ao longo do tempo — uma espécie de metro com o qual poderiam ser comparados e ajustados os diversos fenômenos culturais e que tinha na ideia de nacionalidade um pilar fundamental. Ao longo dos anos 1960, no Brasil, e mesmo em décadas anteriores, este entendimento foi o que prevaleceu entre os que com ele operavam tanto à esquerda (como o movimento dos Centros Populares de Cultura) como à direita (ideólogos do regime militar instalado em 1964). Para estes, tratava-se de encontrar os traços dessa identidade e de preservá-los estimulando sua reprodução através de programas de ação cultural e de políticas de comunicação de massa de que resultaram as redes nacionais de televisão.

Esse conceito de identidade vem sendo substituído, atualmente, pelo de identificação: mais do que um sistema, armado por unidades significantes estáveis a que correspondem unidades de significado perenes, o que se teria hoje seria um processo de unidades cambiantes, enquanto significantes e significados, no qual os indivíduos e grupos entram e do qual saem intermitentemente, ao sabor de motivações de diversificada origem. Ora a identificação cultural se faz com determinados elementos, ora com outros. Existiriam ainda, eventualmente, núcleos duros na identificação mas ela mesma, como processo totalizante, não se apresenta como estável e constantemente igual a si mesma. A primeira consequência dessa nova situação é a inviabilidade de proporem-se programas de ação cultural para a manutenção, reforço ou construção da identidade cultural. Claro que naqueles territórios onde o núcleo duro da identidade se expande desmesuradamente até recobrir todos os aspectos da vida indívidual e coletiva, pública e privada, como nos estados islâmicos, a identidade cultural ainda se apresenta como meta a perseguir e manter.

A dinâmica cultural contemporânea, genericamente considerada, é extremamente complexa e de orientação às vezes contraditória. A tendência para a globalização borra em parte os contornos das diversas identidades culturais; no interior desse processo, porém, movimentos ditos afirmativos e libertários, como os de reafirmação de etnias minoritárias sediadas em países de imigração, insistem na identificação das fronteiras de suas respectivas identidades culturais de origem ou arcaicas, extraídas de um espaço longínquo e de um tempo remoto em tudo estranhos àqueles em que se sediam na atualidade esses mesmos movimentos e para os quais carregam representações de relações agora imateriais ou, mesmo, fantasmais.

Essa passagem da identidade à identificação é vista, de um lado, como indício de um processo de fragilização do eu identitário e, no limite, de um processo de desmontagem, alienação e reificação do sujeito, perdido num fluxo e refluxo de orientações e interpelações que até ele chegam de diferentes fontes — a publicidade, o cinema, a TV, as revistas de comportamento — e que dele exigem um contínuo amalgamento às necessidades do mercado. De outro, esse mesmo processo é encarado como possibilidade de renovação continuada através do uso de máscaras identitárias provisórias que libertariam o indivíduo dos compromissos públicos e privados frequentemente decididos fora e acima dele. Neste caso, a identidade cultural, se ainda for possível usar essa expressão, transforma-se em processo de construção continuada (montagem e desmontagem, formação e reformulação), deixando de apresentar-se como entidade estável a ser descoberta e endossada tal qual. O processo de identificação apontaria para o fato de que todo indivíduo compõe-se de uma série de camadas de significação, aproximadamente equivalentes a suas *personae* ou personalidades, que podem ser vividas sequencialmente ou, no limite, concorrencialmente, num mesmo tempo. Segundo o antigo esquema, este viver diferenciado era considerado a rigor insuportável do ponto de vista social, mais quando as *personae* eram encenadas concorrencialmente (o que poderia levar a diagnósticos de perturbação mental) porém não muito menos no caso de mudanças sucessivas de personalidade. Esse deslizamento por ou sob máscaras distintas é, agora, mais aceito.

Referências:

DaMatta, Roberto. *Carnavais, malandros e heróis: para uma sociologia do dilema brasileiro*. Rio de Janeiro: Zahar, 1983.

GAUDIBERT, Pierre. *Du culturel au sacré*. Paris: Casterman, 1981.
MAFFESOLI, Michel. *Au creux des apparences*. (Pour une esthétique de l'éthique). Paris: Plon, 1990.
IANNI, Octávio. *A ideia de Brasil moderno*. São Paulo: Brasiliense, 1992.
SAID, Edward W. *Orientalismo: o oriente como invenção do ocidente*. São Paulo: Companhia das Letras, 1990.
TODOROV, T. *Nous et les autres: la réflexion française sur la diversité humaine*. Paris: Seuil, 1989.

Identidade de performance

Sumário: obra, interpretação, recepção; identidade de performance e crítica de arte.

Termos relacionados: arte (apreciação artística), competência artística, disposição estética, comunidade interpretativa.

Designa, na performance de uma obra especialmente musical (mas também teatral, de dança etc.), a identidade entre a interpretação e a obra, entre o intérprete e o ouvinte/espectador, entre o ouvinte/espectador e a obra, entre uma obra particular e outra.

Por trás da noção de identidade de perfomance está a ilusão de que a obra está sendo executada a partir do ponto de vista de seu criador, como se estivesse sendo composta nesse mesmo momento. Se outro for o partido assumido (interpretação livre de uma peça musical, adaptação etc.), não se poderá, com evidência, falar em identidade de performance — pelo menos no circuito obra-interpretação.

É a existência de uma identidade de performance como pressuposto que frequentemente permite a **crítica** estética: a interpretação será tanto melhor ou tanto pior na medida em que se aproxime ou afaste da suposta "obra em si". Programas de **ação cultural** (de iniciação genérica à música, por exemplo, ou de explicação de um concerto em particular, tanto quanto de uma exposição de pintura) partem do mesmo pressuposto, que privilegia a polarização obra-execução e obra-outra obra, deixando de lado as outras duas, de abordagem mais trabalhosa.

Referência:

SAID, Edward W. *Elaborações musicais*. Rio de Janeiro: Imago, 1992

Identificação cultural

Ver Identidade cultural.

Ideologia cultural

Sumário: o conceito crítico de ideologia; ideologia, imaginário, cultura; as relações entre o falso e o verdadeiro.

Termos relacionados: imaginário, cultura, política cultural.

Orientação de valor político-filosófica seguida por uma **prática** ou **política cultural**. Responde pelas motivações dessa prática ou política, expressa o que uma e outra entendem por cultura, que papel atribuem ao produtor cultural e ao usuário ou consumidor cultural, como organizam o sistema de produção cultural, que lugar atribuem à cultura na estrutura social. Assim, diz-se que um determinado **modo cultural**, prática ou política cultural é libertário, autoritário ou totalitário ou, ainda, que determinado modo cultural, prática ou política cultural marca-se pelo dirigismo cultural, pelo liberalismo cultural ou pela adoção da democratização cultural (v. **política cultural**); ou, também, que esse modo, prática ou política cultural é de inspiração marxista, trotskista, cristã, nazista etc.

Nessa acepção, o termo ideologia é tomado mais em seu sentido de "visão de mundo" e de "sistema ou constelação de crenças e atitudes" do que em seu sentido propriamente marxista, para o qual ideologia é o complexo de ideias que sustenta a classe dominante no poder. Neste enfoque, dito "crítico", a ideologia é um sistema de representação e de práticas que produz, mantém e reproduz relações de dominação. A expressão "ideologia cultural" — que pode ser vista, numa compreensão ampla, como consideravelmente pleonástica na medida em que a ideologia só pode assumir a forma de uma cultura — refere-se, nesse caso, a um determinado modo de produzir e usar formas culturais com esse objetivo específico de manutenção e reprodução de relações de dominação. Ainda segundo esse entendimento, o conceito de ideologia e, por extensão, de ideologia cultural, designa um conjunto de práticas cognitivas e afetivas em nível individual e coletivo que, a serviço das exigências irracionais ou injustas da ordem social, tem a função de negar os interesses mais profundos desse indivíduo ou grupo de indivíduos, num processo cujo resultado é a alienação. Os autores que empregam o termo ideologia nessa concepção crítica distinguem-no, portanto, de expressões como **imaginário**, *sistema de crenças e atitudes* e, mesmo **cultura** uma vez que estes não se mostram necessariamente, sempre, como sustentáculos de uma classe dominante.

Variante do conceito crítico de ideologia é o que a descreve — seguindo uma corrente aberta por Louis Allthusser e que fazia convergir para um mesmo ponto de vista teórico o marxismo, a psicanálise e a semiologia — como discurso fragmentário com a coerência de uma neurose e função determinada no interior de um complexo estruturado. Nessa linha, a ideologia (e a ideologia cultural) não é forçosamente o discurso da classe dominante, nem é entendida, genericamente, como o equivalente do **imaginário** ou da própria **cultura**: é um discurso *específico*, aquele cuja estrutura é a de uma *neurose* (portando, provocador de alienação, impeditiva da realização plena do indivíduo ou do grupo) e que tem uma função definida num sistema (e não uma função qualquer, indefinida ou nenhuma).

Enquanto para o conceito crítico de ideologia existe a possibilidade de, através de uma prática adequada, passar-se do campo ideológico para o teórico (ou da alienação para a revelação, do mascaramento para o desvelamento, da falsidade e da falsificação para o real), para os defensores pós-althusserianos do conceito de ideologia essa passagem (ou *ruptura epistemológica*) não é uma inevitabilidade, nem uma operação que possa ser executada em sua plenitude (para estes, a concepção crítica envolve uma visão utópica do mundo e do conhecimento). Já para os que entendem que ideologia é um outro termo para **imaginário**, **cultura**, sistema de crenças e atitudes etc., não há como falar-se numa passagem do falso para o verdadeiro (do pré--conhecimento para a ciência) uma vez que existiriam apenas ideologias ou, termo mais adequada para esta corrente, representações do mundo, convivendo entre si e eventualmente impondo-se umas às outras por diversos motivos em nada vinculados a uma interpretação correta, justa ou científica do mundo.

Referências:

CHAUÍ, M. *O que é ideologia.* São Paulo: Brasiliense, 1980.

HERBERT, Thomas. "Notas para una teoria general de las ideologías" in VERON, Eliseo (org.). *El proceso ideológico.* Buenos Aires: Tiempo Contemporaneo, 1971.

MANNHEIM, K. *Ideology and utopia.* Nova York, Harvest, s/d.

MARX, K. *A ideologia alemã.* Rio de Janeiro: Zahar Editores, 1965.

______. *Grudrisse.* David McLellan (org.). St. Albans: Paladin, 1973.

SLOAN, T. *Damaged life* (the crisis of the modern psyche). Nova York: Routledge, 1996.

Imagem (1)

Sumário: a imagem como revelação e elo de socialidade; sensualismo e intelectualismo, estética e conhecimento simbólico; política cultural e imagem; pedagogia da imagem *versus* epifania da imagem.

Termo relacionado: socialidade, imaginário.

Em seu filme *Histoire(s) du cinéma*, Jean-Luc Godard diz: "A imagem chegará no tempo da Ressurreição". É uma frase que condensa de maneira feliz o sentido que a imagem adquiriu para o homem contemporâneo (se é que algum dia ela o perdeu). Quem a proferiu foi um cineasta de quem pelo menos um filme, *Je vous salue Marie*, incomodou enormemente a Igreja católica, que conseguiu proibir sua exibição no Brasil, por um momento. Tanto aquele filme, porém, como essa frase demonstram um senso do sagrado poucas vezes observado em muitos homens de religião... O tempo da ressurreição é o apocalipse e o apocalipse é a revelação — e a revelação gera a ressurreição: esta é a natureza da imagem, a revelação e a salvação. Revelação e salvação num sentido místico ou misterioso (é o mesmo Godard que diz também: "O cinema não é arte, nem técnica: é um mistério") e, ainda, num sentido epistemológico mais amplo e simultaneamente mais específico: se não é o único meio de investigação histórica, a imagem em movimento é certamente um meio privilegiado. É a imagem do cinema que dá ao homem contemporâneo a possibilidade de figurar da maneira mais radical possível seu próprio pensamento, e não apenas a realidade exterior. David Wark Griffith, um dos criadores do cinema moderno com seu *Nascimento de uma nação* (1915), pouco após o lançamento do filme profetizou que "em menos de dez anos... as crianças das escolas públicas aprenderão praticamente tudo com o cinema. Por certo nunca mais serão obrigadas a ler história". Sua profecia demorou um pouco mais de dez anos para realizar-se porém a vitória arrasadora da imagem em movimento sobre as demais é agora incontestável. Tudo hoje passa pelo cinema e pela televisão (daqui a pouco, pela Internet): a memória, o fato histórico, a recordação do que existiu e do que pode existir. Muitos consideram e consideraram o cinema, desde os tempos de Griffith, como a vitória da "desinformação concisa", do "simulacro de pensamento": um livro pensa mas um filme não, diz-se. Independentemente de juízos de valor, a imagem e a imagem em movimento transformaram-se na pedra de toque da cultura contemporânea. É possível discutir sobre qual modo de imagem a torna efetivamente reveladora, quais processos de montagem permitem que a imagem resista ao fluxo reificador da existência e, desconstruindo os fatos, reconstrua a possibilidade do real e a probabilidade do real viável que lhes dão seu halo atrativo. Independentemente dessa discussão, porém, toda imagem apresenta-se como um momento da globalidade, do envolvimento do indivíduo com seu mundo imediato e seu mundo distante passível de produzir a união entre a sensibilidade e o entendimento. O sensualismo inerente à imagem, aspecto que está na origem dos iconoclasmos das diversas épocas e conotações, das religiosas às políticas, não elimina o conhecimento: pelo contrário, cria o terreno, prepara as fundações para que o conhecimento tal como o intelectualismo o entende (representação abstrata, lógica, simbólica) se manifeste. A imagem reúne em si as condições para que os três modos de relacionamento entre o sujeito e o mundo — o estético, o pragmático e o lógico — se processem harmoniosamente em vez de entrarem em guerra aberta uns com os outros como ainda acontece no campo da educação formal, onde a casa do conhecimento é sempre iniciada pelo telhado, i.e., pela lógica, e não pelas fundações, quer dizer, pela estética (pelos sentidos), num processo cujo resultado não tem como ser muito diverso da eliminação e rejeição que provoca em seus sujeitos (que de pronto, e por isso, se transformam em objetos). Esta imagem, e esta imagem em movimento de modo muito particular, mostra-se como um dos poucos elos religantes da cultura contemporânea — como um dos poucos elementos capazes de atravessar os diversos tipos de abismos instaurados entre os individíos uns em relação aos outros, entre eles e o grupos e entre os grupos uns em relação aos outros. Por sua própria natureza inicial, esta imagem é coletiva e em sua raiz encontra-se o princípio mesmo da socialidade. O cinema, como a arquitetura e mais do que esta, é uma arte da exposição coletiva — e nesta projeção englobante cada indivíduo e cada grupo é lançado para fora de si mesmo e para longe, num movimento na direção do outro.

É esse aspecto intrinsecamente revelador e associativo da imagem — e da imagem em movimento de modo particular — que muita política cultural desconhece ao propor contra ela uma espécie de conflito santo em nome da letra impressa. Para o homem contemporâneo, no começo não era o verbo, era a imagem — o verbo que se faz ação, o verbo-afecção. Embora ainda incipientes, alguns programas de ação cultural na direção da imagem e, às vezes, mediante a imagem, começam a mostrar suas possibilidades heurísticas. O que começa a ocorrer, neste domínio, não é tanto uma pedagogia da imagem, com o inevitável sentido de dirigismo que lhe vem acoplado, como uma efervescente *epifania da imagem*, registrada tanto em programas de aproximação à recepção de filmes quanto em outros de descoberta do corpo no espaço através do video e das possibilidades de moldagem e montagem do espaço na arquitetura, também através do video. O novo meio parece propor seu próprio e novo método de iniciação, não mais dirigido e didático como o da palavra escrita, mas agora aberto e polifônico.

Referências:

ARNAUD, A. *Pierre Klossowski*. Paris: Plon, 1995.

BAUDRILLARD, J. *La transparecence du mal*. Paris: Galilée, 1990.

DELEUZE, G. *Cinema: a imagem-movimento*. São Paulo: Brasiliense, 1985.

DURAND, G. *Les structures anthropologiques de l'imaginaire*. Paris: Bordas, 1978.

MAFFESOLI, Michel. *A contemplação do mundo*. Porto Alegre: Artes e Ofícios, 1995.

Imagem (2)

Sumário: a imagem como cópia funcional da realidade e como processo interno de dimensão teleológica.

Termos relacionados: imaginário, imaginação.

Imagem, no sentido específico que interessa para os estudos sobre o imaginário, não é a cópia funcional mas uma representação mental não gratuita, determinada por elementos de *schème* e arquetipais, e que assume uma dimensão teleológica na medida em que implica uma transformação da realidade ou do modo de ver a realidade.

A imagem assim entendida tem o caráter psicológico de uma representação da fantasia e não o caráter quase real da alucinação, isto é, nunca toma o lugar da realidade e sempre se distingue da realidade dos sentidos por ser uma imagem interna. Essa imagem é uma grandeza complexa que se compõe dos mais diversos materiais da mais variada procedência. Não é um conglomerado, mas um produto homogêneo, com sentido próprio e autônomo. A imagem é uma expressão concentrada da situação psíquica como um todo e não simplesmente ou sobretudo dos conteúdos inconscientes, não sendo possível assim interpretá-la a partir da consciência ou só do inconsciente, mas apenas a partir da relação recíproca entre um e outro.

Referências:

DURAND, Yves. *L'exploration de l'imaginaire*. Paris: L'espace bleu, 1988.
JUNG, C.G. *Tipos psicológicos*. Petrópolis: Vozes, 1991.

Imagem pessoal

Termos relacionados: imagem (2), imagem primordial, imaginário, imaginação simbólica, mitodrama, miticrítica, mitanálise.

Imagem constituída por conteúdos do inconsciente pessoal e por uma situação da consciência pessoalmente condicionada. Não tem significado coletivo ou caráter arcaico.

Referência:

JUNG, C.G. *Tipos psicológicos*. Petrópolis: Vozes, 1991.

Imagem primordial

Termos relacionados: imagem pessoal, mitodrama, mitocrítica, mitanálise, imaginação simbólica, imagem, imaginário, arquétipo.

Em contraste com a **imagem pessoal**, diz-se de uma imagem que é primordial quando tem caráter arcaico e está em concordância explícita com motivos mitológicos conhecidos. Neste caso, expressa, por um lado, sobretudo materiais derivados do inconsciente coletivo e, por outro, mostra que a situação momentânea da consciência é mais influenciada coletiva do que pessoalmente.

A imagem primordial está numa relação com certos processos perceptíveis da natureza que se reproduzem sem cessar e são sempre ativos; por outro lado, diz respeito, ainda, a aspectos interiores da vida do espírito e da vida em geral.

Referências:

DURAND, Gilbert. *Les structures anthropologiques de l'imaginaire*. Paris: Bordas, 1978.
JUNG, C.G. *Tipos psicológicos*. Petrópolis: Vozes, 1991.

Imagenheiro

Termos relacionados: Imagem, imaginário.

Utilizado na corporação responsável pela Disneylândia e Disneyworld para designar os projetistas e construtores das atrações de seus parques temáticos baseadas essencialmente em imagens de diferente natureza (cinema, TV, foto, cenografia etc.). (Do inglês *imageneers*).

Imaginação

Sumário: atividade criadora genérica; fantasia e fantasma; imaginação formal, material, dinâmica; imaginação de origem consciente e de origem inconsciente.

Termos relacionados: Imagem, imagem pessoal, imagem primordial, imaginário, imaginação simbólica, mitanálise, mitocrítica.

Atividade reprodutora ou criativa do espírito em geral, não uma faculdade especial, que se reflete em todas as formas básicas da vida psíquica: pensar, sentir, sensualizar, intuir. Há dois aspectos sob os quais considerar a imaginação: como fantasia simples e como fantasma. A atividade imaginativa como fantasia é a mera expressão direta da atividade ou energia psíquica, dada à consciência sob a forma de imagens ou conteúdos (assim como a energia física só pode manifestar-se estimulando os orgãos sensoriais de modo físico).

Por imaginação enquanto fantasma entende-se um complexo de representações a que não corresponde externamente nem uma origem nem uma situação atual real, onde o sujeito se presentifica e onde surge figurada — de modo mais ou menos deformado por processos defensivos — a realização de um desejo consciente ou, quase sempre, inconsciente. A fantasia enquanto fantasma é, deste modo, uma determinada quantidade de libido que não pode manifestar-se à consciência a não ser na forma de imagem. Ao contrário da fantasia, o fantasma tem um caráter recorrente: por derivar não raro de uma fantasia irrealizada, o fantasma persegue o sujeito transfigurado em formas defensivas e pode assumir um caráter patológico. Já a fantasia não se reveste de uma natureza defensiva e não é necessariamente recorrente.

A imaginação pode ter sua origem em recordações de vivências realmente ocorridas mas seu contéudo não corresponde a nenhuma realidade externa (portanto, não dependente da percepção) e é essencialmente apenas o escoamento da atividade criadora do espírito, uma ativação ou produto de combinação de elementos psíquicos, dotados de energia. Na medida em que a energia psíquica pode estar sujeita a uma direção voluntária, também a fantasia pode ser produzida consciente e voluntariamente, no todo ou em parte. No primeiro caso, nada mais é do que combinação de elementos conscientes; seu resultado são formas e valores com trânsito social garantido que tendem a reduzir seu conteúdo poético a conceitos. Ao lado dessa imaginação denominada formal, fala-se de uma imaginação material relacionada aos quatro elementos inspiradores das filosofias tradicionais e das cosmologias: terra, ar, água, fogo. Esta imaginação revela-se como uma penetração do espírito no âmago da matéria, mediante uma operação de combinação de elementos não analisáveis enquanto unidades mas apenas em seu movimento de transcendência ou sublimação dos pontos de partida (imaginação dinâmica). Na realidade da experiência psicológica do dia a dia, a fantasia é acionada por uma atitude intuitiva de expectativa ou é uma irrupção de conteúdos inconscientes na consciência.

Referências:

BACHELARD, G. *L'eau et les rêves*. Paris: José Corti, s/d.

______. *L'air et les songes*. Paris: José Corti, s/d.

______. *La terre et les rêveries de la volonté*. Paris: José Corti, s/d.

______. *La psychanalyse du feu*. Paris: Gallimard, s/d.

DURAND, Y. "L'Exploration de l'imaginaire", *Revista da FEUSP*, v. 13, n. 2.

______. *Les structures anthropologiques de l'imaginaire*. Paris: Bordas, 1978.

ISAACS, Suzanne. "Nature et fonction du fantasme" in Melanie Klein et al. *Dévelopment de la psychanalyse*. Paris: PUF, 1966.

JUNG, C.G. *Tipos psicológicos*. Petrópolis: Vozes, 1991.

Imaginação simbólica

Sumário: a imaginação simbólica como mediação entre o real e a matéria-prima do inconsciente; função de equilíbrio psicossocial; função de eufemização e tensão entre antagonismos; a palavra, a imagem e a loucura; constelação de imagens, redes simbólicas, convergência simbólica; papel da política cultural.

Termos relacionados: imagem, imaginário, convergência simbólica.

Nos estudos de antropologia do imaginário, é uma função de mediação entre a captação consciente da realidade exterior (tal como aparece diretamente ou através de signos concretos) e a matéria-prima que emana do inconsciente. A junção desses dois universos gera o *símbolo*, ou *sentido figurado* (sentido em figura, sentido em imagem; do alemão *sinnbild*, *sinn* = sentido + *bild* = imagem). Através dessa operação desenvolve-se um dinamismo prospectivo cujo resultado final é o equilíbrio psicossocial ou, em outras palavras, o ajustamento do indivíduo, em relação a si mesmo e no interior de um grupo, diante dos grandes problemas existenciais — dos quais o maior é o jogo entre a vida e a morte. Sob este aspecto, a imaginação simbólica tem uma função de eufemização na medida em que atenua a consciência da morte, mola primordial da produção simbólica. Não exerce, porém, apenas esse trabalho de amortecimento uma vez que, mediante o recurso a todas as estruturas e componentes do imaginário, contribui para melhorar a situação do homem no mundo adverso. Não é, portanto, mera síntese apaziguada e apaziguadora mas tensão constante entre as forças contraditórias da esfera psicossocial e que se desenvolve na direção da superação do impasse proposto pelo confronto direto entre elas. Dinamicamente, define-se como *negação vital.*

O cineasta Jean-Luc Godard fez sugestiva observação ao dizer que, na história do cinema, são pouquíssimos, para não dizer que inexistem, os casos de diretores que enlouqueceram, ao contrário do que acontece com os escritores. A imagem, diz Godard, salva da loucura — e a imagem em movimento mais do que a imagem fixa. Haveria, no dinamismo da imagem em movimento que não é apenas físico mas também, e essencialmente, simbólico, uma capacidade de propor ao espírito humano a necessária relativização dos sentidos que o atravessam em todas as direções e que, se imobilizados, quase incontornavelmente o levariam à loucura diante do abismo do tempo e da morte.

Para a política cultural, na forma de programas de **ação cultural** concretos, a questão central que a imaginação simbólica propõe é a que consiste em levantar as constelações de imagens prevalentes, ou quase constantes, com o objetivo de traçar as linhas de força culturais de um determinado grupo social — o que permitiria, no limite, identificar os procedimentos e recursos mais adequados à ação que se propõe ou pede. Esse levantamento consiste num inventário exaustivo de símbolos, agrupados em feixes com campos semânticos identificáveis (símbolos, por exemplo, de resistência à morte, ou de superação da morte, ou de contemplação da morte, símbolos que promovem o princípio do prazer, que figuram o antagonista, símbolos do tempo ou dos ciclos da vida etc.). É a constituição de agrupamentos relacionais de símbolos, sua disposição numa rede ou em redes, que permite um conhecimento razoável dos mecanismos imaginários de um grupo — o que implica dizer que a função imaginária corresponde à estrutura que emerge do agrupamento das relações verificadas num conjunto de símbolos (também denominado de **convergência simbólica**). Esse inventário de símbolos em redes relacionais é particularmente difícil no campo da arte propriamente dita, onde a criatividade é aberta e polimorfa. Em contrapartida, é mais factível no domínio dos mitos, lendas, crendices, ritos e práticas variáveis (não pertencentes necessariamente ao universo da cultura popular).

(O sentido específico que aqui se atribui a símbolo e simbólico obriga a que se atente para o recurso que se faz a esses termos em expressões como **mercado simbólico**, produção simbólica e outros do gênero. Nesses casos, o que fica designado é o mercado ou a produção das obras de cultura em geral, e das obras de arte em particular, e não o mercado ou produção das obras que se abrem para a imaginação simbólica tal como esta foi aqui descrita. A imaginação simbólica está presente nas obras de cultura e de arte mas não necessariamente toda obra de cultura e arte penetra no domínio da imaginação simbólica.)

Referências:
DURAND, Gilbert. *Les structures anthropologiques de l'imaginaire*. Paris: Bordas, 1978.
______. A imaginação simbólica. São Paulo: Edusp/Cultrix, 1988.
DURAND, Yves. *L'exploration de l'imaginaire*. Paris: L'espace bleu, 1988.

Imaginário

Sumário: o imaginário como capital cultural; domínio do arquetipal, domínio do idiográfico; o imaginário como propriedade emergente do epistemológico e do ontológico; regimes e orientações; modelizações do imaginário.

Termo relacionados: culturanálise, cultura patente,
, cultura emergente, AT-9, afetual, imagem, imaginação, mito.

Imaginário é um termo ao qual se vem recorrendo com insistência crescente nas últimas décadas, com uma velocidade de propagação comparável à de outros termos-fetiche recentes como *estrutura*,que dominou a discussão téorica nos anos 1950 e 1960. Essa mesma penetração ampla é responsável por uma flutuação acentuada do sentido do termo, quase nunca definido com rigor e utilizado de modo tal a recobrir uma variedade de noções tidas como comuns e que no entanto permanecem vagas (o ilusório, o fictício, o irreal, o absurdo). Nos estudos de cultura e de política cultural há um sentido de imaginário a privilegiar, aquele derivado das proposições de Gilbert Durand segundo o qual imaginário é o conjunto das imagens não gratuitas (v. **imagem 2**) e das relações de imagens que constituem o capital inconsciente e pensado do ser humano. Esse capital é formado pelo domínio do arquetipal — ou das invariâncias e universais do comportamento do gênero humano — e pelo domínio do idiográfico, ou das variações e modulações do comportamento do homem localizado em contextos culturais específicos e no interior de unidades grupais. Não se trata, portanto, de um conjunto de fantasias no sentido de irrealidades mas de um substrato simbólico ou conjunto psicocultural (presente tanto no pensamento "primitivo" quanto no civilizado, no racional como no poético, no normal e no patológico), de ampla natureza, que se manifesta sob diferentes formas e cuja função específica é promover o equilíbrio psicossocial ameaçado pela consciência da morte.

O domínio arquetipal designa o universo dos *schèmes,* gestos e arquétipos genotípicos. O *schème* (ainda sem uma traduação adequada em português) define-se como uma generalização dinâmica e afetiva da imagem, na expressão de G. Durand, aproximando-se como tal da noção de símbolo funcional de Piaget e de símbolo motor de G. Bachelard. Sua função, em Kant, é a de proceder à junção entre a imagem e o conceito e, em G. Durand, entre os gestos inconscientes e a motricidade sensorial e entre as dominantes reflexas e as representações, constituindo o esqueleto dinâmico ou funcional da imaginação.

Já o domínio idiográfico designa o universo das imagens simbólicas, das ideias em geral e dos mitos em particular tal como se constituem, no indivíduo, através dos sentidos. Em outras palavras, o imaginário é conjunto das imagens e relações de imagens produzidas pelo homem a partir, de um lado, de formas tanto quanto possível universais e invariantes — e que derivam de sua inserção física, comportamental, no mundo — e, de outro, de formas geradas em contextos particulares historicamente determináveis. Esses dois eixos não correm paralelos mas convergem para um ponto em comum onde se dá a articulação entre um e outro e a mútua determinação de um pelo outro. Se fosse possível separá-los nitidamente, o primeiro eixo se apresentaria como responsável pelo efeito de mundo e o segundo, pelo efeito de discurso ou de representação desse mundo em que o ser humano está mergulhado. O rebatimento de um eixo sobre outro — equivalente à convergência entre o epistemológico e o ontológico e da qual resulta o imaginário como uma espécie de propriedade emergente, i.e., propriedade que é explicada pelo comportamento dos elementos do sistema mas que não é propriedade de nenhum dos elementos individuais desse sistema e não pode ser explicada como somatória das propriedades desses elementos — permite uma leitura psicodiagnóstica e outra sociodiagnóstica do indivíduo ou do grupo.

Entendido desse modo, o estudo do imaginário está na base de toda política cultural que se pretenda convergente com os desejos e necessidades de grupos localizados. Este estudo implica na identificação das unidades de imagem invariantes que predominam num grupo e em sua articulação com as unidades de imagem por esse grupo produzidas de maneira localmente determinada. Entre as unidades de imagem ditas invariantes ou universais estão as dominantes ligadas, por exemplo, ao ciclo vital do homem, tais como aparecem em figuras, símbolos, ícones, narrativas etc. e entre as unidades de imagem ditas locais encontram-se todas aquelas derivadas de uma inserção física concreta do homem num mundo historicamente determinado. Estas imagens e unidades de imagem articulam-se em grandes discursos instauradores de significados coletivos (relações entre as imagens) submetidos a dois regimes maiores (diurno e noturno) e que se traduzem em representações de tipo heróico, dramático ou místico, em suas variadas combinações. Essas representações são passíveis de uma modelização que permite identificar — para fins psicológicos e psicanalíticos ou com objetivos culturais — a orientação ou o capital imaginário de um indivíduo ou grupo. O conhecimento destas orientações possibilita entender fenômenos de aceitação, rejeição ou alteração de imagens no interior de grupos sociais definidos. Se esse conhecimento pode ser passível de instrumentalização eventualmente discutível (com objetivos de engenharia cultural ou social, por exemplo, i.e., de constituição de capitais inconscientes previamente determinados e dirigidos para determinados fins), por outro lado pode mostrar-se sugestivo veículo de conhecimento e autoconhecimento do universo cultural de indivíduos e grupos.

Referências:

Badia, D.D. "Imaginário e ação cultural: as contribuições de Gilbert Durand e da Escola de Grenoble", Dissertação de mestrado, ECA-USP, 1993.

Durand, Gilbert. *Les structures anthropologiques de l'imaginaire*. Paris: Bordas, 1978.

______. A imaginação simbólica. São Paulo: Edusp/Cultrix, 1988.

Durand, Yves. *L'exploration de l'imaginaire* (Introduction à la modélisation des univers mythiques). Paris: L'espace bleu, 1988.

Paula Carvalho, J.C. "A culturanálise de grupos: posições teóricas e heurísticas em educaão e ação cultural", Ensaio de titulação, Faculdade de Educação da USP, 1991.

Searle, John R. "The mystery of Consciousness", *The New York Review of Books*, v. XLII, n. 17, nov. 2, 1995.

Imaginário cultural

Ver Capital cultural.

Imposição cultural

Ver Expropriação cultural.

Incentivo cultural

Sumário: doação, patrocínio, investimento.

Termos relacionado: mecenato, política cultural.

O incentivo cultural, ou incentivo fiscal à cultura, assume frequentemente a forma de deduções nos impostos devidos por indivíduos (pessoas físicas) ou empresas (pessoas jurídicas) como compensação por gastos efetuados com o apoio a práticas culturais. São três as principais modalidades cobertas pelos incentivos:

1) doação: transferência de recursos aos produtores culturais (ou empreendedores) para a realização de obras ou produtos culturais sem que haja, por parte do incentivador, interesses promocionais, publicitários ou de retorno financeiro;
2) patrocínio: transferência de recursos a produtores culturais para a realização de obras ou produtos de cultura com finalidades promocionais, publicitárias ou de retorno institucional;

3) investimento: transferência de recursos a produtores culturais para a realização de obras ou produtos de cultura com a intenção de participação nos eventuais lucros financeiros.

Na legislação brasileira, incentivos fiscais à produção cultural sempre existiram de forma indireta (na forma de abatimentos por despesas de promoção ou publicidade). A partir de 1986, uma primeira legislação específica, conhecida como Lei Sarney, contemplou de modo particular a possibilidade de dedução nos impostos para os casos de apoio financeiro à produção cultural. Seguiram-se outras decisões legislativas sobre a cultura, entre as quais destacam-se:

1) uma lei municipal da cidade de São Paulo, de 31.12.90, assinada por Luiza Erundina;
2) uma revisão da Lei Sarney, conhecida por Lei Rouanet, de 23.12.91 (regulamentada em 26.2.92);
3) uma lei do estado de São Paulo datada de 20.6.94.

O real alcance dessas medidas ainda é assunto controvertido. Primeiro, não se trata propriamente do deslocamento de quantias devidas ao tesouro público para o domínio da produção cultural: para ter direito às deduções, os incentivadores devem de fato dispender somas extras consideráveis, o que implica na preexistência, da parte deles, de uma disposição específica de apoio à cultura. Segundo, as produções iniciais feitas ao abrigo da lei deixaram muito a desejar devido à falta de critérios claros sobre o que poderia ser considerado artístico ou cultural, ponto nodal da questão (num primeiro momento da existência dessas leis, multiplicaram-se os livros ditos "de arte", com muita ilustração e pouco texto e feitos para servirem de brindes institucionais de fim de ano). Aos poucos deu-se uma reorientação das aplicações dos incentivadores, que passaram a apoiar produtos de maior valor cultural como filmes, espetáculos teatrais e musicais. Como contrapeso a estas avaliações relativamente negativas, há um consenso segundo o qual o grande benefício dessas leis foi chamar a atenção para o fato de cultura como um meio socialmente eficaz de promover institucionalmente os incentivadores, em particular num momento em que os serviços em geral, e os **serviços culturais** de modo destacado, surgem no primeiro plano do horizonte econômico. Um outro consenso não menor aponta para o afastamento do Estado de suas funções constitucionais de apoio à cultura e sua substituição gradativa pela iniciativa privada, movida quase exclusivamente por critérios de aceitação ou de agradabilidade da obra financiada, o que pode promover distorções notáveis na dinâmica cultural e minimizar as nuances entre a indústria cultural e uma outra produção até aqui dita de excelência.

Referências:

Lei municipal da Cidade de São Paulo n. 10.923 de 30.12.90.

Lei Sarney. Lei Federal n. 7.505, de 2.7.86.
Lei Rouanet. Lei Federal n. 8.313, de 23.12.91.
Programa Estadual de Incentivo à Cultura. Lei Estadual de São Paulo n. 8.819, de 10.6.94.

Indicador cultural

Sumário: O indicador cultural como depositário e produtor de uma cultura periférica; o indicador cultural em sentido amplo.

Termos relacionados: cultura popular, cultura dominante, culturas periféricas.

Embora se registre o uso dessa expressão também com o sentido de números e dados estatísticos que traçam o quadro da atividade cultural em seu conjunto ou sob um aspecto particular (frequência de idas ao cinema, número de casas culturais, venda de obras de arte etc.), em política cultural ela serve, antes, para designar a pessoa ou grupo de pessoas que, no interior de uma comunidade, cristalizam sua cultura específica, quer por conhecerem sua história e serem seu principal elo de transmissão, quer por constituírem-se em seus principais produtores culturais, aqueles cujas obras adquirem uma áurea que marca a comunidade com um sinal distintivo. Em princípio, recorre-se a esta expressão quando o universo a ser objeto de uma pesquisa ou política cultural é o de **cultura popular** ainda não estudada, tal como se manifesta em pequenas coletividades das periferias, cidades e vilas do interior, e em grupos minoritários sob qualquer aspecto. O indicador cultural pode ser um artista popular, um artesão, um contador de histórias, o principal organizador de uma atividade folclórica. É ele a fonte privilegiada para conhecer-se as práticas e necessidades culturais do grupo a que pertence, servindo como consultor de eventuais programas de ação cultural.

Acessoriamente, são indicadores culturais os objetos e eventos que traduzem um conjunto definido de traços culturais.

Por extensão, usa-se a expressão, mais raramente, para designar os expoentes de campos de produção erudita (Glauber Rocha como indicador do Cinema Novo; a igreja da Pampulha, em Belo Horizonte, como indicador da arquitetura modernista brasileira).

Indústria cultural

Sumário: indústria cultural, indústria do entretenimento; meios de comunicacão de massa; modos culturais degradados ou modos culturais autônomos; políticas para a indústria cultural.

Termos relacionados: ética, incentivos culturais, produtos culturais, televisão pública.

O acordo de livre comércio estabelecido entre o Canadá e os EUA no início dos anos 1990 define sob o rótulo de indústria cultural as seguintes atividades:

a) a publicação, distribuição ou venda de livros, revistas ou jornais impressos em papel ou que podem ser lidos por intermédio de uma máquina (revistas em CD--ROM, por exemplo);
b) a produção, distribuição, venda ou exibição de filmes e vídeos;
c) a produção, distribuição, venda ou exibição de gravações musicais em áudio ou video;
d) a produção, distribuição ou venda de música impressa ou em forma legível por máquina;
e) a comunicação radiofônica ou televisiva em aberto (*broadcast*), por assinatura ou no sistema *pay per view* (TV a cabo, transmissões por satélite).

A expressão indústria cultural é típica de países de inspiração cultural europeia--continental, incluindo-se aqui o Canadá. Nos EUA, prevalece o termo indústria do entretenimento que, além do cinema, do rádio, da televisão, discos, CDs etc., inclui ainda a totalidade das diversões ao vivo, todos os tipos de atividades artísticas performáticas (teatro, dança), esportivas, espetáculos variados, cassinos, parques temáticos (Disneyland, Universal Studios). Embora livros, revistas, periódicos sejam eventualmente incluídos nesta lista, nos EUA entram melhor sob a rubrica "indústria da informação". A adoção de um rótulo como "indústria do entretenimento" (ou "da diversão") nos EUA, abrangendo os modos culturais do cinema, do teatro, da dança etc., evitou, nesse país, uma considerável soma de discussões teóricas sobre, por exemplo, quais filmes considerar "cultura" e quais simples "diversão". O lado de certa forma negativo desta opção é a restrição da aplicação do termo **cultura** apenas para modos de circulação extremamente restrita, como os universitários e os científicos. Um eco (ou talvez a origem) desta distinção encontra-se na insistência com que, na Inglaterra, os centros de cultura sejam sistematicamente chamados de *arts centres*; considera-se nesse país que o termo *cultura* tem a propriedade de repelir o chamado "homem comum", propenso a ver nesse rótulo uma referência a atividades abstratas, ligadas ao ensino e às classes dominantes, das quais se sente excluído.

A expressão indústria cultural é frequentemente associada a outra, **meios de comunicação de massa**, da qual não é, porém, um exato sinônimo. A indústria cultural nem sempre requer um meio de comunicação de massa, como a televisão ou o rádio. Há territórios no interior da indústria cultural, como o campo de produção erudita (ex: a literatura ensaística), que apesar de requererem a intermediação de um meio de comunicação de massa (ex: a imprensa), não se caracterizam pela produção de bens culturais de massa. São ambos, por outro lado, termos de extensão relativa:

no Brasil, uma tiragem de 500 mil exemplares para um jornal é dita excepcional enquanto no Japão, país com população equivalente à brasileira, a tiragem cotidiana de muitos jornais está na casa dos vários milhões de exemplares; a edição de livros com tiragens médias de 2 a 3 mil exemplares dificilmente pode caracterizar esse ramo como típico da indústria cultural, embora sem dúvida o seja nos EUA onde as tiragens ultrapassam a casa das centenas de milhares. E dentro de um mesmo país, como o Brasil, 500 mil exemplares de um jornal nada são comparados aos 5 ou 10 milhões de espectadores de um programa de televisão.

A indústria cultural, cujo início simbólico é a invenção dos tipos móveis de imprensa por Gutemberg, no século XV, caracteriza-se, sugere seu nome, como fenômeno da industrialização tal como esta começou a desenvolver-se a partir so século XVIII. Seus princípios são os mesmos da produção econômica geral: uso crescente da máquina, submissão do ritmo humano ao ritmo da máquina, divisão do trabalho, alienação do trabalho. Sua matéria prima, a cultura, não é mais vista como instrumento da livre expressão e do conhecimento mas como produto permutável por dinheiro e consumível como qualquer outro produto (processo de reificação da cultura ou, como se diz hoje, de *commodification* da cultura, i.e., sua transformação em *commodity*, mercadoria com cotação individualizável e quantificável).

Num primeiro momento dos estudos de comunicação, marcado pelas análises da chamada Escola de Frankfurt, a indústria cultural sofreu cerrada carga da crítica universitária ou erudita, sendo menosprezada ou inteiramente marginalizada por sua alegada natureza de fenômeno de corrupção das estruturas culturais existentes. Entendia-se a indústria cultural, nesse aspecto, como instrumento de tradução e desbastamento dos modos culturais eruditos, num processo cujo objetivo era alcançar um mercado passivo de consumidores ao qual não se oferecia nada além de um entretenimento facilmente digerível. Dizia-se que a expressão "cultura de massa", usada para caracterizar a produção oriunda da indústria cultural, era inadequada: por ser feita fora do **território** das massas, ela se apresentava antes como um modo de cultura *para* as massas. Norberto Bobbio lista, entre os paradoxos da democracia, aquele que se constitui através da incompatibilidade entre democracia e indústria cultural. O pensador italiano registra que o uso feito da informação através da indústria cultural produz doutrinação, que tende a reduzir ou eliminar o sentido da responsabilidade individual, considerada fundamento da democracia. Nessa linha de argumentação, a indústria cultural é vista não como veículo de difusão da cultura mas, pelo contrário, como modo de impedir o acesso à cultura por destruir formas culturais populares e filtrar a produção passível de entrar em seu mecanismo, impedindo a crítica aos modos culturais predominantes. A indústria cultural é vista, assim, como fator de apatia e conformismo. A partir dos anos 80, de modo particular, admitiu-se com mais facilidade que os produtos dessa indústria transmitem mensagens — ralas ou não, desprezíveis ou não — que correspondem a sistemas específicos de significação, refletem hierarquias de valores e surgem de (tanto quanto propõem) modos de vida e de entendimento do mundo expressos de maneira particular e definida, o que os torna objetos de estudo e compreensão de pleno direito. De outro lado, os veículos da indústria cultural ocasionalmente proporcionam às artes plásticas, à música erudita, à literatura de primeira linha, uma penetração de outro modo impossível. É verdade que não raro, como no Brasil, essa divulgação da cultura erudita se faz apenas nos horários mortos (final de noite, início da madrugada, quando a esmagadora maioria dos aparelhos receptores já está desligada). E discute-se, também, sobre os efeitos duradouros dessa divulgação e sua capacidade para promover práticas culturais perenes. De um modo ou de outro, a negação pura e simples do **valor cultural** dessa indústria não é mais uma unanimidade.

Em termos de política cultural para a indústria cultural ou do entretenimento, as orientações divergem de país para país. Registram-se, como modos de política cultural, desde a censura aos diversos meios de expressão (livro, jornais, filmes etc.) ao apoio decidido à produção cultural, passando pela indiferença (relativa) do que acontece nesse campo. Países como a França intervêm na indústria cultural de diversos modos: adianta-se aos cineastas parte das eventuais receitas de seus filmes, estabelece-se cotas de exibição de filmes franceses e europeus nas televisões do país, conselhos curadores supragovernamentais interpelam as estações de TV sobre excessos de violência nos programas mostrados, os preços dos livros são controlados, óperas inteiras são custeadas — é amplo o leque de variedade dessa intervenção, feita em nome da dinâmica cultural em si e da preservação da identidade nacional e européia. Os EUA, em nome da liberdade de expressão e da autorregulamentação do mercado, pouco intervêm nesta área. Política semelhante é adotada no Brasil desde a redemocratização no início dos anos 1980: o governo detém o monopólio dos canais de rádio e tv mas os cede a empresas comerciais sem nenhum critério público visível e sem nada exigir em troca na área da produção cultural (tantas horas de programação desta ou daquela natureza, apoio ao audiovisual nacional, educação à distância etc.): para todos os efeitos, as empresas privadas são absolutamente autônomas na decisão comercial do uso de seus privilégios. Para os meios de menor significação econômica e política, como o cinema, a indústria editorial, o teatro, criaram-se diversas leis de incentivo fiscal que, se tiveram o mérito de chamar a atenção das empresas privadas para a área da cultura, pouco significaram em termos de um estímulo cultural propriamente dito.

A indústria cultural, no entanto, é um campo da produção cada vez mais significativo, a exigir dos governos uma atenção específica se não pelo aspecto cultural da questão, pelo menos por sua relevância econômica. Em 1994, a produção audiovisual dos EUA representava o segundo lugar da pauta do produto nacional daquele país, vindo atrás apenas da produção aeronáutica. Nesse mesmo ano, os filmes americanos venderam 362 milhões de ingressos nas salas europeias, enquanto nas salas americanas os filmes europeus conseguiram apenas 45 milhões de espectadores (preço de um ingresso numa sala de boa condição: entre 7 e 8 dólares). Na Europa, os filmes americanos representaram cerca de 80% do movimento econômico do setor exibidor, enquanto nos EUA os filmes estrangeiros faturaram 1,3% do total. Ainda nesse ano, os EUA exportaram para a Europa US$ 3,75 bilhões em audiovisuais enquanto a Europa vendeu para os EUA US$ 250 milhões. No total, as redes europeias de audiovisual consumiram cerca de 5 bilhões de horas anuais de programas americanos, sendo os produtos europeus vistos nas redes americanas num total de 180 milhões de horas. Além da disparidade das situações, esses números apontam para uma importância econômica (e cultural) da indústria cultural a exigir uma política equivalente à posta em prática para os demais domínios da produção. No Brasil, porém, essa política, quando existente, é errática e de todo dependente da vontade pessoal do governante.

Referências:

ADORNO, Th. W. *Dialética do esclarecimento.* Rio de Janeiro: Zahar, 1985.

ADORNO, Th. W. "Televisão, consciência e indústria cultural" in Cohn, G. (org.). *Comunicação e indústria cultural.* São Paulo: Nacional, 1977.

ADORNO, Th. W.; HORKHEIMER, Max. "O iluminismo como mistificação de massa" in LIMA, Luiz C. (org.). *Teoria da cultura de massa.* Rio de Janeiro: Paz e Terra, 1978.

BENJAMIN, W. "A obra de arte na época de sua reprodutibilidade técnica", in *Teoria da cultura de massa,* op. cit.

CANCLINI, N.G. e Niebla, G.G. (cords.). *La educación y la cultura ante el tratado de libre comercio.* México: Nexos/Nueva imagen, 1992.

CHAUÍ, Marilena. *Cultura e democracia.* São Paulo: Cortez, 1989.

COHN, Gabriel (org.). *Comunicação e indústria cultural.* São Paulo: Nacional, 1977.

LITTLEJOHN, Stephen. *Fundmentos teóricos da comunicação humana.* Rio de Janeiro: Zahar, 1982.

MICELI, Sergio et al. *Política cultural comparada.* Rio de Janeiro: Funarte, ...

TEIXEIRA COELHO. "Sensibilidades" in *Revista Imagens,* n. 1, abr. 1994. Campinas: Editora Unicamp.

______. *O que é indústria cultural.* 17. ed. São Paulo: Brasiliense, 1995.

Indústria da informação

Ver Indústria cultural

Indústria do entretenimento

Ver Indústria cultural.

Indutivismo cultural

Ver Dedutivismo cultural.

Instituição cultural

Sumário: instituições culturais, formações culturais, movimentos culturais.

Estrutura relativamente estável voltada para a regulação das relações de produção, circulação, troca e uso ou consumo da cultura (ministérios e secretarias da cultura, museus, bibliotecas, centros de cultura etc.) Essa regulação, nas instituições, se faz através de códigos de conduta ou de normas jurídicas.

Estabelece-se uma distinção entre as instituições culturais e as *formações culturais* a partir do fato de que as primeiras não são necessariamente (ou quase nunca) organizadas por aqueles mesmos que animam o sistema de produção cultural (artistas, público etc.) enquanto as segundas decorrem da iniciativa direta de produtores ou usuários da cultura (que se reúnem, por exemplo, ao redor de cooperativas de produção ou de associações de uso ou consumo ou, ainda, de **centros culturais independentes**). As instituições frequentemente são de direito público e regem-se por portarias, decretos, leis ou outros instrumentos jurídicos análogos, enquanto as formações têm natureza privada e definem-se por contratos particulares ou códigos de conduta.

Entre as instituições e as formações culturais estabelecem-se ligações formais ou mesmo causais sem que as identidades de umas e outras se confundam.

Os *movimentos culturais* (cinema novo, expressionismo), fenômenos da modernidade, são formações ainda mais fluidas, não regidas por contratos formais de nenhuma espécie (embora nelas se possa observar a existência de códigos), cujos membros relacionam-se de modo informal através de uma constelação de princípios ou preceitos.

Referência:

WILLIAMS, Raymond. *Cultura.* São Paulo: Brasiliense, 1992.

Integração cultural

Sumário: integração regional, nacional e supranacional; a indústria cultural e as políticas culturais; acordos regionais de integração.

Termo relacionado: democracia cultural.

Intercâmbio de produtos e **serviços culturais** entre localidades de uma mesma região, regiões de um mesmo pais ou de países e territórios distintos, de tal modo que populações ou comunidades diferentes passem a fazer parte de um mesmo **sistema de produção cultural**, isto é, de modo que seus produtos culturais penetrem num mesmo **circuito** e sejam passíveis de uso e consumo por todos que fazem parte desse sistema. Instrumentos de integração cultural têm sido as feiras, festas religiosas e, mais recentemente, os meios de comunicação de massa, em particular a televisão e o rádio. Durante o governo militar entre os anos 1960 e 1980, o Brasil foi, como resultado de um projeto específico, integrado culturalmente através dos serviços de telecomunicações que levaram os sinais de TV a todos os cantos do território nacional.

Essa integração apresenta, para autores diferentes, aspectos positivos (acesso, ao **mercado simbólico**, de comunidades antes dele marginalizadas) e negativos (uniformização da produção cultural, massificação das sensibilidades, sufocação de **modos culturais** regionais ou alternativos).

Mais recentemente, o tema da integração cultural vem sendo discutido sobre o pano de fundo dos ensaios de integração econômica como o da Comunidade Européia, Nafta (América do Norte) e Mercosul (Brasil, Argentina, Uruguai e Paraguai). Nesse contexto, a questão é estudada não apenas sob o aspecto das trocas simbólicas e da constituição de imaginários de recíproca projeção (o imaginário brasileiro sobre o Uruguai e vice-versa) mas também como um tópico relativo ao **mercado cultural** em seu aspecto econômico e político. Questões de política cultural relativas à produção de obras de cultura, especialmente no domínio do audiovisual, transformam-se em itens de intensa negociação, como se viu na recente Rodada do Uruguai do Acordo Geral de Tarifas e de Comércio (GATT), envolvendo de modo particular interesses europeus (sobretudo franceses) e norte-americanos. Os EUA pretendiam ver tratados os produtos culturais como qualquer outro produto econômico, enquanto os europeus, liderados pelos franceses, exigiam um tratamento excepcional para as obras de cultura por não serem meros bens econômicos mas por cristalizarem imaginários, modos de vida e de comportamento sem valor comercial. Enquanto os EUA pretendiam que fossem abolidos todos os entraves e barreiras à livre circulação dos produtos culturais, os europeus desejavam estabelecer cotas reservadas à divulgação das obras européis e, dentro da Europa, das diversas obras nacionais européias, fixando-se limites para a exibição de filmes americanos em cinemas e nas televisões e obrigando as emissoras à transmissão, durante um número mínimo de horas anuais, de obras regionais como forma não apenas de proteger economicamente a indústria cultural local mas também de assegurar a defesa das identidades culturais de cada país. Prevaleceu, ao final, o estabelecimento de limites e quotas de exibição.

Para além das questões propriamente culturais, os interesses econômicos em jogo são enormes. Nos EUA, o segundo item da pauta de produção nacional é representado pela indústria do audiovisual, logo abaixo da indústria aeronáutica.

A integração cultural, em época de **globalização**, tende a ser vista como uma inevitabilidade e, mesmo, como condição de sobrevivência das diferentes e atuais nações. Isto tem levado a não se formular o problemas em termos valorativos (discutir se a integração é em si boa ou má) mas apenas em termos de busca das respostas adequadas para uma integração com condições de atender a todos os interesses envolvidos. Procura-se, na formulação de politicas culturais, processos consensuais capazes de garantir às comunidades envolvidas um poder de decisão autônomo sobre aqueles bens que representam seu imaginário, sua cotidianeidade e sua memória. Em todo processo de integração está em jogo a questão das hegemonias e das diferenças, pedindo a formulação de uma complexa resposta — com a qual não se incomoda a indústria cultural que, na prática e sem políticas culturais arquitetadas, já vem promovendo essa integração. O consumo do audiovisual vem crescendo enormemente e os complexos industriais de produção nessa área, localizados sobretudo nos EUA e no Sudeste asiático, têm condições de impor a integração que mais lhes convém enquanto as políticas culturais não chegam a um acordo sobre o que fazer.

Referências:

ACHUGAR, Hugo (coord.). *Cultura Mercosur*. Montevideo: Logus, 1991.

BATALLA, Guillermo Bonfil. "De culturas populares y politica cultural", in *Culturas populares y politica cultural*. México: Museo de Culturas Populares/SEP, 1982.

ENTEL, Alicia. "Cono Sur 1970-1990: de la liberación a la integración" in ACHUGAR, Hugo (coord.). *Cultura Mercosur*. Montevideo: Logus, 1991.

MAGGI, Carlos. "Debate al segundo panel", in ACHUGAR, Hugo. *Cultura(s) y nación en el Uruguay de fin de siglo*. Montevideo: Logus, 1991.

MILANESI, Luis. *O paraíso via Embratel*. São Paulo: Paz e Terra, 1983.

Intermediação cultural

Sumário: intermediação e mediação: economia e cultura

Termo relacionado: mediação cultural.

Há uma tendência para considerar-se *intermediação* e *mediação cultural* como expressões sinônimas. Se num sentido frouxo é possível admitir essa identidade, em termos específicos deve-se notar que o termo intermediação tem forte conotação economicista e aplica-se com mais propriedade àqueles casos em que a operação designada tem os traços das operações que se registram no campo das trocas econômicas — implicando não apenas o significado de processo pelo qual um bem é aproximado do consumidor como também o sentido de especulação. Assim, o exibidor cinematográfico, tanto quanto uma emissora de televisão, são intermediários no senso habitual que a palavra tem em economia, o mesmo se configurando (em graus variados de intensidade no que diz respeito à aproximação, de um lado, e à especulação, do outro) no caso dos marchands, livreiros etc. A expressão *mediação cultural* deve ficar reservada para aqueles processos em que a aproximação entre a obra e o público é feita com objetivos não exclusivamente econômicos.

Interpretação

Sumário: explicadores e orientadores; oficinas na política cultural; o conflito entre aparência e essência; a interpretação na antiguidade clássica e na atualidade; o conflito entre o intelecto e os sentidos; conteúdo e forma; transparência e recusa do essencialismo; o conflito entre cultura erudita e cultura acessível; a imaginação.

Termos relacionados: ação cultural, política cultural, oficina, imaginário.

O século XX foi o século dos explicadores. Tem sido assim o Iluminismo, em particular, numa tendência que — embora manifesta já na antiguidade grega tardia — se acentou extraordinariamente a partir de meados do século XIX, com Karl Marx por exemplo, e que encontrou seu paroxismo na psicanálise freudiana. Os variados domínios da vida política, artística, intelectual foram afetados por essa tendência e a **política cultural** não foi exceção. Dois dos principais recursos da **ação cultural** têm sido os cursos e as **oficinas**. E numa proporção marcante, se não dominante, esses cursos e oficinas têm se caracterizado pelo recurso à interpretação como instrumento de introdução a uma prática cultural, quer como etapa inicial para o exercicio dessa prática, quer como condição para seu *uso*, para sua apreciação plena. Proliferam, assim, os cursos e oficinas *sobre* teatro e artes plásticas e cinema em geral tanto quanto *sobre* este filme em particular, esta peça, este conjunto de obras que configuram um *-ismo* particular.

A ênfase no recurso à interpretação não é matéria pacífica em política cultural. De um lado, vê-se a insistência na necessidade de alguma interpretação como indício, em primeiro lugar, da recusa da capacidade significativa aparente de uma obra ou fato de cultura e, também, como uma operação de tomada ou manutenção do poder (um poder cultural e simbólico, mas não raro um poder *tout court*) com base na posse do saber requerido ou supostamente requerido para o entendimento desse significado dito oculto. A justificativa para a interpretação é a ideia de que o que parece, não é. Existiria algo *por trás* ou no *interior* do fenômeno ou fato, a requerer uma escavação ou uma análise para ser devidamente identificado, apreendido e usufruído. (Gaston Bachelard descreve essa crença como manifestação do mito do recôndito, segundo o qual tudo que é importante está *dentro*, no interior, abaixo da superfície). Os defensores da interpretação nunca levaram a sério a proposição de Lenin, entre outros, segundo a qual, contrariamente ao que propunha Platão, o que aparece é essencial e o que é essencial, aparece.

Historicamente, a interpretação se firma como uma necessidade social com o surgimento da consciência pós-mítica, provocada pelos primeiros impulsos de esclarecimento científico. Nesse momento, os textos míticos ou místicos revelaram--se inadequados e uma operação de interpretação foi necessária para dar-lhes uma sobrevida. Os símbolos e alegorias dos **mitos** e das narrativas religiosas começaram a perder verossimilhança, que só podia ser refeita através de adaptações interpretativas de atualização. Por exemplo, o adultério de Zeus com Leda foi explicado como a união (suspeita) do poder com o saber; o êxodo do Egito, a peregrinação de 40 anos e o encontro da terra prometida, como uma alegoria das atribulações da alma humana procurando sua emancipação e encontrando a salvação final. Havendo discrepâncias entre o que o fato cultural diz e a realidade daquele que o vive, a interpretação surge como ponte entre uma coisa e outra através de uma verdadeira alteração introduzida nesse fato ou texto mas que não é assim vista por apresentar-se como "mera explicação".

Autores como Susan Sontag anotam que na modernidade, e na atualidade, a interpretação é movida não tanto essa necessidade de adaptação quanto por um desprezo declarado pelas aparências. Se o modo clássico da interpretação era respeitoso para com o fato ou texto explicado, o modo contemporâneo é um modo destrutivo: postula como imprescindível o ato de escavar esse fato ou texto (romance, filme, encenação) a fim de encontrar por trás a verdadeira essência, e essa escavação é fundamentalmente destrutiva. Para S. Sontag, esse procedimento é reacionário e assinala a vingança do intelecto sobre o mundo e, acima de tudo, sobre o sensorial e o emocional. No caso da obra de cultura e, em particular, da obra de arte, a interpretação assinalaria a recusa filistina de *deixar a obra em paz*. A obra de arte autêntica, para essa autora, tem a propriedade de inquietar, traço que a interpretação reduz e domestica, tornando possível a convivência com a obra. A interpretação, nesses casos, reduz a obra a seu *conteúdo*, negando-lhe a dimensão da forma, capaz de oferecer-se por si mesma à recepção, ou considerando que a experiência sensorial são favas contadas. Ressaltando que a tendência para a interpretação provocou o aparecimento de grande número de artistas que procuram deliberadamente a construção de obras que se ofereçam antes de mais nada à interpretação, S. Sontag — como outros, a exemplo da crítica de cinema norte-americana Pauline Kael — preza a *transparência* como o mais elevado valor estético, aquele capaz de levar à liberação própria da experiência artística. O pós-moderno é todo ele uma aposta na transparência da obra de arte (ou de arquitetura, de literatura etc.). Também o cinema americano adota radicalmente esse princípio, sem que isso signifique necessariamente um desbastamento da dimensão estética dos filmes. Stanley Kubrick (em *O Iluminado*), Robert Altman (*Short Cuts*) são exemplos de como um filme pode ser (razoavelmente) transparente sem perder qualidades estéticas refinadas.

Outros autores, inversamente, como Louis Menand, consideram a recusa do essencialismo, manifesta nos que criticam o recurso constante à interpretação enquanto instrumento de acesso ao conteúdo de uma obra, como sinal de decadência cultural e de cultura média (*midbrow*). Para autores como Menand, essa recusa marca o pós-modernismo e o define como um movimento de conformismo político e estético que gerou apenas autores e obras de importância secundária. Entre estes, lista Warhol na pintura, Norman Mailer na literatura, Tom Wolfe no jornalismo e a própria Susan Sontag, uma das teóricas dessa tendência nos EUA. Esses criadores e a recusa do essencialismo por eles promovida são desqualificados, por essa segunda corrente, como índices de uma cultura equivocada e menor. A própria Pauline Kael, crítica de cinema das mas importantes nos EUA durante décadas e ela mesma uma "não-interpretadora", é não raro apresentada como "nunca tendo terminado sequer o colégio". O que essa discussão ilustra é, além do dogmatismo eivado de preconceitos revelado por certas opiniões, o conflito entre os defensores de uma arte erudita, de vanguarda, baseada na noção de que o texto artístico é uma questão de linguagem (algo que depende de *códigos*, *gramáticas, leituras* e que portanto pede explicações e consagra *intérpretes*), e os que defendem uma arte de acesso mais imediato ao grande público, sem que isso implique em abandono de ideais estéticos.

Considerando que a produção cultural de hoje marca-se pelo fenômeno da proliferação desmedida da oferta cultural num universo caracterizado pelo bombardeamento dos sentidos humanos por uma saraivada de informações visuais, olfativas e sonoras, a posição contrária aos excessos da interpretação defende que o importante não é extrair o máximo de conteúdo de uma obra de cultura, nem extrair *mais* conteúdo do que aquele visível na aparência dessa obra, porém multiplicar os caminhos para que os sentidos, sabendo triar entre o que é oferecido, se agucem novamente. Nesse caso, a função privilegiada do mediador cultural — do intérprete, explicador ou crítico, como é mais formalmente chamado — é mostrar *como* se organiza a obra ou fato cultural mais do que mostrar *o que* ela significa. Mais do que uma hermenêutica da cultura e da arte, como diz Sontag, relevante seria uma erótica da arte.

Oficinas e cursos, insistindo na prática da interpretação, aproximam-se do sistema educacional das escolas e universidades — e a prática cultural, bem como uma política cultural, não é primordialmente uma questão de educação. A aposta de oficinas e cursos, quando no domínio da política cultural, deve ser antes na imaginação, "a faculdade mais natural que existe", como a descreve Gaston Bachelard.

Referências:
BACHELARD, Gaston. *La poétique de l'espace.* Paris: PUF, 1974.
MENAND, Louis. "Finding it at the movies", *The New York Review of Books*, v. XLII, n. 5, mar. 1995.
SONTAG, Susan. "Against interpretation" in *A Susan Sontag Reader*. Nova York: Vintage Books, 1983.

Irracionalismo cultural

Sumário: A ação pela ação; cultura fascista e nazista; modernidade cultural.

Termos relacionados: tradicionalismo cultural; culturas pós-modernas; elitismo cultural; interpretação, unanimidade cultural.

Manifesta-se na forma de rejeição à cultura, vista como provedora de atitudes críticas. Para os irracionalistas, a reflexão é modo de emasculação da vontade e da ação, entendida como bela em si mesma e que, portanto, deve ser posta em prática antes de qualquer reflexão. A *ação pela ação* é a palavra de ordem do irracionalismo, marcado, em linhas gerais, pela desconfiança e pelo desprezo à atividade intelectual. "Artistas degenerados", "intelectuais degenerados", "esnobismo cultural" são expressões recorrentes nos irracionalistas, dos quais H. Goering foi a caricatura radical, se não o emblema maior, com sua afirmação tragicamente memorável: "Quando ouço falar em cultura, puxo meu revólver". Intelectuais fascistas (como os futuristas italianos) e nazistas atacaram a modernidade cultural por seu caráter degenerado, quer dizer, reflexivo, especulativo, antiação.

Referência:

Eco, Umberto. "Ur-fascism", *The New York Review of Books*, v. XLII, n. 11, 1995.

L

Lazer

Sumário: definições, períodos, propriedades; lazer, mercado e cultura; política cultural versus política de lazer.

Termos relacionados: democracia cultural, desenvolvimento cultural, imaginário, necessidade cultural.

Conteúdo do tempo orientado para a realização pessoal como fim último. Este tempo é aquele concedido ao indivíduo depois de ter ele cumprido suas obrigações profissionais, familiares, sociopolíticas e outras. É um tempo disponível pela redução da duração do trabalho e dos demais encargos de natureza privada ou social e ocupado por atividades que liberam o indivíduo da fadiga física (através do descanso), do tédio (divertindo-se) ou da especialização funcional (hobbies diversos, complementações culturais). O lazer é um valor social próprio da sociedade industrial desenvolvida e decorrente de uma evolução social que reconhece ao indivíduo o direito de dispor de um tempo destinado basicamente à autossatisfação. Essa concepção de lazer, defendida por J. Dumazedier, opõe-se a outras que o apresentam como estilo de comportamento passível de ser encontrado inclusive no trabalho (M. Kaplan), como o oposto *apenas* do trabalho (K. Marx), ou como atividade alternativa ao trabalho e às obrigações familiares. Contrariamente a estas, Dumazedier descreve o lazer não apenas como o antitrabalho mas como o oposto a todo tipo de obrigação pessoal, inclusive as de caráter político (mesmo o político-cotidiano, e não apenas o político--institucional), estudantil e religioso. O trabalho surge como fator determinante do lazer embora não exclusivo, razão pela qual distinguem-se a partir do trabalho quatro tipos ou períodos de lazer: o lazer do fim do dia (a *happy hour*, por exemplo), o do fim de semana, o de fim de ano (férias) e o de fim da vida profissional (aposentadoria).

Para caracterizar-se como tal, o lazer deve apresentar quatro propriedades:

1) caráter liberatório: designa uma liberação, temporária embora, diante de uma obrigação (trabalho, estudo, compromisso sociopolítico), mesmo estando condicionado a outros fatores (limitação dos espaços de lazer, situação econômica, imposições da moda etc.);
2) caráter desinteressado: a atividade de lazer não se vincula a um fim lucrativo ou utilitário (seja sob o ponto de vista ideológico, artístico, espiritual etc.);
3) caráter hedonístico: o lazer significa que a satisfação ou o prazer pessoal é tomado como fim em si mesmo;

4) caráter pessoal: o lazer se entende como pertencendo à esfera mais pessoal, em contraste com toda responsabilidade ou necessidade grupal ou social.

O lazer não se marca por um tipo definido ou privilegiado de atividade; pode abranger práticas culturais ou de relacionamento social, comportar atividades esportivas ou de trabalho manual, e pode também ser entendido como comportamento ativo (participação num grupo de teatro amador) ou passivo (frequência a cinemas, exposições etc.), como culto do corpo (ginástica) tanto quanto culto do espírito.

Considerado até meados dos anos 1950 como grande conquista social, o lazer passa por importante questionamento a partir do momento em que se começam a formular políticas culturais mais consistentes e perenes. O mercado logo se organizou para transformar o lazer em serviço remunerado, num primeiro instante, e em mercadoria num momento subsequente, colocando fortemente em xeque o caráter ou a possibilidade liberatória que essa atividade deveria ter. A **indústria cultural**, a sociedade do espetáculo, a **globalização**, o adensamento da **cultura molar** deram às atividades de lazer uma face extremamente padronizada e superficial que levou a críticas incisivas sobre a possibilidade real de apresentarem-se essas atividades como alternativas eficazes à esfera das obrigações quase sempre alienadas e alienantes em que o indivíduo circula na maior parte do tempo. Esboçou-se uma oposição nítida entre cultura e lazer, vendo-se este como instrumento acessório da dominação e do continuado embrutecimento a que as pessoas são submetidas nas sociedades contemporâneas. Como tal, o lazer não poderia servir a nenhum fim último do homem moderno — que, no entanto, o prefere à cultura — e se apresentaria, antes, como um aliado dos interesses constituídos que buscam fins utilitaristas e, a rigor, economicimente lucrativos. Reconhecendo que o mercado (o que inclui também o chamado **mercado cultural**) já se ocupava do fornecimento das mais variadas opções de lazer, as políticas culturais a partir do final dos anos 1950 preocuparam-se mais em criar as condições para que as pessoas inventassem *culturalmente* seus próprios fins, entendendo-se por isto a multiplicação das possibilidades de desdobramento e projeção do ser que a arte, de modo particular, e as atividades culturais propriamente ditas, de forma geral, podem proporcionar. Estas atividades culturais implicam, quase necessariamente, esforços de questionamento e autoquestionamento, de ampliação das competências artísticas e de comprometimento consigo mesmo e com o **grupo**, o que levou defensores do lazer puro a ver nessas políticas culturais uma nova esfera de *obrigações* para o indivíduo — o que, por certo, os agentes culturais rechaçam. Para estes, só práticas propriamente culturais podem proporcionar às pessoas aquilo que o lazer visava conquistar: uma libertação do tédio cotidiano que nasce das tarefas repetitivas, das rotinas e dos estereótipos, permitindo-lhes o acesso à dimensão do i**maginário** e daquilo que é normalmente interditado pela sociedade ou pelo grupo. O processo de commodificação ou reificação de tudo, todos e de todas as relações entre tudo e todos vem dando razão aos defensores de políticas culturais específicas em detrimento do apoio às formas de lazer simples. Necessário reconhecer, porém, que mais e mais as **práticas culturais** contempladas pelas políticas culturais aproximam-se de formas tradicionais do lazer marcadas pela pura receptividade (concertos em parques etc.) e que o enorme complexo industrial de produção cultural (em particular, a produção de **imagens** ou do audiovisual) é o que mais atrai as pessoas.

Apesar do surgimento de estudos recentes que, contestando a noção comum entre os sociólogos, demonstram um inesperado declínio do lazer dos trabalhadores americanos; e embora no Japão o tempo de lazer seja consideravelmente menor do que no Ocidente (apesar de visível um movimento das gerações mais jovens no sentido de conquistar mais tempo livre), a redução gradativa do tempo de trabalho parece uma realidade. Com tal redução (semanas de 35 horas de trabalho já são uma meta factível na Europa) — quer por uma redistribuição mais justa da renda, quer em virtude do que se chama de desemprego estrutural do capitalismo —, a questão da ocupação do tempo livre torna-se crucial, bem como nodal será o debate lazer versus cultura — mais ainda para aqueles que, imbuídos dos valores racionalistas propostos pela modernidade, revistos pela pós-modernidade, receiam a proliferação, no século XXI, não apenas ou não tanto da mentalidade religiosa quanto do espírito religioso dogmático-fundamentalista, antítese completa da cultura e do lazer...

Referências:

DUMAZEDIER, J. *Sociologia empírica do lazer.* São Paulo: Perspectiva, 1979.

______. *Questionamento teórico do lazer.* Porto Alegre: Celar, s/d.

______. *Current problems of the sociology of leisure.* International Social Science Journal, n. 4, 1960.

HARANDT, H. *Crise de la culture.* Paris: Idées, 1972.

KAPLAN, M. *Leisure in America.* Nova York: Wiley, 1960.

LAFARGUE, Paul. *O direito à preguiça.* São Paulo: Kairos, 1979.

KAPLAN, M. *Leisure in America.* Nova York: Wiley, 1960.

PIEPER, J. *Lesire, the basis of culture.* Nova York: Pantheon Books, 1952.

SCHOR, J. *The overworked American: the unexpected decline of leisure.* Nova York: Basic Books, 1991.

TEIXEIRA COELHO. *Usos da cultura.* São Paulo: Paz e Terra, 1986.

TOURAINE, A. *The post-industrial society.* Londres: Wildwood House, 1974.

Leitura (1)

Sumário: leitura como comportamento, leitura como ato; relação entre memórias; leitura como ato criador: a escritura; o livro como extensão da imaginação; a leitura como prática; sociabilidade da leitura.

Termos relacionados: livro, biblioteca, imaginação.

O latim clássico possuía termos distintos para nomear a ação de ler em voz alta (*recitatio*) e a de ler só para si (*lectio*). A existência dos dois vocábulos expressava diferenças de modalidade que, mais tarde, o termo "leitura", herdado do latim medieval *lectura,* diluiria. Ocorre que a conquista e a supremacia da leitura silenciosa, "visual" foi um processo longo e a língua não podia se furtar ao registro das diferenças. Santo Agostinho, por exemplo, manifesta nas Confissões espanto que hoje seria inusitado diante da atitude frequente de Santo Ambrósio de ler em silêncio: "seus olhos percorriam as páginas cujos sentidos a mente apreendia, enquanto a voz e a língua repousavam".Tais diferenças indicam uma das principais dificuldades a serem enfrentadas na definição do termo leitura — sua complexidade. Com efeito, trata-se de um fenômeno que envolve, ao mesmo tempo, operações físicas, psíquicas, sociais e culturais, abarcando atividade de dupla direção, concreta e simbólica. A leitura envolve, assim, tanto uma corporalidade e uma gestualidade, como um objeto que está além do sujeito, a significação. Enquanto corporalidade, a leitura pode ser observada, capturada em suas manifestações exteriores. Como ação subjetiva, é inapreensível de modo direto. Daí uma distinção fundamental: leitura como "comportamento", leitura como "ato" (*Escarpit*). As pesquisas de sociologia da leitura, em especial as quantitativas, mas não apenas estas, quase sempre ativeram-se aos "comportamentos", isto é, às tentativas de registro da leitura como visibilidade. Empiristas e caudatárias da teoria da comunicação (Leenhardt) preocuparam-se com "hábitos", com os quem?, quando?, o quê?, por quê? funcionalistas, deixando para outras disciplinas a investigação do "ato de ler", ou seja, da atividade subjetiva que coloca em confronto significações do leitor e do texto. Essa intimidade da leitura não é, contudo, ato subjetivo puro. Ler é busca de relação, forma de interação entre memórias: a do registro — memória do autor — e a do leitor. E o próprio da memória ao ser reconstruída é, paradoxalmente, o dinamismo, a seleção, o esquecimento. Por tal razão, teorias contemporâneas não tratam mais a leitura como simples reconstituição de um sentido que estaria dado, oculto, estabelecido definitivamente nas tramas do texto, mas sim como produção, construção, contrapartida de outro ato de produção de significação: a escritura. Como esta, mas partindo dela, ler é investimento de expectativas em traços que apontam para caminhos cujos destinos não estão prontos. "Leitor: coautor do texto", "personagem atuante do romance", disseram, respectivamente, Pedro Ivo e Elsa Triolet. A leitura, atualmente, não é mais compreendida como atividade passiva, reflexo no leitor de imagens definidas pelo autor. É ato criativo e criador. O leitor moderno, inaugurado talvez pelo Quixote, de Cervantes, é interpretado como cavaleiro errante, em ação de construção simbólica. "Caçadores furtivos (...) como nômades através de campos que não escreveram, (os leitores) arrebatam os bens do Egito para com eles se regalar" (Michel de Certeau). Daí Borges, ao se referir ao livro, considerá-lo como o instrumento "mais espetacular", dentre os utilizados pelo homem. "Os demais são extensões de seu corpo. O microscópio, o telescópio são extensões de sua visão; o telefone é a extensão de sua voz; em seguida, temos o arado e a espada, extensões de seu braço. O livro, porém, é outra coisa: o livro é uma extensão da memória e da imaginação."Por razões não apenas culturais, mas também pessoais, a referência para Borges é o livro. Mas não podemos deixar de mencionar outros suportes e linguagens, de falar também de leitura da imagem, do som, do audiovisual, da tela, do "mundo" (Freire), entre outras. O desenvolvimento das memórias artificiais e das linguagens expressivas ao longo da história criaram diferentes modalidades de recepção, inclusive a do escrito. Por isso, distingue-se hoje leitura em sentido lato de leitura em sentido estrito. No sentido lato, o termo é sinônimo de recepção, na perspectiva mais ampla que ele possa ter. Seu uso não distingue caráter nem natureza de linguagens e suportes; não distingue também as especificidades destes nos processos comunicacionais. Referindo-se à recepção apenas enquanto abstração, essa utilização focaliza o que é comum às várias manifestações do que denomina leitura. Nesse aspecto, ler é um processo de reconhecimento de sinais, ou seja, quase uma fisiologia. Ainda no sentido lato, mas em outro nível, podem ser incluídas definições que distinguem comunicação face a face de comunicação mediatizada. No rastro do *Fedro*, de Platão, o uso dessa acepção encontra eco em discussões que colocam em confronto memória natural X memória artificial. À primeira forma, estariam ligadas as sociabilidades "tradicionais", que privilegiam interações diretas; à segunda, sociabilidades "modernas", cujo traço comunicacional mais importante seria a tendência à incorporação crescente das memórias artificiais nas relações cotidianas. Neste caso, ler é uma ocorrência comunicacional que contribuiria para o afrouxamento de vínculos comunitários, mesmo se facilitando a circulação social da informação. Emma Bovary, de Flaubert, é talvez um dos melhores exemplo dessa concepção. Se a relação entre memória artificial e natural é elemento distintivo essencial que permite diferenciar comunicação oral de comunicação escrita, não o é, contudo, quando se trata de distinguir leitura das demais formas mediatizadas de comunicação. A simples referência a esse traço não confere às definições de leitura um sentido lato. Para tanto, é preciso contemplar também as repercussões impostas pela natureza dos códigos à produção, circulação e recepção de mensagens. Na verdade, o que em geral está em questão ao se enfocar as formas de memória é chamar a atenção para a dissociação dos contextos de enunciação do emissor e do receptor, promovida pela comunicação mediatizada. Ler, em tais circunstâncias, aparece como "comunicação na solidão" (Proust) e, como outras formas de comunicação indireta, caracteriza-se, sobretudo, por ser "descontextualizada". Está em jogo, pois, uma sociabilidade da comunicação em geral e não da leitura em específico.No sentido estrito, leitura é também comunicação, recepção. Todavia, é recepção do escrito. Define-se, assim, não apenas enquanto atividade singular de comunicação, distinta, da emissão, por exemplo, mas também enquanto modalidade e uso singular de uma forma de linguagem, a verbal. Assim tomado, o termo atenta para a especificidade de modalidade que distingue leitura dos demais atos comunicacionais. Se as definições que privilegiam o sentido lato tendem a homogeneizar, a diluir as diferenças dos fenômenos de recepção, as de sentido estrito têm facilitado o desconhecimento de princípios de economia semiótica que não permitem isolar , conferir exclusividade ou hierarquizar em abstrato veículos e linguagens. Na realidade, os atos de recepção, apesar de distintos uns dos outros, inserem-se numa trama comunicacional complexa cujos elementos se comentam mutuamente. Como mostraram Bakhtin, Zumthor, Ginzburg, parece ter sido sempre difícil sustentar sonhos de pureza dos sistemas semióticos. Desse modo, a meta da especificidade não pode ser o isolamento da leitura dos demais fenômenos comunicativos, tendo em mira seja sua suposta superioridade (ou inferioridade) face às demais formas de comunicação, seja a valorização das culturas "letradas" em detrimento das "orais", ou seu contrário, o "fonocentrismo" (Derrida) A busca das particularidades justifica-se, assim, como recurso que permite tirar partido das diferenças em benefício do todo, especialmente em contextos como os contemporâneos, que, cada vez mais, cruzam distintas ocorrências semióticas em inesperadas e ecléticas manifestações comunicacionais, colocando em termos novos a problemática de cada uma delas. É nessa dimensão que as discussões sobre a língua escrita em suas diversas implicações vêm ganhando espaço na área científica, a ponto de haver até quem considere, nesse domínio, os anos oitenta, como os da escrita. Exagero ou não, o retorno é necessário e inevitável, face às transformações profundas deste final de século. Elas estão alterando e alterarão ainda em muito nossas relações com a linguagem. A leitura, como sempre ocorreu ao longo da história, não passará ao largo das atuais mudanças históricas. Já sabemos, por exemplo, que as noções de leitor e de autor não são as mesmas quando aplicadas ao livro e às redes eletrônicas. Sabemos, também, que a leitura na tela do computador é distinta da leitura no papel, da mesma forma que a do *codex* em relação à do *volumen*. Talvez nesse dinamismo, nessa inconstância, resida a outra grande ordem de dificuldade para a definição do fenômeno da leitura. Por não se tratar de conceito, mas de prática (Barthes), está sujeita a circunstâncias de toda espécie. Assim, se é verdade que ler nasceu de forma quase instintiva da observação das pegadas dos animais — "ler precedeu o escrever" (Barthes) —, é verdade também que se tornou-se ato essencialmente cultural, ao se tornar leitura do escrito e exigir uma intencionalidade do leitor. Como se sabe, ler implica sempre um sujeito minimamente envolvido com seu objeto. Diferentemente da modalidade oral ou de várias outras formas, a língua escrita não se impõe à revelia do leitor. Poderá ser imposta pela escola, pela família, pelo marketing, pelas intituições, mas ela mesma não possui autonomia para tanto. Um vendedor de disco, por exemplo, mesmo sem desejar, é obrigado a ouvir a música que coloca no aparelho e que foi solicitada pelo comprador. Só consegue se livrar do constrangimento da audição compulsória, caso haja fones ou cabines de escuta individuais na loja onde trabalha. Ao contrário, um vendedor de livraria, um bibliotecário, por mais que o fato possa ser lastimável, poderão passar a vida toda olhando livros, sem ler uma só página. A comunicação escrita, por menor que seja o grau, demanda sempre um empenho, um querer, um desejo de compartilhar. É por tal razão que Bojunga Nunes pôde dizer que alguns livros a esperaram pacientemente nas estantes, até que ela estivesse pronta para eles. A escrita, apesar de disponível, não se insinua. Exige conquista. Nesses termos, por resistir, por demandar esforços de várias ordens, ler não está sujeito apenas à intencionalidade, ao querer, à vontade dos sujeitos. As circunstâncias sempre atuaram em sua configuração, bem como possibilitaram, dificultaram ou impediram sua ocorrência enquanto fato pessoal e cultural. Assim, se a "leitura silenciosa" — vale dizer, leitura do escrito, feita não apenas em silêncio, mas também de forma direta, sem mediador entre leitor e texto, individual, predominantemente "visual" — é tomada hoje como a leitura por excelência, nem sempre tal modelo prevaleceu ou foi considerado como a forma mais conveniente de ler. Pelo menos até o final da Idade Média, são poucos ainda os leitores habituados a ler sem vocalizar, mesmo os que leem só para si. São Benedito, por exemplo, viu-se forçado a prescrever em sua *Regula*: "Se alguém quiser, eventualmente, ler para si, que leia de modo a não incomodar ninguém." Apesar da economia representada pela leitura silenciosa, ao reduzir o investimento comunicacional apenas à visão, propiciando maior rapidez à recepcão, a leitura oralizada era estimulada por diversos motivos. Entre outros, pela apresentação dos próprios textos, escritos sem espaços entre as palavras, com pontuação extremamente problemática, dificultando a legibilidade. Foram necessárias inovações como a introdução, por escribas irlandeses e anglo-saxões da alta Idade Média, dos brancos entre as palavras, para que o reconhecimento visual pudesse ser feito com facilidade, permitindo que a leitura silenciosa ganhasse espaço. Ainda assim, a ampliação foi — e em muitos países como o Brasil, continua sendo — lenta e descontínua. Se, por exemplo, em algumas cidades europeias do século XIV começaram a surgir regulamentações sobre o modo como a leitura deveria ser conduzida pelos estudantes nas bibliotecas universitárias, ou seja, em silêncio, só no século seguinte, com o crescimento do público, a obrigatoriedade transforma-se em critério imperioso de convivência acadêmica. Por outro lado, apesar desse avanço, entre os séculos XVI e XVIII, a leitura oralizada é ainda "cimento fundamental de diversas formas de sociabilidade familiar, erudita, mundana ou pública", na França. Da mesma forma, na Castela do Século de Ouro, "leer"e "oir", "ver e escuchar" continuam sendo quase sinônimos (Chartier). Por outro lado, convém notar que, apesar de expandir-se a partir dos círculos letrados, mesmo nestes a leitura silenciosa jamais deixou de apresentar resíduos vocais e gestuais. Na realidade, os modos de ler, os ritmos, as intensidades variam de texto para texto, de parágrafo, de frase, de palavra para palavra, de leitor, de contexto, de motivação para motivação. O investimento na leitura de um texto científico, repleto de tabelas, gráficos, explanações metodológicas é certamente distinto daquele feito na leitura de um poema, de um ensaio filosófico que, por sua vez, se distingue dos investimentos aplicados à leitura de cada parte de um jornal, de um magazine e daí por diante. Sendo assim, mesmo sem perceber e por variados motivos, o leitor passa de um modelo de leitura a outro, segundo o texto e o contexto em que lê. O interesse, a familiaridade, a disponibilidade, a situação de leitura interferem decisivamente em sua prática, configurando processos cognitivos, afetivos, sensoriais, imaginativos singulares a cada ocorrência. Daí que o mais correto talvez fosse, ao invés de leitura, no singular, referirmo-nos a leituras, no plural. Da mesma forma que a leitura silenciosa, a leitura do impresso configurou-se e expandiu-se em consonância com condições históricas, obrigando ao reconhecimento de nova distinção: leitura do impresso e leitura do manuscrito. Ainda que pouco mencionada, a diferença é essencial, pois o desenvolvimento da imprensa implicou novas formas de ler e de representar socialmente a leitura. Em primeiro lugar, em decorrência do aumento da oferta, em alguns países europeus, a leitura "intensiva", monástica, forma de meditação, de ruminação e rigor, sofrerá, já no século XVIII, a concorrência da leitura "extensiva", profana, infiel abandono. A produção crescente de materiais de leitura contribuiria para sua dessacralização progressiva, sua transformação em divertimento, estilo de vida, fruição. O romance é, sem nenhuma dúvida, devedor e promotor dessa condição. Ao afirmar-se, coloca na cena social uma nova sensibilidade de leitor, uma nova percepção da língua escrita. A leitura, assim, além de trabalho, forma de ascese, como nos monastérios, pode ser fenômeno mundano, prazer, celebração dos sentidos. "Quem, como eu, não se lembra dessas leituras feitas nas férias, que íamos escondendo sucessivamente em todas aquelas horas que eram suficientemente tranquilas e invioláveis para abrigá-las" (Proust). "Eu fazia entretanto verdadeiras leituras: fora do santuário, em nosso quarto ou debaixo da mesa da sala de jantar (...) Isso era ler? Não, mas morrer de êxtase" (Sartre). A imprensa acrescentou também novos atores aos processos de comunicação escrita, tornando-os mais complexos. O livro por exemplo, será ponto de intersecção de um "processo" e de um "aparelho" (*Escarpit*). "Trabalho" ou "fruição", a leitura estará mediada por novas condições técnicas, sociais e econômicas que atendem pelo nome de mercado. Desse ponto de vista, a leitura do manuscrito inscreve-se em ordem comunicacional distinta da leitura do impresso. Com a imprensa nasceu, por exemplo, não apenas uma nova tecnologia, mas uma nova iconicidade, deflagradora de gestos e sentidos que se agregam ao texto e que não pertencem ao domínio do autor, nem do escriba, mas ao de máquinas e organizações. Uma nova sociabilidade da leitura começa a impor-se, também, em referência ao mercado, malha de opiniões dispersas. Com isso, serão estimulados o distanciamento e a autonomia do texto e do leitor. Não é outra razão que leva Stendhal a lamentar o fato de ter que escrever para leitores que desconhece, "seres infelizes, amáveis, encantadores, nada hipócritas, nada morais, aos quais eu gostaria de agradar, (e que) mal conheço um ou dois". O mercado não foi ,assim, um fato meramente econômico, mas instância que alterou tanto práticas como representações da língua escrita. No mundo moderno, esta foi se tornando cada vez mais inscrita em relações que mesclam economia e cultura. Eis, portanto, aspecto que as políticas de leitura não podem deixar de considerar, caso desejem colocar em questão premissas históricas que inventaram tal fórmula de leitura. Por outro lado, convém ressaltar sempre que a leitura do impresso diz respeito a instituições não só de produção, mas também de distribuição e consumo que operam de forma conexa. O "aparelho" é um sistema cujas instâncias estão relacionadas entre si. Por isso, além da tríade autor-texto-leitor e do complexo editorial para se afirmar e desenvolver, enquanto fato cultural, a leitura depende especialmente de instituições como escolas, bibliotecas, livrarias, entre outras. Agências do escrito (Meserani), de acordo com suas competências e especificidades, essas instituições definem o destino social da leitura, interferindo não apenas no acesso aos suportes, mas também na apropriação e no desenvolvimento de instrumentos de produção de sentidos. Na realidade, como outras distinções, "aparelho" e "processo" não são termos contraditórios e excludentes. Antes, são condição da ambiguidade essencial denominada leitura: voz e silêncio; memória e esquecimento; intimidade e distância, empenho e abandono, evidência e sombra, salmo e romance, captura e liberdade...

Edmir Perrotti

Referências:

Barthes, R., Compagnon, A. "Leitura", in *Enciclopédia Einaudi*, v. 11. Lisboa: Imprensa Nacional/Casa da Moeda, 1987, pp. 184-206.
Borges, J.L. "O livro", in *Jorge Luis Borges: cinco visões pessoais*. 2. ed. Brasília: Universidade de Brasília, 1987. (Coleção Itinerários.)
Chartier, R. *A ordem dos livros: leitores, autores e bibliotecas na Europa entre os séculos XIV e XVIII*. Brasília: Universidade de Brasília, 1994.
De Certeau, M. *L'invention du quotidien*, I. Paris: Gallimard, 1990.
Derrida, J. *Gramatologia*. São Paulo: Edusp/Perspectiva, 1973. (Estudos.)
Escarpit, R. *L'ecrit et la communication*. Paris: PUF, 1973. (Que sais-je?.)
Freire, Paulo. "A importância do ato de ler", in *A importância do ato de ler: em três artigos que se completam*. São Paulo: Autores Associados/Cortez, 1985, pp. 9-24.
Leenhardt, J.; Józsa, P. *Lire la lecture: essai de sociologie de la lecture*. Paris: Le Sycomore, 1982.
Meserani, S. *O intertexto escolar: sobre leitura, aula e redação*. São Paulo: Cortez, 1995.
Nunes, L.B. *Livro: um encontro com Lygia Bojunga Nunes*. Rio de Janeiro: Agir, 1988.
Perrotti, E. *Confinamento cultural, infância e leitura*. São Paulo: Summus, 1990. (Coleção Novas buscas em educação.)
Proust, M. *Sobre a leitura*. Campinas: Pontes, 1989.
Sartre, J.P. *As palavras*. 6. ed. Rio de Janeiro: Nova Fronteira, 1986.
Zumthor, P. *A letra e a voz: a literatura medieval*. São Paulo: Companhia das Letras, 1993.

Leitura (2)

Sumário: a apreensão do conteúdo e a apreensão da forma; a leitura e a obra aberta; a leitura como prática; a pedagogia da razão interior.

Termos relacionados: interpretação; identidade de performance.

"Embora existam muitos livros, creia-me, pouca gente lê; e entre os que leem, muitos só se servem de seus olhos". Esta observação é de Voltaire. Os autores queixam-se repetidamente, ao longo da história da literatura, de que os leitores não apenas não leem como, se leem, não sabem ler e não sabem o que leem. Os leitores e os críticos, acrescentam os autores. "A meta da literatura é ensinar-nos a ler", escreveu Paul Claudel. Joyce, Guimarães Rosa, Artaud (com sua insistência na glossolália, mas não apenas por isso), entre tantos, deram a seus escritos uma dimensão física, sonora, particularmente acentuada. Muitos programas de disseminação da leitura insistem na decodificação do conteúdo quando há de fato outras entradas para o texto que se apoiam numa ordem capaz, talvez, de despertar o interesse do leitor tão procurado pelos programas de ação cultural. A obsessão com o sentido e o conteúdo, escreve Jean Baudrillard, e que é uma obsessão com a finalidade do discurso — geralmente, com a finalidade *política* do discurso — põe de lado a natureza mesma do ato de escrever, a força poética subjacente ao jogo de armação do sentido. Essa obsessão, própria da crítica ideológica e moralista e que impregna também o exercício comum da leitura, ignora o fato de que a força primeira da literatura, como de outras linguagens, está na materialidade da expressão, entendendo-se por isto, ao lado das questões de conteúdo, tanto o domínio das palavras concretas utilizadas em seus diferentes modos de combinação quanto o domínio da estrutura interna, invisível, que dá a um texto seu sentido maior. A queixa de Voltaire aceita, de fato, uma correção: recorrer *conscientemente* aos olhos já é alguma coisa, embora não baste: é necessário olhar e *ver*. Sua observação pode ser interpretada no sentido de que leitores há que apenas se servem dos olhos para permanecer na superfície do texto sem conseguir penetrar mais além, em direção ao sentido da obra. Se isto de fato ocorre e pode ser lamentado, não é menos verdadeiro que a maioria dos leitores leem com uma espécie de olho interno, não físico, que procura a metafísica da obra, frequentemente mais ligada a um conjunto de ideias, preocupações e desejos dele mesmo, leitor, do que da obra. A hipótese da *obra aberta*, aquela que ofereceria várias entradas ao leitor (a rigor, que lhe permitiria diferentes interpretações) contribuiu para que muitos leitores se sentissem autorizados em sua tendência para escorregar pela superfície do texto — intencionalmente mas também por incapacidade ou indolência — sem captar aquilo de específico que lhes estava sendo proposto. Na realidade, bem poucas obras são de fato abertas como quis acreditar uma certa vulgarização dessa teoria. As obras mais fortes, de maior impacto, constróem-se sobre estruturas bem arquitetadas e executadas cuja correta apreensão, por parte do leitor, é fundamental se sua pretensão for de fato dialogar com ela em vez de monologar com suas próprias projeções. O trabalho de leitura, se entendido como uma *prática* como queria Mallarmé, estará voltado para a apreensão da *razão interior* da obra, com a qual seu sentido aparente (ou conteúdo) não se identifica necessariamente.

Essas observações valem para a leitura de romances e poemas e valem para o ato de ver filmes ou apreciar obras de arte, domínios em que a visão aparentemente pode ser exercida com mais facilidade mas domínios em que a incapacidade de ver se manifesta sob formas ainda mais graves e paradoxais. O filme *O Iluminado*, de Stanley Kubrick, aparentemente conta a história de um escritor que aceita cuidar, com a família, de um hotel nas montanhas durante os longos meses de inverno em que permanece fechado. O escritor é advertido pela administração sobre a dificuldade do encargo; no passado, um outro zelador temporário, como ele, acabara por matar a família. O escritor aceita o emprego mesmo assim. O rigor do isolamento, a dificuldade da vida de três pessoas apenas — pai, mãe e filho — no interior de um imenso hotel vazio levam os personagens a experiências dramáticas das quais a morte não está excluída. Se esse é o sentido patente do filme, sua razão interior é bem outra e se desenvolve ao redor das ideias de repressão, repetição e labirinto, formas teóricas por assim dizer que no entanto se traduzem visualmente no filme por intermédio de corredores que se duplicam, padrões decorativos dos tapetes etc. De igual modo, o filme *Perfume de gardênia*, de Guilherme de Almeida Prado, é apresentado pela imprensa, nos serviços informativos, como sendo a história de uma "dona de casa que larga a família para ser estrela de filmes pornôs". Sua razão ou forma interior, porém, é a mentira, suas origens e suas consequências.

Nenhum programa de leitura, no sentido estrito do termo ou no sentido ampliado a ele atribuído com a voga dos estudos semiológicos (quando passaram a se aplicar às experiências de apreensão de uma obra cinematográfica, teatral, musical etc.), será completo se não se abrir para essa espécie de *pedagogia da razão interior*. Para saber escrever, anotou Debord, é preciso ter lido. E para saber ler, é preciso saber viver. Esse círculo na aparência vicioso — e que pode informar programas não apenas de leitura mas também de criação literária — não pode ser propriamente rompido num ato abrupto. *Ter vivido* é uma condição imprescindível e, talvez, preliminar ao ler e ao escrever. Mas se esse círculo pode ser rompido, uma das brechas para tanto é a procura da razão interior da obra.

Referências:

BAUDRILLARD, J. *Le crime parfait*. Paris: Galilée, 1994.

ECO, U. *Seis passeios pelos bosques da ficção*. São Paulo: Companhia das Letras, 1994.

MAFFESOLI, M. "La raison interne", in *Sociétés*, n. 44. Paris: Dunod, 1994.

SOLLERS, P. "La lecture et sa voix", in *Le Monde des Livres*, 21 jul. 1995.

Liberalismo cultural

Sumário: liberalismo cultural clássico, liberalismo cultural de direita e de esquerda, neoliberalismo cultural.

Termos relacionados: libertarismo cultural, dirigismo cultural.

Modo de política cultural assentado na ideia da defesa da liberdade de criação, de expressão e de manifestação do pensamento. Para o liberalismo cultural, derivado dos escritos de John Stuart Mill e John Dewey, o principal perigo para uma cultura é a marginalização do emergente, do novo, das manifestações progressistas.

Críticos à direita de J.S. Mill consideram que seu liberalismo clássico não é suficiente para a contemporaneidade, definida pela onipresença dos meios de comunicação de massa e de uma cultura da violência, por não preocupar-se suficientemente com a questão dos valores fundamentais que tornam possível a vida em sociedade. Críticos à sua esquerda apontam, no edifício que resultou de suas propostas, uma insuficiente defesa da manifestação do pensamento, que deve ter portas inteiramente abertas não apenas quando se trata do novo e do emergente mas também daquilo que vai mesmo contra os valores privilegiados por uma comunidade.

Ilustrativa dos debates sobre o alcance e a adequação do liberalismo cultural é a polêmica que se estabeleceu nos EUA, na década de 1990, ao redor da exposição de fotografias homoeróticas de Robert Mapplethorpe. Enquanto adeptos do libertarianismo cultural defendiam o direito de exporem-se suas fotos, liberais "de direita" propunham a inadequação de tal exposição por violação de um código moral básico enquanto liberais "clássicos" admitiam a possibilidade de abrir-se uma exposição desse gênero desde que não apoiada por recursos públicos.

O liberalismo cultural é criticado, mais à esquerda, por não apresentar um claro programa de defesa de **valores culturais** (a serem encontrados na **cultura popular**, nos **modos culturais** sem condições de sobreviver no mercado, nas culturas de minorias, na **cultura operária**) que seriam imprescindíveis para a constituição de um corpo social enraizado em sua identidade e capaz de evoluir culturalmente.

O neoliberalismo cultural, assim como esse modo passou a ser entendido nos anos 1990, afirma defender amplas possibilidades de expressão para todo tipo de ideia ou de criação artística, sejam ou não formas ligadas ao novo, ao emergente e ao progressista, sejam ou não contestadoras de valores morais consagrados; a única triagem admíssivel seria a do mercado, com sua dinâmica própria que não deveria ser delimitada por qualquer preceito legal.

Referências:

Bloom, A. *The closing of American Mind.* Nova York: Simon & Schuster, 1987.

Dewey, J. *Art as experience.* Nova York: Putnam's, 1958.

______. *Democracy and education.* Nova York: Macmillan, s/d.

Himmelfarb, G. *On looking into the abyss.* Nova York: Vintage Books, 1995.

Mill, J.S. "The spirit of the age", in Himmelfarb, G. (ed.). *Essays on Politics and culture.* Nova York, 1962.

______. *On liberty.* Nova York: Vintage Books, 1974.

Livro

Sumário: aparecimento do livro moderno; o livro de mão;o livro e o conceito de nação; o livro como fenômeno econômico; a livraria; a distribuição; cultura bibliográfica.

Termos relacionados: biblioteca, leitura.

Tal como se apresenta hoje, enquanto objeto de políticas culturais e, mais simplesmente, como objeto de cultura oferecido à venda e à consultação, o livro que se pode transportar de um lugar para outro e que dispensa a existência de um grande móvel como suporte surgiu em 1501 em Veneza, na oficina de uma gráfica fundada em 1490 por Aldus Manutius (1449-1552), também conhecido como Aldus o Velho ou Aldus o Romano. Aldus Manutius produziu edições *princeps* de autores da antiguidade grega e latina, como Aristóteles, dando início a um processo que revolucionou o conhecimento da época. Seus volumes portáteis, chamados de *enchiridion* ou livros de mão (o passo revolucionário seguinte, séculos depois, seria o *livro de bolso*), traziam o texto impresso num tipo diferente imitando vagamente a escrita do italiano erudito da época e que se tornou conhecido como *itálico*.

Esta inovação tecnológica deveria acelerar a circulação do livro e diminuir o poder da detentora do saber (porque detentores dos livros) à época, a Igreja, representada sobretudo por seus mosteiros. Mas um longo tempo iria se passar antes que o comércio do livro e as bibliotecas públicas se firmassem.

O livro não esteve na base apenas de um processo de ampliação do conhecimento e do público da leitura. Sua multiplicação alterou práticas de convivialidade e de relacionamento sensorial com a palavra impressa (antes, os livros, raros, eram lidos em voz alta e para grupos de pessoas; com o livro portátil, a leitura se tornou um exercício solitário e mudo) e deu origem a fenômenos culturais e políticos bem mais amplos. São conhecidas as relações entre o livro, o desenvolvimento das culturas e o surgimento da ideia de nação. Mas o livro não foi apenas uma questão intelectual: um de seus aspectos mais salientes é o industrial e econômico. A partir de meados do século XIX, as operações editoriais e de vendas ocupam fatia destacada no universo econômico europeu. Em Leipzig, Alemanha, surge uma poderosa associação dos livreiros, a Borsënverein, e desenvolve-se a "livraria de comissão", intermediária entre o editor e a livraria de varejo, origem das modernas distribuidoras e ponto nuclear da circulação dos livros. A organização alemã para o livro, que inclui também escolas de formação de livreiros, fez desse país o líder absoluto da produção editorial na entrada do século XX. Depois de ver o número de editores aumentar em 1.400% de 1839 a 1914, a Alemanha lançava no mercado mundial, em 1913, cerca de 30 mil títulos, primeira marca mundial em termos absolutos. Lá também se desenvolveram instrumentos fundamentais do comércio de livros, como os catálogos centrais detalhados, ainda hoje inexistentes no Brasil e que se constituem em pilares de uma verdadeira cultura bibliográfica. Aspectos como esse atribuíram ao livreiro, na Alemanha, talvez mais do que em outros países europeus e sem dúvida americanos, um prestígio cultural e social ímpar. O mais importante prêmio literário daquele país, o Prêmio para a Paz, é outorgado anualmente pela Associação dos Livreiros. Esse papel destacado do livro e do livreiro na Alemanha deve ser visto sobre o pano de fundo de uma formação intelectual da qual são bases sólidas o próprio livro, a prática da leitura e a frequentação a bibliotecas numerosas e com boas coleções.

No Brasil, inversamente, constatam-se problemas enormes em relação à prática da leitura, às bibliotecas e suas coleções e ainda, de modo particularmente significativo, problemas referentes ao próprio livro como bem de cultura e produto econômico. Numa ponta, os funcionários das livrarias, completamente despreparados para a profissão, apresentam-se frequentemente como obstáculos entre o livro e o leitor.

Na outra, a maioria esmagadora dos editores ainda não assumiu um comportamento profissional *de mercado* no que diz respeito à comercialização e valorização do livro. O editor brasileiro não vende seu livro: espera que seu livro seja comprado. Quando não pode contar com o público cativo, aquele público prisioneiro das exigências de compra dos livros didáticos ou paradidáticos exigidos pelos professores e pelas escolas, os editores brasileiros são de uma inércia raramente encontrada no universo editorial. Não procuram a divulgação do livro, não divulgam o autor. Enquanto em outros países a proliferação dos premios literários são recurso certo para promoção do livro e da leitura, por mais problemático que seja esse sistema quanto a sua lisura, no Brasil a mesmice do panorama editorial é quebrada apenas por feiras ocasionais que não deixam vestígios permanentes na cultura do livro. Essa *cultura* é de fato rarefeita em mais de um aspecto: por exemplo, a norma comum entre os editores é a inexistência de um fundo editorial formado por aqueles títulos que demonstraram sua aceitação pelo público e que podem, portanto, ser reeditados. O editor brasileiro prefere publicar um outro livro do mesmo autor a republicar um título seu já esgotado. Sem fundos editoriais, sem políticas de valorização do autor (que, em tempos de inflação alta, a rigor cedem de graça seus direitos às editoras, tamanha é a demora no pagamento dos direitos autorais), sem políticas de valorização do livro em si e do fato literário, o livro no Brasil vive ainda sua fase colonial ou pré-capitalista.

Referências:

BARBIER, F. *L'empire du livre (Le livre imprimé et la construction de l'Allemagne contemporaine: 1815-1914)*. Paris: Cerf, 1995.

KANT, I. *Qu'est-ce qu'un livre?*. Paris: PUF, 1995.

Localismo

Sumário: localismo, território e globalização; localismo e cultura urbana; localismo e projeção.

Termos relacionados: pós-modernidade, centros culturais independentes, arte pública, território, desterritorialização.

Designa, na pós-modernidade, uma tendência de retorno ao *particular*, ao pequeno e ao *diferente* em oposição ao universal, ao grande e ao igual ou o que há de *constante*. Abrindo lugar para o surgimento (ou ressurgimento) do localismo está a fragmentação do mundo contemporâneo que se expressa, conceitualmente, por um processo de heterogeneização caminhando em sentido oposto à busca da homogeneidade promovida pelo pensamento moderno e que tinha por consequência a eliminação do particular, que o localismo procura recuperar. O localismo, conceito intimamente ligado ao de **território**, é, também, indício da ascendência que a noção de espaço exerce na contemporaneidade, em substituição ao predomínio que o tempo (e, por extensão, a história) exerceu durante a modernidade. O localismo privilegia o nacional em oposição ao (ou em contraste com) inter ou supranacional, o regional em oposição ao nacional e o local propriamente dito como contrapartida preferível ao regional. O local é um espaço vivido, experiencialmente, como responsável pelo efeito de mundo, e simbolicamente (teatralizado), através das obras de cultura (como efeito de discurso); em contraste, o não-local é um espaço imaginário, vivido de modo duplamente mediado: simbolicamente e à distância. É esse lugar que, investido por uma imagem coletiva, adquire uma função de matriz: dá origem e preserva uma cultura e uma coletividade. Não é um mero terreno ou conjunto de fronteiras físicas mas um "estado de espírito".

O localismo opõe-se, na atualidade, à **globalização**, com a qual constitui um par de elementos em tensão à cuja volta se tece — ou se esgarça — o tecido social ou, na expressão preferida pelo pensamento pós-moderno, o tecido comunitário. O que a pós-modernidade procura de um lado cancelar — os nacionalismos e as identidades perenes — é exatamente aquilo que, na mesma pós-modernidade, se descreve como localismo, ressurgência da mentalidade paroquial das cidades-estado definidas por muralhas que separavam rigidamente o interior do exterior e que vem à tona na forma trágica dos conflitos étnicos atuais. A distinguir a experiência localista passada daquela atual está a exposição deste localismo contemporâneo às influências da imagem da televisão, que regimes totalitários procuram manter à distância através da proibição das antenas, simples ou parabólicas, como na ex-Alemanha Oriental e no atual Irã.

O localismo, em política cultural, é entendido como indício que aponta para o papel que o **afetual** representa nas relações entre os indivíduos mediados ou não pelas obras formais de cultura. Diferentes programas de ação cultural desenvolvem-se no sentido de oferecer uma possibilidade de ligação ou religação afetual entre o indivíduo e sua cidade (o localismo, enquanto modo da política cultural, é quase sempre um fenômeno urbano, entendendo-se que as cidades, e especialmente as grandes cidades, por terem se desligado de suas raízes são as que mais necessitam de suas propostas) e entre os próprios indivíduos. A **arte pública** é um dos recursos do localismo, por operar com o diretamente vivido e não apenas com o simbolizado (com o abstrato) em lugares sacramentados, tanto quanto os **centros culturais independentes**.

É também o caso de registrar que o início do segundo e último século da modernidade — ou, em todo caso, do projeto original da modernidade — foi marcado por uma invenção técnica, o cinema, responsável por uma operação imaginária até então desconhecida: a *projeção*, processo pelo qual o indivíduo é tirado, por vezes arrancado, de seu sítio singular e impulsionado, através das imagens, na direção de tudo que não é ele ou que é ele mesmo transformado — e isto não apenas na esfera do pensado, do concebido, mas no regime do afetual ele mesmo. O localismo não é exatamente a negação da projeção, com a qual pode compor-se numa relação de tensionamento produtivo, mas não há como ocultar a evidência de que se trata de dois movimentos do espírito, ou da mente, de opostas direções.

Referências:

Maffesoli, M. *A contemplação do mundo*. Porto Alegre: Artes e Ofícios, 1995.

Sennet, R. *The conscience of the eye* (The design and social life of cities). Nova York: A.A. Knopf, 1990.

Teixeira Coelho. "Localismo e projeção", in *II Ciclo dos Estudos do Imaginário*. Recife: 1995.

M

Macrocultura dominante

Sumário: macrocultura dominante e subculturas dominadas; reconversão cultural; cultura molar e culturas moleculares.

Termos relacionados: cultura oficial, cultura alternativa, cultura hegemônica, reconversão cultural.

Macrocultura dominante (local, territorial, nacional ou supranacional) é o termo que designa uma totalidade cultural formada lentamente a partir de processos históricos de conquista, descolonização, neocolonização ou unificação administrativa e que, nesse processo, lançam sombras sobre culturas ou subculturas agora dominadas ou marginalizadas. A macrocultura dominante pode eventualmente tornar-se **cultura oficial**, assumindo as culturas dominadas o papel de culturas alternativas, ou pode propor-se como modelo desejado e fonte de inspiração que orienta o restante da produção cultural. Se na Espanha contemporânea o castelhano é índice de uma macrocultura dominante ou cultura oficial em cujo interior processam-se diferentes subculturas dominadas (a basca, a catalã), no mundo como um todo a macrocultura americana, sem ser oficial, propõe-se como modo privilegiado e norte cultural. A macrocultura não se compõe apenas dos modos e formas culturais de que se ocupa tradicionalmente a política cultural: inclui também traços como concepção de justiça genericamente considerada, o papel dos sexos na sociedade, uma atitude de tolerância ou intolerância diante das questões religiosas etc. — traços estes que, sem dúvida, reverberam nos modos e formas culturais restritamente considerados e que, através destes, tornam-se objeto da política cultural.

A menos que seja transplantada em bloco, numa situação radical e historicamente quase impossível, uma macrocultura tem na **reconversão cultural** seu processo privilegiado de constituição. Este mesmo traço, no entanto, chama a atenção para a impropriedade das próprias expressões "macrocultura dominante" e "subculturas dominadas": num mundo em que a troca, a interação simbólica e a tradução de um estilema em outro são as normas, não há a rigor modos dominantes e dominados porém apenas modos culturais interagentes. Se "cultura oficial" e "culturas alternativas" apresentam-se assim como expressões pouco mais adequadas, o melhor seria talvez designá-las como cultura molar e culturas moleculares, seguindo o exemplo de F. Guattari: de um lado, uma cultura central, pesada, trituradora, de outro culturas ágeis, sem centro, que se infiltram pelos interstícios.

Referências:

BAYCE, R. "Cultura oficial y cultura alternativa", in ACHUGAR, Hugo (ed.). *Cultura(s) y nación en el Uruguay de fin de siglo*. Montevideo: Logus, 1991.

GUATTARI, F. *A revolução molecular*. São Paulo: Brasiliense, 1981.

Máquina cultural

Ver Biblioteca.

Mecenato

Sumário: origem do termo; mecenato contemporâneo; mecenato privado e estatal; mecenato e mercado de arte.

Termos relacionados: patronato cultural, incentivo cultural, mercado de arte, modernização cultural, paternalismo cultural.

Apoio econômico, por parte de um indivíduo, de uma organização particular ou do Estado, ao produtor cultural, de modo genérico, ou à produção de uma obra cultural em particular. Esse financiamento pode ser total ou parcial, apresentar-se sob a forma de um custeio de todas as necessidades vitais do artista ou produtor cultural ou mostrar-se voltado para a realização de uma única obra. Embora seja difícil distinguir claramente entre o mecenas e o comprador de arte, o mecenato não implica necessariamente a aquisição da obra pelo financiador. Vivaldi e Casanova tiveram mecenas aos quais dedicaram as obras elaboradas graças ao apoio econômico deles recebidos mas, naturalmente, não podiam entregar-lhes, de modo simbólico, mais do que os originais dessas obras. Já o papa Júlio II encomendou a Michelangelo obras específicas que passaram a fazer parte de seu acervo — ou, em todo caso, do acervo da Igreja católica; mas não se pode dizer que entre ambos tenha existido uma operação de compra e venda: mecenato é a palavra mais apropriada.

Embora os nomes dos grandes mecenas tenham sido a seu tempo divulgados, estes não aparecem vinculados imediatamente à produção da obra; na atualidade, quando essa prática vem regulamentada por instituto legal, a ostentação do nome do financiador configura um caso de patrocínio.

O termo deriva de um nome próprio, Mecenas, aristocrata romano de Arezzo (mesma região de Dante Alighieri e dos Médicis, grandes patronos das artes nos séculos XV e XVI). Caio Clínio Mecenas serviu ao imperador Augusto (63 a.C-14 d.C), herdeiro de Júlio Cesar e conhecido como Otávio e depois como Octaviano antes de receber o título de Augusto em 27 a.C. O reino de Augusto marcou um dos momentos mais brilhantes da história romana, conhecido como "o século de Augusto". Horácio, Virgílio e Ovídio foram alguns dos nomes protegidos por Augusto através da ação estimuladora de Mecenas, que apoiou também a arquitetura, copiada da arquitetura grega. Como se verifica em muitas políticas culturais, também a de Mecenas não era desinteressada: seu propósito, ao estimular a arte e a cultura, era glorificar o regime de Augusto...

A história da cultura e da arte conheceu inúmeros mecenas, entre reis, imperadores, homens da igreja e militares. Por vezes o instituto do mecenato é identificado como indicador da produção de uma arte e de uma cultura sujeitada a fins específicos, religiosos ou políticos. Mas é necessário recordar que a autonomia da arte e da cultura só foi alcançada a partir do projeto da modernidade, no século XVIII. E mesmo assim, de modo extremamente relativo. Ao longo do século XIX os artistas tiveram maior liberdade para escolher seus temas, continuando porém vinculados às classes dominantes (no caso, a burguesia) quer por ter nelas, e no Estado, seus clientes inevitáveis e naturais, quer por encontrar em ambos a figura contemporânea do mecenas. Na atualidade, grandes empresas multinacionais constituiram fundações que se apresentam como o equivalente contemporâneo do mecenas (Guggenheim, Getty, Rockefeller).

No Brasil moderno, o grande mecenas foi o Estado, em particular — o que não deixa de ser, sob certo ângulo, paradoxal — durante os anos da ditadura militar de direita entre as décadas de 1960 e 1970. A Embrafilme e a Funarte foram dois dos principais instrumentos dessa política, dita paternalista (além de patrimonialista). Nesse caso, o mecenato apresenta-se como uma política de apoio aos produtores e artistas que, pela natureza de sua produção (de vanguarda, experimentalista, erudita), não encontram lugar no mercado — o que não era, de modo algum, o caso dos artistas apoiados pelos Médici, por exemplo. A ressaltar, ainda, que o apoio inicial dado a artistas difíceis, como Jackson Pollock, sustentado amplamente pela Guggenheim, revela-se frequentemente, em prazo médio, muito compensador do ponto de vista econômico, com a fixação posterior do nome do artista inicialmente desconhecido — ou com sua *imposição* ao mercado graças exatamente ao mecenato inicial...

Referências:

Aymard, A. et al. *História geral das civilizações* (Roma e seu império). São Paulo: Difel, 1977.

Brunner, J.J. "Politicas culturales y democracia: hacias una teoria de las oportunidades", in Canclini, N.G. (org.). *Politicas culturales en America Latina*. México: Grijalbo, 1987.

Hollanda, H.B. de. *Impressões de viagem*. São Paulo: Brasiliense, 1992.

Miceli, S. "Las políticas culturales en Brasil" in Canclini, N.G. (org.). *Políticas culturales en América Latina*. México: Grijalbo, 1987.

Vasari, G.. *Life of the most excelent painters, sculptors and architects*. 1. ed. 1550; 2. ed. 1517. Londres: Penguin, s/d.

Mediação cultural

Sumário: mediação cultural e mediação política.

Termos relacionados: ação cultural, agente cultural, animação cultural, fabricação cultural, intermediação cultural, interpretação.

Processos de diferente natureza cuja meta é promover a aproximação entre indivíduos ou coletividades e obras de cultura e arte. Essa aproximação é feita com o objetivo de facilitar a compreensão da obra, seu conhecimento sensível e intelectual — com o que se desenvolvem apreciadores ou espectadores, na busca da formação de públicos para a cultura — ou de iniciar esses indivíduos e coletividades na prática efetiva de uma determinada atividade cultural. Entre as atividades de mediação cultural estão as de orientador de oficinas culturais, monitores de exposições de arte, animadores culturais, museólogos, curadores, profissionais das diversas áreas que constituem um centro cultural, bibliotecários de bibliotecas públicas, arquivistas e guias turísticos. Os diferentes níveis em que essas atividades podem ser desenvolvidas caracterizam modos diversos da mediação cultural, como a **ação cultural**, a **animação cultural** e a **fabricação cultural**.

Diz-se ainda que os meios de comunicação, sendo por um lado eles mesmos produtos culturais acabados que se apresentam como fins em si, operam uma mediação entre os diversos segmentos e modos culturais da sociedade. Essa mediação pode ser propriamente cultural ou política; é corrente a noção de que, na contemporaneidade, a participação política resume-se cada vez mais à *informação sobre a política* ministrada em especial por jornais e rádios e, de modo preponderante, pela televisão. A audição das informações e a visualização dos traços físicos dos políticos, dos locais onde se processa a atividade política, das reuniões e discussões nos parlamentos, se proporiam como medidadores e substitutos modernos da tradicional ação política e seriam, de fato, simulacros políticos. Essa análise não pode ser radicalizada a ponto de conduzir à suposição de que se trata de um fenômeno com imbatível poder de conformação das mentes e da vontade política. Movimentos de massa como, no Brasil, os da Anistia Já e o que conduziu ao *impeachment* do ex-presidente Fernando Collor mostram a existência de uma margem de autonomia considerável para a ação política direta. Ambos casos históricos mencionados são significativos uma vez que, no primeiro, os meios de comunicação eram omissos ou contrários à tese e, no segundo, o político destituído fora de início amplamente apoiado pela televisão (que acabou embarcando no movimento quando o trem do *impeachment* já estava embalado e no rumo da estação final...)

Mediador cultural

Sumário: mediador, animador e agente cultural; formação do mediador cultural.

Termos relacionados: ação cultural, animação cultural, fabricação cultural, intermediação cultural, mediação cultural.

Todo aquele que exerce atividades de aproximação entre indivíduos ou **grupos** de indivíduos e as obras de cultura. Seu uso generalizou-se ao longo da década de 80, ao apresentar-se como versão contemporânea atualizada dos anteriores *animador cultural* e *agente cultural*. Na realidade, estes são espécies do gênero mediador, com o qual não se confundem inteiramente (o agente cultural, por exemplo, é aquele que exerce a **ação cultural** propriamente dita).

O mediador cultural é um profissional com formação cada vez mais especializada, obtida, nos países da Europa sobretudo, em cursos de graduação e pós-graduação. Bibliotecários, arquivistas e museólogos — espécies de mediadores — têm uma formação acadêmica específica mais tradicional, embora seus respectivos currículos venham passando por alterações substanciais. Os mediadores que atuam em **centros de cultura**, ou mesmo em **bibliotecas** públicas e **museus** sem serem biblotecários e museólogos, bem como os profissionais do turismo cultural, passam por uma formação variada, conforme a instituição de ensino e o país. Considera-se como núcleo duro dessa formação os estudos das práticas de ação cultural (programação, execução, avaliação), estudos de **política cultural** comparada, gestão de **grupos** (técnicas de trabalho com grupos em situação de estímulo à criatividade) e estudo de **públicos** (hábitos, práticas, tendências). Conforme a destinação do profissional, podem fazer ainda parte de sua formação o estudo de história da cultura e da arte, tecnologia da mediação (audiovisual, informática), marketing, arquitetura, arqueologia, etnologia, história das ciências, noções de legislação.

Referência:

Programme de formation à la médiation culturelle et artistique, Université de Paris VIII.

Meios de comunicação de massa

Ver Indústria cultural.

Memória

Sumário: passado e presente; memória e imaginário; função eufemizante da memória; memória, patrimonialismo, criacionismo.

Termos relacionados: imaginário, imagem, política cultural, cultura dominante, ideologia cultural.

Em Cícero, *memória* remete tanto ao sentido de *antiguidade* (na expressão *omnis memoria*) quanto ao de *tempo atual* (*nostra memoria*). No limite, inexiste um tempo atual que não se relacione com (ou integre) um tempo passado, e vice-versa. Isso significa, em outras palavras, que a memória participa da natureza do **imaginário** como conjunto das imagens não gratuitas (v. **imagem 2**) e das relações de imagens que constituem o capital inconsciente e pensado do ser humano. A memória não é assim uma faculdade passiva mas um princípio de organização — e de organização do todo, frequentemente a partir de um pequeno fragmento do vivido, como as *madeleines* de *À procura do tempo perdido,* de Proust.

Em política cultural, porém, não é incomum — pelo contrário — que a memória seja tomada apenas em seu aspecto passivo e fragmentário ou parcelador, i.e., a memória como ícone de uma parte, e não como componente ativo do todo. Servindo como instrumento privilegiado das políticas patrimonialistas, como durante o regime militar que se instalou no Brasil entre as décadas de 1960 e 1980, nessa sua função fragmentante a memória compartilha da natureza da ideologia enquanto discurso fragmentário com a coerência de uma neurose: dá uma versão fabulosa de um passado (identidade nacional) construído segundo os interesses e necessidades do grupo e da **cultura dominante** e oblitera, por regressão e recalque, a atualidade viva. Nesse desenho, a política cultural patrimonialista (e passadista) opõe-se à política cultural dita criacionista (ou executiva), voltada esta para o apoio à produção de uma cultura nova, feita aqui e agora para o indivíduo daqui e de hoje. Também esta política criacionista, de seu lado, pode se revestir de formas patológicas ao defender obsessivamente o tempo atual desligado do tempo passado e em oposição a este.

O sentido último da memória, enquanto função fantástica, é o eufemismo, como propõe G. Durand. A memória ignora a decadência e a morte; a memória ergue-se contra as faces do tempo e alisa suas rugas físicas e conceituais; levanta-se como obstáculo à continuidade da consciência e dificulta a possibilidade de regredir para além das necessidades do destino atual tanto quanto propõe matéria prima à inteligência analítica e corrosiva. É a memória um dos instrumentos de melhoramento do mundo — por dotar o passado, quer dizer, na essência, a infância, de uma aura idealizante, como fez Marx (e antes dele o Renascimento) ao apontar a Grécia como a infância dourada da civilização — tanto quanto vetor de desconstrução de utopias fabuladas (entendendo-se a fabulação como reação da natureza contra o poder solvente da inteligência) ao apresentar-se sob a roupagem da história analítica. Como máquina de arranjos estéticos, a memória é fator de elaboração de grandes discursos justificadores que se armam e desarmam ao sabor das noções prevalentes no momento (a arquitetura nazista de inspiração romana, por exemplo). Se é composta por imagens não gratuitas de um lado, por outro integra-a uma dose considerável de arbitrariedade que as políticas culturais de variada inspiração não estão sempre dispostas a admitir.

Referências:

BERGOSN, H. *Matière et mémoire*. Paris: PUF, 1945.

BOURDIEU, P. e Passeron, J.C. *Reproduction in Education: Society and Culture*. Londres: Sage, 1977.

DURAND, G. *Les structures anthropologiques de l'imaginaire*. Paris: Bordas, 1978.

Mercado cultural

Ver Mercado simbólico.

Mercado de arte

Termo relacionado: mercado simbólico.

Designa especificamente, no interior do mercado simbólico ou de cultura, as operações de compra e venda de pinturas, esculturas, gravuras, desenhos (em suma, os produtos enfeixados no rótulo "artes plásticas") e, acessoriamente, de objetos ditos "de " como produtos artesanais, tapetes e análogos.

Mais propriamente, fala-se na existência de um mercado de arte quando existem, de um lado, compradores certos e quantitativamente expressivos e, de outro, valores estéticos razoavelmente estabelecidos. Assim, se basta constatar a existência de operações regulares de compra e venda para que se fale na existência de um mercado em sentido genérico, em sentido estrito um mercado só se caracteriza plenamente pela regularidade das operações e por um consenso estável quanto aos valores envolvidos.

Esses dois fatores podem se combinar em universos de diferente extensão (locais, nacionais, regionais, mundiais). Se as artes plásticas brasileiras têm algum mercado no território nacional, o mesmo não se verifica na esfera mundial. Como o mercado simbólico de modo geral, também o mercado de arte é dominado, em princípio, pelos modos hegemônicos (estilos estabelecidos e consagrados, personalidades etc.)

Referências:

Durand, J.C. "Expansão do mercado de arte em São Paulo - 1960-1980", in Miceli, S. (org.). *Estado e cultura no Brasil.* São Paulo: Difel, 1984, p. 196.

Mercado simbólico

Termos relacionados: circuito cultural, indústria cultural, reconversão cultural.

Designa tanto o conjunto de operações de compra e venda de obras de cultura e de arte, especificamente (realizadas em galerias, livrarias, bilheterias de cinema, bancas de jornais, lojas de discos), como o universo global por onde circulam, são produzidas e consumidas as obras de cultura e arte — neste caso, também instituições como os museus integram esse mercado.

O termo "simbólico" nessa expressão substitui as tradicionais fórmulas "obra de cultura" e "obra de arte" e significa ao mesmo tempo que estas são valorizadas não apenas em termos monetários, imediatamente, mas também segundo outros valores de difícil ou impossível quantificação. (Mas é certo que, na sociedade atual, nada é "inestimável" ou "incalculável": tudo pode receber um preço, quase tudo pode ser comprado, quase tudo pode ser vendido...)

Um mercado simbólico distingue-se de um **circuito cultural** na medida em que este não exige a ocorrência de operações mercantis para caracterizar-se (por exemplo, um circuito de cine-clubes, definidos como associações sem fins lucrativos); mas, um mercado cultural pode eventualmente ter a mesma extensão de seu circuito cultural. O circuito cultural é o gênero do qual o mercado simbólico é a espécie; a indústria cultural, por sua vez, é espécie de mercado simbólico.

Referência:

Canclini, N.G. "Cultural reconversion", in Yudice, G. *The crisis of contemporary latin american culture.* University of Minnesota Press, 1992.

Mitanálise

Termos relacionados: cultura patente, cultura latente, imaginário, mito.

Termo elaborado por analogia com *psicanálise* e usado para designar duas operações analíticas distintas: a que extrai o sentido sóciocultural de um mito e a que busca seu sentido psicológico, num jogo do **patente** com o **latente**, do consciente antropológico com o inconsciente coletivo.

Referências:
BADIA, D.D. "Imaginário e ação cultural: as contribuições de Gilbert Durand e da Escola de Grenobre". Dissertação de mestrado, ECA/USP, 1993.
SOLIÉ, P. *Mitanálise junguiana*. São Paulo: Nobel, 1985.

Mito

Termos relacionados: arquétipos, imaginário, símbolo, imagem.

Sistema dinâmico de **símbolos** e **arquétipos** que, sob o impulso de um *schème*, tende a compor-se em narrativa. O mito é já um esboço de racionalização uma vez que utiliza o fio do discurso, no qual os símbolos se resolvem em palavras e os arquétipos, em ideias. O mito explicita um *schème* (ou símbolo-motor, na expressão de G. Bachelard: aquele que liga, não a **imagem** e o conceito, mas os gestos inconscientes sensório-motrizes, as dominantes reflexas e as representações), ou grupo de *schèmes*, e promove uma narrativa histórica ou lendária, uma doutrina religiosa ou um sistema filosófico.

Referência:
DURAND, G. *As estruturas antropológicas do imaginário: introdução à Arquetipologia Geral*. Lisboa: Presença, 1989.

Mitocrítica

Sumário: estudo de temas ou metáforas obsessivas de origem mítica; mitocrítica da arte e da literatura e dos discursos em geral; usos na política cultural.

Termos relacionados: imaginação simbólica, imaginário, imagem, mitanálise, AT-9.

A mitocrítica apresentou-se inicialmente como um procedimento de análise de obras de cultura em geral, e de arte em particular, com o objetivo de levantar os temas ou "metáforas obsessivas" de origem mítica nelas presentes a fim de armar as redes de **convergência simbólica** que deem conta das relações (do jogo) entre esses temas (ou máscaras), seus personagens e cenários.

Destinando-se num primeiro momento ao estudo da imaginação artística, em particular à literária (à qual os trabalhos do Centre de Recherches sur l'Imaginaire, dirigido por Gilbert Durand na França, deu foros de dignidade ontológica ao considerá-la fonte privilegiada para a compreensão do ser humano, até então tradicionalmente empreendida, neste campo profissional, a partir de abordagens baseadas em documentos filosóficos ou sociológicos), a mitocrítica teve estendido seu campo de exercício com a incorporação dos discursos em geral e, de modo particular, dos discursos políticos.

Ao tratar de obra de autoria individual, no interior de um movimento específico (exemplo, o Romantismo em pintura; o cinema de Mazzaropi) ou isoladamente, a mitocrítica procura identificar mitos pessoais e suas eventuais relações e projeções sobre os mitos coletivos com o objetivo de armarem-se grandes redes de constelações simbólicas.

Em política cultural, a identificação desses temas ou metáforas obsessivas, pessoais ou coletivas, desempenha papel relevante quando se trata de encontrar os pontos de diálogo entre a cultura local de um grupo e os modos culturais "importados" com que se defronta, e se revela particularmente produtiva no quadro de programas de ação voltados para a iniciação a linguagens artísticas (iniciação ao cinema, por exemplo) ou para a própria produção cultural.

Referências:

Badia, D.D. *Imaginário e ação cultural: as conrtibuições de Gilbert Durand e da Escola de Grenoble*. Dissertação de mestrado, ECA-USP, 1993.

Paula Carvalho, J.C. *A culturanálise de grupos: posições teóricas e heurísticas em educação e ação cultural*. Ensaio de titulação, Fac. Educação da USP, 1991.

Mitodrama

Sumário: o mitodrama como encenação dos temas míticos de um grupo; função de equilibração antropológica; uso na política cultural; modelo de análise de protocolos individuais.

Termos relacionados: AT-9, imaginação simbólica, mitocrítica, mitanálise, imagem, imagem pessoal, imaginário.

Formulação psicossocial-onírico-dramática do universo mítico de um grupo social, identificado por operações de **mitanálise** e **mitocrítica** e traduzido em situações dramatúrgicas, teatralizadas ou gestualizadas de diversas formas, diretamente ou através da mediação de instrumentos como o video.

Os mitos pessoais e coletivos podem ser encenados como funções dramatúrgicas de um dado **grupo** social, cujos membros assumem seus papéis (pertencentes tanto ao campo real da vivência quanto ao domínio da **fantasia**) numa montagem a partir da qual as pessoas têm uma apreensão e experimentação mais amplas de seu universo cultural — o que em princípio contribui para a *equilibração antropológica* do grupo. O mitodrama é útil, também, como instrumento de desbloqueio da criatividade em programas de ação cultural com grupos.

Para a montagem de um mitodrama é necessária a identificação dos **símbolos** e das redes de símbolos prevalentes no grupo, o que se faz quer a partir da **mitocrítica** e da **mitanálise** dos **mitos** coletivos, quer da análise de protocolos individuais (para a qual já existe formulado um modelo de interpretação, elaborado por Yves Durand; v. **AT-9**).

Pelo menos desde a década de 1970, é comum que grupos teatrais profissionais ofereçam-se como catalisadores para que grupos ou comunidades encenem sua própria história, presente ou passada. O grupo do Théâtre du Soleil, de Paris, foi responsável por uma experiência singular, desse tipo, com uma comunidade de mineiros do interior da França. Também o teatro antropológico de Eugenio Barba apresenta-se como variante de mitodrama.

Referências:

Badia, D.D. Imaginário e ação cultural: as contribuições de Gilbert Durand e da escola de Grenoble. Dissertação, ECA/USP, 1993.

Durand, Y. *L'exploration de l'imaginaire*. Paris: L'espace Bleu, 1988.

Teixeira Coelho. *Uma outra cena*. São Paulo: Polis, 1983.

Modernização cultural

Sumário: o projeto iluminista de modernidade; a arte como ponto unificador; a educação estética do homem; a visão crítica atual; a incompletude da modernização.

Termos relacionados: imaginário, pós-modernidade.

A modernização cultural, ou projeto da modernidade para a cultura, configura-se como um processo inacabado cuja origem mais próxima encontra-se no Iluminismo do século XVIII e cujo símbolo máximo, no que diz respeito à política cultural, manifestou-se na Revolução Francesa, com a abertura para o grande público das bibliotecas particulares e dos museus.

Esse projeto desdobrou-se, a partir daquele momento histórico e ao longo dos dois séculos seguintes, em três grandes linhas convergentes. A primeira delas caracterizou-se pela secularização da arte e da cultura — que aos poucos, na Europa ocidental, se afastaram da ascendência da Igreja — e pela concomitante e paulatina independência dos criadores diante do poder da nobreza, graças ao desenvolvimento de um **mercado cultural** sobretudo a partir de meados do século XIX. Uma segunda linha de força residiu na busca da renovação cultural e científica; a alavanca central desse processo foi a perseguição do novo e sua transformação em valor, senão exclusivo, sem dúvida preponderante na avaliação das propostas dos diferentes domínios, numa tendência que se intensificou progressivamente até atingir seu ponto culminante com os grandes movimentos artísticos contestadores da virada do século XIX para o XX e que só conheceu um relativo arrefecimento a partir dos anos 60 deste século, com o pós-modernismo. E um terceiro vetor configurou-se no ímpeto democratizador do movimento iluminista, a traduzir-se na aposta na educação como veículo do saber e da cultura e como mola do aprimoramento racional e ético. Subjacente a estas três linhas encontrava-se a ideia de progresso e a crença numa evolução para melhor da sociedade humana, sendo a cultura em geral, e a ciência em particular, o instrumento de construção de uma racionalidade que se mostraria não apenas a base de uma sociedade mais justa como o ponto unificador do constructo humano. Fundava-se então uma espécie de religião racional cujo instrumento de propagação da nova fé era a arte, condição para a transformação dessa nova religião, de extremamente elitista em sua origem, em nova religião popular. Caberia à arte constituir-se na matéria que as novas ideias precisariam para transformarem-se em estéticas, ou em mitologias, como prescreveu Hegel, se quisessem ter algum interesse para o grande público — do mesmo modo como a filosofia deveria fazer-se mitológica se o objetivo fosse transformar os filósofos em seres sensíveis (proposta na contemporaneidade retomada pelos estudos do **imaginário**). Através dessa matéria, seria possível alcançar uma totalidade ético-estética que não reprimiria nenhuma força humana — pelo contrário, possibilitaria o desenvolvimento de todas elas — e que teria como fonte de inspiração essa nova religião de fundo poético: uma mitopoética.

O programa de recurso à arte como base para o desenvolvimento do homem teve como antecedente imediato as ideias de Schiller sobre a educação estética, publicadas em 1795 na forma de cartas por ele escritas nos dois anos anteriores a um seu mecenas dinamarquês. Schiller escreveu essas cartas exatamente sob o impacto dos acontecimentos revolucionários na França — mais especificamente, aqueles que marcaram a chamada época do Terror. É desse contexto que Schiller retira os grandes temas humanitários de suas cartas. De início endossando amplamente as propostas revolucionárias, durante os dois anos em que escreveu suas cartas Schiller gradualmente corrigiu sua opinião para, ao final, concluir não ser possível avalizar inteiramente o que se passava na França e que era necessário ao homem, para poder praticar a liberdade política, desenvolver primeiro o sentido do Belo. Resumindo sua proposta, para que o homem pudesse alcançar o domínio do racional e do moral era preciso que passasse antes pela condição estética. Esta condição estética não era valorizada em si, enquanto experiência meramente física, mas vista como instrumento para reinstalar o homem em si mesmo de modo a que pudesse, a partir de então, ascender a estágios de maior completude intelectual e moral, em sua qualidade de ser humano pleno. Para Schiller, o homem tinha sua existência vinculada a três domínios distintos: Natureza, Gosto e Razão. Natureza e Razão, em seu esquema, opunham-se frontalmente, a Natureza representando a multiplicidade, o mundo dos fenômenos e do sentir, e a Razao figurando a unidade totalizante, a moral, a consciência. Esses três domínios tinham, para Schiller, uma localização histórica precisa: o mundo da natureza harmoniosa pertencia ao passado da humanidade, e localizara-se na Grécia antiga; o mundo das forças em oposição, provocando a desintegração da personalidade humana, era o presente de Schiller e o mundo totalizante, o futuro do Novo Homem. A harmonia com seu universo natural havia sido perdida pelo homem a partir do momento, no mundo moderno, em que este passara a desenvolver-se unilateralmente, orientado apenas pelas exigências técnicas e profissionais imediatistas. Para que esse homem pudesse reintegrar-se novamente ao mundo de que um dia fora parte, deveria experimentar a condição estética como única possibilidade de transitar da sensação à razão; através do Belo poderia o homem alcançar a forma e o pensamento ideal e ao mesmo tempo reinstalar-se no universo renovado dos sentidos. Se Schiller sabia enunciar aquilo que o homem deveria fazer para conseguir sua harmonia original e experimentar a liberdade completa, não lhe foi fácil (como não o é ainda hoje para a política cultural e seus programas de ação cultural) dizer *como* poderia fazê-lo. A *contemplação estética* seria a condição básica dessa esperiência: nessa contemplação o homem reencontraria sua natureza anterior e dela extrairia forças para o salto adiante. As tragédias, por exemplo, permitiriam ao homem não apenas purgar suas paixões porém, mais importante, entregar-se ao jogo imaginário de suas possibilidades éticas. No conjunto, o exercício da arte permitiria ao homem, como produtor ou receptor, ascender à *kalokagatia*, estado de equilíbrio do ser consigo mesmo e com o universo circundante e condição essencial ao desenvolvimento das potencialidades humanas.

A descrição da modernização cultural (expressão, no limite, tautológica) como um *processo inacabado* pode ser entendida de dois modos: como um projeto não inteiramente implementado mas cujo ciclo ainda não se encerrou ou como um projeto que se esgotou antes de alcançar seu término possível (num caso ou no outro, conforme o partido assumido, se falará num succeso relativo ou num fracasso relativo do projeto da modernidade). As defecções começaram cedo. Hegel, diante do subjetivismo do romantismo — que encarna ou simboliza um dos traços centrais da modernidade: o individualismo — conclui que a arte não teria condições de propor a nova religião sonhada e que a filosofia não poderia submeter-se a ela: insiste na razão como poder unificador absoluto e na reflexão (na relação do sujeito consigo mesmo) como único instrumento de crítica e correção de uma modernidade em conflito com sua própria imagem. Durou pouco o império da arte em particular, e da cultura em geral, como o catalizador privilegiado da humanidade; o filósofo desistiu da sensibilidade e mergulhou no intelectualismo. A educação pela arte e pela cultura nunca chegou a ser praticada como Schiller vagamente preconizara; em seu lugar, prevaleceu uma educação fortemente sustentada pelo conhecimento científico e inspirada no treinamento de habilidades e competências estritamente técnicas. Não apenas isso: ficou claro, na contemporaneidade, que os propósitos, os instrumentos e o domínio de inserção da educação eram uns e os objetivos, procedimentos e referenciais da arte em particular, e da cultura em geral, outros — e que ambas não poderiam correr pelos mesmos trilhos a menos que profundas mutações ocorressem na organização mesma da sociedade, no modo como ela se representa e nas metas que pretende alcançar. Como estas não se mostraram e ainda não se mostram factíveis; como as experiências de educação da arte especificamente considerada (ensino de história da arte, ensino de música, de cinema etc.) têm-se revelado tão estreitas, imediatistas (formação de mão de obra competente) e elitistas quanto as demais práticas educacionais e como, de modo ainda mais determinante, houve uma enorme explosão cultural, com a fragmentação de tendências, abolição de cânones, convivência (nem sempre pacífica) de modos e versões culturais os mais distintos (relativismo cultural), a opção das atuais políticas culturais tem sido não pela busca de determinadas metas singularmente individuadas através de um processo formal de educação mas, de modo menos pretensioso, pela criação das condições materiais para que os indivíduos e grupos escolham e persigam seus próprios fins artísticos e culturais (concepção ora clássica de ação cultural). Assim fazendo, a política cultural contemporânea propriamente não abandonou os ideais iluministas mas libertou-os dos esquemas rigidamente racionalistas e utilitaristas, instrumentalizadores, do primeiro momento da modernidade. Mudança mais significativa foi, esta sim, a relativização do poder da arte e da cultura como meio de libertação e desenvolvimento do homem, como acreditava Schiller. Se a crença na educação continua relativamente intata, enquanto modo privilegado de superação das limitações físicas do homem, a relação imediata entre expansão da cultura e aprimoramento do espírito humano não é mais estabelecida da mesma maneira incisiva registrada nos primeiros tempos. A utopia cultural de Schiller, como a de Platão, estava situada no passado — o homem devia *retornar* a um estado harmônico interrompido — e isto fornecia-lhe de algum modo um modelo mais ou menos definido a ser perseguido. Mas, as utopias culturais a partir da segunda metade do século XIX, entrando amplamente pelo século XX, e que não foram definidas por filósofos (as que o foram, fracassaram) mas pelos próprios artistas, revelaram-se todas ou *utopias voltadas para o futuro,* com metas e princípios não definidos no ponto de partida, ou *eutopias no presente*, sem qualquer programa estabelecido além daquele proposto pela própria e direta prática artística. Esse panorama, embora possa ser ao final convergente com a proposta iluminista inicial, está longe de traduzir-se em modelos definidos que possam ser de algum modo testados hipoteticamente de forma a animar ou justificar a crença nos poderes libertadores da arte e da cultura — que continua de toda forma a ser perseguida como a última tábua de salvação, depois de todos os xeques continuados dados à razão.

Parte da responsabilidade pela incompletude do projeto da modernidade no que diz respeito às relações entre cultura e educação pode ser encontrada no fracasso relativo da outra linha de força desse projeto, a da secularização e autonomia da cultura. A cultura libertou-se de seus vínculos viciados com a igreja e a aristocracia para ser logo colhida nas redes do Estado e do mercado. Num caso e no outro, sua independência continuou comprometida, em graus variados. Às experiências da arte nazista e da arte realista-socialista, se por vezes mais diretamente chocantes em virtude dos fatos políticos conexos, contrapõem-se as da arte submetida às regras do mercado, de que o cinema será o exemplo mais forte. Umas e outras destacam aquilo que, à distância, surge como ingenuidade das mentes iluministas do século XVIII, ao proporem ou preverem uma autonomia radical da arte e da cultura, e aquilo que, de perto agora, é sem dúvida a ingenuidade (ou má fé) dos opositores das propostas pós-modernas que as criticam por nelas verem uma ligação determinante (não tão clara assim) com o mercado capitalista em geral. Na verdade, nunca se observou, na história, a autonomia da arte e da cultura diante de alguma forma de poder não-cultural, como os iluministas desejaram. Essa autonomia não existiu no passado, em momento algum, e não parece viável num futuro próximo. Dizer que a servidão da arte é maior na pós-modernidade do que em momentos anteriores, é emitir um juízo de valor de alcance claramente restrito. A realidade de um mercado onipresente e dotado de razões próprias, alegadamente estranhas às razões estéticas, e que assume contornos mundiais uniformizadores, tem sem dúvida seu peso sobre o fato cultural. Mas a dinâmica que ora se cria entre aquilo que o mercado propõe ou permite e aquilo que as pessos fazem do que lhes é permitido ou imposto não é menos significativa e produtiva do que a registrada no passado. O projeto da modernidade falhou no que diz respeito à autonomia da arte — mas não porque a arte se rendeu ao capitalismo; não se encontrou a solução para esse problema porque de fato ele estava mal construído ou não era formulável naqueles termos.

De todos os vetores do projeto de modernização, o único com força mais duradoura foi o da renovação, entendida como busca e valorização do novo enquanto fator determinante do significado de uma proposta ou modo. Mesmo assim, o poder ontológico que teria o novo de, por si só, apresentar-se como sinal de progresso, de evolução para melhor, está largamente corroído, no universo da arte e da cultura mas não nele apenas — e este é outro indício do inacabamento do projeto da modernidade. Para alguns, a substituição deste por um anti-projeto — melhor: por um a-projeto, pela inexistência de um projeto — pós-moderno é ilusória: este seria nada mais que o prolongamento ou continuação daquele, o que reforçaria a importância da propriedade seminal do projeto da modernidade. Para outros, o que está na raiz da proposta pós-moderna é uma contestação direta às fundações mesmas da modernidade, fornecidas pela razão como instrumento unificador, e a retomada, se não das propostas bem-intencionadas de Schiller, pelo menos dos caminhos apontados pelo primeiro Hegel.

De um modo ou de outro, registra-se uma concordância razoável quanto ao fato de que países como o Brasil nunca conheceram o projeto da modernidade ou que aqui este encontrou sua estação terminal. O processo de secularização da cultura deu-se apenas pela metade, se tanto, e uma inflexão significativa no rumo contrário pode mesmo ser observada (como no restante do mundo, materializada na progressão das concepções religiosas da vida e a tentativa de apresentá-las novamente como ponto de referência e pólo de controle de toda vida individual e coletiva — sinal de que o desenvolvimento humano é verdadeiramente fragilíssimo e que o progresso nunca está garantido). E a democratização da cultura através da educação nunca foi, aqui, uma prioridade, pelo contrário; e isto só pode ser entendido como o apego desesperado — e suicida — das classes dominantes a arcaicos e insustentáveis privilégios. Mesmo o novo nunca chegou a exercer, nestas terras, a fascinação registrada em outras paragens. Se for considerada excessivamente forte a afirmação de que a modernidade é estranha a países como o Brasil, pode-se encontrar uma fórmula alternativa na proposição segundo a qual o processo de modernização se apresentou aqui sob formatos múltiplos e conflitantes — o que significa aceitar, a respeito, o ponto de vista da pós-modernidade...

Referências:

CANCLINI, N.G. *Culturas híbridas*. Mexico: Grijalbo, 1989.

SCHILLER, F. *On the aesthetic education of man in a series of letters*. Nova York: Ungar, 1977.

HABERMAS, J. *El discurso filosófico de la modernidad*. Madri: Taurus, 1989.

______. *Ecrits politiques*. Paris: Cerf, 1990.

KURZ, R. *O colapso da modernização*. São Paulo: Paz e Terra, 1992.

TEIXEIRA COELHO. *Moderno pós moderno*. São Paulo: Iluminuras, 1995.

TOURAINE, A. *Critique de la modernité*. Paris: Fayard, 1992.

Modo cultural

Sumário: conceito e condições de caracterização; o princípio da não-conformidade; modo cultural aberto e modo cultural fechado.

Termo relacionado: versão cultural, ação cultural.

Forma particular de manifestação de uma cultura. *Modo* designa o *tipo* de uma manifestação cultural: o cinema é um modo cultural, assim como o teatro, a pintura, a dança, uma manifestação folclórica, o livro, a arquitetura etc. Em outras palavras, modo é a disposição particular da expressão cultural num meio determinado. Um caso específico de um modo, uma ocorrência concreta de um modo, é uma *versão* desse modo: um filme em particular, uma peça teatral, um espetáculo de dança etc.

Para que se possa falar na existência de um modo cultural propriamente dito, é necessário que essa manifestação atenda a alguns requisitos:

1) deve ser uma expressão com conteúdo;
2) essa expressão + conteúdo que se apresenta (como um processo ou disposição) deve depender de um sistema, conjunto de elementos de significação e de normas para sua combinação (imediatamente observável é o processo, ou "texto", sendo o sistema uma especie de estrutura a sustentar o texto);
3) as unidades de expressão e as unidades de conteúdo devem manter relações determinadas entre si, de tal modo que alterando-se uma unidade de expressão, altera-se uma unidade de conteúdo;
4) as relações entre essas unidades *não* devem ser tais que a determinadas unidades de expressão correspondam sempre e inevitavelmente as mesmas unidades de conteúdo; em outras palavras, prevalece, para a caracterização do modo cultural, o *princípio da não-conformidade* (processos em que a conformidade é absoluta —

como no caso dos semáforos de trânsito, nos quais verde *sempre* significa "siga", amarelo *sempre* indica "atenção" e vermelho manda "parar", sem possibilidade de outra interpretação qualquer que seja o contexto ou situação — não são modos culturais mas simples *códigos* ou *clichês*).

Esse entendimento do modo cultural torna obrigatório que se distinga nitidamente entre, por exemplo, uma obra de arte visual de vanguarda e uma manifestação folclórica (ex: congada), não necessariamente para apresentar a manifestação folclórica, de sentido sempre unívoco, como um *não-modo cultural* mas para mostrá-la como um *modo cultural fechado*, de sentido concluído e fixado (passível apenas de uma política cultural preservacionista) ao lado da outra, vista como *modo cultural aberto,* de sentido em construção. Em todo caso, este entendimento não elimina a possibilidade de que concepções radicais de cultura (ex: só é cultural aquela produção que move o ser humano para fins não previamente determinados; v. **ação cultural**) privilegiem como seu objeto os modos culturais abertos; neste caso, parafraseando negativamente a proposta de Inácio de Loyola, nem todo modo de preparar o indivíduo e de dispô-lo à libertação das afecções desordenadas da vida cotidiana pode receber o nome de exercício cultural...

Referências:

HJELMSLEV, L. *Prolegômenos a uma teoria da linguagem*. São Paulo: Perspectiva, 1975.

LOYOLA, I. de. *Exercices spirituels*. Paris: Bibliothèque 10/18, 1972.

Modo cultural amigável

Ver Democratização da arte.

Modo cultural especialista

Ver Democratização da arte.

Monumento histórico

Termos relacionados: história imaginária, patrimônio, direito ao belo, preservação.

Expressão de aparecimento relativamente tardio na modernidade. Sua primeira ocorrência, na França, se dá numa obra publicada em 1790 sob o título *Antiquité nationale*, da autoria de Aubin-Louis Millin, editada por Drouhin em Paris.

Referências:

GUILLERME, Jacques. "Notes sur la genèse du concept de monumentalité", *Revue de synthèse*, n. 1, jan.-mar. 1987, pp.75-89.

PERROT, Philippe. *Le luxe: une richesse entre faste et confort, XVIII-XIX siècle*. Paris: Seuil, 1995.

RIEGL, Alois. *Le culte moderne des monuments: son essence et sa genèse*. Paris: Seuil, 1984 (originalmente publicado em 1903).

Mudança cultural

Sumário: resíduo cultural, dominante cultural, emergente cultural; relações entre os modos culturais e as formas sociais.

Termo relacionado: instituições culturais.

Expressão que se aplica tanto a uma sociedade específica numa época determinada quanto a uma linguagem ou **movimento cultural**. Fala-se, assim, que uma certa sociedade está passando ou passou por uma mudança cultural e que uma determinada linguagem, movimento ou escola cultural gerou ou sofreu mudanças. Para os estudos de política cultural, a expressão interessa em seu primeiro sentido.

Ressaltando que o processo cultural é dinâmico e está portanto sempre em mutação, aponta-se para a necessidade de distinguir, ao tratar de uma mudança cultural, entre o residual, o dominante e o emergente.

A expressão *resíduo cultural* designa a obra ou modo cultural gerado numa época passada mas que continua acessível à contemporaneidade e, nesta, significativa. Modos populares de cultura (como o folclore) são casos comuns de resíduo cultural, considerados quase sempre como marginais, acessórios ou suplementares e, como tais, incapazes de caracterizar plenamente uma cultura viva.

Dominante cultural é o modo atual que goza de um prestígio particular e do qual deriva a caracterização de uma cultura (por exemplo, o rock e o cinema são dominantes culturais da contemporaneidade).

Emergente cultural, como o nome diz, é o **modo** ou versão que começa a surgir e a abrir caminho no tecido cultural dominante (a televisão quando o cinema ainda concentrava em si as atenções do mercado simbólico).

Nos estudos culturais de inspiração marxista, as condições para que um determinado traço cultural seja considerado residual, dominante ou emergente estão ligadas às formas sociais dominantes. Assim, um modo será dominante à medida em que estiver associado a uma forma ou grupo social dominante, condição esta que permanece invisível aos dominados que tendem a considerar os modos dominantes como naturais e necessárias.

As pesquisas contemporâneas, embora reconhecendo a importância dessa simbiose entre dominação cultural e dominação social, identificam dominantes culturais não vinculados aos grupos dominantes: como já foi observado, no Brasil sob a ditadura militar derivada do movimento de 1964, a dominante cultural foi nitidamente de esquerda (na música, no teatro, no cinema, na literatura) embora o grupo no poder fosse de direita. Na realidade, o quadro cultural é extremamente complexo, dificultando as caracterizações demasiado rígidas: se naquele Brasil houve uma cultura dominante de esquerda, esta se manifestou nos modos culturais eruditos (as encenações do Teatro Oficina e Arena, o cinema novo) ou naqueles modos populares com fortes colorações eruditas (música de Chico Buarque, Caetano Veloso e Gilberto Gil) situados na fronteira entre o erudito e o popular enquanto os modos populares propriamente ditos (televisão, rádio, cinema de massa) veiculavam a ideologia no poder ou, de todo modo, estavam longe de contestá-la...

Referência:

WILIAMS, R. *Cultura*. São Paulo: Paz e Terra, 1992.

Multiculturalismo

Sumário: assimilacionismo, pluralismo e multiculturalismo; ação afirmativa; multiculturalismo-resultado e multiculturalismo-programa; o politicamente correto; a arte e o discurso da virtude.

Termos relacionados: pluralismo cultural, reconversão cultural, ação cultural, fabricação cultural, modernização cultural, localismo, pós-modernidade, culturas pós-modernas, voluntarismo cultural.

1. De uso corrente a partir da década de 1980, em particular nos EUA e na Europa, indica preferencialmente um novo modo de interação entre grupos étnicos e, em sentido amplo, entre culturas distintas pela orientação religiosa, pelo sexo, pelas preferências seuxias etc. Sob o aspecto étnico, o multiculturalismo apresenta-se como lutas de minorias raciais por uma política de igualdade de oportunidades e é um herdeiro dos movimentos dos anos 1960 nos EUA.

A convivência entre diferentes grupos, sobretudo raciais, é característica de países como EUA e Brasil, que se colocam questões sobre o comportamento a assumir frente à diversidade étnica, cultural, religiosa que os compõem. Essas questões são, de um lado, resolvidas pelo modelo assimilacionista — adotado nos EUA nas primeiras décadas deste século quando naquele país predominou a imigração europeia — que prega a integração entre os grupos, a mistura cultural e a diluição das diversidades numa única identidade. A expressão usada para designá-lo é *melting pot*, cadinho onde várias culturas se fundem para formar uma só, perdendo características próprias em favor de uma nova unidade — no caso, americana, predominantemente anglo-saxã. Esse modelo, porém, não vigorava para os descendentes dos escravos africanos que, até a década de 1960, não tinham direitos plenos de cidadania. A partir dessa década, a luta pelos direitos civis dos negros americanos, o aumento da imigração não-europeia, o reconhecimento pleno das culturas nativas (indígenas) operam mudanças no modelo interracial, levando ao questionamento das ideias assimilacionistas orientado pelo modelo cultural anglo-saxão; surge então o modelo multiculturalista. Para este, é válido que os diferentes grupos não queiram se desfazer de suas culturas; a pluralidade de vozes que compõem um país deve ser ouvida para que sua cultura se entenda de modo não estereotipado e que se faça da diversidade uma forma de ampliar-se o conhecimento da espécie humana, una do ponto devista biológico mas ricamente diversificada do ponto de vista cultural.

Em consequência dessa visão multicultural, a sociedade norte-americana voltou-se para a aceitação de grupos minoritários até então marginalizados: negros, latino-americanos, mulheres, homossexuais. Nas duas últimas décadas procurou-se mudar o conteúdo dos currículos de História e Estudos Sociais com a intenção de neles abrir mais espaço para as minorias e retratá-las sem preconceito. Nesse mesmo período, cresceu, nas universidades, o número de cursos e programas de estudos multiculturais, criando-se especialidades como "estudos afro-americanos", "estudos de mulheres", "estudos de gays", "estudos de lésbicas", bem como introduziram-se obras e autores não ocidentais nos currículos de literatura.

Através do programa de *ação afirmativa* medidas legais foram introduzidas para garantir às minorias acesso ao mercado de trabalho e às universidades, através de um sistema de quotas de vagas reservadas. Essas medidas estenderam-se à mídia, procurando preservar espaço para a presença de minorias que ali devem ser representadas de acordo com sua participação na sociedade. A mídia minoritária em geral, e étnica em particular, tem presença significativa nos EUA. Jornais de quase todos os grupos étnicos são publicados nesse país; há para os afro-americanos, designação adotada pelos negros como mais isenta de preconceitos, dois canais de televisão a cabo, jornais e revistas de grande circulação. Programações de televisão em língua hispânica são também numerosas. O multiculturalismo torna-se assim o novo princípio ideológico, substituindo o *melting pot* que pretendia apagar as diferenças. Nos últimos anos, porém, críticas de vários matizes vêm sendo feitas à exacerbação com que se tem procurado implementar esse modelo na sociedade americana e, particularmente, nos meios universitários. Para alguns críticos, deve-se distinguir entre um multiculturalismo pluralista e outro particularista. O primeiro considera ideal que seja permitido aos grupos manter suas diferenças específicas dentro de uma sociedade ou a ela incorporar-se. Mas a opção deve ser de cada grupo, não do Estado. Essa tendência reconhece que a existência de uma cultura comum é, não só possível, como enriquecedor, e que a autoestima dos não-anglo-saxões deve ser incentivada em todos os níveis da sociedade americana. Para os adeptos desta linha, o multiculturalismo particularista leva a uma postura extremada que considera a cultura americana anglo-saxã hostil aos que dela não descendem; a autoestima particularista incentivada por esse multiculturalismo tende a um novo tipo de etnocentrismo equivalente ao que de início se procurou combater. O multiculturalismo é assim considerado positivo quando permite à sociedade refletir sua diversidade em todos os níveis e propicia a igualdade de oportunidades para todos o s grupos que a compõem. E torna-se perigoso quando instrumentaliza as minorias com o conhecimento de uma única cultura e um único código de tradições, tornando esses grupos despreparados para competir com os grupos dominantes da sociedade que detêm o conhecimento central exigido para a sobrevivência. Se o reconhecimento do outro em si mesmo, e de si próprio no outro, é o exercício que permite a aceitação do diferente; se o contato com o outro e o conhecimento desse outro permitem maior desprendimento e espírito crítico em relação à sociedade, então o multiculturalismo deve orientar-se para esse caminho e não pela via cega do preconceito e do racismo com sinais trocados. Estes estimulam o centramento em si mesmo e na própria cultura, vista não apenas como fonte de orgulho mas também como vetor de desprezo das culturas diferentes.

O entendimento da situação brasileira passa pelo conhecimento da ideologia racial de caráter assimilacionista, pautada pelo chamado "mito da democracia racial". De acordo com esta ideologia, alimentada, entre outras, por ideias como a do "homem cordial brasileiro", as minorias são vistas como um "estado transitório", degrau temporário para um passo ideal seguinte que seria o da plena assimilação à sociedade brasileira, de identidade única. Esta deve ser unívoca e inequívoca, não se propondo o cultivo de identidades parciais. Os descendentes dos africanos constituem um caso-limite desse processo de assimilação. Liberto de sua condição de escravo há pouco mais de cem anos, o negro permanece socialmente inferiorizado e apresenta-se como minoria no sentido sociológico (qualitativo) do termo, i.e., grupo alijado da plena participação nas esferas sócio-políticas e econômicas da sociedade (quantitativamente a comunidade negra é também minoritária nos EUA — 12% da população total, aprox. — e no Brasil: 45%, entre negros e mestiços). Como a ideologia assimilacionista é predominante, bloqueando a manutenção das identidades parciais, o multiculturalismo tem dificuldade em manifestar-se no país. Grupos descendentes de imigrantes europeus foram sempre, na maioria, imediatamente assimilados — mesmo porque, este país formou-se com eles, uma vez dizimados os habitantes indígenas. Os descendentes de orientais, superadas as resistências de primeira e segunda gerações, também hoje buscam sua identificação com uma "cultura brasileira" que apaga, ampla ou totalmente, os traços da cultura dos antepassados. Os grupos negros retomaram, nos últimos anos, os movimentos contra a discriminação e a favor da valorização de suas história e cultura. Revindicam o reconhecimento das lutas dos escravos por sua libertação e da participação dos negros em acontecimentos relevantes da hsitória nacional; a revisão dos livros didáticos que, ou ignoram as minorias ou as retratam de modo estereotipado; a divulgação da história da Africa e a valorização da cultura de origem africana. Projeto de lei tornando obrigatória a participação de negros nos meios de comunicação, na proporção da população, foi apresentado ao congresso neste ano de 1995, junto com outro que reserva às mulheres 20% dos cargos eletivos para o legislativo.

Solange Martins Couceiro de Lima

2. Será necessário distinguir entre dois multiculturalismos, ou entre dois aspectos do multiculturalismo: o multiculturalismo enquanto resultado e o multiculturalismo enquanto programa. O multiculturalismo enquanto resultado decorre da coexistência, entendida como um dado, entre culturas diferentes e seus índices; é o paralelismo sincrônico de culturas distintas tal como derivam de processos históricos de embates e acomodamentos. Assim, num país, como os EUA, que tem escritores, músicos, atores, políticos, compositores, artistas plásticos, militares (como o general negro Colin Powell, comandante das tropas americanas na guerra contra o Iraque e cogitado candidato à presidência do país nas eleições de 1996) cujos antepassados vieram de diferentes lugares, etnias e culturas, o multiculturalismo como ação concreta é evidente e incontestável. Multiculturalismo como resultado existe nos EUA e no Brasil — mas não no Japão, por exemplo, mais homogênero cultural e racialmente (inclusive porque durante dois séculos permaneceu fechado à penetração estrangeira, abrindo-se para o mundo, e para o ocidente em particular, nas últimas décadas do século XIX). Já o multiculturalismo como programa propõe-se, diferentemente, a gerar esse paralelismo cultural ali onde ele não existe, de modo geral, e, em especial, a promover excepcionalmente uma ou algumas culturas, antes ditas oprimidas, num mecanismo de compensação por injustiças sociais passadas. Se o multiculturalismo-resultado é um caso da **ação cultural**, o multiculturalismo como programa é uma ocorrência da **fabricação cultural**, com tudo de dirigista, paternalista, autoritário, discriminatório e, no limite, totalitário em que este modo cultural pode implicar.

Enquanto programa, o multiculturalismo surge como uma política cultural que reduz a cultura — e a arte, em particular — a uma questão de história e de política. Em outras palavras, ideologia. E assinala mais um momento da reiterada tentativa de instrumentalizar-se a cultura e a arte, que começou com Platão e Aristóteles, continuou com a intolerância religiosa da Igreja na Idade Média e com o filistinismo burguês do século XIX, tomou impulso nos estudos sociológicos (de G. Lukacs e A. Hauser, por exemplo) e culminou com as ditaduras de variados naipes no século XX. Essa instrumentalização assumiu as cores nítidas da transformação da cultura e da arte em uma questão de organização social e economia, acompanhada pela evacuação, de uma e outra, de todo e qualquer componente e dimensão específica — cultural propriamente dita num caso e estética no outro —, com o que se confunde cultura com ideologia e, ambas, com o **imaginário**. Essa redução, aniquiladora desses três corpos, está sendo revista há pelo menos duas décadas, num movimento que o multiculturalismo como programa desconhece.

Não há também como minimizar o fato de que o multiculturalismo enquanto programa representa mais um prego no caixão do universalismo ao rejeitar a ideia de que a mescla de culturas seja um passo na superação das particularidades antagônicas que o Iluminismo primeiro, e o socialismo em seguida, tentaram generosamente alcançar. O multiculturalismo como programa insiste no particular, no local e no diferente e recusa-se a apostar na **convergência simbólica** como alavanca de superação das diversas estreitezas ainda imperantes na sociedade humana: a nacionalista, a étnica, a religiosa. Se sob esse aspecto o multiculturalismo como programa recusa parte central do projeto da modernidade, pendendo assim para o lado da pós-modernidade, por outro aceita o caráter autoritário do modernismo, traduzido em cartas e programas a serem postos em prática de um mesmo modo e segundo uma mesma fôrma por toda parte, rejeitando o hibridismo pós-moderno. E isto é feito, o que assume aspectos preocupantes, através uma operação conceitual ideologicamente orientada da qual resulta o ocultamento daquilo que realmente está em jogo (impedindo, na prática, que esse multiculturalismo resolva aquilo que diz procurar resolver). Por exemplo, tem presença constante nos discursos do *multiculturalismo enquanto programa* as expressões "afro-americano" ou "afro--brasileiro". Uma origem geográfica e geo-política é invocada para amenizar o que se considera carga pejorativa do termo *negro*, de raiz étnica. Passando rapidamente pelo fato de que a proposição de termos como afro-americano e afro-brasileiro pede automaticamente que outros de análoga origem sejam criados (como euro--brasileiro ou americano-brasileiro ou oceânico-brasileiro e, no limite, outros como ítalo-brasileiro, polonês-brasileiro etc., cujo absurdo semântico só encontra paralelo em sua própria disfonia), reintroduzindo na arena todos os **localismos** conflitantes que se diz querer superar, é essa mesma proposição a responsável pelo recalque do problema central em jogo, o racismo, que, reprimido, não é enfrentado e, menos ainda, resolvido. A culpa social por fenômenos históricos que afetaram minorias (e não minorias) étnicas e nacionais está, reconhecida e reinvidicativamente, situada na base da aceitação do multiculturalismo enquanto programa. Essa culpa coloca-se, ela, na origem de um sentimento recalcado e metamorfoseado cuja contrapartida exata é a ocultação, nesse multiculturalismo orwelliano, daquilo mesmo que a originou: o preconceito racial. Dessa tensão entre pulsões patológicas não há como sair nada além de uma nova cultura do ódio étnico da qual a Marcha do Um Milhão, promovida em 1995 pelo líder negro extremista Louis Farrakhan nos EUA, e o assassinato do premiê israelense I. Rabin são exemplos contundentes. O multiculturalismo como programa não é um **pluralismo** cultural mas um partidarismo cultural que mal esconde sua genealogia. Embora obnubilada por diferentes motivações que se queiram apontar, de ordem psicopatológica ou outra, o fato é que uma das mais agudas — em todo caso, das mais provocantes, transgressoras e lúdicas, quer dizer, pós-modernas — mensagens multiculturalistas dos últimos tempos foi a canção *Black and White*, de Michael Jackson — além do próprio intérprete ele mesmo, com sua história pessoal de reconstrução física (se não biológica) da identidade, reencarnação do espírito antropofágico expresso na fórmula andradiana *tupi or not tupi*...

Não é só o quadro do multiculturalismo programático voltado para a questão étnica que apresenta de modo confuso e infletido suas principais linhas de força. O multiculturalismo está, todo ele, associado a outra configuração cultural discutida e discutível, a da *political correctness.* Sob esse ângulo, o multiculturalismo propõe-se a corrigir não apenas os excessos racistas como também os alegados excessos sexistas e *ageists* (etaristas, se for possível cunhar palavra assim feia: relativo à idade), além de todas as discriminações relacionadas com as deficiências físicas, à beleza ou falta de, às preferências sexuais etc. Se o cenário armado pelos que já são chamados, nas palavras de muitos oponentes do multiculturalismo, de *demagogos da diversidade,* apresenta às vezes episódios meramente engraçados (como a necessidade, apresentada como "cultural", de chamar os anões de "pessoas debilitadas na altura"), em outros momentos a situação é trágica quando professores universitários são sumariamente demitidos de seus cargos por, nas palavras de seus acusadores, terem feito supostas pilhérias sexuais ou étnicas. Esse multiculturalismo politicamente correto mostra-se, nessa luz, como um descendente da cultura da vitimização (v. **culturas pós-modernas**) arquitetada, não por artistas, pensadores e produtores culturais, mas por uma mescla de psicólogos, trabalhadores sociais e ativistas políticos cujo substrato teórico é, antes, uma burocracia jurídico-profissional do que uma doutrina filosófica e política em sentido amplo e que se mostram como os sucessores desnorteados dos movimentos contestatários dos anos 1960 mais inspirados pelas fontes maniqueistas segundo as quais o mundo se divide entre opressores e oprimidos, do que pelas raízes **holonômicas** motivadoras de uma visão abrangente do mundo. Essa será a principal razão pela qual, querendo substituir o indivíduo não mais pelo coletivo social, como o marxismo, ou pelo coletivo profissional, como o fascismo, mas por um ser definido por sua raça, seu sexo, sua etnia e sua religião, o multiculturalismo como programa acaba defendendo fortalezas vazias, manifestas quer, exemplo, na ideia de um passado original que é uma ficção reconstituída (uma terra de origem à qual voltar só na imaginação), ou na defesa de crenças populares já abandonadas em seu lugar de origem (práticas alimentares yin-yang a que teriam direito pacientes asiáticos em hospitais ocidentais), quer na construção, questão mais delicada, de edifícios teóricos sobre fundamentos cuja fragilidade prospectiva parece certa (como aquele segundo o qual a cultura branca será minoritária nos EUA em meados do século XXI — isto quando quando projeções atualmente disponíveis apontam para algo ao redor de 25% da população americana, naquele momento, formada por não-brancos).

Ideólogos da cultura da vitimização e, de modo geral, as instituições (como as universidades) que hoje esquecem lutas passadas para aceitarem a instrumentalização da cultura e a arte em nome da justiça social, querem desconhecer o fato de que a cultura e a arte nada têm a ver com o *discurso da virtude* com o qual querem confundi-las. Cultura e arte não são para dizer o que as pessoas querem ouvir; quase sempre justificam-se maiormente quando dizem aquilo que as pessoas *não* querem e não esperam ouvir. A política cultural em geral e como um todo, é verdade, padece, e bastante, desse complexto da virtude (v. **voluntarismo cultural**), que de modo algum incomoda a cultura e a arte em si mesmas. Mas não é impossível que a **pós-modernidade** veja surgir uma política cultural homóloga à cultura e à arte, quer dizer, mais comprometida com os fins últimos de uma e outra do que com as burocracias que delas vivem. (V. também **centros culturais independentes**).

Teixeira Coelho

Referências:

Bernstein, R. *Dictatorship of virtue*. Nova York: A. Knopf, 1995.

Bloom, H. *The western canon*. (The books and school of the ages). Nova York: Harcourt Brace, 1994.

Toshio, I. "Globalization and culture", *The Japan Foundation Newsletter*, v. XXIII, n. 3, Tóquio, dez. 1995.

Museu

Sumário: origens do museu; o museu público; concepção contemporânea; novas tendências; o museu sincrônico; o museu de arte e a arte pós-moderna; o museu como instrumento do poder.

Termos relacionados: centro de cultura; público; cânon, mecenato, reconversão cultural.

O International Council of Museums (Icom) definiu museu, em 1974, como "um estabelecimento permanente, sem fins lucrativos, a serviço da sociedade e de seu desenvolvimento, aberto ao público, que coleciona, conserva, pesquisa, comunica e exibe, para o estudo, a educação e o entretenimento, a evidência material do homem e seu meio ambiente".

A Associação Americana de Museus apresenta uma definição um pouco mais detalhada: museu é uma "instituição estabelecida, sem fins lucrativos, que não se ocupa prioritariamente de exposições temporárias, aberta ao público e administrada para o bem público, com a finalidade de conservar, preservar, estudar, interpretar, colecionar e exibir para o público, para sua instrução e fruição, objetos e espécies de valor educativo e cultural, incluindo material artístico, científico (seja animado ou inanimado), histórico e tecnológico. Museus assim definidos devem também incluir jardins botânicos, zoológicos, aquários, planetários, sociedades históricas, casas e propriedades históricas que preencham os requisitos acima referidos".

Originária do grego *mouseion*, templo das musas, a palavra museu teve seu significado modificado através do stempos. Na Grécia antiga, *mouseion* designava antes uma instituição filosófica, lugar de contemplação onde o pensamento, livre de outras preocupações, poderia dedicar-se às artes e ciências. As obras existentes no interior do *mouseion* tinham o objetivo de agradar mais às divindades do que oferecer-se à contemplação dos homens.

No Egito sob Ptolomeu I (século III a.C.), a palavra *mouseion* indicava um local de discussão e ensino de todo o saber existente, aproximando-se assim do sentido atual de universidade. O *mouseion* de Alexandria abrigava esculturas, instrumentos cirúrgicos e astronômicos, pedras e minérios de terras distantes.

Em Roma a palavra *museum* é usada no sentido restrito de "local de discussão filosófica". Os romanos exibiam obras de arte e curiosidades em seus templos e a aristocracia romana colecionava obras de arte e outros objetos provenientes de regiões por eles conquistadas.

Durante a Idade Média, a Igreja será a principal colecionadora de obras de arte e objetos variados, situação só alterada ao final desse período quando príncipes das cidades italianas começam a formar suas coleções particulares. Nesse momento, a palavra museu designa, no século XV, em Florença, a coleção que Lorenzo de Médicis abriga em sua residência. O termo designa tanto a coleção quanto o prédio que a acolhe, adotando um significado próximo àquele hoje atribuído ao termo.

Durante o século XVII, coleções de curiosidades, difundidas por toda a Europa, recebem o nome de *museu*, *gabinete de curiosidades* ou *câmara de curiosidades*. Nesses locais, que não mais pertenciam apenas à nobreza, encontravam-se quadros, esculturas, livros, instrumentos científicos, objetos vindos das novas terras descobertas, peças do mundo natural, curiosidades em geral.

O primeiro museu público, o Asmoleum Museum, é aberto em 1683 na Inglaterra. Formado pelas coleções doadas por Tradeskin e Ashmole, estava ligado desde o início à Universidade de Oxford. A expressão "museu público" deve ser entendida, neste caso, em sentido limitado, uma vez que somente artistas e estudiosos eram autorizados a visitar essas coleções. Será a Revolução Francesa, no século XVIII, que abrirá definitivamente as portas dessas coleções ao público em geral. Nesse momento surgem os grandes museus nacionais voltados para a educação do povo. Diderot publica, no nono volume da *Encyclopaedie*, um detalhado esquema para a criação de um museu nacional no Louvre, que será aberto em 1793. Em Viena, o Belvedere havia sido inaugurado em 1783; em Amsterdam, o Museu Real dos Países Baixos foi aberto em 1808. Seguiram-se o Altes Museum, de Berlim (1810), o Museu do Prado (1819), o Museu Hermitage de Leningrado (1852).

No Brasil, D. João VI cria em 1815 o Museu Nacional segundo os moldes europeus, com uma coleção de história natural. No final do século XIX surgem o Museu do Exército (1864), o Museu Emílio Goeldi no Pará (1866), Museu da Marinha (1868) e o Museu Paulista (1892). Será nas décadas de 30 e 40 do século XX que se criará a maioria dos museus brasileiros.

Os museus evoluíram nitidamente de uma atitude meramente depositária e conservadora, em que as obras em si eram o mais importante, para outra que se poderia descrever como orientada para o público. Neste caso, seu objetivo é, tanto quanto manter uma obra, criar as condições para que essa obra entre no circuito imaginário da cultura através de sua exposição adequada ao público. O interesse pelo público, e a preocupação de registrar número elevado de frequentadores, tornou-se mais acentuado a partir do instante em que, entre os anos 1970 e 1980 neste século, os museus viram diminuir o montante de suas verbas e encontraram nas rubricas "atendimento ao público e à comunidade" e "serviços educacionais"uma forma de legitimação para suas demandas econômicas, atendidas tanto por indivíduos e instituições privadas quanto pelo Estado. Mudanças como esta foram acompanhas por outras. Museus sem acervos, como o Museu de Culturas Populares, do México, passaram a existir, organizados não ao redor da ideia da *coleção* de obras mas da proposta de abordar sucessivamente temas individuais integradores de um conjunto maior (por exemplo, uma exposição sobre "A Cultura do Milho" como parte do sistema da Cultura Popular). Também a exigência de uma edificação específica não é mais requisito essencial para a definição de um museu: surgem, ao longo das décadas de 1980 e 1990 neste século, museus ao ar livre e ecomuseus. Instituições museológicas passam também a aproximar-se fisicamente de outros estabelecimentos culturais, como os centros de cultura; exemplo eloquente desta tendência é o Centro Nacional de Artes e Cultura Georges Pompidou, em Paris. O complexo cultural assim constituído apresenta-se como um grande espaço de convivência, recuperando parte do significado mais antigo de um museu. De modo ainda mais amplo, comunidades, setores de cidades ou cidades por inteiro (como Veneza) transformam-se em espécies de museus vivos. A registrar, ainda, que a realização de "grandes exposições" transitórias (como as dedicadas a Picasso, Matisse, Impressionistas etc.), que integram um circuito internacional e se transformam em não menores shows de mídia, tornou-se um dos principais fatores de aumento de público nos museus. A definição da Associação Americana de Museus diz que o museu é uma instituição que não se ocupa prioritariamente de exposições transitórias. Embora seja assim, fato é que, no presente, são as exposições transitórias que mais marcam o nome de um museu e se tornam as responsáveis pela afluência de público e, quase, pela justificação de sua existência. É inegável a importância destas exposições na vida de um museu, tanto mais quanto o trabalho requerido pela montagem de cada uma delas requer o envolvimento durante meses de um número considerável de pessoas e recursos econômicos, com reflexos inevitáveis sobre as outras atividades ainda ditas básicas da instituição. Estas grandes exposições, embora não elas apenas, têm contribuído também para aumentar significativamente as receitas das lojas de museus, que vendem reproduções, livros, vídeos e uma infinidade de outros objetos direta ou indiretamente ligados às artes em geral e às artes neles mostradas. Esse comércio é, hoje, uma das fontes não desprezíveis de recursos para os museus.

De outro lado, a partir da década de 1970 e, em particular, de 1980, nesta segunda metade do século XX, grandes projetos arquitetônicos de museus começaram a proliferar, em particular nos EUA, no Japão, na Alemanha e na França. Museus de variados tamanhos — desde o renovado Louvre com sua pirâmide de vidro e suas novas alas monumentais até uma pequena construção em madeira preta no alto de uma colina na pequena cidade de Shibukawa, no Japão, projetada por Arata Isozaki, passando pelo novíssimo e não menos espetacular Museu de Arte Contemporânea de Tóquio, inaugurado em março de 1995 — tomam conta do panorama cultural e se apresentam como modos contemporâneos privilegiados do "templo da cultura". Há mesmo, por vezes, uma disparidade absoluta entre a grandiosidade e o luxo do espaço físico do museu e as coleções por ele abrigadas, como no novíssimo museu municipal de Yokohama, ainda no Japão, projetado por Kenzo Tange. As edificações tornam-se mais importantes, em termos físicos, estéticos e culturais, do que as obras por elas abrigadas. Neste final de século, o museu surge assim menos como instrumento cultural de preservação ou conhecimento do passado quanto de ícone privilegiado da glorificação presente de uma cultura, um povo, uma comunidade, um artista, uma companhia ou uma pessoa, proprietária ou financiadora do museu. A arte e a cultura têm-se revelado, nas últimas décadas, fontes nada desprezíveis de recursos econômicos sobretudo na forma de turismo cultural (e também como geradoras de empregos diretos e indiretos) e os museus mostram-se como vias particularmente adequadas de canalização dessas rendas. Paralelamente, é verdade, firma-se ao mesmo tempo a noção de que a arte e a cultura podem colaborar para a qualidade de vida de uma comunidade, e que o museu, não só (ou não tanto) enquanto receptáculo de obras mas em sua própria condição de edificação singular, tem sua colaboração a dar sob esse aspecto.

Discussões intensas têm sido travadas com o objetivo de definir ou prever os caminhos futuros dos museus. Tradicionalmente, na modernidade, enquanto coleção o museu tinha (e tem) a função de preservar e apresentar artefatos culturais selecionados como representativos dos pontos altos de uma cultura. Sob esse aspecto, o museu resguardava uma herança ao mesmo tempo que estabelecia cânones, marcados pelo estabelecimento de fronteiras entre o que ficava "de fora" e o que era admitido no cenário cultural. No que diz respeito especificamente aos museus de arte, esse entendimento tem sido questionado. A proliferação da informação, a multiplicação das atividades e dos gêneros ditos artísticos e o aumento do número de pessoas que se dedicam a essas atividades (nos EUA, calcula-se entre 150 e 200 mil o número de pessoas que se nomeiam artistas) têm colocado os museus em xeque: são em número insuficiente, não tão grandes quanto deveriam ser e carecem dos recursos que a nova situação exigiria. Esta condição tem levado à proposta de criação de *museus sincrônicos*, opostos aos museus canônicos por não mais tentarem relatar cronologicamente a história da arte e por focarem sua atenção sobre um número pequeno de artistas cujas obras são mostradas em profundidade. Em vez de optarem pela *história*, escolheriam uma apresentação de certo modo descontextualizada da experiência artística. O problema colocado por esta orientação reside, antes de mais nada, na questão de quais artistas escolher, numa operação em que o curador assume uma importância extremada (não raro, desproporcional em relação ao artista e às obras escolhidas) e cujas fronteiras com os interesses imediatistas do mercado artístico surgem de modo pouco claro. Quando não são os curadores, são os próprios artistas que forçam sua "musealização", através da construção deliberada de obras em condições de serem admitidas em museus segundo a lógica cultural deste momento histórico (aqui, Joseph Beuys é o nome constantemente lembrado). Um conflito se estabelece mesmo entre as intenções alegadas por certos artistas e os objetivos de certos museus. Caso típico é o que diz respeito à arte que, a partir da segunda metade dos anos 1960, foi intencionalmente feita para não durar, como a arte conceitual e, depois, as instalações (tanto as feitas em lugares privilegiados, como salões e bienais, como as feitas em lugares-comuns, como uma rua ou um cenário natural). A intenção de colecionar também este tipo de obras em princípio não colecionáveis, no afã de deixar registrado o que foi um momento significativo da arte deste século, interfere no próprio programa da obra elaborada e no projeto dos artistas, com consequências claras para a dinâmica artística.

Outra linha de atuação para os museus tem sido procurada pelos defensores do **multiculturalismo**, que pregam a necessidade de voltarem-se os museus para obras e culturas que teriam sido marginalizadas, no passado, por visões culturais hegemônicas. As dificuldades envolvendo esta orientação são, do mesmo modo, inúmeras e evidentes, repousando sobremaneira no jogo de interesses sociais e políticos nem sempre providos de ressonâncias culturas e artísticas relevantes.

Uma terceira redefinição do papel dos museus tem sido apontada na tendência de alguns museus de não se apresentarem mais como uma entidade cuja coleção constitui um **patrimônio cultural**, capaz de fornecer um conhecimento cultural, mas como uma instituição detentora de um patrimônio cultural equivalente a um patrimônio econômico na forma de ações ou outros investimentos. Neste caso, a coleção do museu funciona como um patrimônio a serviço do crescimento e desenvolvimento do museu enquanto arena de uma cultura do lazer. Museus como o Guggenheim — e mesmo o Moma, de Nova York — podem eventualmente ser colocados nessa lista. Nessas três tendências, a própria adequação da palavra "museu" para designar essas instituições torna-se discutível.

Para os autores de inspiração marxista que trabalham com os conceitos de *modo hegemônico de cultura* e *modo dominado de cultura*, o museu representa a solução moderna para a cristalização do poder no campo da cultura e se apresenta como um espaço que, longe de congelado no tempo, possibilita o constante reajuste dos termos dessa relação de dominação de um modo de cultura sobre os demais. Com essa função, o museu se apresenta como instituição nominalmente pública (de fato, representativa de *um* segmento do público) destinada mais a *definir* do que conservar um patrimônio nacional, mais a hierarquizar as manifestações simbólicas dos diversos grupos sociais do que a unificá-las, mais a harmonizar as rupturas entre o passado e o presente do que a evidenciá-las. Esse caráter de um espaço sacramental é tanto mais acentuado quanto o museu se apresenta como um espaço distinto e afastado do cotidiano sob todos os aspectos, o que aumenta a dificuldade de compreensão de seu papel e diminui o interesse de conhecê-lo e frequentá-lo. Este entendimento estende-se tanto ao museu de coleção quanto ao museu sincrônico — mas não leva em conta nem os esforços dos museólogos para "atualizar" as funções dos museus, como no caso do Setagaya Museum, em Tóquio, nem a força das campanhas de mídia que levam milhares de pessoas aos museus para verem uma exposição anunciada, nem os fenômenos de **reconversão cutlural** que fazem, hoje, tabula rasa de muitas das tradicionais distinções copm que operava a teoria da cultura.

Martin Grossmann, Patrícia Tavares e Teixeira Coelho

Referências:

ADORNO, T. "Valéry-Proust Museum", *Prisms*. Cambridge: MIT Press, 1981.

BAUDELAIRE, C. *A modernidade de Baudelaire* (apresentação de Teixeira Coelho, tradução de Suely Cassal). Rio de Janeiro: Paz e Terra, 1988.

CANCLINI, N.G. *El público como propuesta. Cuatro estudios sociológicos en museos de arte*. México: INBA, 1987.

HOOPER-GREENHILL, E. *Museums and the shaping of knowledge*. Londres: Routledge, 1992.

HORNE, C. *The great museum*. Londres: Pluto, 1984.

_______. *The public culture*. Londres: Pluto, 1986.

IMPEY; MACG. *The origins of museums*. Oxford: Clarendon, 1986.

KRAUSS, R. "The cultural logic of the late capitalist museum", in *October* 54, 1990.

LEVIN, M.D. *The modern museum: temple or showroom?*. Tel Aviv: Dvir, 1983.

MENESES, U.T.B. de. "Do teatro da memória ao laboratório da história: a exposição museológica e o conhecimento histórico", in *Anais do Museu Paulista*, n. 2, 1996, no prelo.

MUSEUM STUDIES NOTES I. Leicester: University of Leicester, Dep. of Museum Studies, 1985.

SUANO, M. *O que é museu?*. São Paulo: Brasiliense, 1986.

TABORSKY, E. The sociostructural role of the museum in The International Journal of Museum Management and Curatorship, 1982.

NANJO, F. et al. *Annals of the Cimam Japan Meeting*. Toquio: Japan Foundation, 1994.

VERGO, P. *The New Museology*. Londres, Reaktion Books, 1989.

WEIL, S. *A cabinet of curiosities - Inquiries into Museums and their Prospects*. Smithsonian Institution Press, 1995.

Museu de arte

Sumário: museu de arte e sistema educacional; o museu como instrumento do poder cultural; ação educativa e ação cultural.

Termos relacionados: museu, público.

O museu de arte representa, para a maioria das pessoas, um espaço de significado especial que possibilita o contato com valores espirituais superiores e ao qual somente se tem acesso uma vez atravessados os diferentes e sucessivos níveis da educação formal. O museu de arte, assim — tanto quanto os museus de antropologia, de ciências e tecnologias — tende a ser encarado como uma organização similar à escola. Essa imagem do museu de arte, que corporifica tanto um temor quanto um desejo do público leigo, tem seus traços reforçados por muitos museus que, vendo na ação educacional uma justificativa se não para sua existência pelo menos para a obtenção de mais recursos, reforçam seus serviços escolares, não raro em detrimento de outras possibilidades, abertas para o **afetual**, não disponíveis para outros tipos de museus. A aceitação da imagem educacional pelos museus de arte tem um efeito aparentemente paradoxal: em vez de facilitar o acesso à obra de arte, o destaque dado à ação educacional reforça a ideia, no público leigo, de que de fato as portas da arte só se abrem depois do esforço representado por um treinamento orientado. Para muitos autores, uma das primeiras funções do museu de arte é a da reforçar uma determinada hegemonia cultural, geralmente a da cultura erudita; assim, o melhor seria não reforçar esta imagem e recusar a ideia do museu como extensão da escola. Para outros, só com a educação o museu poderá cumprir sua tarefa supostamente democratizadora. Com isso, o museu de arte transformou-se, a partir dos anos 1960, em campo de batalha entre a ação educacional ou educativa, vinculada aos esquemas da educação formal, e a **ação cultural**, disposta a tomar antes o partido da arte e do próprio público, livre para escolher seus fins culturais.

Referência:

CANCLINI, N.G. et al. "El público como propuesta", in *Cuatro estudios sociológicos en museos de arte*. México: INBA, 1987.

Museu de proximidade

Ver Ecomuseu.

N

Nacionalismo cultural

Sumário: as teses fundamentalista e liberal; ufanismo, nacionalismo ornamental, nacionalismo pessimista; a revisão nacionalista do modernismo; o nacionalismo pela ótica estrangeira.

Termos relacionados: cultura de fronteira, identidade cultural, modernização cultural, modos culturais pós-modernos, liberalismo cultural, dirigismo cultural.

Predominam, em política cultural, duas tendências centrais de entendimento da questão do nacionalismo cultural. De um lado, a que identifica no conjunto do **patrimônio histórico** (bens arcaizantes), localizado de modo estável, a fonte definidora do ser nacional (o que inclui, além de edificações antigas de origem mais ou menos erudita, também modos culturais populares — não raro, religiosos — e, eventualmente, a cultura dos habitantes originários do território). De outro, a que nega as tradições arcaicas e em seu lugar propõe a invenção de uma outra história, portanto de uma outra identidade nacional resultante apenas da unificação modernizadora engendrada pelo conhecimento científico e pelo nacionalismo político.

A primeira, que vem sendo denominada fundamentalista, é acusada de não entender a natureza do processo modernizador, com suas interações, contradições e **reconversões** e, portanto, de não conseguir apresentar propostas capazes de responder às expectativas contemporâneas — o que abriria livre caminho à penetração dos modos culturais **globalizados**. Da segunda, dita liberal, diz-se que opera com propostas e concepções abstratas, desvinculadas da realidade contextual e portanto incapazes de gerar **efeitos de mundo** — o que, de modo análogo, também acabaria por abrir as portas para culturas estrangeiras dominantes ou globalizantes.

Na atualidade, considera-se que uma forma (pós-moderna) de escapar a essa dicotomia é ver a tradição não como um dado mas como um constructo (uma forma teatralizada, ficcionalizada) e apreciar a modernização como uma operação relativa que não propriamente antagoniza a tradição mas busca superá-la a partir dela mesma e na forma pela qual os indivíduos e grupos decidam fazê-lo.

Em relação ao caso brasileiro, Antonio Cândido faz interessantes distinções entre as diversas manifestações do nacionalismo cultural. Na dinâmica cultural do século XX, o autor observa a existência de um momento de "exaltação patrioteira" ("ingênua, tola e perigosa"), conhecido como ufanismo, contemporâneo da campanha nacionalista dos anos da Primeira Guerra Mundial e que teve nos hinos cívicos seu sinal mais gritante. (Uma das decorrências desse nacionalismo é o que A. Candido chama de "nacionalismo ornamental", que exclui da nacionalidade "o pobre, o negro, o mestiço, o chagásico, o maleitoso, o subnutrido e o escravizado" — numa proposta antecipatória da política cultural nazista.) Em contraste com este nacionalismo afirmativo, de nuança xenófobas, observou-se um "nacionalismo pessimista" que definia a nação pela soma de seus males e excessos (como retratada nas obras de Sulvio Romero, Euclides da Cunha e Monteiro Lobato). A partir de 1922, registra-se uma tendência para repensar as duas visões numa tentativa de reequilibração. A resultante seria a aceitação de que, se na esfera política e social, o país novo precisava ser nacionalista no sentido de preservar sua autonomia, no campo cultural não havia como fechar-se ao contato com as culturas estrangeiras. Essa posição desembocou num processo de valorização de traços de conteúdo próprios do país (mestiçagem, herança indígena) a serem expressos segundo as formas da vanguarda europeia. Se por um lado o modernismo negou o ufanismo, por uma outra vertente produziu ou foi o contexto em que surgiu um hipernacionalismo neoufanista, o do grupo Verde-amarelo, de conotações políticas direitistas e fascistas. A partir da década de 1930, uma nacionalização da transmissão do saber (de que fez parte a fundação da Universidade de São Paulo) deu origem a um outro tipo de nacionalismo, pensado de forma orgânica e que consistiu em repensar um projeto nacional a partir da contribuição teórica estrangeira.

Referências:

ANDRADE, M. de. *O banquete*. São Paulo: Duas Cidades, 1977.

CANCLINI, N.G. *Culturas híbridas*. México: Grijalbo, 1989.

CANDIDO, A. *Vários escritos*. São Paulo: Duas Cidades, 1995.

ORTIZ, R. *Cultura brasileira & identidade nacional*. São Paulo: Brasiliense, 1985.

SCHWARZ, R. *Que horas são?*. São Paulo: Companhia das Letras, 1987.

Necessidade cultural

Sumário: componente estrutural do ser humano ou fenômeno de aquisição; necessidades culturais e educação; demanda e oferta; necessidade ou desejo.

Termos relacionados: indústria cultural, sistema de produção cultural e a introdução deste dicionário.

Para alguns autores, as necessidades culturais fazem parte intrínseca da natureza humana e devem ser incluídas entre as necessidades básicas como alimentação, reprodução etc. — o que faria da necessidade cultural uma necessidade natural. Outros, insistindo na distinção entre natureza e cultura, acreditam que, para além de um determinado nível mínimo — representado, em particular, pela exigência natural de produzir e receber *narrativas* — as necessidades culturais decorrem de *processos educacionais* e, como fenômenos de aquisição, são apenas um complemento, não raro um suplemento.

De um modo ou de outro, está hoje assentada a hipótese segundo a qual as necessidades culturais estão vinculadas muito mais à oferta cultural proporcionada do que à demanda espontânea de indivíduos e **grupos**. Em outras palavras, não apenas as necessidades culturais são tão maiores quanto maior for a oferta cultural quanto somente passariam a existir, além de determinado nível, à medida em que provocadas por uma oferta cultural.

No final do século XX, em todo caso, era o momento de propor que a ideia de *necessidade* cultural, que ocupou hegemonicamente o cenário da política cultural nos últimos duzentos anos, não traduzia adequadamente o fenômeno que queria significar (as relações entre o homem e a cultura) e, de fato, impede-o de manifestar-se (portanto, não o atende como diz procurar fazer) e tem raízes demasiado débeis — o que tornaria inevitável substitui-la. Em outras palavras, assim como a política cultural realmente pública nasce com a Revolução Francesa, no século XVIII, do mesmo modo a noção de necessidade cultural deve ter sua origem procurada no imaginário edificante, acaso moralizador, desse movimento. Tudo indica que o conceito de necessidade, depois retomado pelos socialismos, foi a versão revolucionária, redutora, da ideia de *desejo*. À desmedida aristocrática de Versalhes opõe-se o comedimento burguês, que se quer e se justifica como *funcional*. O desperdício, o gasto, é reprimido — pelo menos em público. O único excesso, o único luxo admitido é o público, o luxo da pompa pública, o luxo do monumento que tem, exatamente, uma função patriótica, portanto pedagógica. Aquilo que é desejo na intimidade, em público vira necessidade. O cidadão pode reivindicar em público uma necessidade, mas o cidadão não tem o direito de, em público, afirmar, seu desejo. A cisão entre o público e o privado, entre a rua e a sala íntima nunca foi tão forte. Se a confusão entre o público e o privado era a norma da aristocracia — o que era privado era público e o que era público, privado —, com a Revolução a única mudança foi o mascaramento do privado em público. O desejo encontrou, na necessidade, uma máscara — assim como o luxo disfarçou-se em conforto. Ao desejo, entidade incômoda, não se tem direito (a Revolução não teve a audácia de radicalizar-se, sob esse aspecto); a uma comodidade (como água encanada, esgoto e leitura), sim. O desejo não é algo publicizável, pertence unicamente ao regime do foro interno e não se submete a normas exteriores. A necessidade, pelo contrário, é regulável de fora para dentro (por exemplo, através das vávulas da oferta e da procura) e permeável às decisões que, visando o coletivo, querem impor-se a cada um. O desejo é subjetivo, vago, impreciso, impalpável; a necessidade, objetiva, material, *hard*. Se a necessidade tem essa natureza, el aé passível de ser compediada, codificada. E desde então, os legisladores culturais trataram de manualizá-la. Os dotados de uma intenção generosa — nem por isso menos problemática — trataram de quantificar essa necessidade: assim como cada cidadão tem direito a tantos mil litros de água tratada por semana, deve ter acesso a tantos livros por ano (a Unesco, por exemplo, elaborou uma fórmula para dizer de que tamanho deve ser a biblioteca pública de uma cidade). E aqueles que, dizendo cuidar do bem alheio quando não raro procuram justificar-se a si mesmos, cuidaram de organizar os discursos sobre a necessidade da cultura. A partir desse momento, foi imperioso *precisar* de cultura, precisar de arte. A cultura tornou-se um bem — e um bem é, claramente, impositivo: não se recusa um bem assim como não se rasga dinheiro. Foi preciso ter o bem-estar (termo e noção que substituiu outro igualmente pouco revolcuionário: felicidade) cultural — mesmo que à força. O bom samaritano cultural nem sempre consegue esconder o rabo messiânico (jesuítico, fundamentalista ou outro) que traz oculto sob suas vestes e que persegue a salvação forçada do outro. Talvez seja mais do que hora de afirmar que a cultura, como a arte, é uma questão de desejo, mais do que necessidade. Não haverá tanto uma necessidade da cultura quanto um desejo da cultura. Enquanto não se derem conta disso, as políticas culturais (e uma política — quer dizer, um pensamento citadino, um pensamento da pólis, da cidade, do coletivo — para o desejo é quase uma contradição nos termos...) continuarão o fracasso que apenas ocasionalmente conseguem evitar.

Referências:

Bourdieu, P.; Darbel, A. *L'amour de l'art. Les musées d'art européens et leur public.* Paris: Minuit, 1969.

Fisher, E. *A necessidade da arte.* São Paulo: Zahar, 1967.

Perrot, P. *Le luxe* (Une richesse entre faste et confort). Paris: Seuil, 1995.

O

Oferta cultural

Ver Distinção simbólica, necessidade cultural.

Oficina cultural

Sumário: ateliê, curso, oficina, clínica; oficineiro.

Termos relacionados: espaço cultural, centro de cultura.

Designa não tanto um lugar quanto um tipo de atividade, desenvolvida em diferentes modalidades de **espaço cultural** (centros de cultura, **museus**, **bibliotecas** ou edifícios especialmente construídos ou adaptados para essa finalidade) e de diversificada natureza: cursos, palestras, conferências, seminários etc. De uma oficina cultural não sai necessariamente um **produto** ou obra cultural (uma peça de teatro, um filme, um livro); seu objetivo é disseminar informações, para um público profissional ou amador, que levem à realização de obras culturais.

O termo *oficina cultural* é de uso relativamente recente. Foi antecedido por dois outros, mais tradicionais, *ateliê* e *curso*, e como estes representa o espírito de uma época. Se *ateliê* era um termo ligado a um momento em que o artista enquanto criador autônomo, isolado e sem maiores preocupações ou responsabilidades que não sua própria arte, era visto de modo especial e privilegiado, *curso* já é palavra vinculada a um tempo em que a ideia da educação se tornou pedra de toque — inclusive a educação para a cultura e para a arte e pela cultura e pela arte. Com a palavra *curso* não se estava mais no momento em que o artista apenas aceitava mostrar sua técnica a estudantes que se limitavam a observar o modo do mestre (como Volpi, que recebia estudantes desde que se comprometessem a olhar sem perguntar, quer dizer, sem desconcentrar o artista cujo objetivo central era produzir e não ensinar) mas num outro instante no qual prevalecia a noção de que cultura e arte eram passíveis de um ensino segundo procedimentos analíticos determinados e ministrado não mais necessariamente por um artista reconhecido porém por qualquer um que conhecesse o *como fazer* embora ele mesmo não o fizesse ou não o fizesse de modo destacado: o objetivo central deste profissional não era mais produzir uma obra mas transmitir um conhecimento sobre como fazer uma obra. Uma modificação considerável.

Num terceiro momento, o termo *curso* é abandonado em favor de *oficina*. De um lado, *oficina* é, claramente, a tradução mais próxima que se obteve para *workshop*, termo de longa data utilizado na cultura anglo-saxã (e no resto do mundo) para designar uma espécie de seminário originalmente *conduzido por profissionais de destaque* (atores e diretores conhecidos de teatro, cinema, dança, literatura etc.) visando *intercâmbio de ideias* e a demonstração de técnicas e habilidades desenvolvidas. De outro lado, a adoção do termo *oficina* no Brasil correspondeu também a um período histórico em que intelectuais e artistas de esquerda, de modo particular a partir dos anos 1960 e 1970, na defesa dos interesses dos oprimidos em geral e dos trabalhadores em particular, decidiram combater as ideias da arte como fruto de qualidades especiais de origem imprecisa e apresentá-la não só como resultado de um trabalho mas igualmente como algo que colocava o trabalhador comum e o artista numa relação de igualdade — o que é, visivelmente, um exagero, dados os mecanismos especiais de apoio público de que gozam os artistas mesmo em períodos politicamente difíceis. A ideia de *trabalho* está também presente na expressão *workshop*, que indica um lugar numa casa ou fábrica onde se realizam trabalhos industriais ou manuais de natureza mais leve. Mas não há dúvida de que o caráter ideológico da palavra *oficina* foi determinante no uso que dela se fez e faz no Brasil nas últimas décadas.

Um quarto termo para designar o mesmo tipo de atividade, bem menos usado no domínio da cultura, é *clínica*. Recorrente na área dos esportes (clínica de tênis, de basquete), significa que um profissional especializado propõe-se a corrigir erros de performance de iniciantes.

A maior parte das oficinas não se apresenta, hoje, como um momento de troca de ideias e experiências entre profissionais de mesmo nível ou de níveis não tão distanciados. Apresentam-se as oficinas, na prática comum das políticas culturais, como cursos destinados a amadores ou iniciantes, mesmo que o objetivo final seja a prepação de uma de obra técnica (eventualmente qualificada).

Esse termo deu origem a outro ainda mais discutível, sob o duplo ângulo da eufonia e do referente: *oficineiro*, significando aquele que sistematicamente exerce as funções de orientador ou professor desses cursos. Na origem, a oficina ou workshop é uma atividade inconstante, eventual e efêmera: um grupo de teatro passando por uma cidade ocasionalmente recebia colegas de profissão para essa troca de experiências. Ainda que um mesmo lugar fosse designado para acolher essas atividades em caráter permanente, os responsáveis por sua condução deveriam ser sempre diferentes para garantir-se a meta da atualização ou da formação continuada; na medida em que se eterniza um mesmo responsável, o oficineiro, fica caracterizada a prática educacional dos cursos tradicionais não necessariamente colocados sob a batuta de profissionais destacados.

Referência:

Teixeira Coelho. *O que é ação cultural*. São Paulo: Brasiliense, 1989.

Organização da cultura

Termo relacionado: cultura organizacional da cultura, instituições culturais, organiação primária da cultura.

Complexo de relações formais e informais que regem o **sistema de produção cultural**. Envolve **instituições culturais**, formações culturais, movimentos ou escolas, criadores individualmente considerados, receptores da cultura, normas jurídicas, organismos econômicos, instituições de ensino e pesquisa, corpos doutrinários etc., o que tem por consequência uma multiplicidade de abordagens diferentes do fenômeno cultural, de modo amplo, e da política cultural, de modo específico.

Referência:

Williams, R. *Cultura*. São Paulo: Paz e Terra, 1992.

Organização primária da cultura

Sumário: organização, território, grupo; cultura erudita.

Termos relacionados: capital cultural, instituições culturais.

Organização que, em virtude da qualidade de seus serviços artísticos, de sua estatura como instituição artística ou devido à importância de sua contribuição para uma parcela significativa da população ou para um determinado modo cultural ou artístico, é particularmente importante para a vida cultural desse **grupo** ou **território**, de tal modo que a extinção ou retração de seus serviços constituiria uma grave **perda** artística.

Essa organização é definida como primária pelos instrumentos (conselhos, departamentos) de uma determinada política cultural territorialmente delimitada (uma política cultural municipal, estadual ou nacional) que deve decidir sobre o destino de fundos públicos diretos (subvenções) ou indiretos (**incentivos** fiscais etc.).

São geralmente consideradas organizações primárias da cultura **instituições** como corpos de baile municipais ou estaduais, orquestras sinfônicas, **museus**, centros de cultura, **bibliotecas** públicas e, mais raramente, corpos estáveis de companhias teatrais ou de grupos corais. A história recente mostra que dificilmente um cinema é considerado organização primária, mesmo quando é o único ou último cinema de uma cidade ou bairro. Os critérios para a definição de uma organização como primária — o que significa dizer: para a definição do que deve ser considerado **capital cultural** de uma comunidade — dependem assim de fatores variados. Em geral, as formas de cultura ditas eruditas são mais facilmente consideradas organizações primárias do que as demais.

Referências:
MICELI, Sérgio et al. *Política cultural comparada*. Rio de Janeiro: Funarte, 1985.
New York State Council on the Arts, *Funding Report 1982-83*, Nova York, 1983.

P

Paradigma holonômico

Termos relacionados: imaginário, culturanálise, cultura de fronteira, cultura emergente, culturas híbridas.

Modo de pensamento que trata de maneira complexa as questões complexas. Em sua análise, o modelo holonômico aborda fenômenos ao mesmo tempo complementares, concorrentes e antagonistas, respeitando as diversas coerências de cada um que se unem em dialógicas e polilógicas. Apoia-se numa ontologia pluralista, na lógica polivalente e na causalidade probabilística.

É o paradigma por excelência dos estudos contemporâneos sobre o imaginário e a culturanálise, adequado à abordagem das **culturas emergentes**, **híbrida**s ou de **fronteira**.

Referências:

FEYERABEND, P. *Contra o método. Esboço de uma epistemologia anárquica.* São Paulo: Francisco Alves, 1989.

MORIN, Edgar. *La méthode II.* Paris: Biblio/essais, s.d.

PAULA CARVALHO, J.C. *A culturanálise de grupos: posições teóricas e heurísticas em educação e ação cultural.* Ensaio de titulação, Fac. Educação da USP, 1991.

_______. *Antropologia das organizações e educação: um ensaio holonômico.* Rio de Janeiro: Imago, 1990.

Paternalismo cultural

Sumário: direito à cultura, dever de apoio à cultura, mercado cultural.

Termos relacionados: política cultural, mercado simbólico, liberalismo cultural, libertarianismo cultural.

Proteção excessiva, oferecida pelo Estado, à produção cultural de maneira indiferenciada ou a um ou alguns **modos culturais** escolhidos.

Os estados modernos têm incluído em suas constituições, na lista dos deveres e direitos do cidadão, o apoio à cultura e a busca da democracia cultural. As teses neoliberais, defensoras de uma "política de mercado" (a aceitação pelo mercado comercial é o juiz máximo do que deve ou não ser produzido) insistem em que, com esse apoio estatal (em suas diveras formas: antecipação de receita, incentivos fiscais, contribuições a fundo perdido), os produtores culturais não se preocupam com as exigências do mercado, daí resultando um estiolamento da criatividade e uma inibição das potencialidades individuais e dos grupos, com eventual distanciamento entre os próprios produtores e seu público possível. Os opositores da "política de mercado" insistem, de seu lado, que as obras de cultura, ao se apresentarem como depositárias e motores do imaginário de um grupo, não podem ser equiparadas ao produto industrial ou comercial comum e devem ser objeto de uma legislação especial que as proteja de uma competição predatória que visa unicamente o lucro econômico.

Fato é que a maioria dos países desenvolvidos, inclusive aqueles mais próximos do neoliberalismo, implementam políticas culturais de apoio à produção (às vezes apenas local, às vezes internacional) aplicadas por organismos de direito público que captam fundos também de origem privada ou instituições de direito privado que recebem subvenções públicas, como o British Film Institute.

Referências:

Carlón, J.C. "Las politicas de cultura popular del Estado", in *Culturas populares y politica cultural*. México: Museo de Culturas Populares/SEP, 1982.

Teixeira Coelho. "Sensibilidades", *Imagem 1*. Campinas: Unicamp, 1994.

Patrimônio cultural

Sumário: conceitos do Estado Novo e da Carta do México; os campos do passado e do presente: o passado como fonte do consenso e da invisibilidade, o presente como patrimônio conflitual; patrimônio cultural, patrimônio ambiental; função da prática patrimonialista; patrimônio e identidade; a identidade achada e a identidade inventada; globalização, identidade, identificação; o patrimônio como guarda (exclusão) e o patrimônio como alimento (inclusão); o princípio da imutabilidade relativa do patrimônio.

Termos relacionados: direito ao belo, história imaginária, preservação, identidade cultural, monumento histórico.

"Patrimônio [cultural] é o conjunto de bens móveis e imóveis existentes no país cuja conservação seja de interesse público quer por sua vinculação a fatos memoráveis, quer pelo seu excepcional valor arqueológico ou etnográfico, bibliográfico ou artístico." Esta é a definição dada a patrimônio pelo Decreto-lei n. 25 promulgado durante o Estado Novo no Brasil. A Carta do México em Defesa do Patrimônio Cultural apresenta o patrimônio cultural de um país como "o conjunto dos produtos artísticos, artesanais e técnicos, das expressões literárias, linguísticas e musicais, dos usos e costumes de todos os povos e grupos étnicos, do passado e do presente".

Uma e outra definição, oriunda a primeira de um governo ditatorial e, a segunda, de uma organização de espírito democrático, seguem pelos mesmos trilhos durante boa parte do percurso. Divergem apenas, expressamente, quando a Carta de Mexico aponta os fatos do presente como passíveis de inserção no patrimônio cultural de um grupo enquanto o Estado Novo mencionava apenas os fatos "memoráveis", o que abria um caminho para o trato privilegiado dos produtos e expressões do passado. O lugar de destaque dado habitualmente à cultura do passado explica-se pela existência já razoavelmente cristalizada, neste caso, de um campo consensual para o qual convergem as opiniões e interesses de parcelas mais amplas da população — opiniões e interesses que certamente entrariam em conflito se referidos a aspectos do presente mergulhados em debates aquecidos do ponto de vista social e político. Voltando-se para o passado, a prática patrimonialista lida com obras em princípio dissociadas historicamente (embora não filosoficamente ou ideologicamente) dos contextos sociais nos quais se originaram, podendo passar despercebidas ou mostrar-se "neutras". (Numa avenida importante de São Paulo, ao lado de uma igreja católica frequentada pelas classes abastadas, o então prefeito Jânio Quadros, em sua última passagem pela administração da cidade, mandou instalar antigo monumento que é evidente homenagem ao fascismo. Houve poucas reclamações à época e hoje a obra tornou-se invisível: faz parte da paisagem cultural da cidade... Se o olho da cidade está fechado para o significado histórico do monumento, o olho do monumento (e da história por ele representada) não está, este, fechado, e pode abrir-se a qualquer instante se o contexto político o permitir ou sugerir...)

A ampliação do patrimônio de modo a conter também as obras do presente, não apenas as do passado, não é suficiente. Sugere-se que definições como a do Estado Novo e da Carta do México não são bastante explícitas, dando margem a que se preserve somente as obras de arte ditas nobres e os monumentos vinculados à história oficial do país, quer dizer, à história dos vencedores e das classes dominantes. Uma abertura clara no rumo das obras e vestígios da cultura popular tem sido solicitada com insistência, embora se verifiquem aqui os mesmos problemas que envolvem as questões do patrimônio da classe dominante: tentativas de forçar o reconhecimento, como universais (nacionais), de obras com significado tópico etc.

Outra ampliação do conceito aponta para a necessidade de não se considerar como objeto da prática partimonialista apenas as obras do homem, os monumentos e edificações urbanas mas também, seguindo a ascendência do movimento ecológico, espaços naturais como bosques, matas, reservas de água, a fauna etc. (patrimônio ambiental).

Discute-se ainda, em relação ao patrimônio cultural, não apenas a extensão do conceito (*que* coisas e *quantas* coisas deve abranger) como igualmente a *função* a ser assumida pela prática patrimonialista. Para boa parcela dos profissionais do patrimônio, de orientação ideológica de direita e de esquerda, o grande papel do patrimônio cultural é o da manutenção, construção ou reconstrução da identidade (pessoal e coletiva) de modo sobretudo a proporcionar, ao indivíduo e ao grupo: a) um sentimento de segurança, uma raiz, diante das acelerações da vida cotidiana na atualidade; b) o combate contra o estranhamento das condições de existência, ao proporcionar o enganchamento do indivíduo e do grupo a uma tradição, e, de modo particular, a resistência contra o totalitarismo que faz da criação de massas desenraizadas o instrumento central de uma manipulação em favor da figura atratora do ditador apresentado como único ponto de referência e orientação. A manipulação da história e da memória coletiva tem sido, efetivamente, preocupação constante de governos ditatoriais... de direita e esquerda.

Numa época dita de globalização, em que predominam os fenômenos de extrema mobilidade de tudo e todos (produtos e pessoas, indivíduos isolados e grupos inteiros), geradores, entre outras, da **desterritorialização**, o próprio conceito de identidade entra em crise. As políticas culturais patrimonialistas lidaram, na ampla maioria, com a ideia da *descoberta* de uma identidade a ser preservada ou restaurada e pouco (ou nada) aderiram ao conceito oposto, o da *invenção* de uma identidade. Entende-se que assim seja: a *descoberta* de algo flutua na esfera dos especialistas enquanto a *invenção* está em princípio ao alcance de qualquer um. E a ideia da descoberta traz consigo uma noção-reboque, a da imutabilidade ou, em todo caso, permanência da obra: a identidade surge como algo, se não perene, pelo menos constante durante largos intervalos, o que justifica a ação patrimonialista. À medida, porém, em que o ritmo da vida cotidiana se acelera e fragmenta, a *identidade-descoberta* vê-se mais e mais substituída pela *identificação-invenção*, um navegar constante na direção de portos diferentes, com idas e vindas repetidas desvinculadas do princípio da duração, da durabilidade — ideia perigosa para a prática patrimonialista, que perde assim seu objeto pacífico e consensual. Como tudo muda, como tudo desaparece, como tudo tem um valor apenas pontual e relativo nesse ambiente os sucedâneos múltiplos, a prática patrimonialista fica sem condições de voltar-se na direção do presente, por falta de bússola, e se vê confinada, outra vez, à ação arqueológica. Mas nem esta na verdade lhe resta porque os novos valores não são universais, nem nacionais, nem mesmo de classe mas, simplesmente, "tribais", *micro* demais para surgirem no palco da história como personagens suficientemente significativos pelo menos ao olhar da antiga concepção do patrimonialismo.

Isso não significa dizer que, em tempos de **globalização**, a identidade seja uma questão superada. Nos tempos da globalização, é como se a força de fusão (que provoca a concentração em torno de alguns poucos polos) provocasse, na expressão de Ignacio Ramonet, a multiplicidade das fissões (de que são exemplo o conflito fragmentalista que atingiu a ex-Iugoslavia, ou os movimentos separatistas dos estados do sul do Brasil, sempre latentes e reacesos, ou a explosão da antiga URSS etc.). E com as fissões, a identidade ressurge como questão — ainda que não mais como ponto pacífico e, sim, como tema conflitivo — e, em sua esteira, o patrimonialismo se reacende.

Outro tema de discussão para as políticas culturais patrimonialistas é o que diz respeito ao *como* lidar com obras (patrimônio cultural tradicionalemente considerado) e não-obras (patrimônio ambiental). O caso das cidades históricas declaradas "de patrimônio universal" ilustra bem o ponto. Ouro Preto (transformada pioneiramente em monumento nacional pelo ministro Gustavo Capanema em 1933, no Estado Novo), Veneza e outras cidades patrimonializadas sofrem da tendência de serem consideradas locais imutáveis de onde são retiradas todas as forças que tornam vivas os cenários urbanos, o que as transforma em museus de cera abertos à visitação de estrangeiros. Esse fênomeno põe em evidência a impropriedade de resumir a ação patrimonialista à operação de *guarda* ou apropriação do bem: a preservação desse bem, consensualmente, deve ser feita de modo a permitir-lhe que contribua para alimentar o tecido social onde se localiza, como fez no passado. A primeira consequência desta ideia é admissão de um estado de *imutabilidade relativa* dos bens declarados "de patrimônio" (admissão repleta de consequências para as políticas preservacionistas): um bem só deve continuar igual a si mesmo (igual ao que foi no passado) na medida em que contribuir para a irrigação da condição de *produção cultural contínua* em que vive o homem.

A universalização do princípio da imutabilidade relativa traria como benefício, de um lado, a relativização do próprio conceito de patrimônio, a rigor — e até agora — só caracterizado quando a prática correspondente encarrega-se de *retirar* de circulação algum bem (inexiste constituição de patrimônios enquanto os bens que podem vir a compô-lo permanecerem em circulação na sociedade); e, de outro, o eventual acréscimo de recursos (humanos e econômicos) destinados à criação de *formas contemporâneas de cultura,* uma vez que por toda parte as políticas patrimonialistas (de preservação), por evidentes motivos ideológicos, tendem a requisitar e consumir a parte mais significativa de fundos destinados à cultura, com isso relegando para um segundo ou terceiro planos as atividades de criação propriamente ditas (políticas culturais ditas executivas).

Referências:

Gaudibert, P. *Du culturel au sacré*. Paris: Casterman, 1981.

Kerriou, M.A. de. "Museu, patrimônio e cultura: reflexões sobre a experiência mexicana", in *Direito à memória: patrimônio histórico e cidadania.* São Paulo: DPH, 1992.

Miceli, S. "Las políticas culturales en Brasil", in Canclini, N.G. *Políticas Culturales en América Latina.* México: Grijalbo, 1987.

Ramonet, I. "Québec et mondialisation", in *Le Monde diplomatique* n. 505. Paris, abr. 1966.

Teixeira Coelho. *O que é ação cultural.* São Paulo: Brasiliense, 1989.

Patronato cultural

Sumário: conceito, patronato e patrocínio, seis modos históricos do patronato, distinção entre patronato e público.

Termos relacionados: instituições culturais, mercado de arte, mercado simbólico, mecenato.

Proteção ou amparo ao artista para que possa produzir sua obra. Esse apoio apresenta-se historicamente sob a forma de hospitalidade e sustento ou na modalidade de uma transferência de recursos econômicos.

Embora a palavra *patronato* signifique originariamente, em latim, *patrocínio*, este é considerado como apenas um dos modos daquele. Observam-se, historicamente, seis modos do patronato. O primeiro caracteriza-se pela adoção de um artista por parte de uma família, que via nessa atitude simultaneamente uma responsabilidade e um traço honorífico. O artista recebia hospitalidade e sustento. Não havia, nesse modo, uma contrapartida específica a ser prestada pelo artista, do qual se esperava que se entregasse a seu ofício. O artista, nesse caso, integrava uma organização social, da qual era considerado parte essencial.

Um segundo modo de patronato definiu-se como aquele em que uma família (os Medici, por exemplo) ou uma corte (o papa Júlio II) contratava um artista, em sua qualidade de profissional especializado, para a execução de trabalhos definidos (a pintura de retratos de membros da família, o projeto e a construção de um túmulo, a decoração interior de uma capela).

Terceira variante: patronato não definido por um contrato ou comissionamento específico mas por alguma forma de proteção ou reconhecimento social garantidos ao artista (ex: o patronato aos grupos teatrais na Inglaterra elisabetana). O patronato, neste caso, esgotava-se frequentemente na forma de uma recomendação (*by appointement*, na fórmula britânica) e era entendido como sinal distintivo, não raro de mão dupla: tanto o artista se sobressaía no meio social em virtude da recomendação como o patrono elevava-se pelo acerto de sua escolha. Não incluía necessariamente trocas econômicas definidas.

O patrocínio propriamente dito, quarto modo do patronato, é próprio de uma época em que as obras de arte e de cultura surgem no mercado como objeto de negócio. Caracteriza-se pela oferta de um apoio inicial a artistas iniciando carreira em troca, muitas vezes, da propriedade das obras assim produzidas (ou de parte delas) que, no entanto, não eram encomendadas como na segunda modalidade. Uma versão desse modo é a do patrocínio comercial, que visa à produção de obras das quais se espera futuramente um retorno econômico (trata-se de um investimento, portanto) ou alguma forma de propaganda institucional.

O quinto modo de patronato é aquele praticado pelo governo de uma comunidade em nome dessa mesma comunidade e com recursos dela obtidos através da cobrança de impostos. A obra de arte ou de cultura é considerada relevante para o desenvolvimento coletivo — porque, como propôs Kant, a *cultura torna os homens mais suscetíveis às Ideias* — e é em nome desse valor que a administração pública encarrega-se de apoiar a criação cultural. Neste caso, o patronato é uma questão de política pública.

O sexto modo do patronato é aquele em que o *público* manifesta diretamente seu apoio a determinados artistas, através da compra de suas pinturas, livros, discos etc., ou a **instituições culturais** (pela aquisição antecipada, por exemplo, de assinaturas que garantem ao comprador a frequência a uma série de espetáculos durante uma temporada e, à instituição, o planejamento de suas atividades a prazo médio e longo; doações a instituições de estímulo à criação, sem a especificação do receptor singular dessas importâncias, igualmente caracterizam essa versão). Esse modo é típico da existência de um **mercado simbólico** (ou cultural) claramente definido. Em culturas como a norte-americana e a inglesa, a palavra *patron* ainda continua em vigor para designar aqueles que compram ingressos para um espetáculo, por exemplo, e que em outras línguas são chamados apenas de público ou audiência. Essa permanência aponta para a manutenção de um elo entre o artista e o receptor de sua obra que não é apenas aquele da troca econômica e do consumo instantâneo de um produto; é como se artistas e receptores reconhecessem a validade de um contrato maior e mais valioso sob o qual se realiza uma operação de significação cultural bem mais ampla e profunda que o da simples aquisição de uma mercadoria; mantém-se, sob essa figura o elo de responsabilidade mútua embutido nas formas arcaicas de patronato.

A palavra patronato implica etimologicamente a ideia de tutelagem, que recobre as noções de proteção mas também de orientação, de imposição de rumos; a tutelagem neste sentido caracterizou praticamente todos os modos históricos do patronato, inclusive o contemporâneo (o do público como patrono; fala-se, neste caso, de uma ditadura do **mercado**).

O patronato confunde-se com o **mecenato**, sendo este uma versão terminológica atualizada daquele (os textos de política cultural contemporâneos optam, em grande maioria, pela expressão *mecenato*, seguindo provavelmente a opção feita pela França, país de grande influência no campo da política cultural e que optou por *mecenato* na medida em que, ali, a palavra *patron* tem fortes ressonâncias comerciais: *patron* indica o dono de um bar, de uma empresa, enquanto *mecenas* evoca aspirações ditas mais nobres).

Referências:
KANT, I. *La philosophie d e l'histoire (opuscules)*. Paris: Denoel/Médiations, 1974.
WILLIAMS, R. *Cultura*. São Paulo: Paz e Terra, 1992.

Perda cultural

Ver Ganho cultural.

Performance artística

Ver Competência artística.

Pluralismo cultural

Sumário: descentralização das decisões culturais, descentralização do equipamento cultural; pluralismo, intervenção do estado, mercado cultural.

Termos relacionados: cultura autônoma, ética, globalização, heterocultura, multicul turalismo, grupo sujeito, controle cultural.

Verifica-se uma tendência para definir pluralismo cultural como a covivência, no mesmo nível de igualdade e na mesma dimensão espaço-temporal, de diferentes modos culturais: modos eruditos ao lado de populares, modos de minorias étnicas ao lado das tendências dominantes etc. Em sentido estrito, porém, para que se possa falar de um verdadeiro pluralismo cultural é necessário que exista a descentralização dos processos de decisão sobre o **sistema de produção cultural** em todas suas etapas (origem dos recursos, oportunidade de sua aplicação, escolha dos modos e temas a produzir, autonomia de escolha quanto ao que consumir etc.). Isso implica a descentralização da **política cultural** como um todo, tanto do ponto de vista territorial (decisões a serem tomadas regionalmente e localmente, e não apenas nacionalmente) quanto sob o ângulo dos que estão autorizados a elaborá-la e aplicá-la. Envolve ainda, de modo específico, a descentralização da implantação da rede de recursos culturais, chamada de infraestrutura cultural ou **equipamento cultural**.

Em estados onde o governo nacional é centralizador, como a França, a implementação de uma política de pluralismo cultural encontra dificuldades, embora se tenha tentado fazê-lo a partir da multiplicação das casa de cultura, desde a administração de André Malraux à frente do Ministério da Cultura daquele país (e mesmo assim o resultado dessa experiência pode ter sido antes o da criação de um **circuito** alternativo, o que já é apreciável, do que propriamente uma descentralização no sentido estrito do termo). De outro lado, nos estados onde predomina a política de não intervenção direta do governo nas questões culturais, como os EUA, e onde portanto o sistema de produção cultural é determinado pelo **mercado** da cultura, o pluralismo cultural não encontra maiores possibilidades de sobrevivência.

Para que o pluralismo cultural se verifique plenamente, além da descentralização das decisões é preciso que as diferentes culturas de grupos, meios sociais, classes e segmentos de classes, mantenham, cada uma, sua especificidade ao mesmo tempo em que entram em equilíbrio com as demais, sem que se possa registrar entre elas uma relação de dominância ou, em todo caso, de sufocação. No contexto internacional atual, o pluralismo cultural ainda é mais uma meta do que realidade, espremida entre a tendência para a **globalização** e fenômenos como a ascensão de fundamentalismos religiosos intolerantes ao ponto de suprimirem não apenas a cultura do outro mas o outro ele mesmo.

Referências:
GAUDIBERT, P. *Du culturel au sacré*. Paris: Casterman, 1981.
GIRARD, A. *Economie et culture: culture en devenir et volonté publique*. Avignon: La Documentacion Française, 1986.

Política cultural

Sumário: definição; motivações, legitimações e fontes; orientações; as políticas culturais quanto a seu objeto; as políticas culturais diante da questão nacional; as políticas culturais segundo seus circuitos de intervenção; modos ideológicos das políticas culturais.

Termos relacionados: ação cultural, culturanálise, políticas culturais pós-modernas, componente destrutivo, liberalismo cultural, dirigismo cultural, ideologia cultural.

Constituindo, antes de mais nada, como neste dicionário se propõe, uma *ciência da organização das estruturas culturais*, a política cultural é entendida habitualmente como programa de intervenções realizadas pelo Estado, instituições civis, entidades privadas ou grupos comunitários com o objetivo de satisfazer as **necessidades culturais** da população e promover o desenvolvimento de suas representações simbólicas. Sob esse entendimento imediato, a política cultural apresenta-se assim como o conjunto de iniciativas, tomadas por esses agentes, visando promover a produção, a distribução e o uso da cultura; a preservação e divulgação do **patrimônio histórico** e o ordenamento do aparelho burocrático por elas responsável. Essas intervenções assumem a forma de:

1) normas jurídicas, no caso do Estado, ou procedimentos tipificados, em relação aos demais agentes, que regem as relações entre os diversos sujeitos e objetos culturais; e
2) intervenções diretas de **ação cultural** no processo cultural propriamente dito (construção de centros de cultura, apoio a manifestações culturais específicas etc.).

Como ciência da organização das estruturas culturais, a política cultural tem por objetivo o estudo dos diferentes modos de proposição e agenciamento dessas iniciativas bem como a compreensão de suas significações nos diferentes contextos sociais em que se apresentam.

Motivações, legitimações e fontes das políticas culturais

O conceito de política cultural apresenta-se com frequência sob uma forma altamente ideologizada. Partindo-se do pressuposto segundo o qual os fenômenos culturais constituem um todo cujos componentes mantêm relações determinadas entre si e estão sujeitos, por princípio mas não inelutavelmente, à lógica geral da sociedade onde ocorrem, e considerando que a cultura é um forte cimento social, não é raro ver a política cultural definida como *o conjunto de intervenções dos diversos agentes no campo cultural com o objetivo de obter um consenso de apoio para a manutenção de um certo tipo de ordem política e social ou para uma iniciativa de transformação social.* Numa trilha paralela, entende-se a política cultural, juntamente com a política social, como *um dos principais recursos de que se serve o Estado contemporâneo para garantir sua legitimação enquanto entidade que cuida de todos e em nome de todos fala.*

Esse é um entendimento das políticas culturais em ampla medida devedor de uma visão conspiratória da realidade social e política. Embora o quadro pintado por esta concepção possa eventual ou subsidiariamente ocorrer, a motivação (e a noção) provavelmente mais antiga para uma política cultural é a da *difusão cultural.* Baseia-se no pressuposto de que existe um núcleo cultural positivo, de importância superior para uma comunidade e de âmbito restrito, que deve ser compartilhado pelo maior número de pessoas na qualidade de receptores ou apreciadores. Esse núcleo deve ser amparado e deve ser do interesse público que todos, ou o maior número, sejam capaz de apreciá-lo. "Levar a cultura ao povo" é seu lema habitual. Lema revelador, que mal oculta a representação segundo a qual "cultura" e "povo" são entidades distintas e afastadas uma da outra, quando não opostas.

Um segundo modo das políticas culturais quanto a suas motivações ou justificações é aquele no qual essas políticas se apresentam como *respostas às demandas sociais.* Nesse caso, o autor da política cultural não toma propriamente a iniciativa do processo mas limita-se a reagir segundo as reivindicações que lhe são apresentadas. Na maioria das vezes, porém, em particular quando não se recorre à **avaliação** dessa política (alternativa mais comum), as demandas sociais às quais se responde são antes supostas, hipotéticas, fruto da observação subjetiva ou da análise menos ou mais pertinentes dos formuladores, do que identificadas de modo dialógico e não paternalista. Na prática, essas políticas de *resposta às demandas sociais* não se distinguem de modo preciso daquelas baseadas na ideia da difusão cultural. Nesta hipótese como na anterior, essas políticas se desenham a partir de uma morfologia da dinâmica social que é vista como claudicante, devendo ser assim complementada ou suplementada.

A *legitimação* para essas políticas é formulada nos termos de quatro paradigmas distintos. O primeiro deles apresenta estas políticas como derivadas de uma *lógica do bem-estar* social: sem uma política cultural adequada, a dinâmica social é deficitária e precisa ser corrigida uma vez aceita a premissa de que as práticas culturais são uma complementação do ser humano. O segundo reveste-se de um caráter intervencionista mais acentuado ao fundamentar a justificativa para a política cultural na *procura de um sentido* orientador da dinâmica social que na maioria dos casos assume a forma da procura de uma identidade étnica, sexual, religiosa, nacional ou outra. Um terceiro paradigma apresenta traços não muito afastados dos verificáveis no segundo e aponta para uma legitimação apoiada na necessidade de obter-se um *enquadramento ideológico* considerado indispensável para a consecução de objetivos como a reconstrução nacional (Japão) ou a construção nacional sob nova orientação política (Cuba). Um último paradigma de legitimação é o que se baseia na alegada necessidade de uma *prática comunicacional* entre o Estado ou instituição formuladora da política e seus cidadãos, membros ou funcionários (no caso de uma instituição privada). Esses paradigmas legitimadores podem se manifestar de modo intimamente articulado; assim, uma prática comunicacional pode ser requisito indispensável para a política de procura de um sentido, para a política do enquadramento ideológico e também, embora num grau bem menor, para a política de difusão cultural ou da procura do bem-estar. Não é improvável, porém, que esta prática comunicacional se apresente num nível bem menos ideologizado do que nos casos da procura do sentido e do enquadramento ideológico e se resuma a tentativas de manter abertos os canais mínimos de entendimento entre o governo (ou a instituição) e os governados (ou dirigidos).

Mais recentemente, todos estes modos da política cultural têm enfrentado as novas circunstâncias do rearranjo ideológico e econômico do mundo submetido aos motores dos processos de **globalização** via meios de comunicacão de massa e vêm sendo revistos a partir de três tipos básicos de considerações:

1) não basta que muitos saibam apreciar algumas ou muitas formas culturais: é preciso garantir ao maior número de pessoas a possibilidade de participar do processo como criadores — e isto tende a dificultar ou impedir o desenvolvimento de políticas de procura do sentido ou de enquadramento ideológico;
2) o Estado contemporâneo, enfraquecido e sempre mais assoberbado por inúmeras preocupações urgentes, não tem mais como ocupar qualquer espaço no setor cultural, do qual passam a tratar as empresas privadas de entretenimento, até há pouco tempo chamadas de **indústria cultural**;
3) mesmo que o Estado não esteja a esse ponto enfraquecido, saber apreciar (e gerar) cultura não é mais uma atividade essencial para o Estado porque não se sabe exatamente o que privilegiar, por não mais existir aquele núcleo delimitado funcionando como estoque central dos valores culturais de uma nação ou de um país, dado que esses valores ao mesmo tempo se desbastam continuamente e se multiplicam ao infinito na sociedade de massa movida pelos novos veículos de comunicação. O efeito é, na prática, o mesmo que se tem no caso anterior mas a justificativa para a retirada do Estado do cenário cultural é, na essência, outra.

De modo análogo, as fontes de onde os agentes — o Estado em particular, até hoje o instrumento privilegiado das políticas culturais — retiram os princípios inspiradores de seu programa são de variada natureza. Esssas fontes podem ser os princípios políticos, filosóficos e doutrinários orientadores da ação genérica dos órgãos governamentais. Podem estar, também, na história das lutas sociais e políticas e no quadro das forças sociais que, num determinado momento, atribuem conteúdo e significação a essas políticas. Neste caso, podem derivar de uma posição de força, tanto quanto no anterior. Mas podem também resultar de uma concertação entre a administração e os administrados, que surge de um processo de participação e tende para uma planificação acordada. No caso dos princípios de um programa político que servem de fonte, essas políticas têm origem em propostas governamentais (nos regimes de executivo forte como nos parlamentaristas) e tende a assumir um caráter global enquanto, nos demais, a origem é coletiva, apresenta-se como horizontal e não vertical e tende a ser setorial.

Orientações das políticas culturais

Seguindo de perto o desenho formado pelas redes de justificação e legitimação, as políticas culturais costumam apresentar-se como seguindo uma *lógica da oferta* (concretizada, por exemplo, no apoio aos artistas, na criação e manutenção de uma infraestrutura adequada) ou uma *lógica da demanda* (caso das políticas preocupadas com a formação e estimulo aos públicos). As observações feitas no tópico anterior sobre as políticas de demanda social servem aqui.

Ainda do ponto de vista da orientação adotada e das características das ações empreendidas, as políticas culturais mais comumente se dizem *monistas* (politicas nacionalistas ou de enquadramento ideológico) e *pluralistas*; *gradualistas* ou *revolucionárias* (quando advogam o rompimento imediato e completo com a ordem antiga e a pronta instalação da nova ordem), *rotineiras* e *inovadoras*, *elitistas* ou *populistas*.

As políticas culturais quanto a seu objeto

Observam-se, tradicionalmente, dois modos nas políticas culturais, do ponto de vista do objeto para o qual se voltam. Um, dito *patrimonialista*, marca a política cultural dirigida para a preservação, o fomento e a difusão de tradições culturais supostamente autóctones ou, em todo caso, antigas ou, ainda, ligadas às origens do país ("patrimônio histórico e artístico"), e que diz respeito em princípio tanto ao acervo da história dos grupos dirigentes quanto às tradições e costumes das classes populares. O segundo modo, mais adequadamente denominado de *criacionista*, caracteriza a política cultural que promove a produção, a distribuição e o uso ou consumo de novos valores e obras culturais. Embora não se limitem a tanto, na prática as políticas criacionistas costumam privilegiar o apoio às formas culturais próprias das culturas média (*midcult*), como o cinema, e superior ou de elite (*highcult*), como **museus**, dança e música de vanguarda etc. (caso em que são denominadas *políticas de vanguarda*). Por sua vez, as políticas patrimonialistas tendem a não ser populares (ou populistas; v. **populismo cultural**); podem ter como objetivo apenas a preservação de obras e valores culturais tradicionais de extração erudita (preservação de catedrais barrocas, por exemplo, ou recuperação de partituras de música erudita) ou que um dia, no passado, *foram* populares.

As políticas culturais diante da questão nacional

As políticas culturais apresentam-se sob diferentes versões conforme se orientem segundo os valores do *nacionalismo*, do *pluralismo cultural* e da *homogeneização transnacional* ou **globalização**. Uma política cultural nacionalista tende a privilegiar aquelas formas culturais consideradas autóctones, sejam de extração popular ou erudita. Políticas pluralistas abrem-se para manifestações de origem as mais variadas e políticas globalizantes tendem a não proteger a produção cultural nacional, abolindo as fronteiras e os entraves burocráticos diante da produção internacional ou supranacional através da isenção ou redução de impostos sobre a cultura importada e, acima de tudo, da eliminação dos subsídios aos produtores culturais locais.

As políticas nacionalistas podem apresentar-se nas versões patrimonialista e criacionista. As de pluralismo cultural não excluem essas versões, enquanto aquelas com tendência globalizante abstêm-se predominantemente, com evidência, de promover o criacionismo, embora mesmo este não deixe de estar presente sob a forma de bolsas de pesquisa artística e apoios variados provenientes de fundações paraestatais ou vinculadas à iniciativa privada. O critério dito "de qualidade" costuma ser, neste caso, o único admitido na avaliação das solicitações.

As políticas culturais segundo seus circuitos de intervenção

Segundo os circuitos nos quais buscam intervir, as políticas culturais distribuem-se em quatro tipos básicos:

1. *Políticas relativas ao mercado cultural*: ocupam-se com o apoio aos setores de produção, distribuição e consumo da cultura. Incluem, por exemplo, medidas de financiamento da produção cinematográfica, de apoio à distribuição de livros, de facilitação do acesso econômico a espetáculos teatrais ou musicais.

Políticas relativas à atuação da iniciativa privada no campo da cultura são, por vezes, consideradas como modalidade à parte por limitarem-se a definir **incentivos** fiscais para a cultura, regras de **mecenato**, limites em que a intervenção privada pode dar-se etc., sem determinar diretamente quais modos culturais serão beneficiados em que circunstâncias. Na realidade, por se inspirarem na lógica do mercado devem ser consideradas como espécie das políticas de mercado em geral.

2 . *Políticas relativas à cultura alheia ao mercado cultural:* dizem respeito aos modos culturais que, em princípio, não se propõem entrar no circuito do mercado cultural tal como este é habitualmente caracterizado. São modos culturais, em outras palavras, não lubrificados pelo interesse econômico tanto na sua produção material quanto nos seus objetivos ou na recompensa de seus criadores. Grupos folclóricos, de cultura popular, de amadores, constituem objeto por excelência destas políticas,

que compreendem ainda os programas voltados para a defesa, conservação e difusão do patrimônio histórico.

3. *Políticas relativas aos usos da cultura*: ocupam-se com a criação das condições para que as pessoas desfrutem plenamente dos modos culturais à sua disposição, quer como receptores informados, quer como eventuais criadores preocupados antes com manifestarem-se culturalmente do que com alçarem-se à condição de futuros profissionais. Geram cursos, seminários, conferências, debates, ateliês livres, atividades enfim que podem ser denominadas de *educação informal* num sentido amplo do termo. Seus programas podem estar voltados tanto para os modos culturais que recorrem o circuito do mercado quanto para os não comerciais. Centros de cultura e centros de arte são os **espaços** privilegiados destas políticas. Não raro funcionam como locais alternativos para a produção do mercado (embora não se preocupem com a obtenção de lucros econômicos, já que em alguma medida subnvencionados) mas cumprem sua função específica quando tratam de ampliar o universo cultural abrindo-se para os modos não comerciais e para as atividades de iniciação e compreensão da cultura.

4. *Políticas relativas às instâncias institucionais de organização dos circuitos culturais*: voltam-se para a organização administrativa da cultura, definindo, exemplificadamente, a estrutura de funcionamento de órgãos públicos como secretarias e departamentos de cultura, institutos, museus, centros de cultura, instituições de pesquisa etc. e determinando as características dos recursos humanos necessários, alocação de recursos ou modalidades de premiação e estímulo. Tornam-se necessárias tanto mais quanto a estrutura burocrática das instituições (em particular, o Estado) está orientada para a solução de outras questões (obras públicas, saúde, educação) consideradas prioritárias socialmente ou mais importantes sob o ângulo dos recursos envolvidos. Princípios tradicionalmente estabelecidos com o propósito de permitir o controle dos recursos públicos (concorrência de preços, preço mais baixo como fator determinante para indicação do vencedor etc.) são de todo irrelevantes ao campo da cultura e, quando aplicados, tornam simplesmente impossível a administração da cultura, que exige uma outra concepção da estrutura administrativa. A dificuldade em propor-se uma nova organização jurídico-burocrática para a cultura apresenta-se frequentemente como o principal instrumento de paralisação (não raro intencional) das atividades culturais dos Estados. Por outro lado, não é incomum que estas políticas acabem gerando, elas mesmas, modos culturais específicos ao estabelecerem distinções e privilegiarem alternativas, como ocorreu na Alemanha nazista ou na URSS que privilegiou o realismo socialista.

Essas políticas podem se manifestar isoladamente ou em diferentes combinações entre elas. A presença simultânea de todas elas caracteriza a existência plena de uma *política cultural de Estado* — quer seja esta uma política dita *de* **dirigismo** ou *de* **democratização cultural**: o que determina a caracterização de uma ou outra versão não é tanto um conjunto de traços específicos quanto as relações que venham a ser estabelecidas entre a política geral desse Estado (se menos ou mais intervencionista, menos ou mais liberal, por exemplo) e a cultura sobre a qual se volta ou que, por vezes, produz. No limite, é uma caracterização que depende do uso que esse Estado fizer da cultura.

Modos ideológicos das políticas culturais

São três os modos básicos de política cultural segundo suas perspectivas ideológicas:

1. *Políticas de dirigismo cultural*: postas em prática principalmente por Estados fortes e partidos políticos que exercem o poder de modo incontestado, promovem uma ação cultural em moldes previamente definidos como de interesse do desenvolvimento ou da segurança nacionais. Compreendem sub-tipos como *tradicionalismo patrimonialista* e *estatismo populista.*

A política cultural *tradicionalista patrimonialista* tem por principais agentes o Estado, partidos políticos e instituições civis (menos ou mais ligadas ao Estado). Promovem, de modo particular, a preservação do folclore como núcleo da **identidade** nacional, a ser defendida e difundida de modo preferencial. Neste caso, a cultura derivada desse patrimônio dito autóctone é usada como espaço não conflitante onde todas as classes sociais se identificam.

O *estatismo populista* serve-se do Estado e dos partidos para afirmar o papel central da cultura dita popular na definição e manutenção de um Estado de tipo nacional-popular. Os modos culturais ditos de elite (arte de vanguarda, habitualmente contestatária, e outras versões da cultura erudita) são, neste caso, confinados quando não eliminados.

2. *Políticas de liberalismo cultural*: neste caso, as políticas culturais afirmam não defender modelos únicos de representação simbólica, nem entendem, necessariamente, que é dever do Estado promover a cultura e oferecer opções culturais à população.

Entre seus subtipos estão as políticas culturais adeptas do *mecenato liberal*: o apoio à cultura fica na dependência maior da iniciativa privada ou de fundações privadas ou semiprivadas das quais o poder público pouco participa. A implantação desta política pode ser precedida de uma vasta operação de liquidação dos órgãos públicos voltados para a cultura, como ocorreu no Brasil sob o governo Collor, e de privatização da iniciativa cultural. O objetivo é um só: enquadrar a cultura nas leis do mercado. Entende-se, neste caso, que a cultura deve ser uma atividade lucrativa a ponto de poder, pelo menos, sustentar-se a si mesma. Em geral, este mecenato tende a apoiar as formas da alta cultura e daquelas veiculadas pelos meios de comunicação de massa. Não têm preocupações nacionalistas (pelo contrário, seus princípios são, em geral, os da **globalização**) e apoiam, também em princípio, não grupos comunitários mas indivíduos e empresas culturais. Não raro, a promoção da cultura é feita, aqui, como suporte para a divulgação de produtos ou da imagem institucional dos patrocinadores.

3. *Políticas de democratização cultural*: baseiam-se no princípio de que a cultura é uma força social de interesse coletivo que não pode ficar à mercê das disposições ocasionais do mercado, devendo portanto ser apoiada de acordo com princípios consensuais. Procura criar condições de acesso igualitário à cultura para todos, indivíduos e **grupos**. Não privilegia modelos previamente determinados, como os do nacionalismo, e tem no Estado e em suas instituições culturais públicas e semipúblicas seus principais agentes. Embora vise difundir todas as formas de cultura, alguns consideram que os valores institucionais deste modelo, derivados das classes habitualmente no poder, acabam forçando o privilégio às formas da cultura superior. Por este motivo, considera-se que um de seus sub-tipos é o da *democracia participativa,* cujo objetivo é a promoção das formas culturais de todos os grupos sociais segundo as necessidades e desejos de cada um. Procura incentivar a participação popular no processo de criação cultural e os modos de autogestão das iniciativas culturais. Tem metas claramente políticas a alcançar e apoia-se fundamentalmente em partidos ditos progressistas e em movimentos populares chamados de independentes. Inevitavelmente, diz-se desta que, também ao contrário do que prega, acaba privilegiando determinados modos e versões culturais — no caso, os de origem popular... É tênue, como se pode depreender, a separação que se estabelece entre este último tipo de política cultural e o primeiro aqui abordado, o do dirigismo cultural.

Referências:

Batalla, G.B. "De culturas populares y política cultural", in *Culturas populares y política cultural.* Museo de Culturas Populares/SEP, 1982.

Brunner, J.J. "Politicas culturales y democracia: hacia una teoria de las oportunidades", in Canclini, N.G. (org.). *Politicas culturales en America Latina.* Mexico: Grijalbo, 1987.

Canclini, N.G. "Politicas culturales y crisis de desarollo", in *Politicas culturales en America Latina,* op. cit.

Carlón, J.C. "Las políticas culturales del Estado", in *Culturas populares y politica cultural,* op. cit.

Miceli, S. "Las políticas culturales en Brasil", in *Politicas culturales en America Latina,* op. cit.

________. *Política cultural comparada.* Rio de Janeiro: Funarte, 1985.

Laborit, H. *Éloge de la fuite.* Paris: Folio/Essais,1985.

Saez, G. "La structure de la politique culturelle et la démarche évaluative", in *Recherche evaluation dans les politiques culturelles.* Grenoble: Cenat, 1990.

Teixeira Coelho. *O que é ação cultural.* São Paulo Brasiliense, 1989.

________. *Usos da cultura.* São Paulo: Paz e Terra, 1986.

Política de eventos

Sumário: programas isolados *versus* políticas sistêmicas; o conceito específico de evento.

Termos relacionados: política cultural, ação cultural.

Esta expressão é ainda usada para designar o exato oposto de uma política cultural: designa um conjunto de programas isolados — que não configuram um sistema, não se ligam necessariamente a programas anteriores nem lançam pontes necessárias para programas futuros — constituídos por eventos soltos uns em relação aos outros. É exemplo de uma política de eventos a organização ou o apoio a shows musicais, mostras de teatro ou cinema, realização isolada de filmes ou concertos. Um concerto isolado, caracterizado pela execução de peças a que os espectadores assistem como num espetáculo comercial convencional, caracteriza uma política de eventos;se o concerto é precedido ou seguido por uma "clínica" em que os músicos orientam jovens profissionais, ou se o concerto se encaixa numa série que explora ordenadamente um movimento ou período musical, dando ao público as condições para que sejam devidamente apreciados todos os aspectos envolvidos, diz-se que ele integra uma política cultural.

A política de eventos tem sido criticada por seu caráter alegadamente imediatista (açao que se encerra em si mesma, sem deixar resíduos) e, eventualmente, oportunista (serve ocasionalmente para promover políticos, partidos, beneficiar artistas etc.). É fácil de ser posta em prática, bastando que existam recursos econômicos.

Essa crítica provém de um momento na história da política cultural em que se acreditava possível planejar em todos (ou muitos) detalhes a dinâmica cultural de uma determinada realidade espaço-temporal. A inexistência de recursos econômicos e, acima de tudo, de recursos humanos à altura, somada à total inadequação da burocracia governamental para o trato com as questões culturais, faz que se reveja, em parte pelo menos, a crítica à política de eventos. Em nome da defesa de políticas culturais sólidas, deixa-se em mais de um momento de apoiar eventos culturais cujo alcance multiplicador pode ser tão ou mais importante do que os efeitos de políticas culturais tradicionais. Um evento é, em sua definição estrita, um acontecimento fora do comum, algo que quebra uma cadeia de rotinas, despertando atenção e merecendo a atenção provocada. Se o administrador cultural defrontar-se com a possibilidade de criar as condições para que se produza um evento assim entendido, não deveria hesitar em fazê-lo. Uma política cultural, em seu sentido específico, deve compreender atividades continuadas, que prolonguem seus efeitos no tempo e no espaço, mas deve ser capaz de prever intervalos "vazios" a serem preenchidos por eventos que, por sua singularidade, têm o poder de irrigar, com a força de um impacto de variada natureza, o tecido cultural formal (os circuitos estabelecidos de produtores, divulgadores e consumidores de cultura) e a constelação informal de produtores e consumidores (jovens, amadores, artistas profissionais, espectadores despertados para novas possibilidades e assim por diante). Mostras internacionais de cinema ou vídeo, por exemplo, podem ter mais significação cultural — como estimuladora e multiplicadora da ação de agentes e produtores culturais — do que várias oficinas de cinema e video. São, no mínimo, complementos indispensáveis destas atividades regulares. A dinâmica cultural geral, entendida em seu sentido amplo, é cada mais vez mais ancorada no espetacular, no feérico: são as grandes feiras comerciais que se multiplicam, os grandes encontros esportivos, as grandes conferências internacionais sobre direitos de minorias ou das mulheres, os grandes festivais de cinema e teatro. As políticas culturais não podem fechar os olhos a essa realidade, deixando fora de seus programas de ação aqueles eventos (em sentido estrito) com nítida capacidade arregimentadora e estimuladora.

Políticas culturais pós-modernas

Sumário: a noção de futuro; presenteísmo contemporâneo; homogeneidade e heterogeneidade; o desgaste das instituições; delegação e representação; dirigismo cultural.

Termos relacionados: afetual, culturas pós-modernas, gosto, política cultural.

Entre os vários traços que é possível reconhecer na pós-modernidade, além daqueles abordados no verbete **Culturas pós-modernas**, dois dizem respeito de modo particular às políticas culturais. Estes dois traços caracterizam outras tantas tendências ou campos magnéticos ao redor dos quais orbitam diferentes aspectos das políticas culturais.

O primeiro diz respeito ao relativo abandono do *futuro* como polo orientador da vida individual e coletiva. Na modernidade, a vida individual e coletiva era pensada quase exclusivamente a partir da ideia de um amanhã a ser construído e que, uma vez alcançado, recompensaria esse indivíduo e esse coletivo pela postergação do prazer exigido por aquele objetivo.

O futuro como valor norteador era um componente de um sistema epistemológico maior do qual fizeram parte, a partir do século XVIII, o conceito de história linear e do progresso como motor da civilização. A noção de projeto, cara à proposta filosófica de Jean-Paul Sartre, era a forma assumida pela ideia de futuro no plano da organização da vida individual e coletiva na modernidade.

Na pós-modernidade, o futuro como valor predominante cede lugar ao presenteísmo, ao não-adiamento do prazer, à valorização da vida vivida como bem de primeira grandeza. Na expressão de Michel Maffesoli, o futurismo moderno — e modernista, cabe acrescentar — cedeu espaço ao presenteísmo contemporâneo.

Um segundo traço da pós-modernidade aponta para uma tendência no sentido da heterogeneização, na contemporaneidade, em oposição à homogeneidade característica da época moderna. A fórmula expressiva da modernidade homogeneizante é a *reduction ad unum*, da qual a universidade, com seu propósito de procurar a diversidade na unidade, é uma ocorrência evidente. Aponta-se como casos dessa homogeneização moderna a criação do Estado-nação, de modo particular, e das instituições sociais em geral. A própria noção do *social* é uma criação do século XIX. O *estar-junto* é um modo humano eterno mas, antes, seu contexto era eminentemente antropológico; o século XIX racionaliza essa categoria, fazendo dela um *instituído* cuja natureza ultrapassa as fronteiras do antropológico para apresentar--se sob a marca do ideológico, entre outros aspectos.

A heterogeneidade pós-moderna traz como valor privilegiado a *diferença* e, como consequência, o desbastamento da figura da instituição (a coisa estável), em todas suas versões — o Estado, a família, a escola e a universidade, o partido — e o esfarelamento das noções de *representação* e *delegação*. Como a vida vivida é um dos bens maiores da contemporaneidade, o tribalismo passa a ser entendido como o equivalente da instituição moderna. Depois de um momento de grande contestatação da instituição, marcado simbolicamente pela revolta estudantil de maio de 1968, os anos 1980 caracterizam-se pela procura de uma acomodação com a instituição: a vida comum sem ela parece inviável mas dela não mais se espera a solução de todos os problemas; o compromisso com a instituição revela-se numa prática de identificação de seus nichos ou fendas possíveis que possam oferecer-se como outros tantos topos de localização das práticas individuais ou "tribais". Nesse quadro, a noção do social racionalizado, próprio do século XIX, se enfraquece e tende a ser substituído por um estar-junto que aponta para um *ideal comunitário* a ser vivido sob o guarda-chuva (não exclusivo) do *localismo*.

As consequências desse novo contexto para a formulação e implementação das políticas culturais são claras. Em primeiro lugar, uma política cultural dificilmente pode agora apresentar-se como instrumento para o *desenvolvimento* das representações simbólicas dos indivíduos ou comunidades. Como as ideias de futuro, projeto, progresso e evolução entram em desuso, a busca do **desenvolvimento cultural** — própria do **dirigismo cultural** em suas diferentes versões (políticas nacionalistas, de tradicionalismo patrimonialistas, estatistas-populistas etc.) — deixa de ser uma prioridade.

Com a descrença na potencialidade organizativa do Estado para a solução dos problemas humanos, e com o questionamento das ideias de *delegação* e *representação*, novos modos de instituição cultural devem ser procurados. A insistência com que, no plano de instalação dos Centros de Informação e Convivência em São Paulo, de autoria de Luiz Milanesi, se procura tornar a própria comunidade responsável em grande parte pela organização desses centros é ilustrativa desta nova tendência. Descrê-se nas instituições mas elas são ainda necessárias; a solução é reduzir ao máximo a ação direta da burocracia, através do esfriamento ou rejeição pura e simples da *representação* e da *delegação* (o indivíduo não mais delega a um Estado, que não mais o representa, a função de atender suas necessidades culturais: ele mesmo o faz), e ocupar diretamente os nichos organizacionais que se possa vislumbrar. O Albany Arts Center, na periferia de Londres, é outro caso da pós-modernidade em política cultural. Esse centro foi construído pelo poder público mas quem o administra diretamente são os próprios cidadãos, organizados na forma de associação cultural escolhida através de um sistema de concorrência pública: a melhor proposta em termos culturais e econômicas é selecionada e os responsáveis por ela passam a gerir o centro fazendo dessa atividade uma ocupação profissional remunerada. Anualmente, o administrador deve prestar duplas contas ao Estado, do ponto de vista econômico (o princípio é que as atividades do centro devem no mínimo sustentá-lo, embora seja prevista alguma participação de recursos públicos) e cultural (adequação das atividades aos propósitos do centro). O Estado reserva-se assim o direito de supervisão, ainda em nome da coletividade, mas o **agente cultural** imediato não é mais ele e, sim, o cidadão individual ou associado a uma empresa cultural. A contrapartida desse procedimento é o gradativo desengajamento do Estado como provedor de recursos econômicos para a cultura, consequência eventualmente negativa que tem no entanto na emergência de reais **indicadores culturais** da comunidade, colocados à frente das iniciativas culturais, um aspecto marcadamente positivo. Com essa política, o dirigismo cultural torna-se de mais árdua consecução e, no limite, inviável. Em resumo, a instituição propriamente dita (um centro de cultura, uma **biblioteca** pública, um **museu**) não desaparece; pelo contrário, como um dos valores da pós-modernidade é o *espaço*, ela é mesmo valorizada e por sua instalação o Estado continua de algum modo responsável; seu gerenciamento, porém, sua alma, não é mais a do Estado, a do funcionário público — um dos grandes entraves da organização e da dinâmica culturais — mas a alma dos próprios cidadãos beneficiados pela instituição.

Outra consequência da tendência pós-moderna em política cultural, ainda esta ligada ao destronamento do futuro como valor individual e social: a redução dos cursos formadores e informadores, comuns aos centros de cultura, e sua substituição por outras atividades de interesse imediato da comunidade. O oferecimento de cursos das mais diferentes modalidades — cursos de teatro, de cinema, de literatura, de artes plásticas etc. — foram durante muito tempo uma das facilidades das políticas culturais. Resultavam, de um lado, da falta de recursos para montagens teatrais, produções cinematográficas etc e, de outro, respondiam muito bem à vocação educacional do Estado ou de muitos de seus agentes individualmente considerados, vocação esta inteiramente deslocada no campo da cultura e da política cultural e que historicamente desembocou em versões diferentes do dirigismo cultural. Cursos podem ainda atender a necessidades profissionais específicas de uma comunidade. Mas, por estarem orientados para uma eventual consecução futura de suas propostas, a serem plenamente alcançadas quando as metas do curso forem alcançadas, tendem a ser postos de lado por uma comunidade que cada vez mais quer ser atendida *agora* em suas necessidades e desejos culturais.

Esta constatação leva a que se repense a rejeição à **política de eventos,** atitude comum, no Brasil, desde que as diversas instituições culturais começaram a se fortalecer e multiplicar a partir do anos 1980. Essa política de eventos, consistente no oferecimento, à comunidade, de momentos culturais que saem fora de uma determinada rotina (concepção técnica de *evento*), têm sido continuamente contestada como forma episódica de ação cultural que nada deixa semeado e que se transforma em saída para o chamado *atendimento de balcão* através do qual artistas individualmente considerados têm suas pretensões artístico-econômicas atendidas ao sabor das conveniências políticas e sem maiores compromissos com a cultura das comunidades perante os quais se produzem. Sob a perspectiva pós-moderna, porém, uma política de eventos pode ser vista com outros olhos. Em primeiro lugar, num momento em que a circulação de bens culturais aumenta num ritmo constante — e um dos resultados disso é, de um lado, a inclusão do Brasil, embora ainda tímida, no circuito das grandes exposições de arte e das grandes turnês das companhias de teatro e dança tanto quanto de personalidades como filósofos, poetas, escritores; e, de outro, a proliferação de festivais e mostras de cinema e vídeo, por exemplo — a realização de eventos, por mais isolados que sejam uns dos outros, pode ser significativa e estimulante, tanto para os indivíduos em suas necessidades consumistas e em suas pretensões criadoras quanto para a dinâmica cultural como um todo. Se o que estiver em jogo, para um indivíduo ou uma comunidade, é o interesse pelo consumo de uma obra de cultura, a recepção de um bom produto a que não teriam acesso não fosse por uma política cultural tende a justificar-se em si mesma. Se o objetivo, por outro lado, for incentivar a criação, nada pode fazê-lo melhor do que a observação de uma boa obra. O que leva alguém a escrever um livro, fazer um filme, montar uma peça de teatro é antes a leitura de outro livro, a ida a um bom filme ou uma boa peça do que um curso de formação ou informação nesses campos. A maioria esmagadora das cidades brasileiras, inclusive capitais, ainda é um imenso deserto cultural sob o aspecto do acesso a bons livros, bons filmes, boas exposições, bons concertos, bons canais de televisão e tudo o mais em que se possa pensar na área cultural. A implementação, nesses lugares, de uma política de eventos bem arquitetada não apenas tem mais condições de atender à sensibilidade do homem pós-moderno como é em si mesma, independentemente de qualquer outra consideração, uma realização justificada no interior de uma política cultural. A rede de casas de cultura da França, como exemplo, funciona mais do que satisfatoriamente em seu papel de pontos bem identificados num circuito cultural alternativo (às vezes, único circuito) pelos quais passa a melhor parte da produção cultural do país e do exterior, irrigando culturalmente localidades e regiões que de outro modo se veriam marginalizadas do processo. A grande função dessas casas é exatamante a de *repetidoras* do circuito cultural central (pertença este ao mercado ou não, isto é, dedicado à cultural comercial ou à cultura de experimentação, de vanguarda ou outra). Outras atividades anteriormente privilegiadas (**oficinas**, cursos, associações de variada natureza) têm sido progressivamante deixadas de lado, com a retração das atividades do Estado, sem que as comunidades abrangidas se sintam lesadas.

Sob um segundo ângulo, as iniciativas ou estruturas "duradouras" promovidas como alternativa à contestada política de eventos revelaram-se, na grande maioria dos casos, ineficazes e inconsequentes, quando não simplesmente desinteressantes e irrelevantes. Sempre carentes de recursos, essas iniciativas quase sempre foram implementadas por recursos humanos não plenamente qualificados (artistas de segunda linha, educadores deslocados de suas funções originais, burocratas transformados em profissionais da cultura, amadores de variada extração) e não foram, quase sempre, capazes de ingressar na dinâmica cultural viva a que deveriam ou poderiam pertencer. Oficinas proliferam a esmo, tocadas por projetos individuais; centros de informação não conseguem os recursos exigidos pela tarefa autoproposta; centros de cultura, que deveriam ser estruturas duradouras, reincidem na falta de programas minimamente consistentes. A isso deve-se acrescentar ainda o fato histórico de que, com poucas exceções, a cada nova gestão político-partidária corresponde uma nova "proposta" cultural a ser posta em prática por cima da anterior, desconhecendo-a inteiramente quando não anulando-a intencionalmente, ainda que oriunda do mesmo partido que sucede a si próprio no poder. Como, por tradição, o primeiro ano de cada administração é quase todo perdido no exercício do controle da máquina administrativa e na busca de recursos inexistentes num caixa zerado pela equipe anterior, e como todo último ano costuma ser dedicado às iniciativas eleitoreiras que se aproximam (isto quando outras prioridades não cancelam de todo a programação cultural), as possibilidades de uma ação duradoura no Estado, em oposição a uma política de eventos, são rigorosamente mínimas. Num país como o Brasil, ao contrário do que ocorre em outros ditos avançados, não existe ou não se permite que exista um programa de governo, em todos os sentidos e em todas as áreas, que seja do país e não de um grupo, um programa que, em sua maior parte pelo menos, será tocado adiante pelo partido no poder, qualquer que seja. Na França, por exemplo, a política cultural tem sido praticamente a mesma, em sua orientação e em vários de seus detalhes, desde que André Malraux configurou-a em seu aspecto contemporâneo, no final da década de 1950. Partidos de direita e de esquerda tem-se sucedido mutuamente sem modificações sensíveis nessa área. No Brasil, o contrário é verdadeiro. Neste caso, uma sólida política de eventos pode ser, paradoxalmente, a única política cultural duradoura a que se pode aspirar. Melhor talvez praticá-la, radicalmente, em vez de seguir caminhos vinculados a uma concepção de política cultural, e de intervenção cultural do Estado, esgotadas.

Uma política de eventos, de resto, pode ainda responder às exigências do presenteísmo contemporâneo, inconformado com as contínuas postergações do prazer, e tem condições também — e talvez só ela — de dar vazão à *multiplicidade de diferenças* e à fragmentação que marcam o momento atual. De fato, apenas uma política de eventos aberta à comunidade culturalmente ativa em sua imensa variedade, pode acompanhar a exigencia da diferença que marca os dias atuais. As estruturas estatais típicas das políticas culturais de inspiração moderna — estruturas demasiado fixas, com pouca ou nenhuma mobilidade em virtude de sua própria organização político-jurídica — parecem ter pouca ou nenhuma condição de *viver o dia de hoje* e de responder culturalmente ao homem contemporâneo.

Referências:
HABERMAS, J. *El discurso filosófico de la modernidad*. Madri: Taurus, 1989.
MAFFESOLI, M. *A contemplação do mundo*. Porto Alegre: Artes e Ofícios, 1995.
TEIXEIRA COELHO. *Moderno pós moderno*. São Paulo: Iluminuras, 1995.
TOURAINE, A. *Critique de la modernité*. Paris: Fayard, s/d.

Populismo cultural

Sumário: populismo em política e em política cultural; tipos de populismo; populismo cultural no Brasil; populismo e meios de comunicação de massa.

Termos relacionados: cultura de massa; democratização cultural; cultura popular.

A compreensão do populismo cultural passa pelo entendimento do populismo como figura de política. Neste domínio, denomina-se *populismo* o processo em que as diferentes camadas populares são integradas à dinâmica política de forma tutelada. Esse termo designa movimentos localizados em épocas e contextos diferentes. Não costuma ser definido propriamente como uma doutrina, marcada por um complexo orgânico de ideias. Caracteriza-o a ideia de povo visto como entidade única e homogênea, o que exclui, por exemplo, a noção de luta de classes, baseada no princípio da existência de conflito entre grupos distintos. Para o populismo, as relações sociais ocorrem entre indivíduos que constituem um grupo homogêneo, pairando acima das distinções e interesses de classe ou outros. Um traço forte desse núcleo é o binômio povo/nação, bem como a ideia de nacionalismo daí resultante.

Modos do populismo podem ser observados em sociedades em processo de industrialização e urbanização, quando amplos setores populares estão politicamente disponíveis e sua integração ao processo político é julgada conveniente pelos grupos dominantes. Assume frequentemente uma roupagem antiliberal e, ocasionalmente, antioligárquica. Faz a apologia do poder público colocado em contato direto com as massas através da figura de um líder carismático que personifica o poder e se coloca acima dos **grupos** sociais.

Para Francisco Weffort, o populismo é um modo concreto de manipulação das classes populares mas é também um modo de expressão de suas insatisfações. Neste caso, o populismo seria um canal de acesso à cidadania ("cidadania regulada", na expressão de Wanderley Guilherme dos Santos). Apesar da assimetria implícita nessa relação paternalista entre líder e massas, no populismo é reconhecida a igualdade fundamental das massas dentro do sistema institucional. Nesse caso, eventuais conquistas das classes populares ocorreriam não apenas por doação do grupo dirigente mas como resultado das pressões sobre ele exercidas pelas massas. A esse entendimento de F. Weffort contrapõe-se a concepção de tipo liberal que define o populismo por seus aspectos demagógicos e emocionais, despidos de maiores programas ideológicos.

No Brasil, momentos populistas foram vividos entre 1937 e 1945, sob a ditadura de Getúlio Vargas, e no período democrático entre o final da Segunda Guerra Mundial e o golpe militar que em 1964 depôs João Goulart. O populismo, porém, não está apenas e necessariamente vinculado ao exercício efetivo da chefia do Estado: pode ser instrumento de grupos e partidos externos ao governo (ou que participam do processo político de algum modo) na busca de arregimentação para a chegada ao poder.

Tipos de populismo

Ludovico Incisa distingue três tipos de populismo:

1. nacional-populismo, incluindo todos os movimentos de inspiração fascista (nasserismo, nacional-socialismo, peronismo);
2. populismo revolucionário, nas espécies stalinista e castrista. Por serem populistas, esses movimentos não podem ser considerados propriamente socialistas;
3. populismo democrático ou pluralista, marcado pelo pluralismo interno, pelo expansionismo e pelo sentido da missão nacional no exterior (como nos processos israelita e indiano).

Um quarto tipo: p*opulismo seletivo,* nome dado por Umberto Eco a um dos traços do ur-fascismo. Numa democracia, os cidadãos têm direitos individuais mas os cidadãos em sua totalidade têm um impacto político apenas de um ponto de vista quantitativo: as decisões da maioria prevalecem. Para o ur-fascismo, os indivíduos enquanto tais não têm direitos; o povo é entendido como uma qualidade, entidade monolítica que expressa a vontade comum. Uma vez que nenhuma quantidade de indivíduos pode ter uma vontade comum, o Chefe se arroga o papel de intérprete dessa vontade. Sem poder de delegação, os indivíduos não agem, apenas são chamados a representar o papel de povo — fazendo com que Povo seja apenas uma ficção teatral, uma encenação. Em *Oswald's Tale: An American Mistery* (Random House, 1995), livro de Norman Mailer sobre Lee Harvey Oswald, o assassino de John Kennedy, há uma passagem que ilustra a referência de Eco. A mulher de Lee Oswald recebe de um amigo russo uma carta de pêsames após o assassinato de seu marido por Jack Ruby, diante das câmeras de TV. A KGB intercepta a carta na URSS e seu autor é levado para interrogatório, quando lhe dizem: "Em nosso país, apenas representantes do povo podem dar pêsames. Você não é representante de nosso povo. Não tem direito de dar pêsames..."

Populismo cultural

Em sua dimensão cultural, o populismo, segundo Marilena Chauí, é um fenômeno ambíguo: critica o elitismo da cultura dominante, a ser abolida pelo povo, mas define a cultura popular como a única verdadeira, embora primitiva. Esta condição, "pecado original" da cultura popular, seria alterada através de uma vanguarda intelectual esclarecida que recolheria a matéria popular bruta e a devolveria sob formas que o grupo executor entende adequadas ao processo dito de liberação ou conscientização popular.

Forma típica de populismo cultural no Brasil foi a experiência dos Centros Populares de Cultura (CPC), no início da década de 1960. A arte e a cultura foram concebidas como instrumentos de conscientização das massas para a tomada do poder e denominadas de "popular revolucionárias".

Diferentes **modos culturais** são considerados adequados para o exercício do populismo cultural. Para o CPC, o teatro foi uma linguagem privilegiada (própria, de resto, à ideia de Povo enquanto personagem de uma peça maior...). Mas também os **meios de comunicação de massa** mostram-se eficazes para esse processo. O nazismo serviu-se largamente do cinema, que divulgava a ideologia dominante tanto pelo conteúdo dos filmes como pela forma. No Brasil, Getúlio Vargas criou o Departamento de Imprensa e Propaganda (DIP) em 1939, coroando um processo de manipulação cultural da vida social. Cinejornais e transmissões de rádio foram seus instrumentos privilegiados. A notar que se em formas culturais como o teatro é possível considerar, por hipótese e *ad argumentandum,* uma relação dinâmica biunívoca entre a "vanguarda esclarecida" (ou o grupo ou partido) que orienta o processo e a massa que recebe o produto, como propõe F. Weffort, no caso dos meios de comunicação de massa como cinema, rádio e TV essa manipulação tende a ser incontrastável, condenando as massas ao papel de receptor passivo. Sem dúvida, os espectadores, telespectadores e ouvintes têm em princípio — embora não todos — condições para interpretar o que recebem de diferentes modos, incluindo aqueles não previstos pelo emissor. Mas não há como negar o poder das experiências de comunicação massiva do nazismo e suas formas de populismo cultural. Na TV contemporânea, grupos escolhidos de indivíduos — selecionados através de pesquisa de opinião pública, de simples entrevistas diretas com pessoas surpreendidas ao acaso na rua ou por estarem ocasionalmente reunidos num auditório durante a gravação de um programa — são apresentados comumente como representantes do povo ("voz do povo") e como tais aceitos. Umberto Eco observa que num futuro não distante o mesmo tipo de populismo pode estar presente nas telas da Internet...

Referências:

BOBBIO, N. *Dicionário de política.* Brasília: EdUnB, 1992.

CHAUÍ, M. *Política cultural.* Porto Alegre: Mercado Aberto, 1994.

ECO, Umberto. "Ur-fascism", in *The New York Review of Books*, v. XLII, n. 11.

HOLLANDA, H.B. de. *Impressões de viagem: CPC, vanguarda e desbunde 1960/1970.* Rio de Janeiro: Rocco, 1992.

IANNI, O. *A formação do estado populista no Brasil*. Rio de Janeiro: Civilização Brasileira, 1975.

SANTOS, W. G. dos. *Cidadania e justiça*. Rio de Janeiro: Campus, 1979.

WEFFROT, F. *O populismo na política brasileira*. Rio de Janeiro: Paz e Terra, 1980.

Pós-modernidade

Sumário: traços gerais do pensamento pós-moderno; as contradições pós-modernas; reflexos na política cultural.

Termos relacionados: modernização cultural, políticas culturais pós-modernas, modos culturais pós-modernos, centros culturais independentes.

A pós-modernidade manifesta-se diversamente nas diferentes linguagens artísticas: em arquitetura será, por exemplo e entre outras coisas, a procura de formas no vocabulário da construção vernácula em detrimento da pesquisa de formas abstratas, internacionais, pregadas pelo modernismo; em teatro será o abandono do lugar fixo de *representação* (reapresentação, repetição) e sua substituição pelo lugar incerto da *apresentação* de uma cena instauradora, e não repetidora; no cinema, a parada no fluxo das imagens (o plano negro, de Godard, por exemplo) que revela a presença do código cinematográfico e assim por diante. Nos estudos culturais, e em política cultural de modo particular, a pós-modernidade será caracterizada por grandes linhas subjacentes a todas essas manifestações de superfície. Não há propriamente uma hierarquia entre os traços dessas linhas, e tampouco um traço central ou primeiro do qual decorrem os demais. Como é necessário, porém, começar por algum ponto, e como a pós-modernidade só pode ser apreendida num cotejamento com a modernidade, é possível apontar, como um traço de distinção entre uma e outra, o modo como os indivíduos se relacionam com a ideia de tempo. Na modernidade, a vida individual e coletiva é pensada a partir da ideia de um *amanhã* que deverá existir e que justificará, retrospectivamente, o que tiver sido feito para se chegar até esse momento futuro. A modernidade só se constrói como um projeto, ato de jogar uma meta para a frente e persegui-la. Esta representação da relação com o tempo tem, entre suas consequências, a adoção da imagem da história como algo *linear* e que segue adiante carregando consigo a adoção do *novo* como pedra de toque da produção humana. Entre os constructos que se encaixam nesse paradigma estão o positivismo e o socialismo marxista, mas também o existencialismo de Jean-Paul Sartre e sua noção central de que o homem é, antes de mais nada, um projeto. Em oposição a este quadro, a pós-modernidade marca-se por uma atenção maior para com o presente e um desejo de viver intensamente o momento agora e aqui; o presenteísmo contemporâneo se opõe assim ao futurismo moderno, na fórmula de M. Maffesoli. Os corolários desse presenteísmo são a relativização do poder de atração e de significação do novo e do original (o velho, e a cópia, também podem ser fonte de inspiração e propulsão); a aceitação do descontínuo como próprio da condição humana e de sua representação, e o abandono da ênfase no linear-analítico em favor do sincrônico-sintético. Sob este aspecto, a pós-modernidade caracteriza--se como uma reflexão, não exatamente antievolucionista (já que esta palavra está carregada de significados), mas em todo caso a-evolucionista (recusa da ideia de uma evolução do impressionismo para o surrealismo, por exemplo, ou da psicanálise em relação ao hipnotismo, ou da alopatia quando comparada com a homeopatia ou do socialismo quando posto ao lado do capitalismo).

Outro traço de diferenciação do pensamento pós-moderno é sua aceitação do mundo como uma totalidade heterogênea e fragmentada, não passível de sofrer a homogeneização procurada pela modernidade, que tentou a redução do todo ao uno mediante a eliminação das singularidades (exemplo, a ideia de que ciência só é ciência se for de vários: para a modernidade, não há ciência do um, do singular). Ramais dessa tendência moderna foram a formação do Estado nacional e da identidade nacional e a criação das instituições sociais (a escola, o partido político). O pensamento pós-moderno, diferentemente, aceita a multiplicação das diferenças, substituindo a procura da **identidade** permanente ou estável pela deriva ao sabor das identificações sucessivas e provisórias. Consequências, na pós-modernidade: o ceticismo diante de todas as narrativas interpretativas totalizantes — da religião e das doutrinas laicas como o marxismo —, recurso crítico para o rompimento das cadeias do etnicismo e do nacionalismo, próprias da modernidade; a relativização dos marcos referenciais (exemplo, a recusa em tomar a cultura erudita como marco central do processo e de um projeto cultural; o reconhecimento das condições próprias de validade do conhecimento comum diante do conhecimento científico); a contestação das instituições e não mais sua negação, como até os anos 1960: na pós-modernidade, a instituição continua existindo mas os indivíduos procuram nelas os nichos em que podem abrigar-se em vez de tentar demoli-las; a recusa em ver a relação entre natureza e cultura, entre natureza e humanidade, como polos de uma oposição (que de imediato exige a dominação de uma pela outra) e a aceitação de ambas como componentes de um processo dinâmico de equilibração (a naturalização da cultura).

A opção pelo presente implica no abandono relativo da obsessão moderna com o *pensado* e o *concebido* (assim como se fala, por exemplo, num espaço concebido e num espaço pensado ou num tempo concebido e num tempo pensado) e a procura do *vivido* (um espaço vivido, um tempo vivido), com uma consequente abertura para o sensível, o emocional e o **afetual** e a correspondente diminuição do território antes atribuído à razão como núcleo unificador da experiência humana (evidenciação dos valores vitalsitas como elos de ligação entre os invidíduos e causa do estar-junto e a subsequente diminuição do alcance da ideologia). Daqui deriva, ainda, a substituição do pensamento moderno do *dever ser*, traço típico da produção intelectual moderna, pela reflexão diante do *ser*, daquilo que *é* já, bem como a elevação do cotidiano e do "pequeno" à grandeza de fato humano relevante, com a consequente rarefação da importância antes dada ao esquema maior, compreensivo e abstrato (exemplo, uma sociologia do indivíduo ou do grupo e não da classe social, ou da massa). A aceitação do vivido (e daquilo que é a representação do vivido), bem como o lugar de destaque dado ao conhecimento comum, permite, na pós-modernidade, o entendimento do **mito** como uma complementação e uma individuação do história e não como sua negação, ou vice-versa.

Enfim, de modo resumidor e não terminativo, a figura de Prometeu, símbolo do homem moderno — ele que foi a imagem do instaurador da primeira civilização humana e que se viu condenado ao suplício eterno por ter pretendido apoderar-se da verdade — é trocada pela de Hermes, deus mensageiro e aproximador, símbolo do intercâmbio e da composição entre os contrários, descompromissado com a ideia de uma verdade única e disponível para o gozo dos prazeres imediatos. Na mesma linha de analogias, o Apolo moderno sai de cena e em seu lugar entra, com mais firmeza, Dionísio. E se a modernidade tem do mundo uma concepção dramática, pressupondo uma enunciação do problema, um desenrolar e um desfecho ou solução, a pós-modernidade desenha uma representação trágica da existência: o problema existe, frequentemente se enrola e volta a se reenrolar sobre si mesmo mas seu desfecho, sua resolução, não é uma inevitabilidade...

Desnecessário dizer que estas tendências não são universais, nem não-contraditórias (o que não desqualifica a concepção pós-moderna, que integra as contradições em vez de ver-se por elas ameaçada). O desligamento das pessoas em relação à ideia de um amanhã a nortear todas as atividades feitas hoje é (ou foi) mais visível nos países desenvolvidos em que o individuo se encontra ou se sente, ao contrário do que sugere a pressa propagandística do neoliberalismo, mais protegido pelo Estado em termos de previdência social, educação, saúde, e se descobre mais livre para o desfrute do presente e, no limite, para o consumismo. (O *foi* explica-se pelo refluxo mais do que perceptível do crescimento econômico no primeiro mundo, com o aumento do desemprego e da insegurança diante do futuro, o que altera padrões de comportamento estabelecidos há décadas.) Por outro lado, se a pós-modernidade tem como característica, de um lado, a despreocupação com a identidade, por outro viu surgir ou reafirmar-se o fenômeno do **localismo** (o território pequeno como bem supremo, em oposição à ideia de uma pátria grande continental ou mundial), visível na origem de conflitos estarrecedores como o que destruiu a antiga Iugoslávia no coração mesmo da Europa... modernizadora.

Entre os reflexos imediatos da ideia de uma pós-modernidade sobre a política cultural está o abandono da representação do processo cultural como uma oposição entre as culturas ditas eruditas, de massa e popular e a adoção de um pensamento mais aberto às interações entre os diferentes universos culturais e às diversificadas formas da sensibilidade contemporânea, bem como a procura de novos esquemas conceituais para o entendimento da **cultura** que dispensem os hábitos de reflexão herdados dos positivismos (entre os quais, o marxismo) e seus opostos (entre os quais o estruturalismo). A busca de modos culturais que privilegiem o afetual (o sensível e o sensorial), não em oposição necessária ao intelectual ou abstrato mas como o primeiro passo de uma caminhada que pode *ou não* desembocar no intelectual (ao contrário da prática moderna de começar pelo intelectual para, eventualmente, abrir-se para o sensível) é outra decorrência da concepção pós-moderna no campo das políticas culturais (v. **centros culturais independentes**). Os verbetes **Políticas culturais pós-modernas** e **Modos culturais pós-modernos** apresentam traços mais específicos da pós-modernidade neste domínio.

Referências:

Canclini, N.G. *Culturas híbridas*. México: Grijalbo, 1989.

Jameson, F. *Post-modernism or the cultural logic of late capitalism*. Nova York: Verso, 1991.

Lyotard, J.F. *La condition post-moderne*. Paris: Minuit, 1979.

Maffesoli, M. *O conhecimento comum*. São Paulo: Brasiliense, 1988.

________. *Aux creux des apparences*. Paris: Biblio/Essais, 1993.

________. *A contemplação do mundo*. Porto Alegre: Artes e Ofícios, 1995.

Teixeira Coelho. *Moderno pós moderno*. São Paulo: Iluminuras, 1995.

Touraine, A. *Critique de la modernité*. Paris: Fayard, 1992.

Vattimo, G. *La fin de la modernité. Nihilisme et herméneutique dans la culture post-moderne*. Paris: Seuil, 1985.

Verjat, A. *El retorno de Hermes (Hermenéutica y ciencias humanas)*. Barcelona: Anthropos, 1989.

Prática cultural

Sumário: práticas culturais, hábitos culturais, produção e reprodução cultural.

Termos relacionados: grupo, grupo sujeito, hábito cultural, sistema de produção cultural.

Em sentido amplo, dá-se o nome de prática cultural a toda atividade de produção e recepção cultural: escrever, compor, pintar, dançar são, sob esse ângulo, práticas culturais tanto quanto frequentar teatro, cinema, concertos etc.

Numa acepção mais radical, são consideradas práticas culturais as atividades relacionadas com a *produção cultural* propriamente dita. Assim, são práticas culturais a produção de um filme, a realização de uma congada ou a montagem de um espetáculo teatral — quer estas atividades sejam feitas a título profissional ou amador. Esta tendência teórica reserva para a designação de atividades de *recepção* cultural a expressão *hábitos culturais,* entendendo-se por hábito uma disposição duradoura adquirida pela reiteração de um ato. Tem o *hábito* do cinema aquele que assiste regularmente a projeção de filmes um determinado número de vezes (número definido de acordo com diferentes fatores: pertinência a uma classe e segmento etário, num contexto nacional cultural e educacional definido etc.; de país para país varia o número de projeções de cinema a serem assistidas durante a semana, o mês ou o ano para que se configure um hábito).

Um enfoque ainda mais rigoroso reserva o uso da expressão *práticas culturais* para aquelas atividades que movem um **grupo** ou comunidade numa determinada direção, previamente definida sob um ponto de vista estético, ideológico etc. Nesta concepção existe embutido um juízo de valor. As atividades de *reprodução* não configurariam práticas culturais propriamente ditas, tanto quanto as atividades que promovem a desconstrução cultural (e portanto social: determinados programas de televisão, certos gêneros cinematográficos); todas estas são vistas, nesta ótica, como meros hábitos culturais.

Pregnância simbólica

Termos relacionados: imaginário, imagem, imaginação simbólica.

Os elementos da realidade exterior nunca se apresentam à consciência como uma forma em si mas na condição de elementos objetificados, isto é, transformados, por todo o conteúdo psicocultural da consciência, na condição de objeto para essa mesma consciência humana. Essa impotência constitutiva que condena o pensamento a jamais poder intuir objetivamente uma coisa, mas a integrá-la imediatamente em um sentido que é, este, apreendido pelo indivíduo, recebe o nome de pregnância simbólica. O que surge de um lado como impotência é, de outro, sinal de um poder específico, o poder da onipresença do sentido que faz com que, para a consciência humana, nada seja simplesmente *apresentado* mas tudo, *representado.*

Referências:

CASSIRER, E. "Le langage et la construction du monde des objets", in *Journal de Psychologie Normale et Pathologique*, v. XXX.

_______. "Le concept de groupe et la théorie de la perception", in *Journal de Psychologie*, jul.-dez. 1958.

DURAND, G.A. *A imaginação simbólica.* São Paulo: Edusp/Cultrix, 1988.

Preservação

Sumário: alcance; formação para o patrimônio; as razões históricas da preservação; as razões estéticas da preservação; preservação, imaginário e classes sociais; a opção pelo passado e a opção pelo contemporâneo; políticas culturais preservacionistas *versus* políticas culturais criacionistas.

Termos relacionados: direito ao belo, história imaginária, patrimônio cultural, monumento histórico, imaginário, identidade cultural, patrimônio, memória, turismo cultural, culturas pós-modernas, globalização.

Conjunto de medidas de ordem jurídica, administrativa, urbanística, arquitetural ou de outra natureza técnica que visa resguardar uma edificação, sítio urbano, obras escultóricas em locais públicos ou ambientes naturais e promover-lhes a eventual restauração ao estado *quo ante*.

Essas medidas incluem, a título de exemplo, e em conjunto ou alternativamente, o tombamento de uma edificação, sítio urbano etc., sua desapropriação com o objetivo de atender ao interesse coletivo maior, bem como medidas concretas de intervenção arquitetural, engenharial ou outra e, ainda, a concessão de incentivos fiscais para que os proprietários dos bens designados como relevantes à **memória** coletiva promovam sua guarda e recuperação. Estados nacionais têm órgãos especializados no trato com essa questão (no caso do Brasil, o Instituto do Patrimônio Histórico e Artístico Nacional, IPHAN). Na França, país que concede peculiar atenção aos assuntos culturais de modo geral e históricos de modo particular, e que aufere uma receita significativa da visitação de seus museus, monumentos e sítios históricos, transformados em pontos de atração do **turismo cultural**, o Estado financia inclusive um centro de ensino e pesquisa voltado unicamente para a questão do patrimônio e da conservação, a École du Patrimoine, de Paris.

Um dos problemas nucleares da preservação diz respeito à identificação daquilo que deve ser seu alvo. Tradicionalmente, eram objeto de preservação as edificações, sítios urbanos, esculturas etc. com significado histórico preciso (o sítio onde, diz a tradição, proclamou-se a independência do Brasil, localizado às margens do riacho do Ipiranga, na cidade de São Paulo; o obelisco situado no centro da Praça da Bastilha, em Paris, que registra a memória da tomada, pelos revolucionários, da principal prisão parisiense no ano de 1789; a estátua, em Trafalgar Square, do militar inglês Nelson, que derrotou Napoleão na batalha travada no local que dá nome à praça).

Edificações de menor significado histórico também foram e têm sido alvo da atitude preservacionista. A avenida Paulista, aberta no ponto mais alto da cidade de São Paulo, foi escolhida pelos "barões do café", no início do século, para local de construção de suas mansões. Estas edificações, que arquitetônicamente (no melhor dos casos) se poderia classificar de ecléticas (i.e., compostas por estilemas de diversificada origem), resistiram durante algumas décadas à ação do tempo e da especulação edilícia e tornaram-se marcos do passado da cidade, ícones de uma **identidade cultural**. Com o deslocamento do setor bancário do centro velho para aquela avenida, foi impossível conter os avanços da especulação e as mansões começaram a vir abaixo uma a uma (houve mesmo uma espécie de Noite de São Bartolomeu da arquitetura paulistana, na década de 80, quando no espaço de poucas horas vários desses palacetes, colocados na mira do tombamento, foram derrubados por tratores na tentativa — de resto bem sucedida — de configurar, perante os órgãos públicos, um fato consumado). Institutos de defesa do patrimônio e especialistas isolados foram chamados a opinar e os pronunciamentos de uns e outros transformaram-se, eles mesmos, num marco. Em resumo, o tombamento da maioria dos palacetes foi rejeitado sob uma dupla alegação: a primeira, explícita, baseava-se na inexistência de qualidade estética das edificações cogitadas; a segunda, menos pública, argumentava com a identificação entre os palacetes e uma determinada classe social alegadamente desprovida da capacidade de representar imaginariamente o conjunto das classes sociais da cidade.

Esta última justificativa, hoje quase consensualmente vista como despida de fundamento, assentava-se na noção de que o fatiamento da sociedade por classes era determinante de várias outras repartições análogas, entre elas a do **imaginário** cultural: a cada classe social corresponderia um imaginário determinado, estes imaginários não se cruzariam e sobretudo, na medida em que essa concepção é profundamente autoritária, não *deveriam* cruzar-se. Na verdade, a história da cultura está recheada de exemplos mostrando como figuras do imaginário de uma classe social são frequentemente adotadas (acertada ou equivocadamente, e sob motivações de variada natureza), por outras classes que as reivindicam como componentes essenciais de suas próprias **identidade**s.

Já a primeira justificativa para o não tombamento das mansões paulistanas apontava para o primado do aspecto estético sobre o histórico quando as edificações consideradas carecem de um valor político ou social mais definido. Este aspecto assume um sentido ainda mais forte quando se pensa que a decisão sobre o valor estético de uma edificação ou obra análoga cabe a especialistas que a sociedade — ou, em todo caso, sua porção mais firmemente organizada — reconhece como competentes para a emissão de juízos dessa espécie (arquitetos, historiadores da arte e da arquitetura, pesquisadores etc.). Seja como for, tem-se aqui mais uma evidência de que efetivamente vive-se, nestas últimas duas ou três décadas do século XX, sob o império da estética (ou do esteticismo).

A decisão sobre o que preservar é, de fato, das que dependem de um emaranhado de aspectos de deslindamento nem sempre cômodo. Preservar uma obra por ser ela, apenas, um índice não qualificado do passado não mais surge como justificativa bastante. Alguns veem nessa tendência um relaxamento da atenção com a **memória** de um grupo, cidade ou nação, da qual resultaria o profundamento da alienação cultural, num primeiro momento, e política, em seguida, de população inteiras. Outros argumentam que a atitude preservacionista indiferenciada é basicamente conservadora (ou reacionária) e impeditiva de uma abordagem contemporânea das questões contemporâneas. (Cidades intocáveis como Veneza, declarada patrimônio histórico mundial, são vistas por seus habitantes, em especial os jovens, como cenários teatrais mortos cujo rendimento econômico, extraído do turismo, não justificaria a mumificação em vida das figuras do convivio urbano.) Se parece haver um relativo consenso quanto à preservação de sítios naturais, movida pelo crescimento mundial das preocupações ecológicas, o mesmo está longe de acontecer no domínio das obras de cultura. O tema torna-se ainda mais nebuloso quando estão em cena cidades sem cultura arquitetural e urbanistica, como grande parte das cidades brasileiras, cujo desenvolvimento, na ampla maioria, deu-se sem qualquer planejamento e onde, portanto, inexistem paradigmas de vária espécie (arquiteturais ou outros) a partir dos quais julgar alguma coisa como passível de preservação. Caso diferente é o de Paris, cidade codificada ao extremo e onde os princípios para a preservação estão dados desde logo.

Em 1829, Victor Hugo publicava um artigo na *Revue de Paris* sob o título "Guerra aos demolidores" em que afirmava que fossem quais fossem os direitos à propriedade, a destruição de um edifício "histórico e monumental" não deveria ser permitida a qualquer um e, menos ainda, a esses "ignóbeis especuladores". "Há duas coisas num edifício", escrevia Hugo, "seu uso e sua beleza. Seu uso pertence a seu proprietário, sua beleza a todo mundo, a você, a mim, a nós todos. Portanto, destruí-lo é ultrapassar os limites desse direito [à propriedade]" (in V. Hugo, *Littérature et Philosophie mêlées*, Paris, Klincsieck, 1976 apud Ph. Perrot, *Le luxe: une richesse entre faste et confort siècle XVIII-XIX,* Paris, Seuil, 1995). Aparece nítida, nesta passagem, a ideia do belo como um patrimônio da humanidade.

As questões de preservação costumam ocupar, um pouco por toda parte e em especial nos países de **cultura política** menos definida, uma parte central das políticas culturais governamentais e, mesmo, de atividades análogas promovidas por corporações privadas de público destaque. Esse privilégio é exercido em detrimento, quase sempre, das políticas culturais ditas executivas ou ativas, aquelas que promovem a *criação* de obras culturais e artísticas contemporâneas. Esta opção, de marcado conteúdo ideológico, foi exercida, por exemplo, no período da ditadura militar no Brasil entre as décadas de 1960 e 1980 e conta com as graças da classe economicamente dominante, principais provedores dos fundos requeridos pela preservação. Essas políticas preservacionistas colocam-se frequentemente a serviço de projetos de construção ou reforço de **identidades** coletivas (em particular nacionais, mas também étnicas, religiosas etc). Revestem-se de forte caráter ideológico e tendem, de maneira apenas à primeira vista paradoxal, a multiplicar-se em plena era da **globalização**.

Referências:

GOUVEIA, M.A.M. de. "Políticas de preservação do patrimônio (três experiências em confronto): Inglaterra, Estados Unidos e França", in MICELI, S.; GOUVEIA, Maria Alice. *Política cultural comparada.* Rio de Janeiro: Funarte, 1985.

INSTITUTO CULTURAL ITAÚ. *Avenida Paulista* (série Cadernos Cidade de São Paulo). São Paulo.

Procura cultural

Ver Distância cultural, necessidade cultural.

Produto cultural

Sumário: produto cultural, bem cultural, fungibilidade do produto cultural.

Termos relacionados: bem artístico, patrimonialismo, mercado simbólico.

Tratados regionais de integração econômica e cultural definem os produtos culturais como aqueles que expressam ideias, valores, atitudes e criatividade artística e que oferecem entretenimento, informação ou análise sobre o presente, o passado (historiografia) ou o futuro (prospectiva, cálculo de probabilidade, intuição), quer tenham origem popular (artesanato), se tratem de produtos massivos (discos de música popular, jornais, histórias em quadrinhos) ou circulem por público mais limitado (livros de poesia, discos e cds de música erudita, pinturas). Embora desta definição participem conceitos vagos, como "ideias" e "criatividade artística", ela exprime um consenso geral sobre a natureza dos produtos culturais.

Uma distinção cabe ser feita entre produto cultural e bem cultural. Este vincula-se à noção de um patrimônio pessoal ou coletivo e designa, em princípio, por seu valor simbólico, algo infungível, isto é, algo que não poderia ser trocado por moeda. Mesmo que na origem tenha sido eventualmente um produto — como um retrato de grupo encomendado por médicos a um pintor —, circunstâncias de variada natureza transformaram-no em algo especial, fora do mercado. A Torre Eiffel é um bem cultural, como a catedral de Brasília ou a pintura de Pedro Américo que representa a independência do Brasil, e não um produto. Napoleão levou para a França, como resultado de suas campanhas militares, tesouros artísticos que constituíam bens culturais das nações pilhadas, muito mais do que simples produtos. Telas como as pintadas por Van Gogh ou Rembrandt, bem como a Capela Sixtina, da autoria de Michelangelo, conquistaram o estatuto de bens culturais. Na atualidade, porém, sabe-se que a maioria desses bens pode ter seu valor traduzido em moeda, o que acaba de algum modo por transformá-los em produtos (*commodities)* culturais ou por apontar para o definhamento crescente da ideia de bem cultural.

Referência:

Canclini, N.G.; Niebla, G.G. (coords.). *La educación y la cultura ante el tratado de libre comercio*. México: Nexos/Nueva imagen, 1992.

Programa cultural

Termo relacionado: saída cultural.

Atividade previamente planejada, por indivíduo ou **grupo**, cujo objetivo é o exercício de uma prática cultural mesmo que não de maneira exclusiva: programa cultural pode ser a ida a um teatro, acompanhada ou não por um jantar, tanto quanto o ato de assistir a um video em casa com amigos ou a visita a um museu.

Propriedade cultural

Sumário: propriedade cultural, propriedade intelectual, bem cultural, direito autoral, convenção da Unesco de 1970, controle da propriedade cultural.

Termos relacionados: bem cultural, patrimônio histórico, produto cultural, patrimônio cultural, patrimônio da humanidade, patrimônio nacional.

Propriedade cultural i

Propriedade cultural é expressão genérica que cobre duas situações jurídicas distintas: a) a propriedade, por uma pessoa física ou jurídica, de um produto ou bem cultural de autoria de uma segunda pessoa; b) a propriedade, pelo autor, de sua própria obra — também conhecida como propriedade intelectual ou direito autoral.

A maioria das legislações nacionais estabelece condições e limites para o exercício da propriedade cultural de tipo a. O proprietário de um imóvel tombado pelo patrimônio histórico, por exemplo, tem limitado seu direito discrionário sobre o imóvel, não podendo utilizá-lo para outros fins que não aquele fixado no tombamento, nem reformá-lo aleatoriamente — devendo ainda zelar pela sua manutenção. De modo análogo, o proprietário de uma pintura com características de **bem cultural** não pode levá-la para fora do país sem autorização especial e, menos ainda, em princípio, vendê-la como quiser e a quem quiser. Considera-se, nestes casos, que o interesse coletivo sobrepõe-se ao individual.

É também protegida, relativamente, a propriedade cultural de tipo b. Existem, nas legislações, princípios resguardando os direitos de escritores, compositores, produtores cinematográficos, artistas plásticos e, de modo especial, mais recentemente, o direito à imagem que tem qualquer pessoa (fotografias, filmes, videos não podem ser feitos e explorados comercialmente sem o consentimento expresso dos retratados — medida de interesse especial, por exemplo, para os esportistas). Diz-se que esta propriedade é protegida *relativamente* porque, de fato, ela tem um estatuto peculiar diante de outros direitos à propriedade. Os direitos autorais sobre um livro, como exemplo, esgotam-se após um determinado período (em média, 50 anos), findo o qual a obra torna-se pública e passível de edição e venda sem o pagamento dos direitos. A peculiaridade vem do fato de que as propriedades móveis e imóveis adquiridas pelo editor em cima das obras feitas por seus autores não sofrem nenhuma restrição legal e permanecem sob a titularidade desse editor por tempo indeterminado, enquanto a propriedade daquele que, em última instância, gerou seus bens, o autor, caduca rapidamente... Como se vê, algumas propriedades são mais próprias do que outras.

Apenas uma hipocrisia social exacerbada, e um menosprezo implícito pela criação cultural, podem responder por este tratamento de dois pesos e duas medidas...

Teixeira Coelho

PROPRIEDADE CULTURAL 2

Parte considerável do patrimônio cultural de vários países derivou da pilhagem, por parte de nações imperialistas, de tesouros arqueológicos de povos militar ou economicamente mais fracos. Assim se formaram os estoques, por exemplo, do British Museum, em Londres, e do Museu do Louvre, em Paris. Durante a Segunda Guerra Mundial, também a Alemanha promoveu a expropriação em grande escala de obras de arte dos países ocupados e sua remoção para território alemão; com sua derrota, uma porção significativa desse saque foi devolvida a seus antigos proprietários. É exatamente a partir do fim dessa guerra que, com a intensificação do nacionalismo *tout court*, e do nacionalismo cultural, cresce a procura de maneiras de coibir-se o roubo e venda ilícita de bens culturais. Em 1970, uma convenção da Unesco visou encontrar modos de proteção da propriedade cultural, definida nesse documento como aquela que, por raízes religiosas ou seculares, cada Estado determina como tendo valor arqueológico, histórico, literário, artístico ou científico. Essa convenção parte do princípio de que a propriedade cultural constitui elemento de civilização e cultura e que seu valor verdadeiro só pode ser apreciado quando em seu contexto tradicional, com o maior número possível de informações sobre sua origem e história.

São propriedade cultural:

1. coleções raras e espécimens da fauna, flora, minerais, anatomia ou objetos de interesse paleontológico;
2. objetos que se relacionam à história (social, militar, da ciência, da tecnologia), à vida de líderes, pensadores, cientistas e artistas ou relacionados a acontecimentos de importância nacional;
3. objetos encontrados em escavações arqueológicas, regulares ou clandestinas;
4. monumentos históricos ou partes de monumentos desmembrados;
5. objetos com mais de cem anos de idade (brasões, moedas, timbres etc.);
6. objetos de interesse etnológico;
7. obras de arte;
8. manuscritos raros e incunabula, livros antigos, documentos históricos;
9. arquivos (sonoros, fotográficos, filmográficos);
10. móveis e instrumentos musicais com mais de 100 anos.

Os países que assinaram a convenção (69 ao todo, até 1991) reconhecem que as transações ilícitas de objetos culturais é uma das principais causas de empobrecimento do patrimônio cultural dos países de origem desses objetos e que a cooperação internacional é o método mais eficaz para proteger a propriedade cultural. Seguindo o princípio jurídico da irretroatividade das leis, essa convenção só se tornou aplicável após sua ratificação, em 1970, o que preservou os acervos constituídos anteriormente, inclusive de forma ilícita.

O Icom (International Council of Museums) e o Ifar (International Foundation for Art Research) devem ser informados do desaparecimento de todo bem cultural que se encaixe nos termos da convenção da Unesco. Essas instituições mantém e divulgam uma lista de objetos roubados que, a partir de 1995, encontra-se também na Internet.

O Brasil assinou a convenção em 1973 e considera propriedade cultural todo objeto, pertencente ao Estado ou a particulares, tombado pelo Iphan (Instituto do Patrimônio Histórico e Artístico Nacional).

Maria Helena Pires Martins

Referências:

FAHY, A. (ed.). *Collections management: Unesco Convention 1970*. Londres: Routledge, 1994.

SULLIVAN, A. McC. "Law and diplomacy in cultural property matters", in Fahy, A. (ed). op. cit.

Psicagogia

Termos relacionados: imaginário, imagem, sociatria.

Processo de investigação da consciência e da vontade com o objetivo de reconhecerem-se determinadas disfunções ou desequilíbrios na elaboração simbólica de um indivíduo. Uma vez identificados os pontos de desequilíbrio, fornecem-se a esse indivíduo os estímulos simbólicos de compensação que desenvolvam o aspecto oposto àquele pelo qual vem se pautando sua existência. O que se busca com isso é provocar nesse indivíduo o desejo de assumir o confronto e a complexificação de sua elaboração simbólica por meio da experimentação do regime de imagens oposto mas complementar ao daquele até ali predominante.

Referências:

BADIA, D.D. *Imaginário e ação cultural: as contribuições de Gilbert Durand e da Escola de Grenoble*. Dissertação, ECA-USP, 1993.

PAULA CARVALHO, J.C. *A culturanálise de grupos: posições teóricas e heurísticas em educação e ação cultural*. Ensaio de titulação, Fac. Educação da USP, 1991.

Público

Sumário: sentido amplo e restrito; o critério da homogeneidade; formação de público; pesquisas estatísticas e qualitativas de público.

Termos relacionados: competência artística, disposição estética, imaginário, AT-9, culturas híbridas, gosto, patronato.

Termo utilizado, em política cultural, de modo acentuadamente vago. Costuma designar o conjunto simples, físico, de pessoas que assistem a um espetáculo, visitam um museu, frequentam uma biblioteca, compram certos discos, sintonizam determinado canal de rádio ou TV, leem determinado jornal, autor ou gênero literário etc. Fala-se, assim, em *público de cinema, de arte, de literatura* e, mais genericamente, em *público de cultura*. Neste sentido, tem como sinônimos, não menos imprecisos, designações como *espectadores, consumidores, usuários, leitores, ouvintes, telespectadores* etc.

Como tais, essas expressões na verdade não apontam para nenhuma entidade definida. Não existe a rigor, *público* de arte, mas *públicos* de arte (ou de cinema, de teatro etc.). Por exemplo, o "público" da Bienal de São Paulo — realizada num grande pavilhão de três andares em meio a um parque arborizado, procurada por levas de estudantes secundários e interessados ocasionais que se misturam a especialistas e amadores bem informados de diversificada origem — é composto por uma variedade de conjuntos que têm, cada um, uma motivação, meta própria e comportamento específico. Uns procuram na exposição uma ocasião de lazer, outros querem informação, outros ainda buscam sensações estéticas — enfim a heterogeneidade é a regra e com ela vem a impossibilidade ou inutilidade de falar-se, de maneira ampla e genérica, *num* público da Bienal.

Se isso é assim em relação a uma mesma prática cultural, a situação é ainda mais complexa quando se fala em *público de cultura* de modo geral.

O comportamento de quem visita uma Bienal de São Paulo é em tudo diferente do comportamento de quem assiste a um filme, lê um livro ou ouve rádio. Variados modos de percepção estão em jogo nessas diferentes atividades. A atenção posta em prática pelo "visitante médio" de um evento como a Bienal está mais próxima da *atenção flutuante* de quem passeia por uma praça urbana decorada ou demarcada por alguma obra de escultura do que da atenção concentrada de quem assiste um filme de arte (ou de ação), lê um livro ou ouve um concerto. Não apenas isso: também o *esquema relacional* envolvido em cada uma dessas atividades tem traços próprios. Durante uma visita à Bienal não é raro que o visitante se relacione tanto com as obras contempladas quanto com quem o esteja eventualmente acompanhando e com os espaços interno e externo da exposição (entorno arquitetural). Desse ponto de vista relacional (de fundamental importância nas práticas culturais), ver um programa de TV em **grupo** (com a família ou amigos) é uma experiência mais próxima da visita a uma Bienal do que de uma ida ao cinema. Já a leitura é, praticamente, uma experiência do grau zero de relacionamento, uma vez que sua pratica requer, nos tempos modernos (diversamente do que aconteceu na Idade Média, por exemplo), um isolamento menos ou mais acentuado. Contrariamente, não é incomum que a ida a uma grande exposição de arte seja, *antes,* uma experiência de relacionamento predominante social do que uma atividade estética propriamente dita.

Aspectos como estes apontam, assim, para a necessidade de atribuir-se ao termo *público* um sentido mais restrito. Público, sob este ângulo, remete ao conjunto de pessoas que não apenas praticam *uma* atividade determinada mas diante dela assumem *um mesmo tipo de comportamento*, sobre ela expressam opiniões e juízos de valor consideravelmente convergentes e dela extraem sensações e sentimentos análogos. Em outras palavras, existe um público quando o conjunto de pessoas que esse termo designa coloca-se sob um mesmo guarda-chuva semântico sob mais de um aspecto; para esse conjunto, a obra presenciada, lida, ouvida etc. assume significados (entendimentos particularizados e situados concretamente num espaço--tempo) e significações (somatória total das consequências da recepção dessa obra: por exemplo, a obra levando à realização de outras obras ou à tomada de determinadas decisões políticas, sociais ou filosóficas) de natureza aproximada. Isto não quer dizer que as pessoas que assistam a um filme de arte devam ter sobre esse filme a mesma opinião mas quer dizer que devem ter em princípio a mesma **competência artística**, a mesma disposição estética, a mesma atitude geral (mais ou menos a mesma frequência de ida ao cinema, mais ou menos o mesmo entendimento do que seja cinema etc.). Um público é, assim, em primeiro lugar, uma entidade marcada por uma *relativa homogeneidade*. No limite, para falar-se na existência de um público propriamente dito essa homogeneidade deveria ser exigida inclusive da classe social a que pertencem essas pessoas, do espaço em que se distribuem e, com maior razão, do tempo em que vivem.

Isto considerado, a rigor é possível falar-se num público de Beethoven ou de Godard mas não num público de música ou de cinema; num público de Chico Buarque ou de Vinícius de Moraes e não num público de poesia. Menos ainda, como se vê, num *público de cultura* genericamente enunciado. Numa sociedade de massas, a dificuldade para isolar-se um público definido ou descrito de acordo com esta exigência não é pequena — constatação que tem levado, recentemente, a uma revisão de muitos dos conceitos até aqui tradicionais em política cultural (v. **culturas híbridas**). É verdade que o propósito da **indústria cultura** é o de exatamente operar recortes transversais na massa de consumidores possíveis de modo a aglomerar os diferentes estratos — no sentido mais amplo possível: quanto às classes sociais, às opiniões políticas, grau de instrução, sexo — ao redor do **produto cultural** oferecido. De todo modo, entre a noção de público entendida em suas perspectiva radical e o uso frouxo que comumente se faz desse termo será necessário encontrar um ponto que dê conta da realidade visada.

Essa distinção não é bizantina; seus efeitos podem ser sentidos em mais de um aspecto de uma determinada política cultural. Uma preocupação comum à maioria das políticas culturais é a que diz respeito à *formação do público*. Um público de cultura, no sentido estrito da expressão, só pode ser dito formado quando se alcança essa relativa homogeneidade de sentimentos, pensamentos, juízos de valor, reações e usos que atuem como denominador comum entre as pessoas que o constituem. (A televisão, com suas telenovelas, seus comentaristas esportivos, sua programação noticiosa de tendências marcadas, com o **imaginário** difundido através dos comerciais que veicula, tende a efetivamente *formar* um público, muito antes e muito mais solidamente do que a maioria dos esforços nesse sentido desenvolvidos por centros de cultura, organizações comunitárias e outras.) Se essa homogeneidade não for conseguida, o "público" eventualmente obtido não apresenta o comportamento estável e perene que é seu traço essencial de identificação — e é isto que está na base da maioria das iniciativas fracassadas de "orientação para um **gosto**" postas em prática pelas políticas culturais.

De igual modo, pesquisas de público tendem a ignorar as exigências deste conceito radical, tomando por base para suas enquetes e análises o simples aglomerado físico de indivíduos — de diferente extração e com diferentes histórias de vida pregressa referentes a suas relaçòes com o veiculo ou obra investigado — ocasionalmente encontrado à saída de uma exposição de arte, de uma projeção cinematográfica ou equivalente. Os dados resultantes desse tipo de pesquisa terão sua validade estatística possível. Não servem, porém, para identificar o verdadeiro público daquela manifestação e, de modo específico, não bastam como instrumento de uma política cultural cujo objetivo seja a adoção ou a renovação de **hábitos culturais**. Ao lado desse levantamento estatístico, e mesmo antes dele, é necessário proceder a análises qualitativas como as de identificação do imaginário comum e, se for o caso, a programas que *constituam* um imaginário comum.

Referências:

Canclini, N.G. *El publico como propuesta. Cuatro estudios sociológicos en museos de arte*. México: INBA, 1987.

Hauser, A. *Historia social da arte e da literatura.* São Paulo: Martin Fontes, 1995.

Público de museu

Sumário: tipos de públicos, pesquisa de público; corpos de visitantes; museu, educação, prazer.

Termos relacionados: público, público especial, museu, sacralização da cultura, distinção cultural, competência artística, arte-educação, ação cultural.

Diferentes tipos de museus têm diferentes tipos de **público,** o que gera termos como "público de museu de arte contemporânea" e "público de museu de ciências naturais", entre outros. Em Toronto, Canadá, uma pesquisa envolvendo quatro museus locais (arte, história, ciências e zoológico) detetou diferenças nos públicos desses museus: no de arte, o público é mais velho, tem experiência mais contemplativa e há menos crianças; já nos museus de história e de ciências, como no zoológico, o público é mais jovem, socializa mais suas experiências e há mais crianças.

Nos últimos 30 anos, órgãos de prospectiva e os próprios museus intensificaram seus estudos sobre o público com o intuito de direcionar e aperfeiçoar as formas de organização e comunicação das exposições. Inicialmente, os estudos — que permitiram identificar o público-alvo e novos públicos a atrair —, quantificaram o número de visitantes, simplesmente; depois, determinaram-se os tipos de visitantes por profissão, classe social, escolaridade, faixa etária, sexo. Essas pesquisas tornarm-se aos poucos mais complexas, procurando conhecer a opinião dos visitantes sobre a exposição e o modo pelo qual se dá a visita. Os livros de visitação foram complementados por observações e entrevistas com os visitantes. Estudos comportamentais, informados por psicológos, trouxeram informações novas sobre as relações entre os visitantes e as exposições.

Uma pesquisa de público que tem servido como referência foi a realizada por Bourdieu e Darbel na França, Holanda, Grécia e Polônia. Nesse estudo, os autores confrontaram as características sociais e de escolaridade do público com suas atitudes sobre museus e preferências artísticas. A pesquisa evidenciou que a classe social mais representada no público de museus era a que declarava ter hábito de frequentar museus (visitas diversas a museus em momentos anteriores à pesquisa). Essa classe é denominada pelos autores de "classe culta", a que tem acesso e **competência artística**. A necessidade de arte e o acesso à arte surgem como privilégios criados e legitimados por essa mesma classe. Em oposição a esta, estão as "classes populares", que não sentem necessidade de arte "culta" nem dispõem dos códigos para decifrar as obras de arte. Esses grupos geralmente solicitam **mediadores** (guias, catálogos, sinalização) para diminuir a distância que os separa das exposições de arte.

A pesquisa de Bourdieu e Darbel foi uma clássica pesquisa por questionário. Equipamentos sofisticados como circuitos internos de TV, microfones ocultos em vitrinas, sensores de tempo para medir a permanência em determinado módulo da exposição e programas de computadores que registram a atividade dos visitantes são alguns dos instrumentos ora utilizados na Europa e América do Norte. Nos museus dessas regiões, o visitante é encarado como um consumidor que deseja escolher o percurso da visita e controlar o aprofundamento de seus conhecimentos e sensações proporcionados pelas obras expostas. Essas pesquisas partem do pressuposto de que quanto mais entender o que acontece durante uma visita, mais capacitado estará o museu para planejar exposições que correspondam às necessidades de seus visitantes, bem como maior será a possibilidade de oferecer-lhes um cenário no qual a aprendizagem possa ocorrer — se o objetivo for educacional... (v. **arte-educação, ação cultural**).

Como é bem mais árduo identificar o grau de prazer ou os tipos de sensação e emoção provocados numa visita, alguns autores preferem classificar o público exatamente segundo sua possibilidade de aprender. Fala-se assim num *pequeno grupo* que não presta atenção ao que vê e pouco aprende (cujo comportamento é de difícil alteração); um outro *pequeno grupo*, com centros de interesse particulares, que sabe o que ver e aprender; e um *grande grupo* que explora o museu ao acaso procurando algo que o interesse.

Aurora Leon propõe outra divisão triádica do público de museus de arte: *especializado*, *culto* e *grande público*. O *especializado* é formado por pequisadores, eruditos, artistas e críticos. Para estes, o museu é um centro de pesquisa científica ("museu-laboratório"). O *público culto* é formado por estudantes universitários, profissionais com nível universitário e pessoas das classes altas mas sem escolaridade. Essas teriam em comum a falta de especialização e o desejo de uma compreensão mais imediata das obras. O tipo de museu que procuram, segundo a autora, é o "museu educativo". O grande público compõe-se de trabalhadores, estudantes do primário e secundário, profissionais com escolaridade média, comerciantes, artesãos etc. Também este público buscaria o "museu educativo" que amplia suas funções para além das salas de exposição, com projeções, oficinas, cursos etc.

Uma pesquisa de público na Cité des Sciences et de l'industrie, em Paris, diferentemente das usuais, extremamente preocupadas com a questão da educação, serviu-se de um critério de satisfação lúdico-pedagógica, que permitiu identificar visitantes *austeros* (10%), que aprendem sem se divertir; *fúteis* (20%), que se divertem sem aprender; *blasés* (6%), que já conheciam a exposição, nada aprenderam nem se divertiram; os *frustrados* (12%), que consideraram curto o tempo de visita e muito cheio o museu; e os *satisfeitos* (52%), que aprenderam e se divertiram em proporções equivalentes. Como se depreende da terminologia usada, em especial do termo *fúteis*, muitos estudiosos e, sobretudo, profissionais de museus continuam paradoxalmente, acaso sem se daram conta, identficamdo arte (e ciência) com inutilidade ou superfluidade, procurando destacar, entre todas as funções de um museu, sua função educativa — a qual teoricamente enobrece os objetos mostrados (sejam artísticos ou científicos) e, sobretudo, permite requerer mais verbas para o museu do que se a ênfase fosse pura e simplesmente a informação ou, pior ainda, o prazer...

Para efeito de *planejamento,* os museus costumam distinguir entre dois tipos de público: *público organizado* (visitantes organizados previamente em grupos) e *público livre* (ou espontâneo). Grupos organizados (escolares, turistas, terceira idade etc) visitam o museu com horário determinado, roteiro definido e, quase sempre, com um guia; as decisões sobre o que ver, como ver e durante quanto tempo ver são geralmente tomadas pelo organizador da visita, não pelos visitantes.

Em oposição aos visitantes cativos, os livres ou espontâneos decidem o que, como e com quem ver a exposição. Esses não têm compromissos com horários e roteiros, fazem seu próprio percurso.

Outra classificação usual é a que distingue entre *público frequentador* (pelo menos três vezes por ano, embora estes índices variem de país para país), *público eventual* (uma ou duas visitas por ano) e o *não-público* (pelo menos dois anos sem visitar um museu).

A ideia de museu como um espaço sacralizado, em que os visitantes devem falar baixo, não rir, não correr, vem sendo combatida por outra noção de museu como lugar que permite a participação dos visitantes (caráter interativo das exposições, por exemplo) e a comunicação de ideias, e não apenas como local de exposição de obras para espanto ou deleite do público. Essa nova concepção — que de todo modo não dessacraliza o museu — se deve tanto à visitação em massa (nos países do Primeiro Mundo, sem dúvida...), gerando a necessidade de aperfeiçoamento da mídia dos museus, como a transformações conceituais na museologia, levando os profissionais dos museus a buscar ampliar o número de visitantes e a aprimorar a qualidade da visitação.

Através da história, os museus foram criando seus "corpos de visitantes" segundo a ideia de sociedade em vigor (divisão rígida por classes, a cultura como domínio reservado à classe dominante) a arquitetura, a maneira e organizar o espaço expositivo ou a seleção de objetos. As coleções do Renascimento (gabinetes de curiosidades) eram visitadas apenas pelos especialistas e curiosos integrantes do círculo de amizade dos proprietários (a Igreja, os nobres e a burguesia ascendente). Quando as coleções em universidades se tornaram mais públicas (como em Oxford, na Inglaterra), ou com o impulso da Revolução Francesa, grupos selecionados mais amplos passaram a ser admitidos para as visitas: cientistas, estudantes universitários, burgueses. Na atualidade, esses corpos de visitantes se constituem sobretudo em função do turismo (local, nacional e interncional) e das diretivas dadas pelos meios de comunicação que transformam (por vários motivos) uma exposição em espetáculo de visitação obrigatória e massiva; nestes casos, as funções educativas dos museus passam para um segundo lugar (ou se confinam aos museus de ciência e aos museus de arte sem muita expressão), transformando o museu numa grande praça pública na qual as razões para a visitação e os modos de recepção se entrelaçam de modo às vezes inextricáveis.

Adriana M. de Almeida e Teixeira Coelho

Referências:

Bourdieu, P.; Darbel, A. *L'amour de l'art: les musées d'art européens et leur public*. Paris: Minuit, 1985.

Hood, M.G. "Staying away: why people choose not to visit museums", in *Museum news* 61 (4), 1983.

Leon, A. *El museo: teoria, praxis y utopia*. Madri: Catedra, 1988.

Linton, J. et al. "A survey of visitors at an art gallery, cultural history museum, science center and zoo", in *ILVS Review* 2(2). 1992.

Mcdonald, S. "Un nouveau corps de visiteurs: musées et changements culturels", in *Publics & Musées* 3, 1993.

Mengin, A. "La recherche d'un etypologie des publics à la Cité des Sciences et de l'Industrie", in *Publics & Musées* 3, 1993.

Miles, R. "Exhibiting Learning", in *Museums journal*, maio 1993.

Screven, C.G. "Educational exhibitions for unguided visitors", in *Icom/Ceca*, 12; 13 (1991).

Público especial

Sumário: tipos de público especial; o público deficiente físico, o publico deficiente cultural; legislação para o público especial.

Termos relacionados: carente cultural, público, público de museu, competência artística.

Seguindo a tradição da "educação especial", público especial designa o público de cultura que apresenta qualquer tipo de deficiência, seja ela mental, física (auditiva, visual, motora) ou cultural, necessitando, por isso de um atendimento especial, com técnicas que permitam seu acesso físico e intelectual ao patrimônio cultural.

A preocupação com o público especial é bastante recente nos países da Europa e da América do Norte, e quase inexistente no Brasil. Ela deriva da convicção de que a verdadeira inserção na sociedade só pode se dar e a cidadania plena só pode ser exercida se o sujeito tiver acesso ao **patrimônio cultural**, através do qual lhe é permitido construir a sua própria identidade.

O público especial apresenta uma série de deficiências muito diferentes entre si que, para serem atendidas adequadamente, devem ser conhecidas em suas especificidades. É necessário, para que a comunicação com esse público seja efetiva, ter melhor compreensão das necessidades, modos de aprendizado e centros de interesse dos visitantes especiais; e usar essa compreensão para determinar se os programas educativos e de **ação cultural** são eficazes e apropriados ou se devem ser modificados. Não se pode esquecer, também, que as deficiências físicas alcançam o público de terceira idade que se constitui, hoje, em uma parte em crescimento do público de cultura.

Nesse empreendimento, é de extrema importância ter consultores deficientes para conhecer-se suas necessidades específicas, os mitos e ideias falsas que existem sobre os vários tipos de deficiência bem como saber como percebem sua própria deficiência. As relações entre o homem e as instituições culturais ou eventos culturais derivam das relações do homem e seu meio ambiente, sendo importante examinar quais as relações possíveis entre a deficiência específica e o meio que o circunda.

1. Público deficiente mental

O deficiente mental apresenta um grau de retardo variável no desenvolvimento da inteligência. Esse retardo, em geral, se revela como dificuldade de aprendizado. O aprendizado, entretanto, pode se dar em alguma ou várias áreas, uma vez que a limitação não é um dado fixado de uma vez por todas. Em diferentes situações, a limitação intelectual também se revestirá de aspectos diferentes, principalmente quando não se está trabalhando dentro dos modelos clássicos de aprendizagem mas, ao contrário, se pretende desenvolver o pensamento divergente.

O deficiente mental é a parte do público especial que encontra maior número de barreiras para ser atendido pelas instituições culturais. É preciso, pois, que as instituições preparem seus agentes culturais para trabalharem as diferenças e limitações reais, fazendo com que cada indivíduo possa desenvolver o gosto, o prazer de ver/ouvir e o encontro sensível com a cultura material, especialmente a arte, dentro de suas possibilidades.

Dentre os métodos que facilitam o contato do deficiente mental com as coleções de museus, está a repetição. Assim, as visitas deste tipo de público jamais devem ser concebidas como única ocasião mas, ao contrário, o agente cultural deve programar uma série de visitas, reforçá-las com a apresentação de diapositivos e vídeos e associá-las a oficinas práticas, onde o indivíduo ou grupo poderá trabalhar formas, estilos e conteúdos a partir do que viu e ouviu.

Acima de tudo, o enfoque do agente cultural jamais poderá ser terapêutico. O que se visa não é mais uma forma de terapia que utiliza a cultura como instrumento mas antes o desenvolvimento o mais pleno possível de cada indivíduo.

2. Público deficiente físico

O público deficiente físico pode ser classificado em deficiente físico motor, deficiente sensorial auditivo e deficiente sensorial visual.

O deficiente físico motor, também chamado de pessoa com mobilidade reduzida, engloba pessoas em cadeiras de roda, as que necessitam de bengalas, muletas, andador, pessoas com idade avançada e pessoas com deficiência temporária em função do uso de gesso.

O principal problema com que se defronta o deficiente físico motor é o de poder entrar na instituição cultural, nela circular e dela sair normalmente, beneficiando-se de tudo o que é oferecido ao público.

O acesso físico das pessoas com deficiência deambulatória se inicia no estacionamento, que deve estar muito próximo da entrada da instituição. Em seguida, é necessário que todas as informações estejam na altura máxima de 1,60 m do solo, a fim de poderem ser facilmente lidas da posição sentada. Na recepção, as bilheterias, os guichês e balcões devem ter altura igualmente acessível. Nas salas de exposição, as vitrinas, as legendas e os textos devem poder ser vistos sem dificuldades, e os equipamentos de manipulação precisam ser concebidos para o grupo total de usuários, incluindo entre esses, as pessoas de mobilidade reduzida.

Todas as instalações, de restaurante a banheiros, de elevadores a bibliotecas, salas de documentação, de conferência e livrarias devem ser adapatadas para que o deficiente físico motor possa ter livre acesso a elas.

O deficiente auditivo pode ter perda auditiva total ou parcial. O que teve perda total chama-se surdo total ou deficiente auditivo profundo; o que sofreu perda parcial é classificado segundo a severidade da perda: deficiente auditivo ligeiro, deficiente auditivo médio e deficiente auditivo severo. A perda auditiva começa aos 20 anos e aumenta com o passar da idade. Portanto, é lícito supor que toda a população idosa com mais de 70 anos sofre de deficiência auditiva variando da ligeira até a severa.

A comunicação com os deficientes auditivos é bastante difícil por várias razões: nem todo deficiente auditivo, em função do tipo de perda de audição, pode se beneficiar das próteses de reabilitação; a leitura labial só pode ser feita quando os interlocutores estão muito próximos e estão familiarizados com o assunto; a linguagem de sinais, ao contrário do que se pensa, não é universal mas nacional; o deficiente auditivo tem grande dificuldade em dizer o que deseja e intervém inadequadamente na conversação o que faz com que não seja bem aceito pela sociedade.

Assim sendo, deve-se manter em mente que o deficiente auditivo, em ambiente desfavorável, não consegue seguir uma conversação, principalmente quando não domina o assunto, o que em geral caracteriza as situações em instituições e eventos culturais.

Como eles não têm consciência da sua perda auditiva, pode-se detetar o problema através das queixas que apresentam: não compreensão das relações lógicas entre os termos ou partes do discurso, o pedido de que os outros falem mais alto. Outro fator que inibe o reconhecimento e a admissão da própria deficiência auditiva é o fato de que, na vida cotidiana, acredita-se que a perda da audição seja sinal de deterioração das faculdades mentais, uma vez que, tanto uma quanto outra provocam a falta de compreensão do que ocorre ao redor do indivíduo.

A recepção da mensagem por parte dos deficientes auditivos depende de vários parâmetros:

1. condições do próprio deficiente, tais como grau de perda auditiva, presença de distorções etc.;
2. condições do ambiente onde se dá a comunicação: ressonância, ruído etc.;
3. o uso de aparelhos ou próteses.

Os agentes culturais, portanto, devem falar mais alto e mais lentamente, manter o deficiente auditivo sempre perto de si, voltar-se para ele ao falar.

Além disso, há necessidade de se ter guias igualmente surdos-mudos, capazes de compreender os problemas, o ritmo de recepção da mensagem e aprendizagem e a cultura surda em geral.

Os agentes culturais precisam ser permanentemente sensibilizados para eliminar o medo e o preconceito.

E, finalmente, é preciso que se invente sinais novos, adaptados às noções abstratas que permeiam todo evento cultural.

Dentre os deficientes visuais pode-se distinguir os cegos dos amblíopes, com graus diferentes de capacidade visual.

Os cegos podem ser de nascença e cegos tardios, ou seja, os que se tornam cegos ao longo da existência.

A relação com o meio ambiente é diferente entre os cegos de nascença e os que se tornam cegos mais tarde. Os primeiros não têm nenhuma referência para traduzir em formas, volumes ou cores as explicações que lhe são dadas verbalmente. Os segundos podem ligar as explicações a sua memória.

O cego de nascença desenvolve a substituição da visão por outros sentidos (audição, tato e olfato), conhece braille e para ele, em geral, pode-se dizer que a cultura será sempre mediada pela leitura.

O cego tardio tem o toque menos seguro e dificilmente aprende a ler/escrever em braille. Quanto mais tarde se tornar cego, mais difícil será esse aprendizado, donde se pode dizer que a linguagem verbal será seu único modo de acesso à cultura.

Um outro problema que deve ser levantado diz respeito à reação dos cegos frente a sua deficiência. Alguns serão independentes e desejarão fazer uso das facilidades da tecnologia moderna; outros serão bastante dependentes dos que os circundam, necessitando de auxílio.

Quanto aos amblíopes, apresentam vários tipos de deficiência visual que vai da distorção das linhas à inexatidão das cores.

Para este grupo, a iluminação intensa, o tamanho dos objetos e a distância a partir da qual poderão ser vistos são de grande importância.

3. Público deficiente cultural

Por público deficiente cultural entende-se aquele que não domina os códigos da cultura e para quem o acesso à cultura fica inviabilizado não por questões físicas, mas por razões educacionais. Este é um problema que começa a ser discutido na Europa em meados da década de 1990 em função dos contingentes de imigrantes de países africanos, latino-americanos, árabes e do leste europeu. Essas populações que se transferem para a Europa não dominam o código da cultura ocidental europeia, tendo dificuldade para interpretar os produtos dessa mesma cultura.

Em termos de ação cultural, é importante que o agente saiba quando pode usar a **competência artística** e cultural do indivíduo ou grupo para o desenvolvimento do seu trabalho e quando esse instrumento inexiste, exigindo outras abordagens para a consecução de seus fins.

4. Legislação e política cultural com relação ao público especial

Na Europa, a Comissão das Comunidades Europeias aprovou uma resolução em 27/6/77 estabelecendo o programa comunitário para a readaptação profissional dos deficientes, compreendendo que esse grupo da sociedade pode ter vida perfeitamente integrada à sociedade e à cultura. Para isso, era necessário que todos os edifícios, como museus, teatros, cinemas etc fossem acessíveis a pessoas em cadeiras de roda. A Comissão criou normas mínimas de dois tipos:

1. as normas que têm por objetivo assegurar a acessibilidade nas novas construções;
2. as normas que têm por objetivo garantir o espaço de circulação e os equipamentos necessários (como banheiros adaptados, revestimento anti-derrapante nos pisos, janelas que permitam a visão mesmo por uma pessoa sentada, ausência de portas giratórias etc.) para todos os tipos de deficientes.

Foi também criada uma associação européia para a criatividade das pessoas deficitentes (Eucrea) com comitês nacionais que promovem seminários, cursos de aperfeiçoamento, criação de centros de documentação e informação específicos para pessoas deficientes.

Na França, a Fundação França, fundada em 1976, compreendendo que, sem acesso à informação cultural, a pessoa deficiente se via reduzida a seus próprios recursos, teve por política, entre 1982 e 85, apoiar as oficinas de criação e expressão artística. A partir de 1987, considerando o deficiente enquanto consumidor de cultura, como qualquer outro membro da sociedade, passou a dar ênfase às condições de acessibilidade dos espaços culturais. Os obstáculos enfrentados, complexos e numerosos, iam dos problemas de acesso físico, aos de recepção sensorial, de compreensão conceitural e de aceitação social. No primeiro momento, lutou por tornar os espaços culturais acessíveis aos deficientes físicos motores e, no segundo momento, encorajou as instituições a instalar dispositivos que permitissem o acesso dos outros tipos de deficientes. A partir daí, as associações de deficientes entraram na mesma luta e propuseram trabalhos comuns.

Além disso, a Fundação França se dedica a organizar colóquios, seminários sobre o assunto para agentes culturais franceses (em 1988, o colóquio *Os museus e as pessoas deficientes* mobilizou interlocutores de diversas áreas); e à criação de documentos específicos como, por exemplo, o *Guia Cultural de Paris* que lista as instituições preparadas para receber o público deficiente.

Na Inglaterra, em 1985 foi publicado o *Relatório Attenborough* pelo Comitê de Pesquisa do Reino Unido sobre as artes e os deficientes. Em 1988, foi publicado *Depois de Attenborough*, pesquisa do Conselho Carnegie, tratando das necessidades do indivíduo deficiente e dos modos de lhe assegurar acesso aos equipamentos e atividades culturais. O mesmo Conselho mantém o programa Adapt, que financia as adaptações necessárias para tornar os lugares acessíveis aos deficientes.

Na Grã-Bretanha, ainda, existe um movimento por "uma cultura dos deficientes" que levaria em consideração suas limitações e especificidades. Há, entretanto, o perigo da guetificação dos grupos de deficientes que se tornariam marginais à sociedade. Assim, tem havido grande apoio para as iniciativas que promovem a integração entre as pessoas válidas e as deficientes, pois uns aprendem com os outros, numa experiência de alteridade.

A Comissão de Museus e Galerias criou o cargo de "encarregado dos deficientes", a fim de provocar o conjunto de museus do país para que tomassem consciência de sua responsabilidade frente aos deficientes e para que passassem a responder a suas necessidades e contribuir para sua formação. Um grupo de pessoas criou o Magda (Associação dos museus e galerias para deficientes) agrupando os voluntários que trabalham em prol dos deficientes frequentadores de museus e galerias.

O Icom (International Museum Association), em sua assembleia geral de 1977 aprovou a decisão de que todos os museus devem ser acessíveis aos deficientes e devem desenvolver programas apropriados para o público especial, como parte da política de "museus abertos para todos".

Assim, vemos que a comunidade internacional, desde a década de 70, vem se preocupando em estabelecer, se não uma legislação que garanta o acesso à cultura para os deficientes físicos e mentais, pelo menos, políticas culturais governamentais e privadas com essa finalidade.

No Brasil, entretanto, embora a lei 7.853, de 24/10/89, no seu artigo 8 proiba negar emprego só por causa de deficiência, nada há na nossa legislação sobre os direitos à cultura. Assim, as raras iniciativas que temos se devem ao esforço de instituições isoladas ou, mesmo, de indivíduos dentro de certas instituições. O mais fácil de ser conseguido, embora continue sendo raro no nosso país, é o acesso físico em termos de instalação de rampas, elevadores e banheiros especiais. Alguns cinemas e teatros nas grandes cidades já contam com esse tipo de equipamento. Em 1996, a prefeitura de Ribeirão Preto criou um programa para eliminar as barreiras arquitetônicas que dificultam a locomoção das pessoas deficientes. Espaços públicos, construídos com dinheiro público da iniciativa privada, só serão aprovados se estiverem de acordo com as novas normas.

Programação voltada para o público especial ainda é muito rara. Como exemplo de instituição com programa para esse público podemos citar o Museu de Arte Contemporânea da Universidade de S. Paulo, que mantém uma exposição específica para deficientes sensoriais visuais, própria para ser tocada, e com material confeccionado pela própria equipe que desenvolve um trabalho de reconhecimento de formas, texturas, materiais e chega à oficina de criação. Apesar das exposições serem concebidas especificamente para os deficiente visuais, ela também é trabalhada com grupos que apresentem qualquer tipo de deficiência mental ou física.

As outras iniciativas são pontuais, como a visita de deficientes mentais à exposição de esculturas de Rodin, no Rio de Janeiro em 1995.

Maria Helena Pires Martins

Referências:

After Attenborough: arts and disabled people. Londres: Bedford Square Press/Carnegie United Kingdom Trust, 1988.

BENOIST, R. "Handicap visuel: dans toute sa diversité", in *Musées ourverts a tous les sens*, s. l. Paris: Fondation France/Icom, s/d., pp. 71-75.

BIZAGUET, E. "Les handicapés auditifs et les nouvelles techniques facilitant la communication", in *Des Musées ouverts a tous les sens*, s. l. Paris: Fondation France/ Icom, s/d., pp. 130-133.

BREITENBACH, N. "Le programme handicap et culture à la Fondation France: douze années d'action", in *Des Musées ouverts a tous les sens*, s. l. Paris: Fondation France/Icom, s/d., pp. 33-37.

BOURDIEU, P.; DARBEL, A. *L'amour de l'art. Les musées d'art européens et leur public.* Paris: Minuit, 1969.

CALHOUN, S.N. "On the edge of vision", in *Museum News*, v. 52, n. 7, 1974, pp. 36-41.

DUBOIS, P. "Les handicapés moteurs. Quels sont leurs bésoins?", in *Des Musées ouverts a tous les sens*, s.l. Paris: Fondation France/Icom, s/d., pp. 46-49.

MAJEWSKI, J. *Part of your general public is disabled. A handbook for guides in museums, zoos and historic houses.* Washington, DC.: Smithsonian Institution, 1987.

MOTTEZ, B. "Les sourds", in *Des Musées ouverts a tous les sens*, s.l. Paris: Fondation France/Icom, s/d., pp. 127-129.

PONTHIEU, J. de. "L'art, le musée, aussi pour les plus défavorisés" in *Des Musées ouverts a tous les sens*, s.l. Paris: Fondation France/Icom, s/d., pp. 138-141.

REISING, G. "Les handicapés mentaux au Musée des Beaux-Arts de Karlsruhe" in *Des Musées ouverts a tous les sens*, s. l. Paris: Fondation France/Icom, s/d., pp. 147-150.

SENIOR, P. "'Cry Freedom' d'aprés Attenborough: le comité d'enquête du Royaume-Uni" in *Des Musées ouverts a tous les sens*, s. l. Paris: Fondation France/Icom, s/d., pp. 18-21.

STEINER, C.K. "Projets de programme muséographique à l'intention des visiteurs handicapés mentaux" in *Des Musées ouverts a tous les sens*, s.l. Paris: Fondation France/ Icom, s/d., pp. 142-148.

WEHRENS, B. "La commission des communautés européennes" in *Des Musées ouverts a tous les sens*, s. l. Paris: Fondation France/Icom, s/d. pp. 8-11.

R

Reação contra-aculturativa

Ver Aculturação.

Rearticulação cultural

Ver Reconversão cultural.

Reconversão cultural

Sumário: reconversão, transcodificação, tradução cultural; reconversão e descontextualização cultural.

Termos relacionados: culturas híbridas, distinção cultural, território.

Processo de transferência de patrimônio simbólico de um lugar de origem para outro, estranho ao primeiro, com a finalidade de conservá-lo ou ampliar seu domínio de ação (quando o processo é promovido por políticas públicas) ou de pô-lo a serviço de novos objetivos quando sua carga semântica inicial se esgotou em seu campo original. Seu exemplo talvez mais apropriado seja o da utilização de estilemas em desuso num determinado segmento cultural — ex: impressionismo, op art, arte decô — por produtores culturais pertencentes a outros segmentos (como o artesanato) com a finalidade de adaptar seus antigos produtos à nova sensibilidade já acostumada com a circulação de padrões antes reservados ao uso de pequena minoria. Feiras de artesanato ou ditas "de arte popular", como a da Praça da República em São Paulo, são locais onde essa reconversão é facilmente observada: pinturas primitivas passam a apresentar, desbastados, fora de lugar, traços formais antes considerados eruditos, assim como objetos de couro ou de cerâmica adotam novas formas a meio caminho entre as que ostentaram num primeiro momento e outras que podem ser observadas em revistas especializadas, livros ou exposições. O fenômeno da reconversão cultural não tem mão única, não se orienta apenas da cultura erudita para a popular: assim como a utilização da guitarra do rock pela mpb do tropicalismo é um caso de reconversão, também o é o recurso ao folclore musical por parte de compositores eruditos como Villa Lobos ou Bartok. Não se trata de fenômeno recente, portanto. Pelo contrário, é o processo mesmo da criação cultural. Quando estavam em moda os estudos de semiologia e semiótica, em particular nos anos 1960, esse processo era chamado de transcodificação ou tradução cultural. À época, o que chamava mais a atenção era a tradução ou reconversão — termo a que se recorre desde meados da década de 80, sem dúvida sob a influência dos processos de reconversão econômica provocados pela **globalização** da economia, pelo declínio do ideal do desenvolvimentismo nacionalista e pela ascensão das teses do neo-liberalismo — dos estilemas da cultura erudita para a cultura de massa que se serve em particular do cinema e da televisão e, naquele momento, também do rádio. As novelas radiofônicas eram reconversão da literatura assim como as televisivas o eram do teatro, em grande parte (como ainda hoje) e do cinema, em parcela menor. (De modo consideravelmente perverso, como num movimento de tom irônico, a partir dos anos 1970 o teatro e o cinema, no Brasil, aplicaram-se na reconversão, para suas linguagens, do formato televisivo, tanto na utilização de atores popularizados pelo novo meio como na adoção de seus temas e, principalmente, de sua linguagem de cortes rápidos, planos de pouca duração e com forte apelo afetual, consagrados sobretudo pela publicidade.)

Alguns autores estendem o conceito de reconversão cultural para domínios como o da museologia, quando então a retirada de um capital cultural de um ponto e sua transferência para outro, o **museu**, teria a finalidade de preservar esse patrimônio. Só se poderia, porém, falar em reconversão propriamente dita se essa transferência implicasse diretamente uma política cultural de ativação e reutilização orientada desse patrimônio (como na imposição, por regimes ditatoriais ou autoritários, de padrões culturais que refletiriam uma suposta identidade nacional). A remoção de um patrimônio de um lugar para outro implica, no máximo, numa operação de *descontextualização cultural* que pode ou não provocar no futuro alguma reconversão ou tradução, sem que seja certo ou previsível que isso possa ocorrer. O que se pode admitir com maior facilidade é que, com a intensificação das trocas simbólicas pelo cinema e, mais ainda, pela tv a cabo e por satélite e, mais recentemente, pelas redes informacionais (como a Internet), *a reconversão mais rápida ou mesmo instântanea de tudo em tudo*, em escala planetária (excetuando-se aquelas regiões que proibem a seus cidadãos o uso de antenas parabólicas, como o Irã), seja a nova realidade e, mesmo, a nova norma — e isto não apenas no que diz respeito a formas e conteúdos como a todo o processo de produção e reelaboração simbólica. É possível que se altere, também, a importância dada ao **território** como elemento primordial na formação de **identidades culturais,** assim como fica mais difícil, para as políticas culturais, promover a integração cultural de parcelas da população antes mantidas à margem de certo circuitos culturais mais exclusivos por razões de educação e recursos econômicos. Embora os mecanismos de **distinção cultural** continuem ativos, com seus locais de sacralização cultural como os grandes teatros e óperas e as bienais, quase não há mais *núcleos culturais duros* nos quais integrar o "restante" da população: tudo se reconverte ou se traduz em tudo rapidamente, uma ópera difícil como *Carmina Burana* (montada em estádios de futebol como uma grande ópera rock da qual grupos como o grupo espanhol Furia del Baus já haviam dado amostras diferenciadas) ou as mais recentes proposições da realidade virtual.

Referências:

Canclini, N.G. *Culturas híbridas*. México: Grijalbo, 1989.

________. "Cultural reconversion", in Yudice, G. et al (orgs.). *On edge: the crisis of contemporary Latin American culture*. Minneapolis: Univ. of Minnesota Press, 1992.

Yudice, G. "Posmodernity and transnational capitalism", in *Latin America. On edge: the crisis of contemporary Latin American culture*, op cit.

Regimes do imaginário

Ver AT-9.

Relativismo cultural

Ver Voluntarismo cultural.

Resistência cultural

Sumário: aculturação, autoaculturação.

Termo relacionado: cultura dominante, cultura hegemônica, culturas híbridas.

Consideram-se de resistência cultural os **modos culturais** de populações subjugadas politicamente, culturalmente ou pela força, e através dos quais essas comunidades cultuam suas tradições e sua identidade. Esses modos são, frequentemente, manifestações atomizadas de grupos às vezes relativamente reduzidos — como populações camponesas e indígenas, no campo, e minorias étnicas ou outras, nas cidades —, sem forças suficientes para o combate simbólico em pé de igualdade com a **cultura dominante**.

Essa resistência dava-se, segundo uma concepção mais tradicional, através de mediações e falsificações variadas que implicavam num desbaste da própria cultura original de resistência, tanto ou mais do que da cultura dominante, e em sua consequente impotência diante dos modos predominantes. O processo desse embate terminava, segundo essa concepção, por assumir o rosto de uma **aculturação,** termo com carga pejorativa que incluía a ideia de acomodamento de uma cultura a outra por meio de alguma forma de violência. Com a aculturação prosseguindo no tempo sob modalidades as mais variadas, o resultado a longo prazo seria a eliminação da cultura de resistência, esmagada pela cultura dominante.

Contemporaneamente, entende-se que a dinâmica cultural é um processo de contínuas **reconversões culturais** e recíprocas influências entre as culturas, o que não acarreta propriamente a eliminaçao de um modo cultural (que, no caso da cultura de resistência, alguns querem sempre igual a si mesmo) por outro mas a geração, pelo contato entre todos eles, de novas formas híbridas que, tendo traços da cultura dita dominante e da cultura de resistência, não são mais nem uma, nem outra. Se fosse possível dizê-lo assim, o que acontece é uma autoaculturação constante dos diferentes modos culturais em contato.

Referências:
Blanco, J.J. "Los intereses privados y la cultura popular", in *Culturas populares y politica cultural*. México: Museo de Culturas Populares/ SEP, 1982.
Canclini, N.G. *Culturas híbridas*. Mexico: Grijalbo, 1989.
Chauí, M. *Conformismo e resistência*. São Paulo: Brasiliense, 1986.

Ressimbolização

Sumário: a ligação entre o sentir, o pensar e o agir.

Termos relacionados: dessimbolização, ideologia cultural, enculturação.

Processo cultural pelo qual um indivíduo ou **grupo** promove a integração plena entre as esferas do sentir, do pensar e do agir que foram anteriormente afastadas umas das outras pela **dessimbolização**. Neste processo, registra-se uma operação de desideologização (derreificação) que permite o restabelecimento da coerência entre o sentir, o agir e o pensar. (V. **dessimbolização**). Essa operação não deve ser entendida como equivalente à "ruptura epistemológica" que possibilitaria a passagem do erro para a verdade, do simulacro para o real; o que está em jogo aqui é a reorganização e ressocialização do desejo e do pensamento privatizado e fragmentado através da ação comunicativa.

Referências:
Adorno, T. *Negative Dialectics*. Nova York: Seabury, 1973.
Sloan, T. *Damaged life: the crisis of the modern psyche*. Nova York: Routledge, 1996.

S

Sacralização da cultura

Termos relacionados: arte, centros culturais independentes, desritualização cultural, prática cultural.

Algumas práticas culturais, como a ópera e a música erudita, costumam ser apresentadas em espaços especiais e privilegiados que assumem o caráter de templos da cultura. **Modos culturais** como o cinema já nasceram dessacralizados (a primeira projeção paga, feita pelos irmãos Lumière, aconteceu num *bar* de Paris, o Grand Café, em 1895); outros, porém, de longa data se reservam locais particulares, geralmente franqueados apenas a uma minoria. A existência desses **espaços** especiais, em princípio intimidatórios, exige do cidadão comum uma atitude de reverência e submissão. Na década de 1970, espetáculos teatrais foram montados em ruas, praças e fábricas na tentativa de dessacralizá-los e, portanto, integrá-los ao cotidiano das pessoas. Mesmo igrejas desconsagradas foram utilizadas por essa ocasião.

Cabe observar que o **público** ressente certas tentativas de dessacralização da cultura, como o fato de orquestras sinfônicas terem seus músicos se apresentando sem o tradicional smoking ou fraque completo por ocasião de "concertos populares" (a preços reduzidos); pesquisas apontam que essa atitude é interpretada como sinal de desrespeito para com o público... Do mesmo mal padecem experiências de "levar a arte ao povo" (concertos sinfônicos em favela): não são propriamente mal sucedidas em termos de público (embora a rigor não criem públicos, esgotando seus efeitos no **evento** mesmo), mas prevalece a ideia de que arte é prática para determinados lugares e não para todos os lugares — o que de certo modo garante o caráter de excepcionalidade que se busca imemorialmente na arte, último reduto contra as asperezas da realidade.

O processo de dessacralização, de todo modo, continua. Mesmo o cinema foi ainda mais dessacralizado com a popularização do video: o cerimonial de reunir-se num lugar público para assistir em comum a uma projeção e em seguida discuti-la é substituído pela experiência doméstica, ou íntima, despida de todo sacramento.

Referências:

TEIXEIRA COELHO. *Uma outra cena.* São Paulo: Polis, 1983.

WARMAN, A. "Sobre la creatividad... o cómo buscarle...", in *Culturas populares y politica cultural.* México: Museo de Culturas Populares/SEP, 1982.

Saída cultural

Termo relacionado: programa cultural.

Programa cultural para cuja realização o individuo ou grupo deve deslocar-se de sua casa até o local onde se desenvolve a prática cultural procurada.

Sensibilidade

Sumário: a sensibilidade como processo relacional; estrutura da sensibilidade; componentes moderno e pós-moderno da sensibilidade; a exercitação da sensibilidade.

Termo relacionado: gosto.

Gosto complexo. Sensibilidade é termo que não pode ser considerado sinônimo perfeito de gosto mas com este tem uma origem comum. Para seguir a via proposta por Montesquieu, a sensibilidade pode ser descrita como faculdade de experimentar, junto com "cada ideia ou cada gosto", várias ideias ou vários gostos acessórios. As *pessoas grosseiras*, como escreveu Montesquieu em sua linguagem nada politicamente correta que expressa diretamente os julgamentos do autor, experimentam sensações únicas, não conseguem compor nem decompor: nada acrescentam àquilo que a natureza lhes fornece, nada da natureza retiram. As *pessoas delicadas*, pelo contrário, reconhecem que cada ideia, cada gosto, cada prazer compõem-se de ideias, gostos, prazeres, no plural, com o que multiplicam ao infinito suas sensações e intelecções — do paladar ao amor, do entendimento conceitual ao tato.

A sensibilidade depende assim, antes de mais nada, de uma percepção e um entendimento *relacional* das coisas (e nisto o conceito de sensibilidade aproxima-se do conceito contemporâneo de ciência, para a qual tanto — ou mais — do que os objetos ou fenômenos em si interessam as relações que entre eles se estabelecem). Tanto mais apurada é uma sensibilidade quanto mais capaz de reconhecer ou propor relações em seus objetos.

A sensibilidade não é um fenômeno misterioso: pode ser exercitada e, portanto, adquirida. Raymond Williams fala mesmo numa *estrutura de sensibilidade*, o que permite propor um sistema armado sobre componentes individualizáveis. Dois destes, os mais recentes: o tempo e o espaço. O tempo como componente moderno da sensibilidade e o espaço como seu correlato pós-moderno. O primeiro grande veículo cultural do tempo é o cinema. Antes do cinema, as imagens podiam eventualmente representar metaforicamente a passagem do tempo (uma tela mostrando um velho e uma criança); com o cinema, é a própria passagem do tempo que se experimenta — conceitual e afetualmente — enquanto ela mesma acontece. A televisão acrescentou uma qualidade suplementar a essa experiência: a contemporaneidade ou simultaneidade (o *enquanto*), experiência de um fenômeno que acontece no exato instante de sua figuração. E a pós-modernidade propôs a revalorização do espaço tanto quanto sua conceitualização, dando origem ao par indissociável tempo-espaço (a arquitetura pós-moderna é, sob este aspecto, uma recuperação da arquitetura barroca e seu peculiar sentido de materialização de tempos num espaço).

Se é possível falar-se numa estrutura da sensibilidade e identificar-se seus componentes, é possível (para um programa de ação cultural, por exemplo) desenvolver a faculdade de experimentá-los e multiplicar as relações entre eles. A Teoria da Gestalt propõe vários desses exercícios em relação ao tempo e ao espaço e o mesmo fez Gaston Bachelard em *L'intuition de l'instant* (para o tempo) e *A poética do espaço*. Programas de ação cultural elaborados sobre e para a recepção de obras cinematográficas, teatrais, poéticas, musicais, arquiteturais etc. costumam voltar-se excessiva ou exclusivamente para seus aspectos conteudísticos: sua abertura para os demais componentes da obra de cultura é a condição essencial ao desenvolvimento da sensibilidade.

Referências:

BACHELARD, G. *L'intuition de l'instant*. Paris: Stock, s/d.

_______. *La poétique de l'espace*. Paris: PUF, 1974.

BOSI, A. *O tempo e o ser na poesia*. São Paulo: Cultrix, s/d.

MONTESQUIEU. *Essai sur le goût*. Paris: Rivage, 1993.

WILLIAMS, R. *Cultura*. São Paulo: Paz e Terra, 1992.

Serviço cultural

Termos relacionados: ação cultural, democratização da cultura, sistema de produção cultural, transmissão cultural.

Por analogia com o uso de *serviço* na economia, entende-se por serviço cultural a atividade que, sem assumir a forma de um bem material, atende a um desejo ou necessidade de cultura. No cotidiano, a expressão designa o conjunto de práticas culturais que o Estado e instituições privadas ou de direito semipúblico colocam à disposição da comunidade ou de segmentos da comunidade e que incluem a promoção de espetáculos, a informação cultural, a formação para a produção cultural e o apoio, sob diversas formas, à produção cultural, entre outros. Como, no Brasil, órgãos públicos voltados para a cultura (secretarias de cultura e centros culturais) não podem, em princípio, promover a venda de objetos e bens materiais eventualmente por eles produzidos, estes acabam sendo distribuidos gratuitamente, o que dá ao termo *serviço* um sentido peculiar, diverso do constatado nos estudos econômicos.

Em sentido estrito e específico, essa expressão é utilizada para designar uma política cultural baseada na ideia de "levar cultura ao povo", isto é, ampliar o acesso a um **capital cultural** previamente selecionado e considerado como o mais adequado. Esse tipo de política é criticada por preocupar-se mais em manter seus beneficiários na condição de espectadores ou consumidores do que por preocupar-se com o enriquecimento do capital cultural e com a multiplicação do acesso ao **sistema de produção cultura**l em seu núcleo duro, quer dizer, a produção cultural propriamente dita. Não é um caso de **ação cultural** na medida em que esses serviços são previamente definidos pela instituição que decide prestá-los.

Símbolo

Sumário: o símbolo como ponte entre o ausente (ou invisivel) e o figurado (ou sensível); elo de ligação entre a realidade psíquica e a realidade física.

Termos relacionados: imaginário, imaginação simbólica, mito, mitocrítica, mitanálise, imagem pessoal, imagem primordial.

Nos estudos do imaginário sob um ângulo antropológico, define-se o símbolo como qualquer signo concreto que evoca, através de uma relação natural, algo de ausente ou impossível de ser percebido diretamente e que, por meio desse concreto sensível, figurado, é reconduzido ao domínio do significado.

O entendimento de símbolo é, aqui, diverso do conceito que lhe é atribuído por Ch. Peirce, em cuja semiótica o símbolo é um tipo de signo *sem* relação natural com o objeto representado; os signos que, em seu sistema, têm alguma "relação natural" com o objeto representado sáo o ícone e o índice, alguns de cujos traços estão, no entanto, presentes no símbolo como encarado pela teoria do imaginário.

Na concepção de Jung, o símbolo é a melhor figura possível de uma coisa relativamente desconhecida que não se saberia designar de modo mais claro ou característico.

Enquanto signo que remete a um indizível e invisível significado, o símbolo encarna concretamente essa adequação pelo jogo das remissões míticas, rituais ou iconográficas que corrigem e completam a inadequação da representação. O cerne do mecanismo do símbolo — em oposição à alegoria — é uma recondução instauradora do significado que se manifesta apenas e através dessa imagem singular.

O termo *símbolo* envolve sempre a ideia de uma reunião entre um sentido e uma imagem, a reunião de um aspecto "vivenciado" (o sentido; dimensão noológica) com um componente "espacial" (a imagem). Assim, o símbolo é *ligação*, derivado do alemão *Sinn-Bild*, em cuja composição etimológica entram *Sinn* (sentido), que se refere ao engendramento da significação (o que remete ao domínio idiográfico-figural) e *Bild* (forma), que se relaciona com as constantes, as formas estruturantes e, por este modo, com o domínio arquetipológico da etologia humana. O que o símbolo faz é, portanto, promover a articulação biopsíquica/sociocultural e apresentar-se, sob este aspecto, como ponte entre a realidade psíquica e a realidade física.

É o símbolo que permite ao sentido engendrar limites e diferenças, tornando possível a mediação simbólica, que abre para o indivíduo a possibilidade de uma pré-compreensão do real (sempre único, singular, e não universal), moldando-lhe o comportamento social. Nesse sentido, torna-se função necessária à constituição da organização social.

Referências:

DURAND, G. *A imaginação simbólica.* São Paulo:Cultrax/Edusp, 1988.

________. *Les structures anthropologiques de l'imaginaire.* Paris: Bordas, 1978.

PAULA CARVALHO, J.C. *A culturanálise de grupos: posições teóricas e heurísticas em educação e ação cultural.* Ensaio de titulação, Fac. Educação da USP, 1991.

PEIRCE, Ch. *Semiótica.* São Paulo: Perspectiva, 1984.

SOLIÉ, P. *Mitanálise junguiana.* São Paulo: Nobel, 1985.

Símbolo vivo

Sumário: símbolo vivo e símbolo morto.

Termos relacionados: símbolo, imaginação simbólica.

Símbolo vivo é o que se apresenta, para um observador, como a expressão melhor e mais plena possível do pressentido e ainda não consciente. O símbolo vivo formula um fator essencialmente inconsciente; quanto mais difundido este fator, tanto mais geral o efeito do símbolo, pois faz vibrar no indivíduo a corda correspondente. Uma vez que o símbolo, de um lado, é a melhor expressão possível e insuperável do que ainda é desconhecido para um indivíduo, **grupo** ou época determinada, ele deve provir do que existe de mais diferenciado e complexo na atmosfera espiritual desse tempo. O símbolo vivo deve conter em si o que é comum a um extenso grupo humano para poder sobre ele atuar. Jamais poderá ser algo muito diferenciado e inefável, porque neste caso seu sentido somente será passível de captação por uma minoria; por outro lado, tem de ser tão primitivo ou primordial quanto possível para que sua onipresença (portanto, seu valor de símbolo) esteja fora de dúvida.

Enquanto um símbolo for vivo, é a melhor expressão de alguma coisa. E só é vivo enquanto pleno de significado. Uma vez dele extraído seu sentido, isto é, encontrada aquela expressão que formula melhor a coisa procurada, esperada ou pressentida. o símbolo está morto, passa a ter apenas significado histórico. Para a política cultural, é com toda evidência fundamental saber se os símbolos com que lida ou promove são vivos ou mortos.

Referências:
DURAND, G. *As estruturas antropológicas do imaginário: introdução à arquetipologia geral*. Lisboa: Presença, 1989.
JUNG, C. *Tipos psicológicos*. Petrópolis: Vozes, 1991.

Sincretismo cultural

Sumário: sincretismo e sincretismo totalizante; sincretismo e crítica analítica; sincretismo e diversidade.

Termos relacionados: tradicionalismo cultural; culturas pós-modernas; irracionalismo cultural, modernização cultural.

O sincretismo cultural, como combinação de diferentes crenças e práticas, tem sido considerado em si um valor positivo. No entanto, essa positividade só pode subsistir na medida em que o sincretismo se mostra tolerante às contradições e aos contrários. O sincretismo totalizante, que procura integrar, num único corpo, componentes de variada extração com a finalidade de conseguir uma unanimidade, é manifestação de autoritarismo e, como tal, pode ser encontrado sob regimes como o fascismo e o nazismo. Neste sentido, o sincretismo totalizante é o oposto da modernidade cultural que privilegia a diversidade e a discordância tolerante de crenças, práticas e pontos de vista como forma de desenvolvimento do conhecimento e da expressão. Autores mais exigentes afirmam que nenhum sincretismo suporta a crítica analítica, a crítica que divide um todo em suas partes e que é própria da modernidade — e isto tornaria a operação sincrética passível de suspeição como forma de totalitarismo larvar.

Referência:
ECO, U. "Ur-fascism", in *The New York Review of Books*, v. XLII, n. 11, 1995.

Sintema

Sumário: função de reconhecimento do símbolo

Termos relacionados: símbolo, símbolo vivo, imaginação simbólica.

Quando o símbolo é inteiramente integrado num **modo cultural** determinado (e tem portanto sua significação regionalizada, por assim dizer, em oposição a seu primeiro caráter universal), corre o risco de fixar-se como dogma ou servir como elemento de sintaxe dos diversos discursos (estético, político etc.); nesses casos, torna-se sintema, isto é, imagem que tem por função promover, antes de mais nada, um reconhecimento social — de pertencimento a um grupo ou de identidade. Desse modo, o símbolo se funcionaliza e se vê reduzido à sua potência meramente sociológica.

Referência:
DURAND, G. *A imaginação simbólica.* São Paulo: Edusp/Cultrix, 1988.

Sistema de produção cultural

Sumário: o modelo da economia política; produção, distribuição, troca e uso; valor de uso e valor de troca; política cultural plena; sistema de produção e imaginário.

Esquema de representação baseado nos estudos de economia política e que propõe a análise da dinâmica cultural a partir de quatro estágios ou fases:

1. a fase da produção *propriamente dita* do objeto cultural (preparação do roteiro, filmagem, montagem de um filme; impressão de um livro; montagem de uma peça teatral; realização de um desfile de carnaval);
2. a distribuição desse produto a seus consumidores finais ou aos intermediários que, num segundo momento, permitirão o acesso ao produto por parte dos consumidores interessados (distribuição do filme pronto às salas de exibição; distribuição do livro às livrarias e pontos de venda);
3. a troca ou permuta do direito de acesso ao produto cultural por um valor em moeda;
4. o uso, momento da exposição direta do produto cultural àqueles a quem se destina e de sua apropriação por parte do **público**.

Em economia política, a palavra que consagradamente sintetiza a quarta fase é *consumo* e não *uso;* em política cultural, e na dinâmica da cultura, a preferência é por *uso* dado que a meta final é evidenciar o valor de uso do **produto cultural** e não seu valor de troca. Por valor de uso de um produto entende-se a significação final por ele adquirida e que implica em sua apreensão a mais ampla possível pelo receptor e a transformação deste (se não também do bem cultural em si) por aquele. Já o valor de troca aponta para um aspecto superficial ou exterior do produto e implica que, sob esse ângulo, esse produto não é inteiramente aproveitado pelo indivíduo, que não sofre nenhuma transformação provocada pelo produto nem sobre este age. Um par de sapatos tem seu valor de uso traduzido pelo conforto e pela proteção que pode efetivamente fornecer a seu utilizador e pelo objetivo final ao qual efetivamente se presta. De outro lado, um par de sapatos tem por valor de troca seus aspectos exteriores, como sua capacidade de significar a classe social a que pertence seu utilizador, a moda a que se filia, o material que o constitui etc. Quando o que predomina num par de sapatos é seu valor de troca, diz-se que ele é *consumido* por seu utilizador; quando se destaca seu valor de uso, diz-se que é *usado*. Tal como se mostra o cenário da atual etapa das sociedades mais ou menos desenvolvidas e industrializadas, o valor de troca habitualmente prevalece sobre o valor de uso e se esgota antes, bem antes, de esgotar-se o valor de uso, o que exige a substituição do produto por outro mais "atualizado". Por situação análoga passam muitos produtos culturais, se não sua totalidade. Os musicais sucessivamente exibidos na Broadway (*Evita, O fantasma da ópera, Cats, Miss Saigon* etc.) são quase sempre transformados em valor de troca (se não fabricados desde o início com essa intenção...). Assisti-los costuma ser operação motivada, antes, pelo desejo de participar de uma minoria que pode ter acesso a essa mídia (esses espetáculos são mais uma questão de mídia que de arte). Consome-se esse tipo de espetáculo (ou qualquer outro equivalente) como se consome uma pizza de *fast food*. Em situação semelhante encontram-se outros modos culturais, como o livro. Produtos de *cultura média* (ou *middlebrow*), como *O nome da rosa*, de Umberto Eco,também este um fenômeno de mídia, são adquiridos em massa por um público de massa (na medida em que esta expressão tem sentido no universo da literatura, em particular em países como o Brasil) mas, em seguida, mal lidos, lidos pela metade ou simplesmente não lidos. Do fenômeno não escapam livros de *cultura superior* (*highbrow*) como *Ulisses*, de James Joyce, comprados por um público de intelectuais variados e mesmo assim igualmente mal lidos, lidos pela metade ou simplesmente não lidos. O que predomina, nestes casos, é o valor de troca desses produtos, que os transforma em objetos de significado estamental muito mais do que cultural. O uso de um produto cultural pressupõe que ele seja inteiramente aproveitado pelo indivíduo, que ele passe a fazer parte do dinamismo interno desse individuo, que seja por este incorporado em todos os sentidos — o que o transforma, de produto cultural, em **bem cultural**. Essa operação implica a existência de uma **competência artística** (ou disposição estética) por parte do indivíduo receptor, isto é, implica em que ele seja capaz de identificar a origem e as formas de manifestação formal desse bem em relação a seu conteúdo eventual. No caso de um filme, a extração de seu valor de uso implica, por exemplo, que o receptor tenha, *no limite*, bom conhecimento do código cinematográfico, do contexto estético, filosófico ou social em que o filme foi feito, de sua proposta estética, do sentido que eventualmente pretendeu transmitir. A análise completa do filme (sua total divisão nas partes componentes) equivaleria à obtenção de seu máximo valor de uso. Mas, o valor de uso não se manifesta apenas quando o receptor do produto pode dele extrair uma soma de conhecimento: o que marca a passagem do produto a bem cultural é sua capacidade de transformar o receptor, o que é mais facilmente conseguido por alguns modos culturais do que por outros. Como queria Artaud há mais de meio século, o teatro favorece a obtenção do valor de uso. Se não todo teatro, pelo menos aquele que, como ficou demonstrado em meados dos anos 1970, foi possível observar nas propostas de grupos como o Teatro Laboratório de Grotowski, o Living Theatre de Julian Beck e Edith Malina, o teatro antropológico de Eugenio Barba, o Bread & Puppet e tantos outros que se apresentavam em locais não tradicionais (arsenais abandonados, igrejas desconsagradas, ilhotas desabitadas) com "peças" abertas à interação com o público e que com este se construia no momento da encenação, modificando-se a cada dia ou noite (v. **arte--ação**). Correntes de artes plásticas, como as representadas por Helio Oiticica e Ligia Clark, propuseram obras semiacabadas ou abertas à interação com o público, num grau no entanto bem menor do que o alcançado pelo teatro. Também a literatura tentou processo análogo, como *O jogo da amarelinha*, de Cortázar, romance com diferentes caminhos de leitura de combinação dos capítulos a partir de sugestão do autor — igualmente sem o mesmo nível de abertura do teatro. De um modo ou de outro, essas várias experiências dos anos 1970 — época também de eclosão do movimentos dos **centros culturais independentes** — evidenciaram uma busca de valorização do uso do produto cultural e de recusa de seu valor de troca, numa reação às duas décadas de consumismo que se seguiram ao fim da Segunda Guerra Mundial. A partir de meados dos anos 1980 arrefeceu consideravelmente a tendência de busca do valor de uso da cultura, do que foi indício eloquente o fenômeno *yuppie*.

Cada uma dessas fases do sistema de produção cultural pede uma política adequada, a ser definida e implementada de maneira específica. Haverá políticas de financiamento à produção cultural de variada natureza (créditos a fundo perdido, antecipação sobre a receita projetada, empréstimos etc.) e medidas de incentivo à preparação de criadores culturais, mecanismos de apoio à distribuição (aspecto sensibilíssimo do sistema e ponto onde ocorrem os processos de cartelização ou, mesmo, de monopolização, de que se ressentem sobretudo o cinema e a indústria editorial), iniciativas de subsídio ao preço do singressos (fase da troca) e programas de ação cultural voltados para a formação e desenvolvimento do público. O que fica claro quando se vê a dinâmica cultural como um sistema é que uma cultura não se desenvolve em sua inteireza se as quatro etapas da produção cultural não se desenvolverem no mesmo grau e não se encaixarem plenamente umas às outras. De nada adianta uma política de apoio à produção cinematográfica, por exemplo, se não houver medidas de sustentação do esquema de distribuição, como ficou evidente nos tempos da Embrafilme. De pouco serve subsidiar o preço dos ingressos se o público não estiver suficientemente preparado ou motivado para *usar* um bem cultural e assim por diante. Uma política cultural só pode mostrar--se plena e coerente quando contempla as quatro etapas do sistema de produção cultural.

A adoção desse modelo de análise da produção cultural a partir do modelo sugerido pela economia política para a produção de qualquer outro tipo de produto tem suas claras vantagens metodológicas e se justifica na medida em que, de modo particular nos últimos cem anos, não apenas a cultura se transformou numa indústria e num negócio (o cinema é o exemplo maior) como os **serviços culturais**, no final do século XX, se mostravam como um dos segmentos mais ativos das economias de muitos países desenvolvidos (nos EUA, o segundo lugar na lista do PNB nacional é ocupado pela indústria do audiovisual). No entanto, esse modelo, que adota um enfoque sociológico, é claramente redutor e não dá conta do que está em jogo em duas das fases do sistema, a da produção propriamente dita e a do uso ou recepção. Em relação a estas, o modelo é largamente impotente, seja para possibilitar uma explicação do que nelas ocorre, seja para propor programas concretos de **ação cultural**, razão pela deve ser complementado, sob este aspecto, por estudos como os de antropologia do **imaginário**. Inversamente, estes pouco ou nada têm a dizer a respeito das etapas da distribuição e da troca, o que aponta de maneira ainda mais incisiva para a montagem de um aparato de pesquisa alicerçado sobre ambos domínios.

Referência:
TEIXEIRA COELHO. *O que é ação cultural.* São Paulo: Brasiliense, 1989,

Socialidade

Sumário: a socialidade como extensão e superação do social.

Termos relacionados: imaginário, centro cultural independente, espaço cultural.

Designa a solidariedade de base em sua expressão cotidiana e tangível ou, em outras palavras, o societal em ato, entendido como o *estar-junto* em sua dimensão mais ampla e para além da esfera da associação política e racional coberta pelo termo *social.*

Toda uma vertente da política cultural contemporânea ocupa-se primordialmente de criar as condições para o desenvolvimento desta socialidade, antes ou como resultado de uma programação cultural tradicionalmente considerada — como no caso da Casa da Paz, em Vigário Geral, Rio de Janeiro (v. **centro cultural independente, espaço cultural**).

Essa socialidade manifesta-se no ato de reunir-se para a realização de uma atividade comum ou para o desfrute de alguma atividade proposta, de tal modo que a reunião é em si tão importante quanto a suposta atividade-fim atividade que lhe serve de pretexto. As caravanas de jovens que se deslocam para assistir a espetáculos de rock são exemplos da socialidade contemporânea tanto quanto as torcidas organizadas de futebol.

Referências:
MAFFESOLI, M. *No tempo das tribos.* São Paulo: Forense Universitária, 1987.
TEIXEIRA, M.C.S. *Imaginário, cultura e educação: um estudo socioantropológico de alunos de escolas de primeiro grau.* Tese de livre-docência, Faculdade de Educação da USP, 1994.

Sociatria

Sumário: reequilibração simbólica e política cultural.

Termos relacionados: imaginário, imagem, imaginação simbólica, símbolo, simbolo vivo, sintema, aparelhagem mental.

O equilíbrio sócio-histórico ou antropológico de uma determinada sociedade ou **grupo** pode ser expresso em termos de uma constante "realização simbólica" manifesta numa cultura cuja dinâmica se dá entre a realidade biopsíquica e a realidade social — dinâmica menos ou mais lenta, menos ou mais regular, segundo a concepção de história dessas sociedades. Conforme o desenho desse ritmo, a equilibração simbólica pode comprometer-se. Da mesma maneira que a psiquiatria aplica uma terapêutica de reequilibração simbólica, pode-se conceber uma pedagogia e, melhor, uma epifania cultural, que gire ao redor da dinâmica dos símbolos; neste caso, configura-se uma sociatria que dosa, com a precisão possível, para uma determinada sociedade, as coleções e estruturas de imagens que ela exige para seu dinamismo evolutivo. Num século de aceleração técnica, uma pedagogia ou epifania tática do imaginário surge como eventualmente necessária ou proveitosa. Essa crença é partilhada pela quase totalidade das políticas culturais que, mesmo sem dizê-lo, promovem exatamente essa sociatria ao perseguirem o reequilíbrio cultural de grupo ou segmento determinados, se não de toda a sociedade. Assim fazendo, essas políticas reconstroem e constroem imaginários, numa operação envolvendo delicadas e vitais questões de **ética** (o nazismo, na Alemanha, serviu-se dos meios de comunicação de massa e dos grandes comícios em praça pública para uma autêntica e operacional sociatria).

Referências:

Badia, D.D. *Imaginário e ação cultural: as contribuições de Gilbert Durand e da Escola de Grenoble.* Dissertação, ECA-USP, 1993.

Durand, G. *A imaginação simbólica.* São Paulo: Cultrix/Edusp, 1988.

Sociomorfologia do imaginário

Termos relacionados: imaginário, imagem.

Estudo integrado das formas do imaginário social ou das formas sociais do imaginário. Por estudo integrado entende-se uma abordagem das formas do imaginário sob seu aspecto biopsíquico e, ao mesmo tempo, do ponto de vista de suas funções no meio social.

Referências:

Badia, D.D. *Imaginário e ação cultural: as contribuições de Gilbert Durand e da Escola de Grenoble*. Dissertação, ECA-USP, 1993.

Paula Carvalho, J.C. *A culturanálise de grupos: posições teóricas e heurísticas em educação e ação cultural*. Ensaio de titulação, Fac. Educação da USP, 1991.

Subcultura dominada

Termos relacionados: resistência cultural, multiculturalismo, reconversão cultural, macrocultura dominante.

Cultura cujo campo é de pequeno porte e que frequentemente se encontra na posição de cultura dominada em relação a culturas dominantes mais abrangentes.

Referência:

Gaudibert, P. *Du culturel au sacré*. Paris: Casterman, 1981.

T

Teatralização da cultura

Sumário: teatralização, patrimônio histórico e patrimônio popular; funções sociais e políticas.

Termo relacionado: sacralização da cultura.

Conceito introduzido no estudo de política cultural para designar a operação de *mise-en-scène*, ou espetacularização de um conjunto simbólico que, para o **grupo** ou **cultura dominante**, representa a essência da coletividade como um todo. As **práticas** e **bens culturais** privilegiados encontram-se repertoriados numa lista mais ou menos fixa e essa **coleção** é envolta num sistema de ritos e **mitos**. Ser culto é, a partir daí, função do conhecimento que se possa ter desses mitos e ritos e do acesso efetivo a eles. As práticas culturais surgem sob a forma de um roteiro e um cenário preestabelecidos que devem ser seguidos sem muita alteração. O **patrimônio histórico** é um dos objetos de predileção da teatralização, quer sob a forma de cenários constantes que pontuam o cotidiano de uma cidade, por exemplo (iluminados constantemente à noite, em evidência acentuada durante o dia), quer na modalidade de grandes comemorações anuais com a convocação das massas e a utilização de recursos tecnológicos de toda ordem que realcem o evento (a queda da Bastilha, a data da independência nacional etc.). Por trás dessa teatralização estaria o esforço de afirmar ou simular uma origem, substância, ato ou princípio comum a pedir um determinado comportamento ou relacionamento. Haveria, nesses eventos, uma encenação dos papéis e das relações sociais.

Não apenas o patrimônio histórico dito clássico é objeto de teatralização. O patrimônio histórico, tradicionalmente entendido, é constituído por **bens culturais** pertencentes à cultura dita erudita ou que a ela ascenderam mediante operações de **sacralização cultural** (por exemplo, uma capelinha arquitetonicamente pertencente a modos de construção popular mas que por ter sido palco de algum evento histórico passa a integrar o patrimônio histórico de um grupo) e, ainda, por bens vinculados à **cultura popular** declarada depositária de algum traço fundador da comunidade. Há, porém, patrimônios de origem popular não-histórica que são igualmente passíveis de teatralização e cujos valores convergem para a mesma ordem de valores patrocinados pelo patrimônio tradicional, tendo a mesma função que a teoria da teatralização atribui a este. É o caso dos parques temáticos Disneyworld, Epcot Center, ou Universal Studios que se apresentam, sob a superfície de entretenimento simples, como teatralizações de parcelas significativas do sistema de valores da sociedade norte-americana (destaque ao individualismo e à iniciativa privada, reafirmação de práticas culturais locais, familiarização de figuras históricas, realce dos recursos tecnológicos, ênfase a costumes populares).

O recurso à noção de teatralização se faz frequentemente, na pesquisa teórica, com o objetivo de enfatizar o aspecto autoritário das políticas culturais que a praticam e que lhe seria inerente. A teatralização da cultura serviria para afirmar ou reforçar o poder político autocrático ou manipulatório de um grupo sobre os outros. Roberto Rossellini fez um filme notável sobre a teatralização do poder na França sob Luís XIV e exemplos como este parecem reforçar a tese da teatralização como instrumento totalitário. Na verdade, esse entendimento da teatralização fornece do fenômeno uma ideia apenas parcial e surge frequentemente na obra de pesquisadores que ainda trabalham prioritariamente com conceitos como os de **cultura hegemônica**, cultura dominante e análogos. A teatralização da cultura, no sentido da existência de ritos e mitos que cercam uma operação de produção ou consumo cultural, é de fato inerente não apenas a políticas culturais autoritárias como a um grande número de práticas culturais de outra ordem — da ida a um espetáculo de ópera a um desfile de escola de samba, tanto quanto uma rodada de capoeira e a frequência aos estádios de futebol ou as visitas a um museu e à participação numa congada — e em todos esses casos exerce a função de, convocando os indivíduos e grupos a uma experiência imaginária, reforço de laços sociais de variada natureza (profissionais, entre artistas de uma mesma linguagem por exemplo, políticos e outros). Esta é, afinal, uma das funções da cultura.

Referência:
Canclini, N.G. *Culturas híbridas*. México: Grijalbo, 1990.

Televisão pública

Sumário: televisão educativa, televisão cultural, televisão pública.

Termos relacionados: indústria cultural, artes comunitárias, centro cultural independente.

Após o aparecimento da televisão comercial, possível graças às verbas de publicidade pagas por empresas privadas e organizações governamentais, diversos países trataram de instituir uma televisão estatal movidos pela preocupação de garantir um tratamento adequado às questões culturais e educacionais, independentemente de interesses econômicos imediatistas. Essas primeiras iniciativas governamentais resultaram na criação de emissoras, num momento inicial, francamente preocupadas com a educação e que se voltavam quer para atividades de ensino supletivo à distância, quer para atividades de apoio ao ensino regular, quer para iniciativas de difusão da cultura erudita, sem lugar no mercado televisivo comercial.

No caso brasileiro, com a predominância, no cenário da televisão estatal, das televisões ditas educativas, eram poucas as emissoras destinadas mais francamente às questões propriamente culturais, como a TV Cultura, de São Paulo. Esta, graças a modificações promovidas em sua programação que a afastaram do modelo educativo para aproximá-la daquele cultural, conseguiu uma audiência maior (como a TV ARTE, franco-alemã). Mesmo assim, as televisões estatais que seguem essa inspiração nunca conseguiram competir com as televisões comerciais e atrair público significativo. A partir da década de 1980, sobretudo, começou a firmar-se, em particular na Europa (e sem dúvida como consequência das experiências das TVs e rádios piratas do final dos anos 1960 em diante, que deram origem, em alguns casos, a emissoras comunitárias), o conceito de televisão pública: não bem uma televisão educativa e não necessariamente uma televisão cultural mas uma televisão que tratasse das questões do interesse imediato e cotidiano da comunidade, abordadas por pessoas da própria comunidade (desemprego, violência urbana, relações de locação, ecologia, transportes em comum, problemas da terceira idade etc.). Na Alemanha é possível falar-se numa espécie de rede de emissoras públicas regionais e, mais recentemente, um canal de televisão pública foi criado nos EUA. Essas emissoras recebem, em geral, recursos econômicos públicos mas podem recorrer também às empresas privadas para o custeio de programas especiais. É o caso da televisão pública americana, conhecida como PBS (Public Television System), cujo lema é "compromisso com a excelência" (o mesmo, aliás, das universidades brasileiras) e que se propõe a "envolver, enriquecer e inspirar" através de programas versando sobre temas históricos, notícias, programas especiais de investigação jornalística, teatro, ópera. As televisões públicas são normalmente supervisionadas por conselhos curadores integrados por representantes variados da comunidade (intelectuais,professores, produtores culturais) e, mesmo sendo instituições de direito público, não se subordinam diretamente à administração governamental, o que lhes retira em parte o caráter de emissoras oficiais. Não desprezando a programação mais propriamente cultural (concertos, debates, filmes de arte), essas emissoras não se propõem mais como canais educativos e configuram-se como a terceira geração das televisões abertas (*broadcasting*).

Terreiro

Termo relacionado: território.

Suporte territorial de comunidades litúrgicas no qual se afirma a cultura do antigo escravo africano diante da produção simbólica hegemônica. O terreiro (de candomblé) apresenta-se como o lugar de materialização, construção e reconstrução do modo cultural negro-brasileiro ou afro-brasileiro.

Referência:
SODRÉ, M. *O terreiro e a cidade* (A forma social negro-brasileira). Petrópolis: Vozes, 1988.

Território

Sumário: território, coleções, identidade; território, efeito de mundo e efeito de discurso; território e internacionalismo.

Termos relacionados: efeito de mundo, espaço cultural, desterritorialização, globalização, identidade, teatralização, terreiro.

Um dos determinantes essenciais da **identidade cultural,** ao lado da constituição e preservação de coleções. É no país, no estado, na cidade, no bairro, numa área no interior do bairro (como o *quartier* francês) que se põem em cena e se **teatralizam** as linhas básicas do roteiro da identidade. Aquilo que, sob o ângulo da política cultural, define o território como tal, e o distingue por exemplo do **espaço cultural**, é um *efeito de mundo* gerado pela inserção física direta, não mediada por uma representação elaborada, do indívíduo ou **grupo** nesse área física específica; em outras palavras, é o fato de ter o indivíduo nascido nessa área ou nela estar morando há algum tempo de modo a ter já estabelecido alguma convivência com a área e seus ocupantes. Esse efeito de mundo produz a sensação de uma relação natural com o território da qual decorre a identidade, mediante a elaboração línguística, o comportamento cotidiano e as obras de cultura propriamente dita. Quando se diz que essa relação natural deriva de um efeito de mundo, o que se afirma é que essa relação não seria na verdade natural porém resultado de uma construção simbólica, de uma **teatralização**. Alguns veem nesse fato um índice do caráter ideológico do território como fator de manipulação da identidade; na realidade, todo efeito de mundo é uma operação de construção sígnica, de substituição de um signo por outro, e assim o problema não reside na construção em si, inevitável, mas no sentido que se atribui à construção (se a construção assumirá esta máscara ou aquela, se esta é melhor do que aquela, para quem e sob que aspecto etc.). Essa construção ou teatralização é, pois, um interpretante ou conjunto de signos que remetem a outros signos numa operação complexa da qual resulta um significado historicamente determinado. Este significado é a seguir localizado (em monumentos, por exemplo) ou traduzido em obras de cultura (filmes, peças de teatro, pinturas ou objetos preservados em museus etc.) cujo efeito principal é o efeito de discurso, que permite a cada indivíduo e ao grupo como um todo o reconhecimento de si mesmo como parte integrante daquele conjunto maior de signos definidor da identidade. Se o território (efeito de mundo) ostenta fisicamente em si mesmo essas obras de cultura que o representam num outro nível, como os monumentos, ou gera uma produção que a ele se refere diretamente (num caso e no outro, efeitos de discurso), o **circuito cultural** se fecha — com o rebatimento homogêneo do eixo do efeito de discurso sobre o eixo do efeito de mundo — e a expressão cultural se mostra em seu estado pleno. (A alienação ou as perturbações identitárias de toda espécie surgem quando não há esse rebatimento, i.e., quando um discurso — músicas, lendas etc. — não encontra sua localização imediata — caso do imigrante — ou quando a representação do efeito de mundo em obras de cultura não emerge ou é literalmente sufocada pela presença de culturas estrangeiras que competem com ou eliminam as culturas autóctones.)

A arquitetura modernista, em sua qualidade de estilo internacional, produziu, através da feição arquitetural e urbanística de bairros e cidades, uma dessemantização dos territórios vernaculares e a redução de todos eles a um mesmo denominador comum gerado não por um comportamento direto de grupos e indivíduos, vindo de baixo, mas por um código arquitetónico abstrato, elitista, com pretensões universais. Territórios que resistiram à proposta modernista — como o perímetro tradicional de Paris — mantiveram seus efeitos de mundo e de discurso tradicionais; outros, como na maioria das cidades brasileiras, formadas pela destruição sucessiva das marcas específicas e sua substituição por outras neutras, perderam a possibilidade de dar origem a uma identidade própria, substituída então pelo fenômeno da identificação ou passagem continuada de uma identidade a outra; neste caso, o território é investido por uma representação simbólica que se gera frequentemente em outros territórios ou num processo supraterritorial. Os movimentos de preservação das feições de territórios urbanos, como bairros ou seções de bairros, promovidos por associações de moradores, devem ser vistos assim sob a dupla ótica da insistência numa determinada encenação da identidade grupal e da reivindicação de uma melhor qualidade de vida. As propostas internacionalistas, que no limite se resumem à ideia da construção de um território cultural único (v. **globalização**), vêm encontrando sérias resistências, como o demonstra a demora na constituição da Comunidade Europeia e a proliferação de conflitos como na ex-Iugoslávia.

Referências:

Canclini, N.G. *Culturas híbridas*. México: Grijalbo, 1990.

Herbert, T. (org.). *El proceso ideologico*. Buenos Aires: Tiempo Contemporaneo, 1971.

Sodré, M. *O terreiro e a cidade*. Petropolis: Vozes, 1988.

Teixeira Coelho. *Moderno pós moderno*. São Paulo: Iluminuras, 1995.

______. *Semiótica, informação, comunicação*. São Paulo: Perspectiva, 1980.

Tradicionalismo cultural

Sumário: tradicionalismo e regimes autoritários; modernismo e modernidade.

Termos relacionados: irracionalismo cultural; elitismo cultural; culturas pós-modernas (cultura da unanimidade); sincretismo cultural.

Concepção de política cultural cujo desenho se torna mais nítido sob ditaduras e regimes autoritários, embora tenha se manifestado ao longo deste século como força latente em outros momentos políticos. O tradicionalismo cultural é a adoção de valores arcaicos estabelecidos e a recusa ao modernismo em todas suas implicações, da valorização do progresso às experimentações artísticas. Também o recurso às novas tecnologias é recusado pelo tradicionalismo cultural, embora as relações entre sistemas políticos e estes valores sejam conflituosas. Tanto o fascismo como o nazismo viram na tecnologia um valor positivo, ainda que os tradicionalistas a repudiassem como negação dos antigos valores espirituais. Se a tecnologia era sob um ângulo apreciada por esses regimes, nem por isso o modernismo era valorizado, sob o pretexto de que o mundo moderno era o reino do capitalismo e seu modo de vida. Junto com o mundo moderno, rejeitavam-se também, no nazismo e no fascismo, os ideais políticos revolucionários (franceses e americanos) e todo o Iluminismo, visto como o marco inicial da modernidade degenerada. Sob o tradicionalismo cultural, não pode haver um progresso no conhecimento uma vez que toda a verdade já foi pronunciada no passado: tudo que se pode fazer é ensaiar interpretações diferentes de suas mensagens estabelecidas, por vezes obscuras, reunidas num **capital cultural** que representaria a essência desse grupo ou nação

Referência:

Eco, U. "Ur-fascism" in *The New York Review of Books*, v. XLII, n. 11, 1995.

Trajeto antropológico

Sumário: teoria do imaginário, articulação natureza-cultura.

Termos relacionados: imaginário, convergência simbólica, cultura patente, cultura latente, AT-9, grupo.

O sentido de um **imaginário** forma-se ao longo de um percurso entre, de um lado, as formas universais e invariantes do *genus homo* e suas formas localizadas bem como, de outro, entre a esfera de sua inserção física no mundo e a esfera dos discursos sobre essa inserção. A esse percurso se dá o nome de trajeto antropológico, troca incessante entre as pulsões subjetivas do domínio arquetipal e as pressões objetivas provenientes do meio cósmico e social (dominio idiográfico) através da qual integram-se o universal e o singular, o interior e o exterior, o indivíduo e os grupos.

O termo ilustra a orientação metodológica dos estudos sobre o imaginário, que nada ignoram dos diversos domínios do histórico, do simbolismo religioso, da poesia, da mitologia, da iconografia, da psicologia. O trajeto antropológico é entendido como operação destinada a resolver as tensões entre natureza e cultura, pilares sobre os quais se sustenta toda a teoria do imaginário.

Nesse trajeto, que é o trajeto de formação do sentido, cristalizam-se as polissemias simbólicas ou conjuntos psicoculturais, vastas constelações de **imagens** constantes (ou quase-constantes) que parecem estruturadas por um isomorfismo de **símbolos** convergentes. Esse sentido surge da articulação entre o biológico (reflexológico) — invariâncias e universais do comportamento humano — e o sociológico (simbólico), constituído pelas variações e modulações do comportamento humano em contextos culturais específicos. O sentido é assim gerado pela interação entre universal e singular, procedendo à integração entre o indivíduo, o **grupo** e a sociedade. A teoria do trajeto antropológico articula entre os polos biológico e sociológico uma gênese recíproca que oscila do gesto pulsional à construção social e vice-versa. Essa gênese não é do tipo causa-efeito linear, assumindo antes a modalidade de uma pluralidade causal de tipo não apenas diacrônico mas também, e fundamentalmente, sincrônico. A consequência metodológica desse modelo teórico é que, para descrever o funcionamento do **imaginário** e encontrar sua constelação de imagens, pode-se partir tanto do *schème* quanto do objeto ou fato cultural.

Referências:

Badia, D.D. *Imaginário e ação cultural: as contribuições de Gilbert Durand e da Escola de Grenoble*. Dissertação, ECA-USP, 1993.

Durand, Y. "A formulação experimental do imaginário e seus modelos", in *Revista da FEUSP*, v. 13, n. 2, jul./dez., 1987.

________. *L'exploration de l'imaginaire*. Paris: L'espace bleu, 1988.

Paula Carvalho, J.C. *A culturanálise de grupos: posições teóricas e heurísticas em educação e ação cultural*. Ensaio de titulação, Fac. Educação USP, 1991.

Transculturação

Ver Reconversão cultural, resistência cultural.

Transculturalidade

Sumário: transculturalidade, hibridização, globalização.

Termos relacionados: capital cultural, cultura de fronteira, culturas híbridas, globalização.

Culturas como a brasileira constituem-se na interseção de diferentes espacialidades e temporalidades que encontram num dado **território** um ponto de coexistência sincrônica. Resultam da justaposição e da interação entre diferentes

modos culturais — do primeiro conquistador europeu, do autóctone, do africano e, agora, dos modos transnacionais que circulam pelo audiovisual, ditos eruditos e populares — que convergem para a formação de um modo híbrido e não de um **patrimônio** estável e sempre idêntico a si mesmo.

Referência:

Canclini, N.G. *Culturas híbridas*. México: Grijalbo, 1989.

Transdução

Ver Cultura emergente.

Transmissão cultural

Sumário: transmissão cultural, educação, animação e ação cultural; o foco sobre o capital cultural e o foco sobre o usuário.

Termos relacionados: ação cultural,arte-educação, capital cultural.

Enquanto fenômeno de passagem da herança cultural de uma geração a outra, é um processo que, nos países desenvolvidos, efetuava-se basicamente através da educação formal nas escolas e universidades. Num segundo momento, como na França a partir de 1936, programas de **animação cultural** foram desenvolvidos para que a passagem dessa herança ocorresse também de uma classe social para outra ou de um segmento de classe para outro. A **ação cultural** propriamente dita não se propõe ser, de modo particular, uma correia dessa transmissão, cujo caráter primeiro é essencialmente conservador mesmo quando a meta seja a ampliação do número de indivíduos expostos à arte e à cultura. Conservador porque, nessa operação, o **capital cultural** é visto como um sistema relativamente acabado de valores de diferente natureza (estética, histórica, política, ética etc.) a ser posto em circulação tal como está. No limite, o fim último dessa operação é antes a preservação desse capital do que sua transformação em instrumento de uma busca pessoal ou coletiva cujas dimensões ultrapassem as fronteiras do fenômeno artístico popriamente dito ou da produção de novas formas artísticas — embora isto possa ser consequência eventual da transmissão. O primeiro dever da transmissão cultural é com o capital cultural, não com seu usuário. Inversamente, a ação cultural está mais voltada para o atendimento dos desejos e necessidades culturais do indivíduo do que para os interesses da arte e da cultura considerados em si mesmos.

No Brasil, a destruição do sistema público de ensino (com reflexos evidentes também na rede particular, se analisada sob o prisma da formação de professores), a partir especialmente dos governos militares pós-64, interrompeu essa transmissão cultural, que não tem como ser atendida por programas de ação cultural nem pode ser substituída integralmente por propostas de **animação cultural**. Se isso é uma desvantagem evidente por um lado, por outro em princípio ficaria aberto, diante da fraqueza ou inexistência de um culto à cultura estratificada, um vasto campo para a renovação e a inovação culturais. Não é improvável, porém, pelo contrário, que o vazio criado pela ausência da transmissão cultural seja ocupado, não pela inovação cultural propriamente dita, mas pela degradação cultural tal como se manifesta nos produtos da **indústria cultural**.

Referência:

BOURDIEU, P. et al. *L'amour de l'art*. Paris, Minuit, 1969.

Transnacionalização cultural

Termos relacionados: desterritorialização, globalização cultural.

Uma cultura se diz transnacional quando formada por estilemas (traços próprios a um estilo ou forma) e elementos de conteúdo pertencentes a mais de uma cultura nacional de origem. Os modos transnacionais se intensificaram no século XX com as sucessivas vagas migratórias da Europa para os EUA, da Ásia para as Américas e, mais recentemente, do sul para o norte. A transnacionalização da cultura californiana e texana, por exemplo, evidencia-se já nos nomes das cidades e prossegue manifestando-se na língua, na alimentação e na música. Culturas transnacionais são contemporâneas dos fenômenos de **desterritorialização** e **globalização** da cultura.

Referência:

CANCLICNI, N.G. *Culturas híbridas*. México: Grijalbo, 1989.

Turismo cultural

Sumário: frequentação de museus e sítios históricos; turismo cultural de elite e popular; turismo cultural, evento e prática cultural.

Termos relacionados: arte, evento cultural, competência artística.

Embora seja costume colocar um largo espectro de atividades sob a capa desta expressão, em sentido estrito ela se refere ao turismo que abre espaço para a visitação a museus e locais históricos, considerados patrimônio de uma comunidade, e, acessoriamente, para a frequentação a espetáculos de ópera, teatro, cinema etc.

No conjunto, o turismo cultural é, assim, atividade voltada fundamentalmente para os **modos culturais geralmente** ditos "de elite". O que impede que a visitação a zonas representativas da cultura popular de uma cidade (como o bairro da Boca, em Buenos Aires, ou a praça dos Mariachis, na Cidade do México, ou o Pelourinho, em Salvador) seja considerada forma de turismo cultural é não apenas o preconceito contra os modos culturais populares como também, aparentemente, a ausência de um aparato informativo que transforme o passeio numa ilustração — o que, de resto, trai o caráter educacional e utilitário da ideia de turismo cultural. Hannah Arendt diria que esse turismo é outra manifestação de filistinismo. (v. **arte**.)

O turismo cultural tem-se revelado fonte importante de recursos para os países que dedicam a esse setor a atenção necessária. O que se discute é se constitui, de igual modo, fonte relevante de impulsão da dinâmica cultural estritamente considerada. Em qualquer de suas modalidades o turismo cultural mostra-se, de fato, uma atividade de natureza ambígua, na medida em que nem se apresenta como **prática cultural** propriamente dita, nem participa por inteiro do mesmo conjunto de traços que marcam o turismo comum, baseado numa curiosidade imprecisa e acionado não raro por motivos consumistas. A razão principal dos que contestam o papel cultural desse turismo consiste em sua ocasionalidade: uma ida a um museu de vez em quando, numa outra cidade ou país ou na própria cidade (o turismo cultural pode ser também local), não bastaria para configurar uma prática cultural, que teria na sua reiteração um de seus aspectos mais determinantes. Esta é, por exemplo, a posição de PIerre Bourdieu em seu livro *L'amour de l'art.* Essas visitas de errática periodicidade configurariam um fenômeno cultural "de estação", assim como se fala de uma fruta de estação; as férias, o **lazer,** estariam na base dessa atividade e não o desejo de entregar-se a uma ocupação mais consistente sob o ângulo cultural. Nessa categoria deveria ser inscrita a visitação em massa às grandes exposições que percorrem o mundo, como as de Picasso, Matisse, Tutankamon ou Rodin. Há, sem dúvida, por trás da afluência do grande número a essas exposições, antes um forte estímulo de emulação, graças à divulgação maciça pela mídia, do que um interesse especificamente cultural. Campanhas intensivas de divulgação do evento na televisão, grandes bandeiras de cores fortes penduradas no local da mostra tornam qualquer evento — até mesmo uma exposição de arte erudita — um *must see* massivo. Isto, no entanto, não deveria desqualificar liminarmente a experiência da visita feita nessas circunstâncias, mesmo se ocasional. Programas de **ação cultural** tendem de um lado a desconsiderar o **evento** como prática cultural e, de outro, a avaliar a mediação por eles mesmos exercida como fundamental ou indispensável à experiência estética ou cultural, menosprezando ou ignorando a **competência artística** eventual do público que pode transformar a visitação despreocupada num formato singular de prática cultural.

Referência:
BOURDIEU, P.; DARBEL, A. *L'amour de l'art. Les musées d'art européens et leur public.* Paris: Minuit, 1969.

V

Valor cultural

Sumário: valor cultural nas concepções fundamentalista e relativista; luta cultural e batalha simbólica; comunicação *versus* compreensão; valor nuclear da cultura; relativismo cultural e relativismo comum: pessimismo na análise, otimismo na ação.

Termos relacionados: cultura, imaginário, efeito de mundo, globalização.

Em sentido estrito, o valor cultural é o responsável, em política cultural, pelas decisões sobre o que incentivar, em termos de produção e uso ou consumo, o que difundir e o que preservar. Sob esse aspecto, o patrimonialismo é um valor tanto quanto o criacionismo (v. **política cultural** e **arte-ação**). Em sentido amplo, valores culturais são todos aqueles que orientam um indivíduo, **grupo** ou coletividade, conformando suas visões de mundo e manifestando-se em todas suas representações: a igualdade de todos perante a lei ou a discriminação, o respeito ou a violência, a dignidade da mulher ou o machismo etc. As fontes de valor cultural têm as mais diversas localizações: um modo cultural em particular (**cultura popular**, cultura erudita, cultura nacional-popular, **cultura oficial**), uma classe social ou profissional, um segmento religioso, um ideal político, uma luta histórica contra inimigo externo ou entre grupos internos etc.

Os valores culturais são passíveis de duas abordagens distintas: a fundamentalista, para a qual existem apenas alguns valores a considerar como guias da produção cultural, evidentes por si só e inquestionáveis (sejam os valores de uma classe social, crença religiosa etc.); e a relativista, que entende terem, as culturas, diferentes percepções responsáveis por diferentes visões de mundo, não sendo possível defender a ascendência de umas sobre as outras.

Fundamentalistas e relativistas, com suas diferenças de opinião, parecem concordar porém em dois pontos: 1) cultura significa uma luta contra o caos e 2) cultura significa luta contra outras culturas... Esse segundo ponto deriva do entendimento de que os valores de predilação de uma cultura só podem ser afirmados mediante a *derrota* de outros valores e não por um processo de diálogo com estes (v. **globalização**). Isto implica a *impossibilidade* de compreensão verdadeira entre culturas diferentes no que diz respeito a seus núcleos de valores essenciais. Essa impossibilidade não elimina as tentativas de contato entre culturas diferentes (tentativas de *comunicação* entre culturas, entendida, se não como o oposto da compreensão, pelo menos como versão eufêmica desta) mas está na base das "falhas de comunicação" inevitáveis e, acaso, insuperáveis. Essa é uma posição que fundamentalistas e relativistas reivindicam como realista em contraste com o voluntarismo típico de toda política cultural, que consiste em acreditar ser possível estabelecer pontes entre culturas diferentes. Essa divergência entre voluntaristas (que dificilmente se reconhecem como tais) e realistas recobre uma outra: a possibilidade de travarem-se *batalhas simbólicas* das quais resulte a imposição concreta de um valor sobre outro. Para alguns autores, é inútil tentar combater um símbolo com outro (opor a foice & o martelo à suástica) quando se quer derrotar um conjunto de valores: para consegui-lo, seria necessário atuar num nível de concretude indiscutível, que incluem medidas econômicas, esforços diplomáticos e, no limite, a guerra. Para esta concepção, símbolos geram apenas **efeitos de discurso**, quando o necessário é provocar **efeitos de mundo**. Outros acreditam que os símbolos, quando componentes do imaginário e, portanto, vinculados à dimensão simultaneamente arquetipal e idiográfica (ou perene e contextual) são capazes de sustentar com sucesso um choque do qual resulte a afirmação de determinados valores sobre outros (costuma-se lembrar, a respeito, que a atual, e ainda não definitiva, vitória do capitalismo sobre o comunismo de Estado começou várias décadas atrás quando o capitalismo foi capaz de impor seus símbolos, extraídos do American Way of Life, ao imaginário comunista; e discute-se ainda hoje se a tentativa de criação do "homem novo" na ex-URSS fracassou porque se pretendeu então travar apenas uma batalha simbólica contra o "homem velho"). Acredite-se ou não na eficácia da luta simbólica, o fato é que no Brasil há décadas inexiste qualquer conflito simbólico uma vez que a totalidade ou quase das mensagens simbólicas em circulação (filmes, estrangeiros ou nacionais; publicidade televisiva; jornais etc) opta por um único valor em suas variadas manifestações: o do desmanche (v. modos culturais pós-modernos). Enquanto isso, em outros países como EUA e França, não há nenhuma hesitação, à direita como à esquerda, em não apenas incentivar a manifestação de todos os valores como, especificamente, de impulsionar os valores que combatam o desmanche cultural. Assim, por exemplo, em escolas de periferias violentas é possível ler-se cartazes que dizem: *Respeito: você aprende, você conquista.* É a luta simbólica em ação, como o mínimo que se pode tentar. No Brasil, iniciativa semelhante provavelmente seria considerada "careta", o que diz muito sobre o grau de desmanche aqui alcançado...

Um terceiro ponto comum parece unir fundamentalistas e relativistas: aquele segundo o qual a própria ideia de cultura implica num valor primeiro e específico, inerente à cultura enquanto tal, expresso na proposição de que o ser humano precisa da cultura e tem de fazer o que for necessário para criar e manter a cultura. Isto exige do ser humano, não apenas para ter alguma substância interior como, simplesmente, *para viver*, que ele tenha valores, isto é, comprometa-se, engaje-se. Essa necessidade coloca o relativista diante de um dilema: valorizar a cultura mais do que a própria verdade — o que ele realiza lutando pela cultura mesmo sabendo que a cultura pela qual luta não é *a* verdadeira. Esta impostação filosófica do assunto traduz-se, no cotidiano da política cultura e, mais ainda, da ação cultural, na "palavra de ordem" segundo a qual o agente cultural deve ser pessimista na análise e otimista na ação. Este "otimismo" na ação, esta batalha pela cultura mesmo sabendo que a cultura não é a verdade, é o que distingue o relativismo cultural do relativismo comum, imobilista: do lado deste, a descrença absoluta e, do lado do primeiro, a necessidade de acreditar ao mesmo tempo em que contesta essa crença...

Referências:

BLOOM, A. *The closing of the american mind.* Nova York: Simon & Schuster, 1987.

HEIDEGGER, M. *Nietzsche.* Nova York: Harper & Row, 1961.

NIETZSCHE, F. "Ceux qui veulent 'amender' l'humanité", in *Crepuscule des idoles.* Paris: Idées/Gallimard, 1977.

Versão cultural

Termo relacionado: modo cultural.

Um modo cultural apresenta-se, atualiza-se concretamente, sob formas singulares que são, cada uma, uma *ocorrência* do modo inicial. Um filme determinado é uma versão do modo *cinema,* assim como o modo cultural que é o impressionismo manifesta-se em diferentes versões (transfigurações), como as de Monet, Pissaro ou Sisley. Uma cultura faz-se, assim, de modos & versões.

Voluntarismo cultural

Sumário: voluntarismo e relativismo cultural.

Termos relacionados: ação cultura, fabricação cultural, modernização cultural, democratização cultural, centro cultural independente.

Doutrina ou crença baseada na ideia de que é possível, para além do que permite prever a razão e a, partir exclusivamente da vontade pessoal de seus adeptos, promover intensa e indefinidamente um conjunto de ações de difusão cultural e conscientização social através da cultura com o objetivo de democratizar a produção cultural no contexto da busca simultânea de um novo ordenamento político da sociedade. Com base na vontade do **agente cultural** e mediante o desprezo ou subvalorização dos obstáculos objetivos que a realidade possa oferecer, políticas culturais voluntaristas procuram promover, quase sempre a partir de programas de **fabricação cultural**, uma conscientização social com o objetivo não apenas de desenvolver a dinâmica cultural em si mesma como impulsionar, pela cultura, reformas estruturais na sociedade (industrialização, modernização, desenvolvimento econômico, reformas sociais etc.)

No Brasil, a década de 1960 foi particularmente marcada pelo voluntarismo cultural, que se sustentou enquanto não entraram em crise, ou foram eliminados, os movimentos de oposição política (materializados sobretudo nas manifestações urbanas animadas pelos jovens e no mito da guerrilha), de modo particular, e, de modo geral, os ideais de esquerda.

Naquele momento, o voluntarismo cultural buscava a **modernização cultural** e política, entendendo-se por esta a democratização do país em bases nacional-populistas ou nacionalistas.

Em contraste com o voluntarismo cultural pode-se falar num relativismo cultural, segundo o qual a cultura e a têm um poder bastante limitado no que diz respeito a uma reformulação tanto da sociedade quanto do indivíduo. Os relativistas estão, também, mais atentos à dinâmica cultural como um todo e menos dispostos a insistir numa intervenção cultural da qual supostamente dependeriam os rumos do processo cultural mais amplo. E se tiverem que optar entre um programa para o social e outro para o **grupo** e o indivíduo, sua escolha recairá sobre o último. Mas, relativismo cultural não é sinônimo de quietismo cultural: também os relativistas entendem valer a pena promover a ação cultural, mesmo no interior de seus atuais horizontes mais modestos.

Os **centros culturais independentes** são um exemplo atual de relativismo cultural: desvinculam-se de programas governamentais, não pretendem revolucionar nem a cultura nem a política e estão mais atentos ao **afetual** e ao estético do que ao racional e ao social tal como este conceito foi entendido no século que começou em meados do oitocentos.

O sentido de *relativismo cultural*, aqui, é convergente com um outro entendimento da expressão, aquele segundo o qual todas as culturas têm o mesmo valor: a cultura negra tanto quanto a branca, a indígena tanto quanto a europeia. Visto em oposição ao voluntarismo cultural, o relativismo cultural entende que os modos culturais têm todos o mesmo valor enquanto os voluntaristas tendem a privilegiar um ou alguns: exemplo, a **cultura popular** ou a nacional-popular como dotada de uma aptidão especial para a consecução deste ou daquele objetivo sociocultural. De modo particular, os relativistas não apenas entendem que todos os modos culturais se equivalem como têm, todos, o mesmo *e limitado* poder de promover mudanças socioculturais.

Referências:

Bernardet, J.C. *Anos 70: cinema*. Rio de Janeiro: Europa, 1979.

Canclini, N.G. *Culturas híbridas*. México: Grijalbo, 1989.

D'Souza, D. *The end of racism: principles for a multiracial society*. Nova York: Free Press, 1995.

Holanda, H.B. de. *Impressões de viagem. CPC, Vanguarda e Desbunde, 1960-1970*. São Paulo: Brasiliense, 1981.

Rorty, R. "Relativismo: encontrar e fabricar", in *O relativismo enquanto visão de mundo*. São Paulo: Francisco Alves, 1994.

Wisnik, J.M. *Anos 70: música*. Rio de Janeiro: Europa, 1979.

INDICE DE TERMOS E NÃO-TERMOS

1. São **termos** as palavras e expressões descritas ou conceituadas em verbetes que lhes são especificamente dedicados; não termos, as palavras ou expressões que compõem a descrição ou conceituação de um termo, sem serem, elas mesmas, descritas ou conceituadas em detalhe.
2. Os não termos são remetidos aos **termos**, num sistema que explica as relações de sentido entre uns e outros, da identidade à contrariedade.
3. Em negrito, os **termos**; em tipo comum, os não termos.

A

B

C

D

E

F

G

H

I

J

K

L

M

N

O

P

R

S

T

U

V

Anexo I

"CULTURA É A REGRA; ARTE, A EXCEÇÃO"

"Cultura é a regra; arte, a exceção, diz um personagem de Godard[1]. A arte tem sido vista e tem visto a si mesma como um exercício de violação das regras desde o último quarto do século 19 e quis ser isso pelo menos desde a Renascença. Não há motivo para recusar-lhe essa representação. Não basta, porém, reconhecer que a arte se tornou um exercício de violação das regras da arte: há normas de outro campo que ela viola. A ideia tradicional — e, pode-se dizer hoje, uma ideia mais *politicamente correta* do que outra coisa — de que arte também é cultura, sendo de bom senso, antes confunde o quadro do que esclarece as coisas. Indo um pouco mais longe, essa não é uma ideia que sequer permite entender o mundo, menos ainda atuar sobre ele. A arte é vizinha da cultura mas as aproximações entre uma e outra acabam na zona movediça que de algum modo delimita os territórios de uma e outra. As diferenças entre cultura e arte são hoje mais significativas que suas semelhanças — e agora é possível dizê-lo porque o *espírito do tempo*, que não existe mas está sempre aí, permite e convoca a busca das diferenças muito mais que a das proximidades e das fusões, essa operação típica da modernidade em todas suas dimensões, da política à filosófica, geradora de tantos equívocos e angústias. Mas, localizar as diferenças quando se está acostumado e acomodado na ideia de que a tônica é sempre dada pelas identidades, pelas igualdades, pela condição de tudo ser igual a tudo, é tarefa árdua. A noção mesma de uma inequação entre cultura e arte parece um paradoxo. É adequado que assim seja: o paradoxo é próprio da contemporaneidade. Então, em quê, exatamente, a arte se distingue da cultura, contraria o desenho cultural?

Monta-se, abaixo, um quadro inicial[2] das distinções entre cultura e arte, com base em *indicadores* cuja pertinência para o objetivo em vista, parece-me, será desde logo

[1] Lévi-Strauss, em *Les strcutures élémentaires de la parenté* (Paris, PUF) escreve: "Partout où la règle se manifeste, nous savons avec certitude être à l'étage de la culture". ("Ali onde a regra se manifesta, podemos estar certos de que se trata do estádio da cultura".

[2] Um dos pontos de partida para esta investigação foi o registro de Nietzsche segundo o qual já em seu tempo discutia-se a arte (pelos historiadores, críticos, filósofos, todos enfim) mais por seus aspectos e efeitos exteriores do que por aquilo que a caracteriza em si e por si mesma, internamente. Assim, a tentação de qualificar esta reflexão de um esboço de genealogia da cultura, se não da arte ou, melhor, de genealogia da cultura em relação à genealogia da arte — foi grande e a ela não renunciei de todo. Alguns aspectos que aqui aparecem continuam a pertencer à esfera da exterioridade, se não da cultura — ela mesma inteiramente voltada para fora — pelo menos da arte: é o caso das categorias do Destinatário e da Socialidade, por exemplo. Nem por isso aquela designação seria inadequada, se o marco de comparação for a genealogia da moral — e isto porque também na investigação da genealogia da moral Nietzsche chegou a ou partiu de questões que não dizem respeito estritamente à origem da moral mas, entre outras coisas, ao modo

evidente: *quem faz* arte e cultura (o sujeito), *a quem se destina*, o *modo sintático de organização do discurso* de uma e outra, a *finalidade* buscada, a *estruturação em relação ao tempo*, a *organização do sentido*, a *socialidade* de uma e outra, o *mito* veiculado por uma e outra, a *ética* de cada uma... Primeiro virá o quadro possível, mais secamente enunciado e, em seguida, os comentários e justificativas. No quadro, **P** significará o *modo do programa* (sua natureza, seu alcance, sua finalidade etc; por exemplo, se é um programa social ou poético ou tecno-científico, reprodutivo ou experimental etc.) que desde logo possivelmente corresponde a cada modo da cultura e da arte. Como este quadro foi pensado de início para o estudo e a atuação no campo da Política Cultural, onde é vital saber se o que está em jogo é uma obra de cultura ou uma obra de arte (sobretudo porque o que se busca não é apenas entender o mundo mas mudá-lo), em princípio **P** indicará um modo de formulação, manifestação e operação de **Política Cultural.** Mas, não precisa fazê-lo de maneira exclusiva: pode significar um sistema de operações numa sala de aula (um programa de educação), numa situação de formação e orientação de um grupo de canto coral ou de qualquer outra atividade de grupo *em situação de estimulação da criatividade*. No mesmo quadro, **D** indica o **Discurso da** cultura ou da arte (de um modo de cultura determinado, de uma arte determinada, de uma obra de cultura, de uma obra de arte) e **d**, o **discurso *sobre a*** cultura ou *sobre a arte* correspondente; está claro que o discurso *sobre* um modo da cultura ou da arte frequentemente influi de modo decisivo na substância (a estrutura, a organização, a atuação) de uma manifestação da cultura ou da arte ou em seu entendimento, razão pela qual em um ou outro momento se fará referência também a esse **discurso**[3].

pela qual ela é usada, por dizê-lo assim. A ampla maioria das categorias abaixo examinadas remetem, com efeito, a essa esfera da interioridade da arte e sob esse ângulo a ideia de uma genealogia poderia afirmar-se — sobretudo porque considero que *na origem* da cultura está a necessidade enquanto *na origem* da arte, o desejo. De todo modo, o fato de algo como uma genealogia ser aqui buscado deriva da ampla insatisfação dos resultados fornecidos pela antropologia, pela sociologia, pela psicologia e mesmo pela filosofia tradicionais da cultura e da arte. O paradigma constituído por essas quatro disciplinas imbricadas pareceu evidente e satisfatório nestes últimos 130 anos, para tomar como marco a publicação em 1871 de *Primitive Culture*, de Edward Burnett Tylor, livro em que surge a primeira definição do conceito etnológico de cultura. Tal paradigma não é mais nem uma coisa, nem outra. O termo genealogia pode não ser o mais adequado. Mas o será ainda menos outros que, sem serem examinados, foram perfunctoriamente sugeridos em seu lugar, como o — antropologia especulativa — proposto por Arthur Danto. Há aqui, no exercício praticado neste texto, bem menos especulação do que é lícito supor. Pelo contrário: se há um traço visível nesta investigação é o do mais forte pragmatismo. A semiótica, ainda não de todo integrada a um novo eventual paradigma (por ser quase sempre usada como um instrumento ou brinquedo fechado em si mesmo, por isso estéril), certamente tem a ver com este procedimento mas não responde por todo ele. A reflexividade de que falam Anthony Giddens e Ulrich Beck — embora cada um a entenda de modo próprio quando tratam da — modernidade reflexiva — em sua suposta condição de expressão mais adequada, ao ver de ambos, para rotular esta fase que vem sendo chamada de pós-modernidade, é aqui sem dúvida um marco de referência. Mas reflexividade, no sentido de investigação interior, é exatamente aquilo que estava na base da genealogia de Nietzsche... O rótulo, afinal, pouco importará; basta que indique a inadequação das formulações saídas dos rótulos anteriores...

3 Por vezes o discurso *da* obra de cultura ou de arte (D, o discurso cultural ou artístico propriamente dito) confunde-se com o discurso *sobre* a obra de cultura ou arte). Melhor: o inverso. Na pós-modernidade, o discurso sobre a cultura ou arte pode assumir a forma de um discurso da arte, um discurso artístico (um discurso de tipo divergente). E um discurso sobre a arte pode contrariar a natureza de seu objeto e

Em um estudo sobre Michelangelo, Georg Simmel[4] reconhece, mais do que adverte, que "En la base de nuestro ser espiritual habita, a lo que parece, un dualismo que nos impide comprender el mundo, cuya imagen se proyecta en nuestra alma, como una unidad, descomponiéndolo sin cesar en pares antagónicos." A ideia de antagonismo em Simmel é bem menos negativa do que à primeira vista parece e do que na vem defendido pela quase totalidade dos autores de extração iluminista. Menos negativa ou nada negativa. De fato, em Simmel é do antagonismo que surge aquilo que realmente interessa. O antagonismo, o conflito, não é para ser eliminado mas para ser aproveitado heuristicamente. É nesse sentido que o quadro mencionado será organizado em termos de uma polaridade inicial que, não estando como tal, em seu aspecto literal, em condições de dar conta da real complexidade dos fatos, permite em todo caso o desenvolvimento da investigação tentativa. Ao final se fará uma necessária e inevitável relativização do método.

apresentar-se como um discurso convergente, quando de fato poderia e deveria ser tão divergente quanto a arte de que fala.

[4] In *Sobre la aventura: ensayos de estética* (Barcelona, Ed. Península, 2001).

	CULTURA	*P*	ARTE	*P*
SUJEITO	nós>eu superego >ego>id[6]	*sociocultural*[5]	eu>nós ego, id, superego	*estético*
DESTINATÁRIO	comunidade/ sociedade>indivíduo as instituições	*sociocultural* *coletivo* *assistência social*	indivíduo> comunidade as pessoas	*individual* *estético*
GERATRIZ	necessidade	*direitos culturais* *política* *provedora*	desejo liberdade	*discricionário* *cooperativo*
FINS	utilitária	*educativa* *profissionalizante* *(ética, lógica)*	transcendente (gratuita)	*gosto* *(estética)*
MODO SEMIÓTICO	comunicação (informação)	*discursivo* *tradutivo* *diretivo*	expressão	*ativo* *expressivo*
SOCIALIDADE	reconforto (tranquilizar); estabilidade, integração (localizar-se),cuidar do outro (virtudes gregárias)	*identitário* *assistência social*	risco, inseguridade instabilidade indiferença pelo outro (virtus)	*informal* *aberto* *plural*
MODO IDEATIVO	descoberta (alegada)	*programático*	invenção	*pragmático*
MITO	verdade revelada	*afirmativo*	proposta reveladora	*propositivo*
RETÓRICA	dialética e síntese totalizante	*tecno-científico*	justaposição; a totalidade, a síntese são quimera	*poético*
MODO DISCURSIVO	narrativa	*totalizante*	fragmento (ato unitário)	*mosaico*
MODO DE ELABORAÇÃO DO DISCURSO (D, d)	construção	*reprodutivo*	destruição criativa desconstrução desaprendizado	*experimental*
FOCO DO DISCURSO (D, d)	convergente	*centralizado*	divergente	*dispersivo*
MATÉRIA (D, d)	normas, hábito regras (arquivo, discurso)	*codificado* *regulamentar*	desregulação valores autônomos (texto); a crítica	*casuístico* *anárquico*

[5] Esta expressão é retirada tal qual do uso corrente que a consagra; sua menção, aqui, não significa um endosso de seu fundamento. É uma expressão utilizada comumente quando se pretende destacar que se recorre à cultura buscando fins sociais, i.e., buscando reforçar a sociabilidade, divulgar valores socialmente positivos ou utilitários, e não por aquilo que a obra é ou transmite em si mesma.

[6] O símbolo > indica que o termo que o antecede é mais decisivo mais frequente ou mais determinante que aquele que o sucede.

SEMIÓTICA DE ACESSO	simbólica	*abstrato racionalidade convencional*	icônica indicial	*concreto abdução pragmática*
PRINCÍPIO IDENTITÁRIO (EFEITO DO DISCURSO) (D, d)	identidade (a identidade do/pelo mesmo pela repetição) via afirmativa	*metafórico*	*diferença* *(a identidade pelo contraste,* pelo inédito) via negativa	*metonímico*
TEMPORALIDADE (Duração)	duradoura (caso radical: folclore)	*épico*	efêmera (caso radical: performance)	*trágico*
TEMPORALIDADE (Função no tempo)	continuidade	*épico*	interrupção	*trágico*
ESPAÇO	territorial	*local nacional*	extra-, supraterritorial	*atomizado internacional*
ÉTICA	transcendente universalista (dentro do particular); particularista, ética visando o outro; moral	*sociológico*	imanente singularista; ética interior, de procedimentos	*estético*
COMPONENTE SEMIÓTICO DOMINANTE	símbolo; alegadamente, o referente (a coisa, o mundo)	*simbólico*	significante (a vida)	*indicial icônica*
PROCESSO	reiterativa reprodutiva	*acumulativo patrimonial*	intermitente interruptiva	*dispersivo*
DESENHO	geométrico, binário	*absolutista*	informal, modal	*relativista*
PRINCÍPIO ORGANIZATIVO DO DISCURSO (D, d)	oposicional	*intervenção coordenação*	posicional	*cooperação*
RITUAL	formalista	*piramidal*	informal	*horizontal*
MODO DE COMPREENSÃO	interpretação (treinamento)	*explicativo*	hermenêutica (experiência) (a con-fusão; o individual como o não-discreto)	*investigativo*

Assim:

	CULTURA	***P***	**ARTE**	***P***
SUJEITO	nós>eu superego>ego>id	*sociocultural*	eu>nós ego/id, superego	*estético*

A obra de cultura é uma obra coletiva; no processo, o *nós* é mais determinante que o *eu*: não quer dizer que nela a participação do indivíduo como indivíduo seja inexistente ou desimportante, mas a obra de cultura não resulta dele, não cabe ao indivíduo e não cabe no indivíduo: não depende do indivíduo a realização de uma obra de cultura. Inversamente, a obra de arte é determinada em *última instância* por um indivíduo; o conjunto final de uma obra de arte (um certo filme — não todo filme mas algum filme) pode trazer a marca de vários indivíduos ou, bem mais raro, de um coletivo (a soma de várias marcas individuais não resulta em marca coletiva — não aqui) mas, na obra de arte, o determinante é um indivíduo: correntes do pensamento sociológico de inspiração marxista, com curso até os anos 60 do século 20, preferiram falar em *obras coletivas de arte* ou em alguma arte que derivaria de uma ação e uma autoria coletivas visando com isso diminuir a importância do sujeito individual criador e em contrapartida ampliar a do sujeito coletivo (no limite, a de uma classe social), como seria o caso do cinema e teatro. Interpretação falaciosa: um filme de Fellini é o que é por ser de Fellini: quando na abertura do filme vem dito que se trata do *Casanova de Fellini*, é exatamente disso que se trata: uma visão que o indivíduo Fellini, a pessoa Fellini, tem desse tema, independente dos demais colaboradores que perfazem o total da obra e que, sem Fellini, sequer a teriam iniciado (contrariamente, quando um filme norte-americano traz, na abertura, uma fórmula análoga, dificilmente ela está sendo usada de modo correto: as condições de produção no sistema cinematográfico norte-americano são tais (interferência do produtor na escolha do tema e na montagem, interferência do público-teste na edição final da película etc) que a ideia da personalidade autoral é a exceção (caso de Woody Allen), não a regra. Idem no teatro.

Ainda procurando determinar onde reside o princípio criador da obra: não será o caso de dizer que na obra de cultura a presença de elementos provenientes do que se pode chamar ainda agora de superego seja mais forte ou mais numerosa que a daqueles resultantes do ego; mas certamente a presença do superego e do ego é aqui mais incisiva que a do id, esfera das pulsões, motivações inconscientes. Na obra de arte, inversamente, o ego e o id sobrepõem-se ao superego ou têm condições de serem tão determinantes quanto o superego. Em arte, no século 20, o superego se manifestará mais na escolha da forma, do meio, que no conteúdo: assim, a pintura se submete ao superego quando ainda aceita propor-se em telas esticadas sobre um chassi de madeira, tal como *consagrado*: o superego do gênero, o gênero como superego.

Nesse quadro, um programa de apoio à produção ou distribuição da cultura ou um programa de transmissão da cultura — em suma, uma política cultural— para uma obra de cultura será forçosamente de natureza, como se diz, sócio-cultural, isto é, atenderá tanto (por vezes) à especificidade do *cultural* em jogo quanto do *coletivo, da comunidade,* da sociedade envolvida: não raro, atenderá mais ao coletivo do que ao propriamente *cultural*. (Conforme se desdobrem os comentários às diversas categorias deste quadro, os elementos e a qualidade dessa política cultural ou desse *programa* se tornarão mais claros). Correspondentemente, um programa para uma obra de arte, para a arte, visará especifica e primordialmente as questões próprias do *artístico,* do estético e do *sujeito individual*, da pessoa, da personalidade que a organiza e nela se projeta e daquela que à obra se expõe, como observador. Seria de todo impróprio falar-se num programa de natureza *socioartístico,* como de fato não se fala: o inconsciente aplicável ao caso parece dar-se conta, corretamente, de que *social* só pode ser a *cultura*, o social só pode ser para a cultura. Dito de outro modo: na pós-modernidade, e foi preciso esperar muito para chegar-se a isso, desde o discurso hegemônico em contrário ao tempo da modernidade, ficaram claras a possibilidade e a propriedade de dizer que a obra de arte se dirige antes de mais nada ao indivíduo: a comunidade, como um todo (e como uma abstração) já tem um estoque abundante de obras de cultura que lhe são dirigidas. Consequência: um programa para a obra de arte não pode estruturar-se do mesmo modo que um programa para uma obra de cultura. (Organizar uma política cultural para a arte é, desde o início e no limite, buscar um modo de contrariar a especificidade da arte; a política cultural é para a cultura; para a arte seria o caso de falar-se numa *política para a arte*, simplesmente, já que soa inadequada a expressão *política artística.*)

DESTINATÁRIO	comunidade/ sociedade>individuo as instituições	*sociocultural* *coletivo* *assistência social*	*indivíduo>* comunidade as pessoas	*individual* *estético*

Uma obra de cultura não se destina a um indivíduo isolado: não tem sentido para um indivíduo isolado, não acontece para um indivíduo isolado: o carnaval. Dirige-se a uma comunidade: eventualmente, não a uma comunidade universal, não ao universal mas ao particular: o carnaval que, como praticado no Rio ou na Bahia, não tem lugar em Boston ou em Madri. Tendo por destinatário uma comunidade, a obra de cultura (o *cultural*) dirige-se a uma sociedade, à qual reforça em seus mitos: o cultural tem por meta as instituições: por mais "imoral" que se mostre, como no carnaval, reforça as instituições — as da cultura mas também as mais amplas, as ditas sociais. A obra de arte dirige-se ao indivíduo antes que à comunidade: não necessariamente visa alguém em particular, mas se visa alguém é às pessoas, à pessoa, não às instituições (não mais às instituições, em todo caso — o que significa que obras de arte de outros momentos históricos devem ser analisadas de modo distinto, de um modo de alguma maneira diverso) (mesmo quando, em certos momentos históricos, foi feita para atender às instituições, como no caso da arte italiana do século XVI, a obra de arte contém um grau de personalidade individual que necessariamente, ou quase, viola o programa das instituições ou com ele colide ou a ele contesta).

Deste ângulo, o programa para o cultural correspondente será outra vez de caráter sociocultural, visará o coletivo e no fundo pode dizer-se como sendo tipicamente, por mais que isso possa espantar, de *assistência social* (está aí, de fato, a habitual justificativa política, administrativa, para seu subsídio, como no caso dos incentivos fiscais para a cultura tais como definidos e praticados no Brasil). De seu lado, um programa para a obra de arte levará em conta o indivíduo, as pessoas a que se destina *individualmente* consideradas: suas preocupações, suas proposições serão essencialmente estéticas.

GERATRIZ	necessidade	*direitos culturais* *política* *provedora*	desejo liberdade	*discricionário*

Nos anos 60 um livro de leitura generalizada, ou obrigatória, era *A necessidade da arte* do autor de inspiração marxista Ernst Fischer. A ninguém, então, ocorreria imaginar que necessária era a cultura mas não a arte. Esse era o paradigma. A ideia de que a vida é possível sem arte, embora não sem cultura, costuma chocar os novos tempos esclarecidos. Toda a argumentação em favor de *mais arte,* feita junto a quem pode pagar por ela, governos e iniciativa privada, baseia-se na ideia de que a arte é necessária, vital, e que sem ela, no discurso *culturalmente correto* de hoje, não é possível perseguir o chamado "desenvolvimento sustentado" nem ao menos viver em uma comunidade que se pretenda de algum modo civilizada: a argumentação talvez tenha de ser essa, taticamente, mas não é preciso que seja tomada, por quem a esgrime, ao pé da letra: é possível viver sem arte. Imaginou-se, um tempo (e talvez ainda se imagine), que nas sociedades primitivas o conceito de arte não existia, pelo menos sob a forma de *produção autoral*, de *obra que traz a marca distintiva de uma personalidade*, de *coisa diferenciada e que busca diferenciar-se*. Noção já relativizada, senão contestada. Mas que comunidades ditas desenvolvidas possam viver sem arte parece inaceitável. Talvez a situação de uma comunidade de algum modo desenvolvida e sem arte não se verifique uma vez que agora, no lugar daquilo que um dia pôde ter sido apenas artesanato, sempre parece existir alguém cujo *desejo de arte* torne a arte viável e viável a ponto de *dar a impressão* de que *os outros*, de que *todos os outros,* não a podem dispensar. Mas, o fato: a arte é questão de desejo, enquanto a cultura surge como resposta inevitável a uma necessidade: uma inevitabilidade. Aí está uma palavra que hoje permanece ocultada, reprimida: desejo. **O desejo de arte**. Arte é uma questão de liberdade — e essa é outra palavra ocultada ou reprimida hoje nas discussões sobre a cultura: liberdade (e ocultada no discurso sobre a sociedade, sobre o *social*, como se diz). De certa forma, é compreensível que seja assim: a cultura não se coloca a questão da liberdade (outro modo de dizer-se que na cultura não há liberdade ou há bem menos liberdade do que usualmente se considera). Como se confunde arte com cultura, e como a discussão da liberdade deixou de fazer parte da pauta social (por considerar-se resolvida, trágico equívoco[7];

[7] Em Alexandre Kojève (*Introduction à la lecture de Hegel*, Paris, Gallimard, 1968) figura essa hipótese de um "fim da história" em 1806 com a vitória de Napoleão na Batalha de Jena, que se teria concluído com o triunfo dos valores da Revolução Francesa (liberdade, igualdade, fraternidade) sobre os ideais do sistema aristocrático, isto é, com o triunfo da ideia de liberdade. A liberdade, claro, não se confirmou nem então, nem agora e a alegação de Kojève só pode ser entendida como um símbolo ou, mesmo, uma alegoria. De modo análogo, a liberdade não se configurou no Brasil com o suposto fim da ditadura mais recente em

ou por não haver mais como resolvê-la, algo não menos trágico) não se costuma (mais) tratar de liberdade quando se trata de arte. Arte é liberdade, porém. Posso *querer* fazer uma obra de cultura: mas o querer da cultura tem pouco a ver com o *desejo* de arte: digamos que a vontade de arte tem de ser maior e mais intensa do que a vontade de cultura para que a arte aconteça: muito maior e mais intensa. Se cultura é necessidade, não requer vontade — menos ainda desejo. Posso querer cultura, mas a cultura sobrevirá de um modo ou outro. Não a arte.

O programa para a cultura necessária, nesse caso, recobre uma questão em tudo distinta daquela relacionada à arte: se cultura é necessidade, o programa para o cultural pode, por exemplo (consequência inscrita na agenda atual da cultura adotada pelos organismos internacionais), revestir-se com a roupagem dos direitos humanos: os direitos culturais. Sei que estou diante de uma questão de *direitos* quando posso distinguir os deveres correspondentes: em princípio, sem deveres não há direitos. Há uma série de atos culturais, de atos do cultural, que são claramente deveres culturais: o dever de tolerar[8] (de algum modo ou até determinado limite) a diversidade (tolerar aquele que não se veste como eu, tolerar aquele que comparece no chamado ocidente a uma reunião formal com seu traje tribal de gala que nada tem a ver com meu paletó e minha gravata ocidentais de gala); tenho o dever cultural da *deferência* em situação social ainda que a isso não me obrigue a *cidadania* (várias questões de trânsito são questões culturais mais amplas antes de serem uma questão mais estreita "de cidadania" ou são questões de cidadania porque são questões culturais, não por outra razão). O problema surge quando me pergunto quais os deveres diante da arte: tenho o dever de gerar cultura, de produzir ou reproduzir o cultural, numa situação social: não tenho o dever de gerar arte, em nenhuma situação social. A geração da arte em situação social é um *plus*, um suplemento, sequer um complemento: um acessório: a pessoa que numa reunião social souber dizer um poema será vista de modo distinto, será mais bem vista que outra, tornará a noitada mais agradável e significativa; mas ninguém está obrigado a dizer uma poema num encontro social (não mais, em todo caso — não mais, infelizmente): isso é diferente do dever de comer, à mesa, conforme ditam as regras da convivialidade: se eu comer com os dedos num jantar em alguma cidade cosmopolita poderei ser convidado a deixar a mesa: se eu não disser um poema ao final desse jantar não serei convidado a deixar a sala. Se não há um dever diante da arte (dever *para com* a arte é outra coisa) é possível que não haja um direito à arte: é possível que o sistema do direito à arte, diversamente do direito à cultura, seja um sistema feito de *assimetrias* — e o problema é que a forma do direito hoje, a forma jurídica, é feita de simetrias: é uma forma simétrica. Se não tenho dever diante da arte, terei direito à arte? Não há direito ao sexo porque não há um dever do sexo: a expressão "deveres conjugais", no sentido de *obrigatoriamente*

1984, como o demonstra, entre outras coisas, a prática (pelos representantes de partidos políticos os mais diversos, á direita e à esquerda do espectro ideológico) da promulgação de *medidas provisórias* pelo Poder Executivo,quer dizer, pelo presidente da república, num óbvio curto-circuito do Poder Legislativo.

[8] Hoje procura-se mesmo superar essa ideia com outra mais ampla: a de aceitação, não mais apenas a de tolerância.

fazer sexo com o parceiro, é, a rigor, uma *força de expressão*, falácia: não há deveres conjugais, há desejos conjugais, por estranha que seja a expressão: se o desejo cessar, não há como obrigá-lo a manifestar-se: isso pode dar margem, no limite, à cessação do laço jurídico do casamento (um motivo longe de ser límpido e pacífico) — mas neste caso a simetria se processa, se o fizer, por outras categorias e vias: "deveres conjugais" não se implementam por relações sexuais impostas (não mais: o direito do senhor feudal à *primeira noite* não mais tem sentido, hoje recebe outro nome: estupro). Se há uma deferência cultural numa situação social, devo e posso restaurar o equilíbrio da situação por meio de outra deferência cultural: "passe você primeiro": uma deferência sexual não pode obrigatoriamente ser equilibrada por outra. Não existe direito ao sexo. Sexo é privilégio. Pois, cabe admitir a ideia de que a arte seja um privilégio. Posso ser obrigado a restaurar o equilíbrio de uma *situação artística*, quando me é reconhecido o privilégio de uma experiência artística, de algum outro modo: pagando o preço de uma entrada ou narrando a alguém em que consistiu para mim aquele privilégio: quem não estiver em condições de restaurar a simetria da experiência artística do ponto de vista do dever não pode invocar o direito à arte: diante de privilégios não há direitos. *Carnaval* parece uma necessidade cultural para certas comunidades: nem mesmo o carnaval pode ser um fato gerador de direitos culturais em termos absolutos, nem sequer em termos amplos: não tenho o dever ou o direito de produzir um desfile com tantos ou quantos carros alegóricos luxuosos e tantas fantasias fantásticas e tantos seres humanos homens e mulheres deslumbrantes: isso não gera direitos: *considerando as coisas como estão*, a comunidade no entanto, por uma razão de *hábito*, tem de encontrar o modo de garantir meu direito a *algum* carnaval e por isso durante algum tempo em alguns lugares ninguém será preso por atentado ao pudor se aparecer semi-despido em público. Mas não tenho nenhum direito a exigir uma arte diferente da que tenho, ninguém está obrigado a produzir arte: terei o direito de me colocar diante de uma obra de arte *se ela estiver aí* por uma série de motivos em nada artísticos: porque a arte reunida neste prédio foi comprada com dinheiro público e porque o prédio é público ou porque o proprietário de tais e tais obras deixou escrito em testamento que suas obras devem ser mostradas publicamente (gratuitamente ou não, essa é outra questão). Mas, pode ser que a arte seja privilégio: para quem faz e para quem recebe. Não um direito.

Um programa para a arte será portanto de natureza discricionária: as fundações que amparam a arte são discricionárias: em alguns países, as pessoas têm o direito de organizar-se em fundações para promover fins que se tenham proposto ou inventado: os deveres resultantes desse direito não são intrinsecamente artísticos nem se referem à arte do mesmo modo como os direitos humanos se referem à vida. Assim, se uma sociedade como a brasileira em uma situação de democracia tem o dever de abrir espaços para o carnaval, será o caso de produzir uma política cultural para o carnaval (essa política se diz *provedora* — e nesse caso a política correspondente será de *intervenção* ou de *coordenação,* não raro, ambas). No caso da arte, a política correspondente só pode ser de *cooperação*: alguém que *queira* produzir arte *pode* (tem o direito a, no sentido vulgar da expressão) pedir minha cooperação como fundação: eu, como fundação, não tenho o dever de cooperar, posso fazê-lo ou não: posso fazê-lo em algum caso, segundo meu parecer discricionário, e em outros não — e o direito, para ser tal, não pode ser viável em alguns casos e em outros não, ou ser deste tipo em tal caso e de outro tipo em outro caso. Casos de *política cultural de intervenção* no domínio da arte costumam configurar, a rigor, situações de exceção em termos de democracia: numa palavra, isso só acontece ou só deveria acontecer sob ditaduras, caso do realismo-socialista na ex-União das Repúblicas Socialistas Soviéticas, caso da arte nazista, caso do cinema de conteúdo histórico no Brasil sob os militares de 1964 a 1984 etc.

Arte é privilégio: hipótese. Podemos decidir tratar a arte de modo especial. Mas não é uma necessidade. Nem um direito. (Posso educar uma necessidade, posso educar para uma necessidade: não posso educar um desejo ou esse desejo não terá a liberdade de ser o que é: no limite, posso educar para um desejo, desejo porém ao qual ninguém estará obrigado: se o fizer, isso não gerará um direito.) (Refiro-me a *desejo*, pulsão arrebatadora, não a outra coisa, não a coisas fracas que por um motivo ou outro são apresentadas como desejo.)

FINS	utilitária	*educativa profissionalizante (ética, lógica)*	transcendente (gratuita)	*gosto (estética)*

O cultural é utilitário: tudo reforça esse seu sentido, desnecessário armar demonstrações múltiplas ou rebuscadas para prová-lo: o cultural é social, responde a necessidades específicas: é útil para alguma coisa. A arte não é útil *como* arte. O retrato de Mona Lisa pode ter sido documento: como a fotografia hoje, mostrava para outra pessoa, situada *em outro lugar*, os traços físicos de determinada mulher que vive *aqui*. Perdida a função documental, restou, nesse caso, a arte. Como arte, *Mona Lisa* não tem utilidade específica: não é útil nem mesmo a minhas exigências estéticas, que podem ser atendidas de outro modo (de resto, exigências estéticas podem ser atendidas inteiramente fora do campo da arte, embora só o possam ser por comparação, mesmo virtual, com a arte). A obra de arte nesse sentido é gratuita. Como essa expressão ainda ofende e irrita, pode-se trocá-la por outra: a obra de arte é transcendente em relação a seus fins: transcende todo e qualquer fim que se lhe possa propor, em toda e qualquer situação: se não o fizer, não é obra de arte: a obra de arte aceita a *contingência do devir*, à qual se opõe a *finalidade* da cultura. *A resistível ascensão de Arturo Ui*, de Bertold Brecht, transcende sua utilidade como instrumento de denúncia do nazismo e do capitalismo e como instrumento de reforço da ideologia marxista ou comunista ou soviética: outro modo de dizer que essa peça é a rigor *indiferente* a qualquer desses usos que dela se queira fazer: *indiferente*, isto é, continuará a ser ela mesma independentemente desse uso e continuará, mais e melhor, a ser *diferente dela mesma* independentemente desse ou qualquer outro uso. Nesse sentido, *A resistível ascensão de Arturo Ui* é tão gratuita quanto qualquer pintura surrealista do *avida dollars* que foi Salvador Dali segundo ele mesmo, o que significa que aquela peça teatral é tão transcendente como esta tela pintada[9]. Um programa para o cultural utilitário será um programa instrumentalizante (educativo, profissionalizante, socializante, econômico): um programa para a arte transcendente terá a ver fundamentalmente com o *gosto*, quer dizer, com a *ampliação da esfera de presença do ser* (Montesquieu) — ampliação é devir, com toda sua contingência — e nada mais que isso, em princípio. A ampliação da esfera de presença do ser não é feita com um propósito definido (frequentar a arte para instruir-se, para elevar o próprio espírito, é o pior dos filistinismos, afirma Hannah Arendt): a ampliação da esfera de presença de meu ser é uma operação intransitiva: não sei aonde isso leva, não pretendo ir a lugar algum, apenas realizo essa operação. Se for melhor dizê-lo assim, a arte não é gratuita: é *intransitiva*. *Educar com arte* para aprimorar o cidadão ou para produzir o cidadão é algo de enorme estreiteza intelectual além de uma violação ao programa próprio da arte. Nesse aspecto, se o programa para o cultural tem a ver com a ética e a lógica, o da arte será essencialmente estético[10].

MODO SEMIÓTICO	comunicação (informação)	*discursivo tradutivo diretivo*	expressão	*ativo expressivo*

O quadro começa a fazer mais sentido: um *cultural* que é útil assumirá o modo de uma *comunicação*: o sentido por ele agenciado é o da circulação azeitada do significado: a comunicação (na forma privilegiada da informação). A arte não se preocupa com comunicar coisa alguma: a arte *expressa*, o que quer dizer que seu significado não circula sobre a esteira de uma cadeia de montagem que gira bem lubrificada, sobre a qual cada um coloca o que o código permite e da qual cada um retira mais o que pode do que o quer, ainda segundo os limites (bastante estreitos) do mesmo código.[11] A arte expressa. Sua semiose não flui por mãos de circulação sinalizadas: *mão/contra-mão, parada proibida, siga, pare, atenção*: seu significado se abre num desenho do qual a porção maior é a reprodução fractal da menor e vice-versa, sem limites previsíveis. *Mona Lisa* não comunica nada, donde o falso e

[9] Em 1720 Watteau pintou uma tela tendo por tema a fachada e o interior da galeria de arte de seu marchand, Gersaint, que a exibiu do lado de fora da loja como se fosse uma placa comercial. Em seu livro *After the End of Art*, Arthur Danto refere-se a esse caso como sendo um exemplo de contrariedade do primeiro dogma da estética segundo o qual a arte não serve a qualquer uso prático. A alegação é imprópria. Primeiro, dar um uso a uma obra de arte não significa que a arte *tenha* um uso ou seja feita para um certo uso ou se esgote nesse uso (uma placa comercial comum esgota-se nessa finalidade). Depois, cabe discutir sobre o real grau ou índice de *artisticidade* dessa peça de Watteau...e várias outras de suas telas...

[10] Utilizo essa palavra nos termos do sistema semiótico de Ch. S. Peirce, mais do que no sentido comum pelo qual ela se refere à percepção pelos sentidos. Em Peirce, o icônico, domínio do estético, também se vincula ao sensorial mas o ultrapassa para definir-se, antes, pelo abdutivo e por tudo aquilo que se distingue do simbólico e do indicial.

[11] "O individual é inefável, o individual é inexplicável": E. Gombrich, "La historia del arte y las sciencias sociales" in *Breve historia de la cultura,* Barcelona: Península, 2004, p. 102.

ao mesmo tempo legítimo mistério de seu sorriso: expressa um universo. O programa para uma obra de comunicação será necessariamente discursivo: como a expressão não merece a *caput diminutio*, quer dizer, a redução que seria sua diminuição a um *discurso sobre,* um programa que a respeite deverá ser tudo menos discursivo: será ativo, prático: a práxis. Por isso a política para a arte custa mais, é mais cara e não pode ser de outro modo: por isso a Internet jamais fará pela arte, do ponto de vista da recepção, nada além que o slide e a reprodução fotográfica já não tenham feito, o que é pouco ou nada: a arte exige que se vá até ela, que se sinta como se a faz. Discursivo, o programa para o cultural comunicativo é um programa tradutor e diretivo, ao tempo em que o programa da arte não pode ser nada além de interpretativo — e interpretativo não-diretivo (Mais adiante se fará a precisão necessária, sob este aspecto). (A obra de arte não aceita *qualquer* interpretação, embora a aceite mais que uma obra do cultural: a arte exige algo que o cultural em princípio desconhece: competência.) (Não demando competência para sentir diante de uma obra de arte: gosto natural; demando competência para saber o que está em jogo numa obra de arte).

COMPONENTE SEMIÓTICO DOMINANTE	símbolo; alegadamente, o referente (a coisa, o mundo)	*simbólico*	significante (a vida)	*indicial icônica*

A obra de cultura opera com símbolos que remetem a alguma coisa situada fora e longe dela: seu referente, a coisa em si, o mundo. A cultura refere-se a um mundo fora dela (embora ela faça parte do mundo): um obelisco que remete a um passado colonial, uma estátua que assinala um fato histórico, um documentário sobre a vida de uma família campesina ou sobre o cotidiano da corte de Luis XIV: algo que aconteceu há muito tempo e é imaginariamente atualizado pelo evento cultural: exemplo, a Cavalgada de Reis, na Espanha, encenando algo que, narra-se, teria acontecido num passado remoto (a visita dos reis magos levando presentes ao menino Jesus) e que deixa algum *resíduo* no instante da encenação (o presente dado às crianças, alguma alegria pela recordação da infância nos adultos, a alegria que os adultos sentem ao verem a alegria das crianças) que não tem a ver com a representação em si mas com uma construção mental que se fazem aqueles que a assistem: essa a razão pela qual é indiferente que os reis magos sejam personificados (não são nem interpretados) por esta ou aquela pessoa, indiferente que essa personificação deste ano seja pior ou melhor que a do ano passado: o importante é que a personificação se dê: a tônica do evento cultural é seu *significado*. A obra de arte por certo arma significados mas sua operação básica se faz e está nos significantes. O significante da obra de arte não aponta para algo fora de si, fora da obra, distante no tempo e no espaço: o símbolo da cultura aponta para um mundo fora dele, o significante da arte tem a vida dentro de si. Por isso é fundamental o modo como se dá o processo que arma esse fenômeno: a qualidade da interpretação conta, como conta que seja esta e não aquela pessoa que esteja em ação. (No carnaval, a mulher nua que tem nome — esta é a modelo tal, essa outra é a atriz qual — a rigor viola o princípio da cultura: mais do que mostrar uma certa mulher nua a ideia é (ou foi) atualizar (tornar atual) a ideia geral da mulher nua geral: não era necessário que a mulher nua tivesse um nome, fosse conhecida: mais importante era a neutralidade, a impessoalidade da ideia: o importante era a ideia e a possibilidade de que essa ideia pudesse ser materializada por uma mulher qualquer, por qualquer mulher: quando a mulher tem nome, a função semiótica é outra, em princípio o *contrato cultural* foi rompido — sem que se tenha firmado e executado o contrato que entra no lugar do contrato cultural quando este é rompido: o *contrato da arte*; no carnaval, não é bem a arte que está em jogo ou não é a arte que consegue estar em jogo. Quando isso se der, o carnaval será arte — mas nesse caso, de acordo com o código atual, ele teria de ser diferente, e não seria mais um fato cultural...

O programa para a cultura (a política cultural, um modo de mediação cultural) é de natureza simbólica: tudo é convencional, tudo segue uma norma. Para a arte, o programa é icônico: seu modo "se parece" com o modo da obra de que trata, e vale para esta obra, não necessariamente para aquela; esse programa vincula-se a essa obra especificamente (da qual é índice[12]). Nisso reside o desafio a quem se encarrega de gerir o programa (a política cultural de mediação, por exemplo) para a obra de arte: cada caso é um caso diferente, o que essa pessoa sabe de um *outro caso da arte* pode *talvez* ajudá-la a enfrentar *este caso da arte*: mas cada caso é um caso.

SEMIÓTICA DE ACESSO	simbólica	*abstrato racionalidade convencional*	icônica indicial	*concreto abdução pragmática*

A semiótica da obra é uma, a semiótica com a qual penetro na obra não necessariamente é a mesma: não penetro no universo pictórico de uma pintura com a semiótica da pintura (caso em que meu modo de pensar seria, pode-se prever, inteiramente distinto). Se a semiótica da obra de cultura é a da comunicação, a semiótica geral de acesso será a simbólica[13]: aquela convencional, a que se firma por um acordo de início pragmático e em seguida absolutamente codificado, como no caso da língua. Para a obra de arte, a semiótica de acesso é antes icônica, por vezes indicial — mas sem dúvida icônica: não é possível codificar a emoção, sequer a percepção de uma cor, o efeito de um som. A convenção e o consenso têm, na obra de arte, um papel inversamente proporcional à sua grandeza: quanto mais densa, quanto mais rica, quanto mais comprometida com seu programa essencial, menos se pode recorrer à convenção e ao consenso para conseguir acesso a ela (embora, claro, nem a obra de arte esteja inteiramente livre de um e outro: a tela de pano e o chassis de madeira já são a convenção mínima à qual está sujeita toda pintura, inclusive a

[12] Não cabe desenvolver neste breve ensaio os princípios e os traços desse conceitual semiótico; a remissão, novamente, é à obra de Ch. S. Peirce ou, alternativamente, para comentários a essa obra como fiz em *Semiótica, informação, comunicação* (Perspectiva).

[13] A referência aqui é a semiótica de Charles S. Peirce.

mais inovadora; o museu e a galeria de arte já são a convenção mínima (e enorme) que a prática artística mais vanguardeira tem de aceitar para tornar-se visível). O programa para a obra de cultura, nessa perspectiva, arma-se sobre uma racionalidade convencional (convenciona-se que os reis magos eram de tal modo e convenciona-se que de um determinado modo, *deste modo* específico, são representados; e a convenção não deve mudar nunca, sob pena de eliminar-se o sentido do evento). O programa para a obra de arte é pragmático: será um para determinada obra, outro para outra obra; pouco funciona sobre o molde da racionalidade convencional: é abdutivo (modo do *pode ser*: pode ser assim ou pode ser deste outro modo), não dedutivo, nem indutivo (dado isto, *deve ser* aquilo: se era um mouro, então deve vestir-se de tal modo). O programa para a arte é específico: cada programa serve para uma obra. O programa para a cultura é genérico: um mesmo programa serve para várias manifestações daquela cultura.

SOCIALIDADE	reconforto (tranquilizar); estabilidade, integração (localizar-se),cuidar do outro (virtudes gregárias)	*identitário* *assistência social*	risco, inseguridade instabilidade indiferença pelo outro (virtus)	*informal* *aberto* *plural*

Uma obra de cultura que é útil e comunicativa tem a finalidade social de reconfortar (tranquilizar: reassegurar: dar firmeza: reafirmar: confirmar, firmar com, firmar junto com; permitir que o indivíduo se localize, encontre um lugar): cultura traz estabilidade para a comunidade e para o indivíduo que precisa em algum momento, menos ou mais, sentir-se em terreno conhecido: a cultura integra o social a si mesmo e cada um (dos que aceitam integrar-se) ao coletivo: neste foco, a cultura é uma questão de assistência social: a cultura cuida: cuida do outro: a cultura cuida de localizar cada um no interior do coletivo compartido, atribui um lugar (a quem o procura, o aceita, com ele se con-forma, a quem assume o formato que a cultura lhe dedica). A cultura dá a si mesma uma identidade e a projeta no outro, que a receba e se tranquiliza. A obra de arte é uma obra de risco: (a cultura da obra de arte é uma cultura de risco, uma cultura do risco: mas não seria possível falar numa *cultura do risco*, numa cultura marcada pelo risco, a não ser na atual linguagem frouxa e vaga quando o objeto de referência é a cultura, uma vez que *cultura* e *risco* são termos antitéticos: cultura é o contrário do risco, fazendo uma obra de cultura ou me expondo a uma não corro risco algum: posso correr um risco econômico, o mesmo em que se incorre na produção de uma obra de arte, mas não corro um risco diante do código da cultura, não coro um risco social (um risco diante da sociedade, um risco provocado pela sociedade). O jogo (o jogo do bicho, o bingo, esse signo do Brasil contemporâneo no início de século 21 em sua governabilidade ou ingovernabilidade, na sua permissão e na sua proibição) só pode ser dito *cultural* segundo o código igualmente frouxo da antropologia, para a qual cultura é tudo e tudo é cultura: esse código não serve: o jogo é o contrário da cultura: desconforta, desestabiliza, desintegra, não cuida do outro: procura a derrota do outro: se os governos querem argumento para proibir o jogo, aí está um: o jogo (*esse* jogo) é anti--cultural: os governos que admitem o jogo e, mais, que procuram no jogo fontes de rendimento têm o mesmo comportamento dos banqueiros ilegais do jogo: buscam o enriquecimento do Estado às custas da instabilidade e da desestabilização do jogador. De seu lado, a arte, essa sim, é risco, arte é inseguridade: para quem a faz, para quem a recebe: a arte é desestabilizante, incômoda: no código contemporâneo, se a obra de arte não for desestabilizante, não reúne as condições mínimas para dizer-se arte. Não há margem para ilusões: *Don Quixote* desestabilizou, Shakespeare propõe a insegurança, tanto quanto Joyce e Guimarães Rosa. Comparada à obra de cultura que cuida do outro, e nesse sentido, a obra de arte é *indiferente*: o que pode acontecer com o outro e no outro que se expõe a ela não é de seu interesse e, acima de tudo, de sua preocupação. A cultura é feita, nas palavras de Nietzsche, de virtudes gregárias (as pessoas se agregam diante de algo maior, ameaçador, incompreensível); o que marca a arte é a *virtus*, o oposto das virtudes gregárias: o valor, a fortaleza, a coragem *em si* e *para si*, a força adquirida por si mesmo e que vale para si mesmo.

Derivação: o programa para a arte é aberto, incerto, informal, plural, divergente: para o cultural, o programa é convergente, tudo deve convergir para um mesmo ponto, uma mesma ideia. Na série *Jazz*, dirigida por Ken Burns para a TV em 2002, um crítico diz da obra de Duke Ellington: "quando ouvimos sua música, sabemos de onde ele tira isso, de onde vem cada pedaço embora ao modo dele: sua música é negróide sem ser exclusiva: sua música recebe". E diz ainda: "*Civilização* é algo que pode ser reduzida a uma palavra: seja bem-vindo!" Eventualmente. Mas não se pode esperar *da arte* que diga a quem dela se aproxime: seja bem-vindo. Não sempre, não necessariamente. Talvez nunca. Já da cultura se pode, sim, esperar que ela receba bem as pessoas que dela se aproximam — pelo menos as que pertencem à mesma cultura. Vistas de modo geral, há culturas que *recebem* mais e outras que *recebem* menos. Há culturas que não dizem *bem-vindo* ao outro a menos que esse outro se anule como tal e passe a identificar-se com a cultura na qual espera ser *bem-vindo*: a jornalista e escritora italiana Oriana Falacci teve de cobrir a cabeça com um *chador* para entrevistar o aiatolá Khomeini depois do golpe ou revolução que derrubou o xá Pahlevi: não importou se Oriana Falacci vinha de outra cultura que não obriga a mulher a cobrir a cabeça diante do homem: aos olhos do homem iraniano, aquela mulher italiana tinha de mostrar respeito pelo homem iraniano e pela cultura do homem iraniano mas esse homem não se sentia obrigado a mostrar respeito pela mulher e pela cultura original da mulher, aceitando-a como ela era: para ele e para sua cultura, que deveria predominar sobre a cultura da visitante, aquela italiana não era *bem-vinda* em si e assim como era, apenas pelo fato de ser o que era. Se a observação do crítico de jazz for válida, uma cultura que não recebe o qe vem de fora assim como é, não é cultura. Mas, é que aquele crítico não usou a palavra *cultura* e, sim, a palavra *civilização*; nesse caso, aquela cultura que *não* recebeu a jornalista italiana como ela será uma *cultura* mesmo assim, porém não será nunca *civilização*. A cultura pode ser um *modo fechado*, um modo para uso interno (de um grupo), mas a civilização é algo que transcende a cultura: civilização, como se pode entendê-la melhor, é a cultura que se propõe como modelo ou, melhor, a cultura que *é tomada* como modelo a imitar: uma cultura que tenha por norma *não* receber bem, não será uma cultura imitável: nunca será uma civilização. A arte pode não receber bem quem a ela se expõe: mas não discrimina: quando não recebe bem, não recebe bem *a qualquer um*, sem distinção.

MODO IDEATIVO	*descoberta (alegada)*	*programático*	invenção	*pragmático*

O cultural quer *descobrir* onde está sua verdade, sua essência, sua natureza: seu ser, supõe-se, está em alguma coisa que, vindo à luz, vitaliza todos aqueles e tudo aquilo que a ele se referem. O cultural pretende ser uma descoberta. O cultural, a seu ver, sempre *descobre* uma verdade oculta. Uma vez descoberto o modo de ser, o modo assim será e já trará em si seu modo de representação. O cultural pretende que existe uma pertinência necessária entre a *representação* que adota e a *coisa em si*: supõe a existência de um elo imperioso entre a representação e o referente: uma determinada coisa, para ser o que é (para ser autêntica, para ser daquele cultural, para ser aquele cultural) deve ser *assim*. O cultural, sem dizê-lo, pretende vigorar em virtude de um alegado elo icônico ou indicial entre a *coisa* e sua *representação* por esse cultural: a representação reproduziria alguma qualidade do referente (caso do icônico: assim como uma foto se parece com o fotografado) ou a ele estaria espacialmente vinculada (caso do indicial: a camiseta do ídolo do futebol ou da música pop já é um pedaço desse ídolo). Sendo assim, a única coisa que o cultural poderia fazer, para justificar-se, seria descobrir essa qualidade, qual esse elemento de representação fisicamente vinculado à coisa representada, e onde ele ou ela está. O cultural propõe-se assim como operação de arqueologia: descobre-se parte por parte como deve ser a representação (por exemplo, a identidade nacional) e constrói-se o todo. Uma vez construído o todo, a única coisa que se pode fazer é repeti-lo *ad eternum* ou *ad nauseam*. De seu lado, a arte nada descobre: inventa: a invenção é uma convenção (um símbolo) que em seguida sai em busca de um referente concreto eventual que se lhe acomode (um personagem em busca de seu princípio causador; uma pintura abstrata em busca do que possa ser). Para a invenção, a desconstrução é instrumental: para inventar algo, primeiro é preciso desconstruir alguma coisa existente. A descoberta é um dado, a arte jamais é um dado: é um criado: nem um dado nem uma série de dados jamais produzirão arte: arte é *chance & choice,* acaso & escolha, aleatoriedade e convenção. Sendo desconstrução, a arte é uma interrupção: uma interrupção em algum processo anterior. Sendo a invenção seu princípio, a arte não pode repetir-se: o princípio de validação da ciência é a repetibilidade, a reprodutibilidade da experiência; o princípio de validação do cultural também é a repetibilidade: se posso repetir alguma coisa, sei que estou lidando com o cultural (a cultura de uma arte pode sepultar a arte: a cultura da ópera sepulta a arte da ópera). A arte não se pode repetir: se for reprodutível, não vale como arte (Jorge Luis Borges: "a questão não está em imitar alguém, a questão é ser inimitável"). Por ser irreprodutível a arte é falsificável: como a cultura é reprodutível (um desfile de escola de samba de São Paulo é na essência idêntico a um desfile de escola de samba do Rio: um desfile de escola de samba do Rio é na essência idêntico a outro desfile de escola de samba do Rio: um desfile de escola de samba do Rio em 2004 é na essência idêntico a um desfile de escola de samba do Rio de 2000; a diferença é de grau, não de substância) nenhuma de suas cópias é falsa: todas cumprem a mesma função (todos e cada um dos carnavais funcionam, mesmo sendo iguais entre si: funcionam porque iguais). A reprodução *tal qual* em arte (a cópia idêntica de uma pintura) não tem sentido (aquilo para o que uma coisa foi feita); fazer uma obra nova à maneira de um artista pode "funcionar" enquanto não se descobre a simulação: a descoberta da real autoria destrói a simulação enquanto sistema. A reprodução de um cultural não destrói nem o simulacro que é essa cópia nem o original, nem o sistema em que se inclui. A cultura não destrói nunca, a cultura conserva. Não existe cultura revolucionária.

Essa é a representação que o cultural se faz de si mesmo: essa, a ideologia do cultural: o cultural como descoberta, como achamento da coisa em si. Em realidade, o cultural é ele também uma invenção, não uma descoberta: o vínculo entre a representação do cultural e seu referente é bem menos necessário do que propõe o cultural. O cultural não se faz pela desconstrução mas pela construção; e o cultural não interrompe, não se interrompe, mas repete: entre ele e seu referente não há porém uma relação de qualidade (icônica) necessária nem uma relação de proximidade (indicial) tão forte como supõe. O cultural acredita ser, nos termos da semiótica, um qualissigno (um signo que reproduz uma qualidade da coisa, um signo dotado de iconicidade) eventualmente simbólico ou então um sinsigno (um signo singular, que funciona numa circunstância específica, numa ocasião determinada, e que tem indicialidade) simbólico quando de fato é o exato oposto: é predominantemente um legissigno (uma convenção, um simbolismo por convenção) icônico ou um legissigno indicial, quase sempre. A arte, inversamente, é, sim, primeiro um qualissigno (na arte contemporânea, frequentemente um sinsigno, como no caso de uma instalação) e depois, acaso, um qualissigno simbólico, um sinsigno simbólico.

Nesses termos, o que no limite distinguirá entre o cultural e a arte será seu programa de elaboração: o cultural é programático: definem-se os passos, cumprem--se as etapas, obedecem-se os princípios firmados e consegue-se o resultado desejado. O programa para a arte é pragmático, empírico: os passos são incertos, tentativos, não há princípios orientadores (receita), não se sabe se o resultado alcançado é o desejável, nem se é desejável, nem se ocorrerá.

MITO	verdade revelada	*afirmativo*	proposta reveladora	*propositivo*

Por trás do cultural aninha-se (ceva-se) o mito da verdade revelada: "essa é nossa verdade, assim é nossa identidade, definida desde sempre e para todo o sempre (que sorte a nossa tê-la descoberto!) e que assim será por todos os séculos, não mexamos nela ou nosso destino se interromperá tragicamente". É um totem e um tabu. Ou: "o carnaval é assim", "o carnaval se faz assim e de nenhum outro modo", "o samba e carnaval é deste modo, não de qualquer modo". De seu lado, a arte propõe algo que pode revelar alguma coisa. Ou não. O programa para o cultural não tem como *não* ser afirmativo: é *assim* que se faz (exemplo, se faz com tantos minutos de duração ou tantas horas, com tantas partes e com tal tipo de música e não com outro). O programa para a arte é nada mais que propositivo: arte pode-se fazer assim mas pode-se fazer deste outro modo e daquele outro, e se vê assim e também deste outro modo e daquele outro modo. O programa para o cultural é um, o programa para a arte são inúmeros.

RETÓRICA	dialética e síntese totalizante	*tecno-científico*	justaposição; a totalidade, a síntese são quimera	*poético*

O cultural, que é totalizante, gera um discurso totalizante que se apresenta como a síntese de uma multiplicidade (senão uma diversidade) de aspectos por ele abarcados. Nenhuma obra de arte *fala* de uma totalidade — nenhuma totalidade específica: Hamlet não diz a totalidade do homem inglês do século 16 ou 17 e do homem hoje, nem a síntese de um e outro: Édipo não é a síntese nem a totalidade do homem grego e do homem contemporâneo: para a arte, a síntese (e a totalidade) é uma quimera (ou um suplício, armadilha), portanto a arte não opera uma dialética (a composição entre contrários) (a ambição de alguma ciência, ou daquilo que como tal é visto, como a psicanálise, de proceder a sínteses a partir da arte chama a atenção por fazer, a partir da arte, uma operação que à arte é estranha; o mais provável é que esse procedimento gere, não uma ciência,mas outra arte, outro modo da arte ou, em todo caso, e pelo menos, de literatura). A arte opera *justaposições*: uma coisa ao lado da outra, fazendo o suficiente para que uma coisa conviva com outra sem se fundir uma na outra. O programa (a política cultural) para a arte é uma poética, será melhor caso se aproxime do modo da poética; o programa para o cultural é de natureza técnica, no limite científica: a tecno-ciência, como diz Derrida (a possibilidade de um programa tecno-científico servir-se bem de uma poética para alcançar seus fins é maior que o contrário, i.e., um programa para a arte assumindo as cores tecno--científicas). A poética de uma obra (penso na *Poética* de Aristóteles) transformada em programa de produção (de reprodução) vira cultura: é o caso do cinema norte-americano que fez das normas descritas na *Poética* (as peripécias, a flexão/

inflexão etc) de Aristóteles um programa de operação-tipo, razão pela qual o cinema norte-americano é, em princípio e salvo demonstração em contrário, peça de cultura enquanto o cinema de Glauber e Godard é, em princípio e salvo demonstração em contrário, arte. Não espanta que o cinema dos EUA enverede por um programa de ação técnico-científico: faz parte de sua lógica estrutural.

MODO DISCURSIVO	narrativa	*totalizante*	fragmento (ato unitário)	*mosaico*

Descobrindo uma verdade revelada (dizendo que o faz), o cultural é uma narrativa: não por nada o samba da escola de samba é um samba-enredo, denominação que não poderia ser mais adequada: no cultural há uma apresentação inicial (o problema), um desenvolvimento e o desenlace, a resolução do problema. O cultural *resolve*. A obra de arte não resolve, porque não desenvolve: o cultural procura (o cultural é uma procura), a arte acha (Picasso). Frequentemente, a procura do cultural é uma falsa procura, uma procura que não tem sentido, um problema inexistente: a resposta já está dada de antemão. Como a arte não procura — acha —, a arte não desenvolve: a arte não é narrativa no sentido em que há uma apresentação, um desenvolvimento e um desenlace: nesse aspecto, a arte se mostra como fragmento: a obra de arte é um ato unitário. Propor um programa (o que é hoje chamado de política cultural) para o trato com a obra de arte é operação em mosaico: um quebra-cabeça diante do qual se procede peça a peça: e as peças não se encaixam à perfeição umas às outras, há sempre uma fresta entre uma e outra (os filmes de Godard são entremeados por fotogramas pretos: a ligação entre uma sequência e outra, entre um plano e outro, não é contínua, suave, deslizante, pode ser mesmo arbitrária e pode ser nenhuma: o processo, em Godard, segue aos trancos, organiza-se ao redor de lacunas e interrupções: o ***mosaico*** é uma operação ao redor de lacunas, interrupções: os interstícios entre os diferentes fragmentos; à distância o mosaico pode parecer uniforme, sem falhas: mas à distância igualmente pouco se vê do mosaico, de sua natureza específica, além de uma vaga impressão geral: e quando o observador se aproxima, é possível que perceba que as partes são mais importantes que o todo, ou que o todo do mosaico está em cada uma de suas partes e não no todo ele mesmo. Fernando Pessoa: a natureza é partes sem todo. Num primeiro momento, a arte é como a natureza: não existe ***a*** arte, apenas várias partes (as obras de arte) que só falaciosamente formam um todo. Em relação a cada obra de arte, a arte é o inverso da natureza: todo sem partes: ato unitário, não divisível, ancorado em *uma* experiência. A narrativa da obra de cultura conclui; a "narrativa" da arte não é terminável, permanece inconclusa. Valéry: *um poema não se termina nunca, simplesmente se abandona*. Uma pintura também, um bom romance também, um bom filme também.

Um poema não se termina nunca: se abandona.

MODO DE ELABORAÇÃO DO DISCURSO (D, d)	construção	*reprodutivo*	destruição criativa desconstrução desaprendizado	*experimental*

Por vezes estabelece-se uma confusão entre o *discurso da coisa* (o discurso da obra de cultura ou de arte em si) e o discurso *sobre a coisa*, sobre a obra: a ascendência, sobre a coisa, do *discurso a respeito dela* por vezes obscurece a coisa ela mesma. Frequentemente a obra agrega a seu conjunto o discurso que sobre ela se faz, de tal modo que entender o *discurso sobre ela* é considerado em grande parte como operação necessária ao entendimento da obra em si (o inverso não é verdadeiro). O discurso *da obra de cultura* se faz por construção, por agregação do que é conhecido, do que já existe e é preservado e como tal incorporado à obra: o carnaval do Rio se torna sempre mais complexo, novas máquinas se introduzem, a eletrônica terá um papel destacado a representar nesse carnaval, no futuro: até aqui, porém, o princípio é o do novo que se agrega ao velho sem turvar a linha do velho. O discurso *da obra de arte* em si elabora-se por rompimento com o que existe (princípio valorativo da arte contemporânea, obviamente nem sempre seguido) ou, em todo caso, pela *destruição criativa*, pela desconstrução do anteriormente existente (arte moderna: primeiras telas abstratas de Kandinsky, primeiras telas cubistas de Picasso). *Piquenique na grama*, de Manet, é uma destruição criativa de outras pinturas análogas do século 16: por vezes a destruição criativa se dá pela simples cópia de uma representação anterior mas com os meios e a visão do momento em que se processa aquilo que não é mais uma cópia porém uma transcriação. A transcriação não é desconhecida na cultura (sob o nome de aculturação), mas o processo de elaboração da obra de cultura é antes por agregação e eventual (raro) aumento da complexidade do que por rompimento ou destruição criativa. Para a obra de arte realizar-se, seu criador deve desaprender o modo pelo qual se fazia arte antes. Na obra de cultura, é fundamental o aprendizado do *tal como* (fazer tal como foi feito antes). Correspondentemente, um programa de política cultural para a obra de cultura é um programa baseado na reprodução: o programa para a obra de arte será sempre experimental: o que valia para uma obra de arte anterior não vale necessariamente para esta que tenho à minha frente.

Num ponto, porém, ambos os lados, cultura e arte, tendem a encontrar-se: o *discurso sobre a obra de cultura* e *o discurso sobre a obra de arte* tendem a fazer-se do mesmo modo: por construção, por agregação, por complexificação do existente. O ensaio pós-moderno sobre a obra de arte (ensaio de rompimento, de destruição criativa, de desaprendizado, de desconstrução) ainda é em larga medida inexistente, uma raridade: ver *La vérité en peinture*, de J. Derrida. (O melhor ensaio sobre um filme de Godard é outro filme de Godard.) A tendência do ensaio sobre a arte é transformar, pelo ensaio, a arte em cultura. Talvez, uma inevitabilidade. E procedendo assim, será inviável *dar conta* da arte: o discurso da obra de cultura não pode ser o mesmo daquele aplicado sobre a obra de arte pois tenderá a não apanhar na obra de arte o que é próprio da arte (pois tenderá a ver na arte apenas aquilo que vê na cultura). Talvez por isso Voltaire nunca aceitou escrever um tratado de estética, discutir a estética...

FOCO DO DISCURSO (D, d)	convergente	*centralizado*	divergente	*dispersivo*

Tudo que a obra de cultura diz, converge para um mesmo ponto: a identidade, por exemplo; a coesão nacional, por exemplo. O discurso da obra de arte é divergente: seu conteúdo se abre em leque: na pintura que Velásquez faz de um rei, a figura dessa pessoa é tão importante quanto a figura do cavalo que monta: o foco apenas aparentemente é o rei, ou: sem os outros focos, o foco do rei nada é; na cena imaginária que apresenta de uma cidade espanhola, a pintura de El Greco é tanto "sobre" as figuras de pessoas em primeiro plano quanto "sobre" a cidade em segundo plano e "sobre" o céu acima dela. O programa (de política cultural) para a obra de cultura pode centralizar-se em um ou alguns poucos pontos. Se fizer o mesmo em relação à obra de arte, o programa a reduzirá a ponto de torná-la irreconhecível: mutilada: exemplo, a monitoria de arte que aborda apenas o conteúdo pouco ou nada estará dizendo sobre a obra em si.

Seria possível dizer que uma obra de cultura poderia tornar-se cada vez mais *aberta*, passando sua estrutura eventualmente de convergente para divergente. Mas, nesse caso a obra estará deixando de ser de cultura para transformar-se em obra de arte.

MATÉRIA (D, d)	normas, hábito regras (arquivo, discurso)	*codificado regulamentar*	desregulação valores autônomos (texto); a crítica	*casuístico anárquico*

O que constitui e produz a obra de cultura — sua matéria: forma e conteúdo não bastam para descrever e dar conta de uma obra de cultura ou arte — é o hábito, o fazer-se assim porque assim se faz; e também as normas, as regras: o rito produtivo é estrito. Repetir o rito (recorrer ao arquivo, nos termos de Foucault: copiar o discurso já feito) é a norma. Na arte, cada obra, como texto diversificado, tem seus valores, faz seus valores. O princípio da arte é desregulamentar o que existe — relativamente: tampouco a arte existe *no vazio do método*: certos modos da arte existem também em virtude das normas pelo menos na estrutura central (exemplo, a pintura se faz em tela, em superfícies planas como uma lâmina de alumínio; algum artista, no entanto, preferirá pintar sobre a superfície curva de um vaso: será difícil ver claramente a cena, entendê-la: esse, o seu objetivo. Mais do que isso, arte é a crítica (a crítica do hábito, para começar: a crítica da cultura), a procura crítica, a especulação crítica. Em síntese, cultura é hábito; arte, liberdade. O programa (a política cultural) para a obra de cultura será codificado, duplicável. Para a arte, o programa (a política cultural) é casuístico: cada caso é um caso: a insistência no recurso à divisão da arte pictórica por escolas de representação (isso é impressionismo, isto é expressionismo) para assim conseguir-se uma aproximação à obra de arte é a transposição dos princípios da cultura para o universo da arte: a confusão, o desconhecimento que derivam dessa operação não podem ser nunca suficientemente reprovados, e no entanto constituem a regra. Cada obra de arte teria de ser abordada a partir do que ela oferece de específico e único.

PRINCÍPIO IDENTITÁRIO (EFEITO DO DISCURSO) (D, d)	identidade (a identidade do/pelo mesmo pela repetição) via afirmativa	*metafórico*	diferença (a identidade pelo contraste, pelo inédito) via negativa	*metonímico*

O efeito 2 do discurso da obra não é posterior ao 1: vêm juntos, um reforça o outro, para que um se dê é preciso a ocorrência do outro: relação de interdependência entre os dois. A obra de cultura produz identidade, garante a identidade e garante a si mesma pela identidade que gera. O *mito* da obra de cultura costuma ser o mito da identidade e a obra de cultura é o próprio rito que sustenta esse mito. A narrativa que faz a obra de cultura costuma ser a narrativa da identidade, antes e acima de qualquer outra narrativa incidental que possa ter (assim como se fala, no cinema, de música incidental: incide na estória sem ser seu elemento central, embora o modifique). A totalização que faz é a da identidade, e tudo na obra de cultura converge para esse ponto, apesar dos desvios que possa ter (as narrativas segundas). Nesse foco, o efeito da obra de arte é a diferença: a identidade inicial gerada pela arte é a da diferença, não a da repetição cultural. No princípio, na cultura, está a afirmação. No princípio, na arte, está a negação. A identidade na arte é divergente: abre-se a identidade para um leque de possibilidades, ao passo que na cultura a identidade se fecha num foco, num pólo gerador. A identidade na arte surge pelo contraste, não pelo reforço: é a via negativa de elaboração da identidade, a contrapor-se à via afirmativa da identidade na cultura. Essa identidade na cultura é abrangente, no mínimo particular (de um grupo, de uma comunidade) quando não universal: seu programa, sua política correspondente (política: ponte entre a obra e o público, entre a obra e seu produtor, entre o produtor e as condições de produção, ponte para multiplicar o público, as obras e seus produtores) será metafórica: fala de longe sobre uma identidade, fala sobre essa identidade desde longe, leva longe essa identidade no tempo e no espaço. O programa para a obra de arte será metonímico, intimamente ligado *à obra à qual se refere*: a identidade, aqui, só pode ser abordada *de perto*, aqui onde a obra se dá: não tem valor *longe*, à distância, transposta para outro tempo e outro espaço: não é transponível. Penso na instalação, como exemplo. Penso no teatro do aqui-e-agora, como o de Grotowski em *Apocalypsis cum figuris*, representado na década de 70 numa pequena ilha desabitada ao largo de Veneza, no interior de uma edificação precária aonde o "público" chegava depois de viajar num *vaporetto* por uma dezena de minutos e depois de andar pelo meio do mato por outro tanto, edificação na qual o público a rigor não mais é público pois participa da vivência de uma representação efetivada pelos "atores" (porque já quase não o são mais, dado que vivem a cena tanto quanto a representam), vivência que não mais se repetirá se essa "peça", que é menos ainda um espetáculo pois quase não se dá a ver dentro de uma edificação sem luz elétrica, for depois repetida no palco de um teatro normal — mas essa peça não pode ser repetida. O sentido está preso *àquela* obra, *naquele* local, *naquela* noite, *naquela* circunstância: metonímia.

E a identidade na obra de arte não se repete (a identidade artística do produtor pode cambiar ao longo de sua trajetória), embora possa ser identificável – embora possa apresentar-se *como* uma identidade: de fato, como essa identidade pode cambiar, o processo a rigor é de identificação, *ação* da identidade, processo de substituição ou de encadeamento de uma identidade por outra. Na cultura, a identidade é repetível ao infinito ou, em todo caso, por um período indeterminado mas certamente longo...

TEMPORALIDADE (Duração)	duradoura (caso radical: folclore)	*épico*	efêmera (caso radical: performance)	*trágico*
TEMPORALIDADE (Função no tempo)	continuidade	*épico*	interrupção	*trágico*

PROCESSO	reiterativa reprodutiva	*acumulativo patrimonial*	intermitente interruptiva	*dispersivo*

...mesmo porque a obra de cultura é duradoura: dura e dura muito, como no folclore, caso limite: a obra de cultura é épica, o programa que dela trata assume as formas de uma epopéia: a longa narração, a longa aproximação de uma estória longa, repleta de episódios. Em comparação, a obra de arte é efêmera: caso limite, a performance: dura agora, dura o pouco que dura enquanto é vista, sentida, praticada: e por durar pouco é irrepetível: seu programa é trágico: o evento acontece num ato unitário, de um golpe, de uma vez, irremediavelmente. Tópico. Seu programa é tópico: aqui e agora, aconteceu.

Ao longo do tempo, a obra de cultura assegura a continuidade: de tudo que promove, de tudo que a sustenta, de si mesma. Ao longo do tempo, a obra de arte é interrupção. (A obra de arte pode durar, sem dúvida: mas o que dura nela não é o que nela estava quando *ela foi*, antes: em outro tempo, é outra coisa.)

Como processo, a obra de cultura é reiterativa, reprodutiva: seu programa é cumulativo, patrimonial: a cultura se presta ao patrimônio histórico muito mais que a arte: a inclusão da obra de arte na ideia de patrimônio é uma apropriação da ideia de arte pela ideia de cultura: a rigor, é violação ao princípio da arte pela cultura.

A obra de arte intermitente, interruptiva como é, não acumula, não constitui um patrimônio a não ser como falácia, como sofisma (como sofisticação, quer dizer, como falsificação) da cultura. A arte dispersa seus valores, fragmenta o patrimônio, contesta o patrimônio, anula o patrimônio — e a transformação de uma *prática do rompimento* em princípio de tradição e formação de provisório patrimônio, que será negado e substituído por outro, não é argumento forte o bastante para fazer reconhecer na acumulação da arte um patrimônio, a não ser *sofisticadamente*, quer dizer, falsamente. O programa, a política cultural para a arte será também dispersiva, não tanto anti-cumulativa como a-cumulativa. Que governo *politicamente correto* se atreve a essa compreensão e a agir em conformidade, tirando daí as consequências obrigatórias, isto é, a eliminação de parte da política cultural para a arte, aquela que a transforma em patrimônio? (E nesse caso é bem é disso que se trata: de política cultural para a arte, não de uma política artística para a arte, como poderia ser). E como aceitar que um governo democrático promova a destruição da acumulação da arte, não tenha uma política cultural para a arte? O paradoxo da arte não deve obscurecer a natureza do fenômeno, no entanto: transformo o acúmulo de arte em patrimônio *mesmo* sabendo que a ideia de arte e a ideia de patrimônio são antitéticas. (O colecionismo é uma aberração: público ou privado. Deliciosa perversão, talvez, mas perversão.)

DESENHO	geométrico, binário	*absolutista*	informal, modal	*relativista*
PRINCÍPIO ORGANIZATIVO DO DISCURSO (D, d)	oposicional	*intervenção coordenação*	posicional	*cooperação*
RITUAL	formalista	*piramidal*	informal	*horizontal*

O ritual do processo da cultura é formal e formalista: só assim se pode entender e talvez aceitar que um desfile de escola de samba receba notas por quesitos individualmente identificáveis (bateria, mestre-sala, porta-bandeira): todos os quesitos devem ter sido atendidos e conforme tenham sido atendidos, receberão uma nota. O processo da arte é informal: se não é bem *tudo vale*, muita coisa vale. Ir a um concerto é um ritual: um ato de cultura, não de arte: a arte está no palco (por vezes, na minha relação com aquilo que se dá no palco). A execução de uma sinfonia é uma obra de arte: às vezes mais informal que o ato de assisti-la (apesar de tudo): como maestro, posso propor a execução de uma obra deste modo ou daquele modo; não de qualquer modo mas dentro de uma variação admissível; na arte contemporânea, a variação admissível é vasta. O programa (a política cultural) para uma obra formal é vertical, na variante piramidal; o programa para a arte é horizontal: entra-se nela por vários pontos que não são, uns, mais obrigatórios que outros. Daí, quase, a impossibilidade de um tratado de estética, ainda mais na contemporaneidade: Voltaire já sabia disso em seu tempo: Lukacs, dois séculos depois, ignorou a advertência do francês e propôs uma *Estética*, apenas explicável (mas não justificável) pelo autoritarismo medular que sustentava Lukacs e sua escola de pensamento. (Na contemporaneidade, as *Histórias* da arte substituem as *Estéticas*; mais comumente, o que promove essa substituição são as *Histórias Sociais* da arte, como a de Arnold Hauser, que são propriamente *Histórias Culturais* da arte e que, por vezes, operam a culturalização da arte, a transformação da arte em cultura (ou por inconsciência, isto é, por submissão ao paradigma imperante à época, ou intencionalmente, por um desejo nem sempre oculto de controlar a arte assim como se controla a cultura, assim como a cultura controla a si mesma.)

Esse ritual organiza-se de modo estrito por oposição: uma coisa tem seu próprio valor que, numa escala, é distinto de outro e a esse se opõe. Na arte, o modo de organização é posicional: o valor não está na coisa em si mas na posição que ela ocupa (no conjunto), podendo mudar de valor conforme a posição que assumir (na cultura, essa maneabilidade é impensável). Para uma obra oposicional, o programa (a política cultural) é de tipo intervencionista: intervenho para dizer onde as coisas estão, onde devem estar; no máximo, é um programa de coordenação: coordenar o modo de aproximação da obra. Para a obra posicional de arte, o programa é de cooperação: coopera para que se chegue ao objetivo que a obra traça para si: não pode haver intervenção, nesse caso.

E o desenho — virtual, mas frequentemente bem mais material do que se possa pensar — que a obra de cultura forma é rígido, esquemático, geométrico, de tipo binário: *ou* isso *ou* aquilo. O programa para esse desenho é de tipo absoluto: não admite variações. Para uma obra cuja lógica é modal (conforme ao modo particular e variável de execução) e posicional, como a obra de arte, o programa é sempre relativo e relativista: *depende* de como será acionado, por quem, onde, como, quando...

ÉTICA	transcendente universalista (dentro do particular); particularista ética visando o outro;moral	*sociológico*	imanente singularista; ética interior, de procedimentos	*estético*

Ética não é moral e com moral não se confunde. Ética são os procedimentos próprios de um sujeito em relação a seu objeto e em relação a outros eventuais sujeitos: são as *relações* específicas estabelecidas entre um sujeito e seu objeto: são o conjunto de aspirações e operações do sujeito em relação a seu objeto: são os deveres do sujeito mas são seus desejos: são suas vinculações mas é sua liberdade. E então: a ética da obra de cultura é transcendente: não se esgota na obra, não se limita à obra mas a extravaza, a transborda em direção ao maior número fora dela mas também em direção ao passado e ao futuro, a este território e a outros territórios. Observando a ética sob o ângulo da socialidade em seu efeito de reconforto e em seu efeito identitário: sua ética é transcendente, quer dizer, é uma ética que retroage ao passado para ali buscar e afirmar o princípio de reconforto que é a identidade e que se projeta no futuro para afirmar sua validade atemporal (algo inaceitável, por certo, mas admissível aqui a título de argumentação). Uma ética transcendente porque se pretende universal pelo menos dentro do particular que é o grupo a ela vinculada ("os brasileiros são assim", "os argentinos são assim mesmo", "aqui está a brasilidade", "aqui está a americanidade") (embora certas éticas se queiram realmente transcendentais no sentido universal, como aquela religião que se vê como a única válida para toda a espécie humana: nesse sentido, essa ética é também uma moral no sentido vulgar que a palavra moral tem: propõe-se como o bem, como o bom, como o valor positivo). A ética da obra de arte é de todo imanente: vale, funciona, opera apenas dentro da esfera de presença da obra correspondente: não é uma ética para o outro; sob esse aspecto, o outro lhe é literalmente indiferente — isso quando a ética de uma obra de arte não é na verdade uma *oposição* ao outro, não é agressiva com relação ao outro: a arte da modernidade foi uma arte feita *contra* a modernidade, *contra* a sociedade, contra o homem daquele momento, isto é algo que não se pode esquecer e que no entanto já foi esquecido; a ética da obra de arte é ética singularista, é uma ética interior, formal e formalista: não vale para outro (não pode valer para outro criador, pelo menos, dentro do atual código para a arte) e não busca aplicar-se a ele (alguns filmes que no entanto são "de arte" de algum modo embutem uma ética que se propõe para o outro: há aí uma infração à ética da obra ela mesma, uma infração e portanto uma manipulação: é quando a obra de arte se transforma em obra ideológica de arte, uma contradição nos termos). A consequência é clara: o programa para a obra de cultura, do ponto de vista da ética, é sociológico (uma política cultural social e sociológica): nem filosófico chega a ser: sociológico: por exemplo, *A história social da literatura e da arte*, de Arnold Hauser, constitui um programa sociológico para a literatura e arte (o que significa que é um programa que quer transformar a arte em cultura): o programa para a obra de arte só pode ser estético[14]. A quase totalidade das políticas culturais é de natureza sociológica: firma-se em valores como democratização de acesso, quantidade de pessoas atendidas, origem social do criador e do público, finalidade social do programa etc. Um programa cultural (uma política cultural) de natureza estética não é uma impossibilidade — mas é certamente um incômodo, por romper ideias feitas sobre cultura e arte (ou ideias sobre cultura e arte firmadas ao longo dos séculos 19 e em parte do 20 mas que nem por isso se transformam em universais e eternas) e por incluir a operação com conceitos como o de privilégio, demasiadamente perturbador...

[14] Outra vez, o sentido de "estético" neste texto deve ser depreendido dos estudos semióticos de Charles S. Peirce (cf., por exemplo, *Semiótica, informação, comunicação*, Perspectiva).

MODO DE COMPREENSÃO	interpretação (treinamento)	*explicativo*	hermenêutica (experiência) (a con-fusão; o individual como o não-discreto)	*investigativo*

Falar de uma obra de cultura é interpretá-la: esclarecer seu discurso, aclará--lo[15]: o programa é explicativo: a interpretação é possível quando se supõe que o interpretado é de foco convergente: e quando a base do processo é o treinamento, a preparação para ver *daquele modo* a obra ou fenômeno. A obra de arte é divergente, sua interpretação é impossível, ou sua interpretação é uma sofisticação: o programa de sua abordagem só pode ser investigativo, não explicativo.[16] Para a obra de arte, o processo de aproximação é a hermenêutica, que se justifica quando o que está em jogo é uma multiplicidade de sentidos (a con-fusão: vários sentidos fundidos num bloco não analisável, i.e., não divisível: o individual é o não-discreto, aquilo que não se pode determinar) e, pode-se dize-lo, de interpretações. A figura emblemática, aqui, é Hermes: seu campo de sentido, seu território semântico, é divergente, sua identidade não é cumulativa, nem oposicional: é flutuante: é de identificação e posicional: dependendo da situação é uma coisa, dependendo da situação é outra: Hermes, mensageiro dos deuses, filho de Zeus, conduzia as almas dos mortos pelo reino inferior, o submundo, e tinha poderes mágicos sobre os sonhos e o sono; e, não ***mas*** porém ***e*** (quer dizer, apesar disso ou por causa disso) era o deus do comércio, senhor da boa sorte e da riqueza; uma figura perigosa, porém (*a arte é perigosa*, a arte é um perigo), um simulador e um ladrão — o deus dos ladrões, na verdade: no mesmo dia de seu nascimento, roubou o rebanho de seu irmão Apolo e ocultou as pegadas dos animais fazendo-os andar para trás; buscando reconciliar-se com o irmão, Hermes deu-lhe a lira, que ele mesmo inventara ao pegar um casco de tartaruga, abrir-lhe alguns buracos e sobre eles esticar umas tantas cordas — nove delas, uma para cada uma das nove Musas, inspiradora de todos os artistas: Calíope, musa da poesia épica, Clio, da história, Euterpe, da poesia lírica, Mepomene, da tragédia, Terpsicore, canto e dança, Polihymnia, poesia sacra, Urania, astronomia, Tália, comédia, Erato, poesia amorosa. Então, Hermes é o deus da arte, da ideia da arte, da forma da arte, da possibilidade da arte — de tudo que exige perícia e destreza: conduzir as almas e roubar, vender e criar instrumentos de prazer; na primeira antiguidade grega era representado como um homem maduro, com barba; na arte clássica, helênica, como um jovem desnudo e imberbe. Não posso interpretar Hermes de modo unitário, não posso esclarecer o sentido de suas ações: posso investigar como ele *agencia o sentido em determinada de suas ações*, em certas circunstâncias, em ocasiões específicas:

[15] Se isso for realmente necessário: ela já é suficientemente clara em si mesma e para aqueles que fazem parte de seu jogo; a interpretação se requer para o Outro, o de fora, o de outra cultura.

[16] Ver, entre outros, o poeta espanhol (nascido em 1931) Antonio Gamoneda: "Ante un poema, mi estado favorito de conciencia es la confusión" (*El País*, 3 ago. 2004, p.40)

não há um programa para Hermes, não há uma política cultural para Hermes porque Hermes não é cultural: Hermes é a exceção à cultura... Aqui, cada um se abre para o mundo conforme sua *própria* compreensão do mundo, *sua experiência* do mundo, a partir de seu código de valores (na interpretação cultural, a experiência é dos outros, dos antecessores): isso não significa que todas as opiniões tenham o mesmo valor: a maioria se equivoca ou quer enganar: mas aqui há certamente mais alternativas que na cultura, na interpretação: *o que* escolher é algo que deriva da crítica genealógica.

*

Este quadro de indicadores não tem um fim vislumbrável: o que se pode fazer com ele é abandoná-lo, como agora é abandonado.

> Seu princípio organizativo é binário, portanto trata-se de um quadro sujeito antes de mais nada às críticas previsíveis, a começar por aquela segundo a qual nenhum fenômeno é exclusivamente deste tipo *ou* daquele segundo tipo. A ampla maioria senão todos os fenômenos que cabem examinar sob as luzes deste quadro serão, acaso, mais bem representados por um esquema que surge como um segmento de reta delimitado por dois pólos dos quais um é a cultura e o outro, a arte, de modo que uma ocorrência qualquer será orientada simultaneamente na direção de ambos, distinguindo-se de uma outra porque aquela primeira tem por exemplo seu corpo mais adensado junto ao pólo da cultura enquanto a segunda o mostra mais adensado junto à extremidade da arte — e nada mais extremo que a arte. Dizendo-o de modo caricatural, o fenômeno X é “mais de cultura” que “de arte”, mesmo sendo de cultura e de arte, enquanto o fenômeno Y, comparado ao primeiro, é “mais de arte” que “de cultura”. Com evidência, não se pode dizer que *cinema* é cultura enquanto *pintura* é arte ou enquanto *música erudita* é arte: o que se pode dizer é que *este* filme é sobretudo ou essencialmente “obra de cultura” (convergente, destinado à comunidade, de comunicação, reconfortante, baseado inteiramente em hábitos da comunidade e em hábitos arraigados nessa mesma linguagem cinematográfica, promotor de uma identidade afirmativa e reiterativa etc) quando comparado com *este outro* que é mais visível e propriamente dito “obra de arte” (foco divergente de significados, impermeável à comunidade como um todo e absorvível apenas por parte dela, obra de expressão mais que de comunicação uma vez que desprovida de mensagem unívoca, intranquilizadora porque me questiona em minhas crenças e porque retira o chão sob meus pés contestando minhas certezas estéticas e outras, inovadora ao repelir hábitos e práticas reconhecíveis no cinema e na comunidade, corruptora da identidade cinematográfica e de minha própria identidade, ela mesma, além de talvez amoral...) Em suma, os pólos ao redor dos quais se elabora este quadro são polos-limite, extremidades

radicais da significação; os casos concretos podem situar-se em algum lugar entre essas duas extremidades: alguma arte pode ser também comunicativa em alguma medida (menos ou mais que outra), algum modo cultural pode ser menos ou mais expressivo (que outro, que um modo da arte). Algum modo da arte pode ser utilitário (menos ou mais utilitário que outro); um modo cultural talvez nunca será gratuito. Algum modo cultural pode ser menos duradouro que outro, quase tão efêmero como um modo da arte (ou assim pode parecer quando de fato é apenas uma pequena ou aparente variação de um modo mais longo).

Este quadro, então, se desenvolve *ao redor* da questão da cultura e da arte buscando delimitar os termos do contrato que se estabelece entre cultura e arte, contrato quase sempre avesso ao rompimento e que no entanto mesmo assim é ocasionalmente rompido — e aí está o privilégio da arte: a arte tem o privilégio de romper seu contrato com a cultura, que não pode fazer o mesmo (e a arte tem o privilégio de romper seu contrato com a própria arte e com a sociedade, e nesse segundo caso a via é de mão dupla uma vez que a sociedade pode romper seu contrato com a arte pois a arte não é uma necessidade). Como outras vezes, também o quadro aqui desdobrado não diz sempre qual modo de cultura específico está sendo usado como objeto de análise (se é uma obra, um comportamento, uma prática, uma crença etc): supõe-se ou se espera que o acúmulo das descrições apresentadas dará conta dessa questão. Um ponto pelo menos fique claro: a concepção antropológica de que tudo é cultura é irrelevante para este quadro e para a prática da política cultural. Dito de forma diversa: nem tudo é cultura, nem todos os modos de cultura têm o mesmo valor, nem dentro de uma mesma comunidade nem por comparação com os de outra comunidade. Não importa: o que de algum modo puder acomodar-se sob o rótulo do que aqui foi indicado como "de cultura" responderá aos traços aqui reunidos, idem para a obra "de arte". O que importa: a obra de arte não pode ser objeto de um programa de política *cultural* (e a educação é uma versão desse programa) que se aplique a uma obra de cultura; se isso acontecer, o programa será de fato *cultural*, isto é, estará se propondo transformar a arte em cultura, equívoco no entanto comum. A expressão *política artística* é menos inapropriada do que parece — e será tanto mais correta quanto se destinar não só ao amparo do artista quanto à instalação, nesse mesmo sistema, do observador (não digo "consumidor"), do *amador*. E enfim, este quadro será eventualmente aqui e ali contraditório consigo mesmo: tratando--se de cultura e arte, mais em relação a esta do que àquela mas àquela também, a palavra apropriada é *paradoxo* e de seu alcance este quadro não pretende escapar: se há algo de inaceitável nas discussões e estudos sobre a arte é o procedimento que busca, conscientemente ou não, fazer como se fosse possível, em arte e na discussão sobre arte e cultura, aparar as arestas, fundir tudo num corpo homogêneo: neste ponto, a reivindicação de Walt Whitman é vital: *Do I contradict myself? Very well then, I contradict myself, I am large I contain multitudes...* Posso não ser assim, *de todo* assim, mas meu objeto sim, é: e não pretendo impor, a meu objeto, minhas limitações...

*

De todo modo, introduz-se agora no esquema, e como *suplemento*, uma variação relativizante: a ideia do ponto cego. Graficamente, o desenho seria então:

CULTURA ← · → ARTE

ou, talvez, recorrendo a símbolos de sentido assentado, este:

CULTURA < · < ARTE

onde o ponto • indica o ponto cego a partir do qual, numa direção, a obra ou fenômeno se aproxima da Cultura (afastando-se da Arte) e, na outra, aproxima-se da Arte (afastando-se da Cultura). A seta é um símbolo *relativamente* neutro. O símbolo matemático < *menor do que* revela-se inelutavelmente desde logo carregado com um valor que, neste caso e por tudo que já ficou dito nos capítulos anteriores, não recuso. Em outras palavras, o que está no ponto cego não se identifica de todo com a cultura, da qual tem vários traços e da qual no entanto se afasta, nem de todo com a arte, com a qual compartilha vários componentes sem no entanto com ela se identificar de todo. O cinema, sobretudo o cinema comercial norte-americano, tanto quanto a novela brasileira, é acima de tudo uma obra de cultura. A arte conceitual (a arte baseada na ideia, não na produção de um objeto, exemplo: a ideia de que é arte o gesto de andar reiteradamente por um terreno, num percurso restrito, de ida e volta, até que sua grama alta se abaixe sob a ação das pisadas; o sulco assim aberto, e que ninguém além do artista viu ser aberto, é a única coisa que se aparenta a uma obra de arte, sem o ser; o gesto como um todo é que deve ser visto como arte, tal como o entende o artista ainda que ninguém possa ver o que ele fez e ainda que a foto que se possa tirar do resultado daquelas pisadas não seja uma obra em si, e nem o registro daquela arte, mas apenas o registro do que restou daquela obra) é, neste esquema, e radicalmente, arte. Entre uma extremidade e outra encontram-se obras ou fenômenos que ocupam um ponto cego, um ponto onde não posso divisar, na coisa, o que ela tem de cultura e o que tem de arte, um ponto onde o que ela tem de cultura transforma-se em arte e vice-versa, um ponto onde os *traços de cultura* seguidamente transformam-se em *traços de arte* para em seguida mostrarem-se outra vez como *de cultura* e logo depois outra vez em *de arte*, repetidamente, não se exibindo nem como uma coisa, nem como outra, mas sem ocultarem de todo os fantasmas de uma coisa e outra. Vários filmes de Woody Allen, como *Tiroteio na Broadway* e *Manhattan*, estão nesse ponto cego ou ponto de fuga da cultura ou da arte. Não creio ser rentável, para a compreensão do que aqui está em jogo, imaginar toda uma escala de graduação, uma régua semântica da cultura (ou da arte), segundo a qual fosse possível catalogar todas as obras e fenômenos. A decomposição do mundo constituído pelas obras humanas (o mundo Cultural, com esse **C** maiúsculo, como tradicionalmente empregado em oposição ao **c** minúsculo da cultura representada pelo teatro, pela literatura etc.) em pares antagônicos, na expressão de Simmel, é mais proveitosa, *num primeiro momento*, para a ação em política cultural. Não creio que essa régua seja rentável, nem que ela corresponda à "realidade". O mundo não é feito (o tempo todo, sob todos os aspectos, embora possa sê-lo em algum tempo, sob algum aspecto) por coisas que são ou apenas isso, ou apenas aquilo, por exemplo pessoas boas (inteiramente e sempre boas) e más (inteiramente e sempre más); todos (ou quase todos, ou a extremada maioria) são bons e maus em momento alternados. Mas esse raciocínio não é transplantável para o domínio da cultura e da arte. O que interessa aqui — num instante da história do conhecimento em que a ideia de *dialética* (a transformação continuada de dois contrários em sucessivos terceiros) vê-se superada pela ideia de *justaposição* de contrários ou, melhor, dos diferentes — é o *corte* e o *momento do corte*: no corte, no instante do corte, esta obra ou fenômeno é "de cultura" ou é "de arte". Ocasionalmente, no corte, o que é de cultura se oculta e se revela como de arte e o que é de arte se oculta e se mostra como sendo de cultura, de tal modo que, *de repente*, não sei dizer o que a coisa é. Esta, a ideia. A (falsa) tríade é suficiente: os supostos infindáveis pontos intermediários entre as três esferas são irrelevantes e, esses sim, falsos. Claro que o corte pode estar sendo feito com um instrumento de análise que, esse sim, é cego, está cego, assim como se diz de uma faca que ela está cega, sem fio, não está afiada. Há uma alta probabilidade de que cego seja sempre o instrumento, não o ponto... Nesse caso, retorna-se aos elucidativos, instigantes e heurísticos *pares antagônicos*...

ANEXO 2

POLÍTICA CULTURAL, SÉCULO XXI

Leitores deste *Dicionário* me escrevem para dizer que o volume é útil e estimulante etc., mas não responde concretamente a uma pergunta clássica: "O que fazer?" Isto é, diante de uma situação concreta — definir a política cultural para uma cidade que ainda não a tenha formulado, rever a política cultural ali onde alguma coisa já existia — que vetores escolher para com eles dar forma palpável e aplicável a uma política cultural?

O objetivo deste *Dicionário* nunca foi o de dar receitas prontas, embora seja isso o que normalmente se pede em política cultural. O que se pretendia e se pretende, aqui, é antes indicar *o que* pode ser pensado em política cultural e *como* pensá-lo. Nem mesmo o conteúdo de cada verbete é para ser tomado ao pé da letra e aplicado. Cada verbete sugere as questões que o conceito ou termo propõe, cabendo a cada um escolher o que melhor lhe parecer ou partir para outra direção que a leitura lhe possa ter sugerido. O que se busca é estabelecer *uma conversa com o leitor*, para pôr em prática a ideia de que a cultura é, sempre, uma longa conversa (e que ali onde não há conversa, não há cultura).

Mesmo assim, a insistência no sentido de que fosse indicado um rumo mais concreto, ainda que tentativo, levou-me, depois da publicação das primeiras edições deste volume, a experimentar a formulação do que poderia ser uma política cultural atualizada para as necessidades e tendências dos dias de hoje. Essa formulação foi exposta em um ou outro seminário e congresso, tendo merecido eventualmente alguma simpática acolhida. Os vetores sobre os quais ela se assenta poderiam ter sido simplesmente incluídos "anonimamente" neste *Dicionário* como outros tantos verbetes, a título de atualização, como sempre ocorre neste tipo de obra. Se assim tivesse sido, é provável que outra vez me solicitassem uma indicação mais palpável de como formular uma política cultura, hoje, coerente com as aspirações e proposições ao alcance do homem contemporâneo. Decidi, então, apresentar essa formulação como um Anexo ao *Dicionário*, incorporando ao seu corpo apenas a enunciação de cada termo e indicando que se deveria procurar pelo conteúdo correspondente nestas páginas finais.

* * *

No campo das Humanidades, as ideias por vezes andam depressa demais e, não raro, muito devagar. O que era bom, conveniente, pertinente ou eficaz num determinado momento e num certo século não raro continua a ser considerado bom, conveniente, pertinente ou eficaz um século depois, quando porém as condições de vida no mundo já se alteraram, por vezes enormemente. As necessidades, os desejos, os imaginários são outros — no entanto, as ideias que deveriam corresponder-lhes seguem muito frequentemente sendo as mesmas, em muitas partes do mundo. Isso é verdadeiro também quando o tema é política cultural. Não será equivocado ver o começo da política cultural moderna no século XVIII, com a revolução francesa de 1789. É verdade que antes dela, e a inspirá-la, aconteceu a revolução americana de 1776; mas, como a França tinha museus e bibliotecas numa escala que os EUA desconheciam no momento, e como na França se procurou formalmente, logo após a deflagração do movimento revolucionário, alterar pelo menos o campo da distribuição e do acesso à cultura, com a abertura do Louvre e o confisco das bibliotecas dos prelados para serem posteriormente (às vezes muito tempo depois) franqueadas a uma consultação mais ampliada, não é de todo inadequado ver nesse momento o surgimento de uma política cultural que chegou aos dias de hoje.

Mas, o século 18 tinha seus desejos e necessidades, e seu imaginário. E outros desejos, necessidades e imaginários tiveram os século 19 e 20. O que era válido para a França do 700 não o era para a Rússia do início do 900, nem o que era válido para a Rússia do início do 900 continua válido agora para, por exemplo, o Brasil dos 2000. Muito frequentemente, porém, age-se como se essa validade fosse uma evidência, autêntica tabula rasa sobre a qual se trata de construir, no caso que aqui interessa, políticas culturais. Os tempos são outros, porém. Se o século 18 foi o tempo da construção de um futuro que se prolongou pelos dois séculos seguintes — embora no imaginário sustentada por pilares diferentes: a luta entre aristocracia e burguesia no século 18 e entre império e república no século XIX e entre burguesia e proletariado no final do 19 e primeiras décadas do 20 — hoje, início do 21, a situação é, pelo menos em parte, bem outra. A contemporaneidade pode ser descrita por alguns como a do *choque entre civilizações* (por maiores que possam ser as críticas feitas a Samuel Huntington, recentemente falecido neste final de 2008), como a *era da libertação genética* do homem, como destacam muitos, ou como a *sociedade da insignificância*, como prefere Castoriadis, uma sociedade que não mais tem uma imagem de si mesma, com a qual as pessoas não mais podem ou querem se identificar e cujos mecanismos de direção se decompõem. Seja qual for o retrato que se faça dessa contemporaneidade, uma coisa é evidente: trata-se de uma *outra* contemporaneidade, com outras preocupações e com outras possibilidades ainda que muitos de seus problemas do passado não tenham sido ainda solucionados. E de todo modo, seu imaginário é certamente outro. O recurso a políticas culturais datadas, alimentadas por outros imaginários, só pode desaguar em insatisfações ou, como prefere dizer, e bem, Walter Moreira Salles, na tentativa de concretização de *ambições medíocres*, porque embebidas de passado e nutridas pela nostalgia.

Os tempos são outros. Suas ideias centrais, um pouco por toda parte, são o desenvolvimento e o desenvolvimento sustentável. E essas ideias incluem, ou deveriam incluir, de modo especial, o desenvolvimento humano, o que significa ampliar em todos os sentidos o universo das elites em vez de rebaixar todo mundo aos primeiros graus da cultura e da dignidade, como continuam insistindo políticos medíocres. Para ficar com o domínio que aqui interessa mais de perto, a cultura hoje integra o lote dos bens públicos como a saúde, a educação, a segurança e o bem-estar social de modo amplo (embora seja difícil, num país como este, escrever essas palavras sem uma ponta de ironia). E pede uma política cultural adequada a esse imaginário. Para que ela seja definida, porém, não bastam medidas isoladas *em favor da cultura* ou medidas isoladas que se sirvam *da cultura*. O recurso a um procedimento sistêmico, que ainda está longe de ser posto em prática neste domínio, é indispensável. Em outras palavras, é decisivo ver e tratar a cultura como um conjunto de relações determinadas e precisas, inclusive aquelas mais específicas e determinantes, aquelas do tipo *dado este componente (ou ação ou função), tal outro deve intervir caso contrário nem um, nem outro, terá qualquer eficácia.*

Onde pode ser encontrado esse sistema? Neste momento que ainda deveria ser de um século 21 iniciante mas que já parece um século 21 alquebrado e declinante, um sistema para a cultura, quer dizer, um sistema para a política da cultura, pode ser definido a partir de alguns tópicos e questões que vieram sendo tratados com insistência nos fóruns mundiais desde a década de 80 e, com mais insistência, na de 90 e que estão presentes, alguns deles, em documentos internacionais formalmente assinados pelos órgãos que tentam representar a sociedade das nações e dos Estados. Sem a construção desse sistema, e o consequente recurso a ele, a fórmula do *desenvolvimento pela cultura* continuará a ser, aqui, uma expressão vazia de conteúdo, boa para alimentar discursos e seminários mas totalmente impotente para atuar sobre o real concreto. Sem o recurso a esse sistema, não se alcançará o *desenvolvimento humano* que é condição para o econômico. Já deveríamos estar distantes do momento filosófico — se é que havia nisso alguma filosofia digna de nome — em que a cultura era vista como consequência da economia, em que a cultura era vista como superestrutura a depender da infraestrutura da economia. É possível que a cultura seja uma questão de economia, de fato, sob alguns aspectos, mas é muito mais certo que a economia seja sem sombra de dúvida uma questão de cultura. O recurso ao sistema da política cultural orientado para o tema do desenvolvimento poderá criar as condições para que, sempre que se fale em desenvolvimento, se pense em *desenvolvimento humano*, com sua consequência que é o desenvolvimento econômico — e se criem de fato as condições para implementar um e outro.

Desses seminários e fóruns internacionais surgem de modo nítido alguns tópicos ou questões que apontam para o desenho de um sistema possível da política cultural apropriada para o século 21, e que não mais é a política cultural que vigorou no século 20 com suas bases lançadas no 19. Esses tópicos ou questões constituem os vetores dessa política, os apontadores da direção para a qual a política cultural deve orientar-se — seus indicadores, os tão buscados indicadores culturais, no caso indicadores qualitativos, os mais adequados para este momento em que os quantitativos, que nunca foram devidamente encontrados, já não respondem às necessidades e desejos.

Sendo indicadores ou vetores, são também valores, aquilo em nome do que uma política é feita. E eles são, numa varredura da história recente (e por varredura se entenderá aqui muito mais uma descrição do que uma construção terminada):

1.Os ***direitos culturais***, como formulados (mais sugeridos do que afirmados, dada a fragilidade de sua implantação no real) pelas Declarações da Unesco de 1966 e 1976, baseadas na Declaração dos Direitos Humanos de 1948.

De início, é vital recordar o motivo pelo qual se fez a Declaração dos Direitos Humanos, modelo para as seguintes que levaram Norberto Bobbio a falar, talvez exageradamente mas não sem alguma razão, numa Era dos Direitos: a ideia era *proteger o indivíduo, o ser humano, contra a opressão sobretudo do Estado*, da instituição burocrática, da personificação institucional do coletivo. A Declaração dos Direitos Humanos decorreu diretamente dos acontecimentos da Segunda Guerra Mundial e da política de extermínio deliberado praticado pelo Estado nazista contra os judeus, os homossexuais e todos seus opositores políticos. E foi reforçada logo a seguir em sua justificativa quando crimes equivalentes praticados pelo Estado soviético, pelo Estado chinês e outras tantas ditaduras se tornaram indiscutíveis. Os direitos humanos põem em evidência o indivíduo, não o Estado. Os direitos culturais vieram assim para continuar a missão de fortalecimento (*empowerment*) social da pessoa humana, não do Estado. O que dizem é que se deve atender primordialmente aos interesses e necessidades *das pessoas*, lembrete oportuno quando se pensa nas tentativas recentes, sempre insistentes, de, em nome dos direitos humanos, defender--se novamente o Estado, fazendo com que volte pela janela o que foi expulso pela porta, numa espécie de *die hard with a vengeance*, num filme de terceira categoria cujo título alternativo poderia ser *A volta do Estado*, assim como nos anos 50 fez seu sucesso de mau gosto aquele *Monstro da Lagoa Negra* seguido pela *Volta do monstro da Lagoa Negra*. Como os direitos culturais decorrem dos direitos humanos, tudo aquilo que vale para estes valerá para aqueles. Isto é, a lente, a perspectiva e o foco são a pessoa, o indivíduo.

E são tão poucos e tão vagos os direitos culturais, na sua versão mais ampla passível de ser aceita por um bloco maior de países — resumidamente, o *direito de participar do processo cultural*, o *direito de beneficiar-se dos avanços científicos e tecnológicos*, o *direito à propriedade autoral* — que requerem todo cuidado para que sejam adequadamente difundidos e praticados. Significa que nessa defesa dos direitos culturais será imprescindível recorrer, como está firmado na boa prática do Direito, *a uma interpretação a mais amplamente favorável possível ao indivíduo*. Isso inclui o reconhecimento de que os direitos culturais não configuram uma entidade abstrata, imaterial, de natureza espiritual ("os valores espirituais e intangíveis da nação"), praticamente teleológica — o que acaba por dar-lhes uma configuração fantasmática, mais própria aos discursos bem-intencionados e demagógicos — mas se traduzem em questões fortemente materiais, em tudo mensuráveis, portanto comparáveis e analisáveis concretamente. De fato, os direitos culturais foram acordados no interior de um documento dedicado aos direitos econômicos, sociais *e culturais*. Se por um lado essa formulação reserva à cultura e aos direitos culturais uma posição de rabeira no universo das preocupações quanto à vida humana neste planeta (vêm em terceiro lugar, só depois dos direitos econômicos e dos sociais) — numa ratificação de velhas e desgastadas teses do século 19 segundo as quais a cultura é um epifenômeno a circular na superestrutura social de fato alicerçada na economia —, por outro lado estabelece uma relação direta entre a economia e a cultura que faz com que a cultura apareça claramente, por si só e sem necessidade de maiores argumentações, como condição para o desenvolvimento econômico, cuja fórmula passa a ser então a seguinte: não há desenvolvimento econômico sem cultura, não há desenvolvimento econômico sem desenvolvimento cultural.

2. A ***diversidade cultural***, cujo aparecimento como conceito é paralelo à intensificação das discussões sobre o papel do *outro* e do *diferente* que se multiplicaram inicialmente na universidade a partir sobretudo da implantação dos Estudos Culturais — voltados para o exame da situação da mulher, das preferências sexuais, das minorias étnicas, e depois do jovem, do idoso etc., num desmembramento daquilo que por mais de um século havia aparecido sob a forma única, generalizante (e ocultadora dos matizes) da *classe social* e do *povo* — e que em 2005 foi objeto de outra Declaração da Unesco, firmada em 20 de outubro desse ano.

Uma das alavancas que impulsionaram essa Declaração foi a intensificação do processo de globalização com a consequente transformação dos bens culturais em protagonistas dos acordos e discussões comerciais multilaterais como aquelas que se deram no quadro, com muito estrondo, da Rodada do Uruguai do GATT (General Agreement on Tariffs and Trade, Acordo Geral de Comércio e Tarifas ou) e agora da OCDE, Organization for Economic Co-operation and Development (Organização para a Cooperação Econômica e o Desenvolvimento). A evidência de que os bens culturais haviam se tornado protagonistas centrais da economia pelo menos dos países desenvolvidos tornou-se irrefutável desde meados da década de 80, como se ressaltou, quando superaram, nos EUA (todos os índices dos setores clássicos da economia (a aeronáutica, a automobilística, o agrobusinnes etc.) Com isso vieram as tentativas de considerá-los bens comerciais como outros quaisquer, portanto, numa certa perspectiva, sujeitos às leis do mercado e impedidos de receber subsídios públicos, como desejavam e desejam os EUA, líder mundial no setor, sem interesse em ver diminuída uma parcela de seus rendimentos por mínima que seja; e, de outro, os movimentos no sentido de considerá-los como integrando os valores intangíveis de uma nação, desse modo retirados da lista que lhes proibia um tratamento diferenciado sob a alegação de promoverem, exatamente, a diversidade cultural, considerada então um valor em si. De passagem, deve-se notar que há, logo aqui, um conflito com o entendimento os direitos culturais, definidos para proteger as pessoas; os defensores da diversidade cultural costumam basear suas argumentações na ideia dos direitos intangíveis *das nações*, esquecendo-se ou fazendo de conta que esquecem que aqueles a serem protegidos são sempre os indivíduos, que pode haver conflito entre os interesses dos ndivíduos e das nações e que, nesse caso, deve prevalecer os interesses dos indivíduos.

Assim é que o entendimento adotado foi aquele de ter em vista primordialmente o país (no ângulo econômico) e a nação (pelo lado dos *valores intangíveis*). Por esse raciocínio, o mundo é diverso e a diversidade resulta da multiplicidade de nações. Desse modo, o desenvolvimento de cada uma, e por extensão do mundo, resultaria da ou seria auxiliado pela proteção daquilo em que cada uma é diferente.

Novamente, assim como deve prevalecer no caso dos direitos humanos, também aqui a interpretação a ser aplicada a esse vetor e princípio é a mais ampla, a mais extensa, a mais favorável possível ao desenvolvimento humano. Não é isso que vem acontecendo, na realidade. Os Estados têm assumido com frequência uma posição que se traduz, por analogia com a ideia do *L'État c'est moi*, na expressão *Le différent c'est moi, o diferente sou eu*, quer dizer, *o diferente sou eu, esta nação*, que traz a reboque a corruptela, ou a variante corrupta, *O diferente sou eu, o Estado*, que represento esta nação. Este entendimento oportunista e altamente ideologizado oculta e visa ocultar o fato de que *no interior de cada nação* a diversidade é uma forte realidade, igual ou ainda maior ou mais dinâmica que a diversidade exterior, entre as nações. Cada cultura (entenda-se, na terminologia consagrada e desgastada que outra vez provém do século 19: cada cultura nacional) é internamente diversa, diversa em relação a si mesma, porque diversos são seus componentes. Diversa porque dinâmica. Os Estados, em suas movimentações face ao exterior mas também em seu posicionamento interno no país, insistem em dizer que "os diferentes somos nós", entendendo-se por *nós* um coletivo supostamente homogêneo que é a nação X ou Y. Portanto, devemos ser protegidos enquanto tais e enquanto esse grupo coletivo designado pelo rótulo X ou Y, com frequência em nome de um feixe de valores definidos arbitrariamente como aqueles nos quais reside a substância dessa diferença. (Nos anos 60, para uma certa esquerda, esse feixe estava no popular: o popular era o nacional e o nacional, o popular: a argumentação tautológica costuma ser marca registrada dessa linha de argumentação. E nesses mesmos anos, para a direita, o nacional estava no patrimônio, na herança cultural resultante dos tempos da colônia.) Diferença que é então a seguir protegida como tal.

Uma advertência de Lévi-Strauss, feita em 1952 e a pedido da própria Unesco que fez assinar a declaração da diversidade cultural em 2005, tem sido oportunisticamente deixada de lado, se é que um dia foi conhecida pelos que decidem sobre política cultural. Naquele ano Lévi-Strauss foi encarregado pela Unesco de realizar um estudo sobre o tema do racismo, que à época era ainda a questão e não os direitos culturais, a diversidade ou a sustentabilidade do desenvolvimento. Em sua análise, publicada sob o título *Raça e história*, foi um dos primeiros a tratar da diversidade tal como hoje é discutida e foi claro em sua argumentação: não se trata de preservar o *conteúdo da diferença*, que é intrinsecamente dinâmico e refratário à preservação, mas de preservar *o fato em si da diferença*, a possibilidade de promover-se a diferença, as condições que deram e dão origem à diferença, qualquer que venha a ser (e que certamente não é aquela definida nas cartilhas ideológicas).

Como era talvez possível prever desde o início, a advertência de Lévi-Strauss foi amplamente ignorada. Não só esquecida como simplesmente ignorada. Na maioria das vezes pelos Estados subdesenvolvidos mas de vez em quando também por aqueles com todas as condições aparentes de se apresentarem como desenvolvidos. Caso da França de 2007 que, sob o governo do recém-eleito Nicolas Sarkozy, viu criado um Ministério da Imigração, Integração, Identidade Nacional e Desenvolvimento. As implicações dessa iniciativa, que surgem à luz como autênticas fraturas expostas da cultura, não poderiam ser mais explícitas: trata-se de proteger a identidade nacional posta em risco pela imigração (dita desenfreada) e com isso promover a integração e o desenvolvimento nacionais. Ou, é indiferente a ordem dos fatores, recorrer à identidade nacional para promover a integração interna numa frente contra a invasão de outros valores trazidos pela imigração e com isso assegurar um desenvolvimento harmonioso. Curiosamente, mas não contraditoriamente, desde 2003, com a posse de Lula, o ministério da cultura do Brasil tem uma "secretaria da identidade e da diversidade cultural", versão atual de sua denominação. O governo de Sarkozy é descrito como de direita e o de Lula, como de esquerda. Um e outro, porém, compartilham os mesmos princípios, como já ficou claro em outros momentos históricos e a respeito de diferentes aspectos. A diferença — já que apropriadamente o tema aqui é a diversidade cultural — é que assim que o anúncio de criação do novo ministério na França foi feito e confirmado, 200 intelectuais franceses e do resto do mundo firmarem um abaixo-assinado pedindo que o Ministério da Imigração não tenha, incorporado em sua denominação, a menção à "identidade nacional". Os motivos para o abaixo-assinado são os mais previsíveis: o novo ministério exercerá, clara e prioritariamente, e necessariamente, poderes de polícia e de controle da chamada identidade nacional, numa confusão de papeis que, ressaltam os autores do manifesto, abre a porta para um "nacionalismo de Estado e uma xenofobia de Governo". Tem sido assim, historicamente. O ministro designado respondeu, como sempre, que não vê porque não se poderia falar desses temas, ao que um dos signatários do protesto, o professor Edward Berenson, retrucou que "o Estado não pode definir a identidade nacional, que não pode ter uma significação única e definitiva. Um Ministério da imigração e da identidade nacional corre o risco de estabelecer uma distinção entre a boa e a má imigração [e portanto, necessário acrescentar, entre a boa e a má identidade nacional] a partir de critérios falsos e radicalizados de grupo étnico, raça e religião". Um outro modo de dizer que o Estado não pode imiscuir-se pelo menos nas questões de ontologia cultural, se não na cultura como um todo. No Brasil, não houve nenhum protesto análogo. Sinal de um preocupante estado de coisas cultural.

Como este vetor tem sido visto, antes de mais nada, como *uma questão de direitos* (antes de mais nada, de direito econômico), um outro princípio da interpretação no

Direito deve ser aqui aplicado se é que se quer extrair desses vetores não apenas suas máximas consequências como sua essência íntima: o princípio da combinação de valores. E já há aqui dois a serem cuidadosamente combinados: os direitos culturais tais como enunciados nas Declarações correspondentes da Unesco e este mesmo, o da diversidade cultural, afirmado igualmente por uma Declaração específica. De um lado, o direito de participar da vida cultural. De outro, o direito ao diverso. De um terceiro lado, o princípio da interpretação extensiva e a mais abrangente possível, do que resulta que tenho o direito de participar de minha vida cultural, da vida cultural que supostamente é minha *como um dado* (como algo natural — embora a cultura não seja em nada natural —, a vida cultural do lugar onde nasci e cuja língua falo como minha primeira língua). Já é mais que o momento para se rever essa pressuposição, esse *dado*. Mas, essa questão fica para outro instante. Combinados, e na interpretação que mais beneficia o sujeito desses direitos, a proposição assume esta forma: tenho o direito de participar da vida cultural que é a minha e tenho o direito de participar da vida cultural que é diferente da minha, da vida cultural do outro, da *outra* vida cultural. Não é só o outro que tem direito a participar de sua própria cultura *outra*. Sou eu que tenho o direito de participar dessa cultura outra, assim como é ele que tem o direito de participar desta cultura minha que lhe é *outra*, que lhe é uma *outra* cultura. Defender o contrário é defender a velha e ignóbil ideia dos guetos culturais, noção que no entanto está sempre pairando por baixo, por cima e por dentro de muitos discursos atuais sobre a diversidade cultural: cada um em seu canto, cada um com sua cultura. Ideia que viola em tudo o princípio e a noção mesma de cultura, que é a de uma longa conversa, uma troca de ideias de cada um com aquele que lhe está ao lado, de cada cultura com aquela que lhe está ao lado — embora esse *ao lado* possa implicar uma larga distância física.

Este entendimento sem dúvida apresenta um problema para os gestores de política cultural: como assegurar que a fruição da cultura do outro esteja a meu alcance, eu que participo desta cultura *daqui* e que por tradição era a recipiente exclusiva e preferencial da política cultural aqui feita? Há evidentes problemas materiais para que se estenda essa política e esses direitos à cultura do outro (que é uma cultura para mim, também), como a falta de espaço e de recursos econômicos (de que modo apoiar a exibição de filmes iranianos ou japoneses ou chineses aqui se não consigo apoiar sequer a exibição aqui dos filmes aqui mesmo feitos?). Mas esses problemas não devem mascarar essa questão central que é uma questão de princípio. A gestão da cultura, como toda outra, é uma gestão de prioridades. Isso não significa, porém, a eliminação e, menos ainda, a negação desse ponto crucial: o direito de participar da vida cultural do outro, daquela cultura que é diferente da minha. O desenvolvimento (humano e econômico) é consequência desse diálogo, não de outra coisa. E se não há condições de promover a cultura do outro, o mínimo é não tolher esse acesso por meio de medidas de encerramento das culturas em guetos, como se fez quando o Irã decidiu proibir o uso de antenas satelitais de captação de transmissões de TV (antes, quando existia o muro, Berlim oriental já procurara impedir a captação de programas de rádio e de TV provenientes do lado ocidental); ou como fez a Coreia do Norte quando quis proibir o uso de telefones celulares; ou como fez a China ao restringir o acesso á Internet.

3. A ***sociedade civil***: a grande inovação cultural da segunda metade do século 20, a maior delas, nesse sentido ampliado de cultura que tanto se busca privilegiar sob certas perspectivas ideológicas, e muito mais importante que a introdução de novos estilos nas artes visuais ou no cinema, foi a emergência da sociedade civil como protagonista da vida social e política. Há uma data simbólica para esse aparecimento: 1971, ano em que o movimento do Greenpeace se tornou conhecido. Naquele ano, um arruinado barco pesqueiro, o *Phyllis Cormack*, foi rebatizado como *Greenpeace*, paz verde, e serviu de transporte para um grupo de ativistas que partiram em direção a Vancouver de modo a tentar impedir um teste nuclear subterrâneo pelos EUA em Amchitka, pequena ilha na costa ocidental do Canadá, lugar propício a terremotos e que era o lar de uma espécie ameaçada de leões marinhos, águias carecas, falcões peregrinos e outras formas de vida selvagem. Acreditavam esses ativistas que um pequeno grupo de pessoas podia fazer diferença — e essa era a grande mudança cultural. Não mais as nações, não mais os partidos, não mais os Estados, não mais as instituições políticas tradicionais, mas as pessoas, os sujeitos individuais decidindo por si mesmos e agindo por si mesmos. Ainda que em pequeno número. O Greenpeace foi interceptado antes de alcançar seu objetivo e a bomba norte-americana foi detonada – mas o recado estava dado, o interesse público foi enorme e desde então o Greenpeace se transformou na mais conhecida e eficaz *associação não-governamental*. Até mesmo uma vitória concreta foi depois obtida quando os testes nucleares cessaram naquele mesmo ano e a ilha teve reconhecida sua condição de santuário para a vida animal. Uma vitória do novo formato cultural em que os governos e os Estados ficavam — ou pelo menos ficaram, dessa vez — para trás diante da ação das *pessoas*. O não-governamental surgia para assumir lugar protagônico ao lado dos outros dois atores sociais: o Estado e a iniciativa privada.

Hoje, fato inédito na história das organizações mundiais e das relações entre as nações, não é apenas o soberano por direito divino ou o governo, embora eleito democraticamente ou "democraticamente", que fala em nome do conjunto social. A sociedade civil participa de conferências mundiais e é ouvida. As consequências são evidentes para a política cultural e para a teoria do desenvolvimento econômico e humano: se é isso que se pretende alcançar, a sociedade civil deve ser amparada em seu desenvolvimento. E a política cultural deve levar em conta esse novo protagonista. Não se trata mais de definir uma política cultural para a sociedade ou para a sociedade civil: trata-se de reconhecer que uma política cultural que não emane da sociedade civil não tem representatividade. A afirmação está plena de consequências: governos democraticamente eleitos podem imaginar-se justificados em seu papel de definir tanta coisa para a sociedade, inclusive a política cultural. Mas, esse é o ponto: uma política cultural sem a intervenção da sociedade civil é um retrocesso não apenas à ideia de nação e república do século 19 como a princípios ainda mais arcaicos. A ideia de representatividade é outra, agora. A sociedade civil se representa a si mesmo. Democracia participativa é isso ou é uma falácia. Inúmeros instrumentos de política cultural deverão atualizar-se para que a sociedade civil não veja constantemente seus pesqueiros serem interceptados por políticas de Estado que quase sempre são apenas políticas de governo e de partido.

Em resumo, política cultural que não fortaleça a sociedade civil e não atenda a seus interesses não têm mais razão de ser.

4. A **iniciativa pública**. Os poderes públicos são um dos atores centrais do processo cultural, cabendo-lhe atuar complementarmente ali onde os demais não se fazem presentes. E para tanto deve contar com os instrumentos necessários de gestão na área.

5. O **mercado da cultura**. A cultura é reconhecidamente um componente central da economia contemporânea, sendo necessário criar-lhe as mesmas bases de sustentação e desenvolvimento dispensadas aos demais setores da atividade produtiva da nação.

6. A **cidade**. A cultura se faz na cidade, para a cidade e pela cidade, assim como a cidade se faz na cultura, para a cultura e pela cultura. Cabe à cidade tomar a iniciativa básica na direção da cultura e deve a cidade, portanto, ser provida dos meios necessários para tanto.

7. ***Centralidade da cultura***: Nenhum desenvolvimento econômico e humano digno desse nome será alcançado sem que a cultura esteja instalada no centro das políticas públicas todas, da educação à saúde, do transporte à segurança, da economia à indústria. Este vetor é a contrapartida daquele expresso no tópico anterior: a sociedade civil como ator cultural privilegiado, a cultura como centro de referência das políticas públicas. A tradução desse princípio implica, por exemplo, que o secretário de cultura de um município assim como o ministro de cultura de um Estado são figuras constantes na mesa de decisão *sobre todas as políticas*, de todos os tipos possíveis. Um empréstimo subsidiado deve ser concedido a uma nova fábrica de automóveis? O impacto cultural dessa medida deve ser avaliado. Uma nova medida sanitária ou de apoio à saúde física e mental das pessoas está para ser decidida, como o direito ao aborto ou a distribuição de anticoncepcionais? As implicações culturais da medida devem constituir as preliminares que sustentarão o debate e a decisão. Se a educação constitui com evidência um setor onde a questão cultural deveria estar no centro de todas as iniciativas possíveis e imagináveis, no transporte público de uma cidade à primeira vista a cultura não teria muito que fazer. Logo se verifica que não é assim: medidas de civilidade como encostar o ônibus junto à calçada para que os usuários possam passar diretamente dela para o interior do veículo sem terem de efetuar uma ascensão que por vezes se assemelha a puro e simples alpinismo, são questão de cultura. Motoristas de ônibus uniformizados e limpos são uma questão de cultura. Ônibus que digam claramente o trajeto que fazem são uma questão de cultura. Placas indicativas claras sobre os ônibus que se detêm numa determinada parada são uma questão de cultura. São, melhor, *índices*

de cultura. Novamente é o caso de lembrar que sempre que se discute *cultura* surge alguma voz para lembrar que cultura não é só teatro ou cinema ou literatura. Muito bem. Essa ampliação do sentido cultural, sob determinados aspectos da política cultural, de fato se deve realizar. *Mas deve ser a mais ampla possível*, sob esse aspecto. Novas medidas urbanísticas, novo uso do solo rural, relações diplomáticas: todas essas esferas relevam da cultura, que não deriva delas mas as orienta. E vários dos pontos envolvidos numa abordagem desse tipo são menos passíveis de discussões abertas, menos submissos a meras questões de gosto pessoal ou ideológico do que parece. Os estudos de *impacto cultural* existem para dar a essa orientação uma base de construção de um diálogo produtivo. Com eles, que ainda devem desenvolver-se, as políticas públicas terão um entendimento, se não mais claro, em todo caso mais quantificável das questões envolvidas.

8. **Educação e cultura**. Não há educação sem uma base sólida na cultura. Como decorrência natural do princípio segundo o qual a cultura deve estar no centro das decisões de todas as políticas públicas, a cultura deve igualmente estar no centro da educação. A cultura deve integrar o processo educacional em todos seus níveis, do primário ao superior, uma vez que é a cultura que dá sentido ao ensino.

9. **Formação para a cultura**. A atuação na e para a cultura requer uma competência específica, que pode e deve ser objeto de uma formação. A formação para a gestão cultural é tão importante como a formação dos professores para o trato com a cultura e a formação para a criação cultural. A formação para a cultura criará ainda as bases para a sustentação cultural da cultura, isto é, as condições para que a cultura se reproduza a si mesma, na forma de recursos humanos e materiais para o desenvolvimento do processo de criação cultural.

Sustentabilidade da cultura, ou, até mesmo, sustentabilidade cultural da cultura: a cultura vem sendo, nas duas últimas décadas, sistematicamente pensada como meio para dois fins declarados prioritários, o desenvolvimento econômico e o desenvolvimento humano. Nenhum dos dois poderá ocorrer se a cultura não for sustentável, se a cultura não for culturalmente sustentável. Em outras palavras, se ela não for vista como um fim em si, não apenas como meio. Essa é uma contradição da qual é difícil extricar-se. Mesmo aqui toda a argumentação está implícita ou explicitamente amparada na ideia de lançar-se mão da cultura como um instrumento para ambos desenvolvimentos; ao mesmo tempo, se não se pensar a cultura independentemente dos fins a que ela possa servir, se não se servir à cultura por aquilo que ela é, naquilo que ela é, isto é, se não se criarem as condições para que a cultura se sustente e se desenvolva por e para seus próprios princípios, sem nenhuma preocupação com os fins que ela pode alcançar, a cultura não sobreviverá e não servirá ao que se espera que sirva. Mas, as iniciativas nesse sentido são hoje praticamente tênues, senão invisíveis. O discurso deve mudar: a cultura precisa ser sustentada porque é cultura, não porque é alavanca para geração de empregos e aumento do PIB nacional, nem porque é alavanca para um qualquer PIB intelectual individual ou coletivo. A cultura precisa reproduzir-se como cultura. O leque de alternativas para uma intervenção da política cultural nesse sentido está à disposição: industrias culturais fortes, abertas e livres, escolas de arte, educação com arte e cultura, diversidade cultural...

10. E, enfim, a ***Inovação***: não há desenvolvimento sem inovação. O vetor do novo, consagrado pela Modernidade, não se esgotou. Está, de fato ganhando momentum. Não apenas tecnologicamente mas como vetor espiritual. "É preciso sempre pensar desde outro ponto de vista", anotou Wittgenstein. Mudar a perspectiva, alterar o enfoque, alterar o ângulo de visão. A inovação penetrou em todos os cantos da vida contemporânea — ou quer fazê-lo, embora encontre resistências obstinadas ainda, não exatamente por toda parte, mas em um número considerável de partes. Uma das questões mais agudas das sociedades hoje é a gestão da inovação: como inovar, como criar as condições para a inovação, como tornar a mente, a economia e a sociedade inclinadas a buscar a inovação, como compor a inovação com o seu contrário. Na cultura não é diferente. Nem na política cultural. A política cultural, no entanto, praticamente desde que surgiu (e o fez com a nação, embora não tivesse ainda o nome de política cultural) está orientada prioritariamente, às vezes sem o perceber, outras vezes sabendo muito bem o que faz, para o oposto da inovação. As políticas para o patrimônio e para a preservação da identidade cultural são exemplos nítidos dessa tendência inata mas nem por isso justificável. O fato de umas e outras serem com frequência sustentadas menos ou mais cinicamente — o patrimônio deve ser preservado não por ser um valor em si mas porque traz turismo; a identidade cultural deve ser preservada não por ser um valor em si mas porque permite o controle político e ideológico pelo governo ou pelos partidos — não torna menor o problema. Ditaduras e totalitarismos variados, à esquerda e direita, sempre privilegiaram a repetição, o *habitus* cultural — isto é, o passado e a fixidez. A repetição se veste com as roupas do politicamente correto em política cultural. No entanto, se efetivamente se busca o desenvolvimento econômico e humano, a cultura que estará no centro das políticas públicas — em defesa dos direitos humanos e culturais, promovendo a diversidade e a conectividade entre as pessoas para que estas fortaleçam a sociedade civil como novo modo de governança, buscando a qualidade total da vida com base no fortalecimento da vida cultural — terá de apoiar-se na inovação, que não pode deixar de buscar, incentivar e patrocinar.

Estes dez vetores conjugados num sistema devem garantir dois traços decisivos para a vida cultural contemporânea. O primeiro é o que pode ser expresso na fórmula da ***ecologia cultural***, ou qualidade total da vida. Nem o mais ferrenho adversário dos movimentos ecologistas pode duvidar agora da importância do equilíbrio entre natureza e cultura para a continuação da vida no planeta. Pois esse pensamento ecológico só pode sustentar-se se complementado pela ideia de uma ecologia cultural, por mais contraditória que essa expressão soe. Ela quer significar uma cultura da natureza, tanto quanto uma cultura para a natureza. A natureza requer uma cultura para ela. Não antes, talvez, mas agora sim. E a mesma dose de realismo utópico requerida pela ecologia deve servir também à ecologia cultural. Ela será difícil de alcançar, e muito mais difícil sobretudo quando se pensa que, se o aquecimento do planeta é uma realidade por toda parte, que afeta a todos por igual, um princípio cultural qualquer, como o porte ou não de um pedaço de pano sobre os cabelos ou o rosto, está longe de ser compartilhado do mesmo modo por todos ou, sequer, pela maioria. Essa é a principal razão para que o *movimento cultural mundial* manifeste um forte atraso em sua organização quando comparado com o movimento ecológico mundial. Mas hoje já cabe a pergunta sobre *quando* — e não mais apenas *se* — a humanidade irá compartilhar majoritariamente um amplo leque de princípios culturais e reconhecê-lo como indispensável à manutenção da vida humana no planeta. Enquanto isso não acontece — e o movimento ecológico mundial precisa ser bem sucedido para que esta comunhão majoritária possa um dia realizar-se — sobram iniciativas a concretizar para que a cultura seja pensada como um sistema cujas várias partes precisam ajustar-se e desenvolver-se harmoniosamente se é que o conjunto deva desenvolver-se ou, sequer, manter-se. E uma das primeiras condições para tanto é que a cultura seja instalada no centro das políticas públicas.

O segundo traço, sobre o qual o anterior repousa, é o da ***conectividade***, princípio instaurador da contemporaneidade: estar ligado, estar ligado a tudo. A aspiração milenar da conectividade a mais ampla possível está em vias de realizar-se com o telefone celular e a Internet, depois de ter-se intensificado com o telégrafo, o telefone, o cinema e a televisão. Mais do que precisar conectar-se, o mundo contemporâneo *quer* conectar-se. Uma política cultural adequada ao elenco de vetores aqui desdobrado deve ter como finalidade a conectividade dos fatos culturais entre si e a conectividade entre eles e todos os demais relacionados a algum contexto na aparência exterior à cultura. Cultura é uma longa conversa. Essa é acaso a mais ampla, mais generosa, mais pertinente concepção de cultura. Onde não há conversa, não há cultura. Cultura significa que esta cultura quer conversar com aquela outra que está distante, que parece distante, que surge como longínqua e estranha. Cultura é a ampliação da esfera de presença do ser, como sugeriu Montesquieu. Nenhuma política cultural pode mais centrar-se em si mesma: precisa contemplar suas ramificações, as mais como as menos evidentes. E se a cultura deve ocupar lugar central, isso significa que ela busca a conectividade. Se ela visa ser uma ecologia, ela deve buscar a conectividade. A época dos muros — do muro da China, do muro de Berlim, do muro de que separa Israel da Palestina, do muro que separa os EUA do México —, apesar da insistência com que alguns novos são levantados, acabou. Não em virtude de algum sentimento caridoso ou politicamente correto. Acabou porque, de modo amplo, o muro é hoje inútil. Todos os sucessos que uma política de muros possa alcançar serão temporários. A questão não é como impedir a conectividade mas, se for o caso, descobrir como ela vai se realizar. A *correspondência entre as artes*, como se queria no passado, acompanhada hoje pela correspondência entre as culturas, integra o novo elenco de iniciativas do realismo utópico.

***

Se for necessário salientá-lo, não se recorreu aqui, neste exercício de desenho de uma política cultural para o século 21, a nenhum dos vetores que tradicionalmente inspiraram a política cultural, conceitos como nação, identidade, povo, classe social. Nem se inventaram princípios filosóficos ou ideológicos: apenas se fez um levantamento das tendências manifestas no seio mesmo da sociedade humana contemporânea. E não se propuseram *conteúdos* apropriados para o desenvolvimento humano e econômico. A abordagem foi, aqui, *formalista*: quais os *modos* da política cultural (e por extensão da cultura) que se devem promover se a intenção é alcançar ambos desenvolvimentos. Esta é uma sustentação formalista da nova política cultural. Uma política que é ela mesma formalista. E que se apresenta, antes de mais nada, na forma de um sistema. Raramente a política cultural foi tratada como sistema. Ou melhor, sim, foi: sob as ditaduras. As ditaduras não se esquecem do sistema, não descuidam de apertar todos os parafusos para melhor manter seu poder por mais tempo. A ideia de sistema não é em si negativa, porém. O sistema é fundamental. A ineficácia das políticas culturais se deve em larga medida, e na maior medida, ao fato de não serem essas políticas vistas e tratadas como sistema. Mas, o desafio é tratá-las como sistema sem incorrer nos crimes das ditaduras todas, de direita e de esquerda. Não é muito difícil conseguir isso: basta ater-se à ideia de forma...

SOBRE O AUTOR

Teixeira Coelho vive em São Paulo onde é professor da Escola de Comunicações e Artes da USP e diretor do Museu de Arte de São Paulo (Masp). Publicou, entre outros, *Moderno pós moderno*, *Guerras culturais* e as ficções *Fliperama sem creme*, *Niemeyer: um romance*, *As fúrias da mente*, *História natural da ditadura* e *O homem que vive.*

Este livro foi composto em Times e Humanist pela *Iluminuras* e terminou de ser impresso nas oficinas da *Meta Brasil Gráfica*, em Cotia, SP, em papel Offwhite 80g.